国家社科基金后期资助项目（16FXW011

会议新闻传播活动论

——一种政治传播的研究视角

李春雨　著

国家图书馆出版社

图书在版编目（CIP）数据

会议新闻传播活动论——一种政治传播的研究视角 / 李春雨著. — 北京：国家图书馆出版社，2020.9
ISBN 978 - 7 - 5013 - 7057 - 3

I.①会… II.①李… III.①会议—新闻学—传播学—研究 IV.①G210

中国版本图书馆 CIP 数据核字（2020）第 173374 号

书　　名　会议新闻传播活动论——一种政治传播的研究视角
著　　者　李春雨 著
责任编辑　高　爽　唐　澈
封面设计　耕者设计工作室

出版发行　国家图书馆出版社（北京市西城区文津街 7 号　100034）
　　　　　（原书目文献出版社　北京图书馆出版社）
　　　　　010 - 66114536　63802249　nlcpress@ nlc. cn（邮购）
网　　址　http://www. nlcpress. com
排　　版　北京金书堂文化发展有限公司
印　　装　河北鲁汇荣彩印刷有限公司
版次印次　2020 年 9 月第 1 版　2020 年 9 月第 1 次印刷

开　　本　710×1000　1/16
印　　张　26.5
字　　数　436 千字
书　　号　ISBN 978 - 7 - 5013 - 7057 - 3
定　　价　130.00 元

国家社科基金后期资助项目
出版说明

  后期资助项目是国家社科基金设立的一类重要项目，旨在鼓励广大社科研究者潜心治学，支持基础研究多出优秀成果。它是经过严格评审，从接近完成的科研成果中遴选立项的。为扩大后期资助项目的影响，更好地推动学术发展，促进成果转化，全国哲学社会科学工作办公室按照"统一设计、统一标识、统一版式、形成系列"的总体要求，组织出版国家社科基金后期资助项目成果。

全国哲学社会科学工作办公室

目　　录

导论　作为政治传播活动的会议新闻

从政治意义上讲,会议活动的本质是政治系统围绕资源和利益分配与社会系统对话协商与决策的过程。其通常表现为政治系统依据社会诉求做出政治和政策安排,制定维护、规范、引导社会系统有序运行的各种法规和政策,以协调、平衡社会系统各个利益主体之间的关系,寻求社会系统对执政系统的决策和政策的广泛认同与支持。会议决议决策和政策输出的受施者是社会公众,毫无疑问,社会公众也就自然成为会议新闻要影响和满足的对象。因此,会议新闻是政治系统会议活动政治信息的传播。这些信息既包括政治行动者的政治主张、政治理念和政治宣示信息,也包括政治系统的决议决策和政策信息,还包括会议活动中的政治事件信息,等等。

研究会议新闻传播活动,不仅要研究会议新闻作为一种新闻种类及其一般的传受规律,而且还要研究会议新闻背后传播主体(政治系统、社会系统、媒介系统)围绕信息权力的博弈关系,及其各自的运行逻辑对于会议新闻传播活动的影响。

从目前学术界的研究看,大多数研究都将会议新闻视为一般的新闻活动,关于新闻实务方面的研究比较多。然而,遗憾的是,从一般性的新闻活动角度来认识会议新闻传播活动,虽然能够把握其作为新闻本体生产的一般规律,但却很难揭示会议新闻传播过程中政治系统、媒介系统和社会系统之间的关系以及彼此相互作用对于会议新闻传播的影响,也很难弄清会议新闻特有的传播规律和功能,这也是目前我国会议新闻传播理论研究深入不下去,研究成果同质化的原因所在。因此,科学分析和揭示会议新闻的传播活动规律,不仅涉及媒介系统新闻传通的有效性,也涉及政治系统社会支持的获得性,同时,还涉及社会系统政治社会化的认同性问题。

第一节　问题的提出：会议新闻传播面临的理论与实践悖论

会议新闻传播，始终是一个让学术界和新闻界十分纠结的学术和实践课题。从国内看，一方面学术界的研究虽然比较活跃，研究成果也比较丰富，但是，由于没有走出新闻学的研究范畴，理论创新与突破并不明显。另一方面，新闻界的新闻实践由于缺乏创新理论的指导，会议新闻传播仍然没有摆脱"程序化、僵硬化、综合化"模式的束缚。会议新闻传播的理论研究与实践探索仍有许多难题需要破解。

会议新闻的有效传播是政治系统、媒介系统和社会系统共同作用的结果。因此，只研究媒介系统的新闻生产与传播，不研究政治系统作为信息传播与控制主体对于传播的影响，不研究公众作为政策受施主体和新闻收受主体的信息需求规律，要在理论上研究好实践课题是不可能的。同时，新闻界一边呼唤新闻改革，一边又乐此不疲地依循刻板模式生产和传播新闻，这样的改革也注定不会有好的结果。

目前，我国会议新闻传播的现状如何？公众对于我国会议新闻的整体评价怎样？会议新闻的政治传播功能是否能够实现？为了回答这些问题，笔者于 2016 年 8 月下旬至 9 月上旬，对受众的新闻接触行为进行了问卷调查，调查数据给出的结论令人深思。

结论是：我国会议新闻传播面临着十分尴尬的理论和实践悖论，具体表现在以下几个方面：

一是信息需求理论认为，人的信息选择行为是由需求决定的，理论上讲，媒介传播的信息越是与公众利益需求相关，公众就越会给予关注。但从公众反应看，媒体传播的会议活动的新闻信息并没有引起公众的广泛关注，"关联性反应"并不明显。

正如前边所分析的那样，会议是执政系统做出决议决策和出台政策的政治活动。无论从理论上讲，还是从现实需求看，这些决议决策和政策都与公众的生活密切相关。会议新闻将这些信息通过媒介向社会传播，应该能够引起公众的广泛关注，应该成为公众的话题来源和行动的指导。但是，事实上会议决议决策内容和政策信息并没有引起公众的广泛关注。调查对象在回答"你对近期召开的哪些会议印象深刻，请举例说明"的问题时，除 11.5% 的受访者回答对 G20 杭州峰会印象深刻外，对于同期召开的国务院常务会议，省市县召开的党委常委会议、政府常务会议都没有印象。

尤其是国务院常务会议(分别于8月24日、9月1日、9月5日连续召开3次会议)研究的议题涉及建立消费品生产经营负面清单管理制度,大学生创新创业,教育、医疗、养老等民生领域对民办与公办机构在市场准入、职称评聘、社保定点等方面同等对待,等等。这些问题应当说是与广大消费者、大学生、民办企业是密切相关的,其利益关联度也是明显的,而且,调查范围也涵盖了上述群体,但遗憾的是这些群体的回答都是没有印象。而人们对于G20杭州峰会(9月4日至5日在杭州召开)有一定的印象,可能是因为G20杭州峰会早已经成为中外媒体持续关注和报道的热点话题,而且,G20杭州峰会作为一种媒介仪式或者媒介政治事件,主办国将引导会议讨论哪些问题,中国将为推动世界经济发展提供哪些方案,等等,这些自然成为国人关注的焦点。这从另一个角度说明了公众信息需求的层次性,即除了关注与自身利益相关的信息外,对于涉及国家整体形象和国家利益的信息传播也会投入热情并给予关注。尤其是会议活动期间还有娱乐性元素——"杭州印象"文艺演出,这为博得公众的眼球提供了足够强大的"刺激",而这种刺激使公众形成了比较深刻的长期记忆。

二是信息显著性原理认为,信息处理越是安排在显著位置,就越是容易俘获公众的注意力,但这种显著性在会议新闻传播上的效果恰恰相反。

无论是从报道总量,还是从议程显著性上看,会议新闻都占据各级各类媒体的三分之一版面和时段,而且大都居于头版头条位置。无论是数量,还是显著性,都要高于其他新闻。理论上讲,这样的安排对于公众的议程设置应该起到引导作用。但是,从调查的数据分析看,会议新闻的关注度仅有17.0%,不抵社会新闻的48.6%、娱乐新闻的51.4%和体育新闻的39.9%,媒介议程并没有成功转为公众议程。这种受众的新闻接触情况,一方面反映了公众政治冷漠心态,另一方面也反映了受众的信息接触心理偏好。这一情况也在提醒政治传播者,公众的政治冷漠与远离,将不利于国家治理,尤其是在媒介渠道开放的情境下,公众对于执政系统政治信息的远离,极容易受到反政府力量的操纵,形成政策的抵制行为。同时,如果传播者所传播的信息与受众的接受心理相去甚远,那么,无论这一信息处理被安排得如何显著,对于受众的信息接收都是没有意义的。信息的显著性与受众的注意力投放并没有形成绝对的关联,这一现象客观上对政治系统和媒介系统的信息提供和会议新闻传播均提出了现实挑战。

三是从新闻受传的接近性原理看,通常越是离自己最近的媒体,越是对于身边发生的事情,受众越应该感兴趣,但事实也并非如此,当地受众很少关注当地媒体,对于当地党委政府的决策基本处于无知状态。

问卷调查显示,仅有 15.0% 的受众关注当地媒体,而且大多集中在 55—65 岁的受众群体。作为国家政策制定者和实施者的公务员群体,他们应该更加关注国家和各级党委、政府的重大决议决策和政策信息的媒介传播,但是,调查得到的数据显示,公务员通过媒介了解当地党委政府会议形成的决议决策的知悉度,并没有比其他群体高,仅为 8.9%,分别低于教师的 10.1% 和离退休人员的 36.5%。这反映了不同受众群体的媒介接触偏好。公务员接触地方媒体过低,说明公务员群体的媒介政治远离倾向,而离退休群体接触地方媒体较多,说明这部分受众的传统媒介接触和使用偏好。

造成这一悖论的原因是什么?排除一些媒介接收环境因素影响外(农村网络基础设施建设影响),媒介的新闻建构和受众新闻接触的变量因素不可忽视,它直接影响会议新闻的传通。

公众对于新闻的关注、接收、理解和产生改变并不会自动形成,涉及新闻生产、传播、接收等环节的诸多变量因素的影响。"从新闻中学习"模式理论认为,媒介接触决定新闻注意,新闻注意是新闻思考的前提,而新闻思考则影响公众是否接受新闻的观点并形成改变和采取行动的意愿。从新闻生产、传播、接收环节考察造成悖论的原因,可以揭示一些令人迷惑不解的问题。

一、偏离"定向需求"的信息编码造成受众的注意力漂移

信息需求理论是否真的失效?从受众新闻接触调查所反映的数据看,似乎是确凿无疑的。但是,仅凭这一数据,而不考虑其他因素的影响,和其他数据进行相互印证就下这样一个结论,尚显论据不足。首先,问卷调查采取的是自然回忆方法,如果新闻刺激并没有引起人们的注意,且新闻信息与公众需求并没有构成直接关联,则人们很难产生记忆,即使产生了某种瞬间或者短时记忆,随着时间的流逝也很难从记忆中提取。一些人之所以对 G20 杭州峰会记忆深刻,是因为 G20 杭州峰会会前就已经形成了媒介报道热点,为公众议程形成做了一定的铺垫。同时,问卷调查的时间与 G20 杭州峰会结束时间刚好重叠,人们对此记忆犹新。更为重要的是,由于峰会已经成为全球瞩目的媒介事件和政治仪式,且持续占据了各级各类媒体的主要时段和版面,形成了"总体效果大于部分之和"[1]的议程设置效应,对于其他政治信息的传播形成了一定的竞争性冲击。

---

① 麦库姆斯. 议程设置:大众媒介与舆论[M]. 北京:北京大学出版社,2018:29.

除此之外,从媒介对于国务院常务会议报道的文本分析中,也可以梳理出几方面的原因。

考察前边新闻中提到的"建立消费品生产经营负面清单管理制度,大学生创新创业,教育、医疗、养老等民生领域对民办与公办机构在市场准入、职称评聘、社保定点等方面同等对待"等内容,是笔者在研究这种背反现象时,经过认真阅读新闻文本时才发现的。也就是说,新闻所传播的涉及不同目标受众群体"定向需求"的信息是经过投入相当的注意力资源才获得的,并不是阅读新闻导语时直接知悉的。

人的信息认知与需求满足是一个受多种因素影响的过程,既涉及受众新闻学习动机强度,也涉及新闻信息接收的难易程度以及媒介和信息选择的自由度。需求产生"从新闻中学习"的动机,会议新闻的学习也是如此。从国务院三次常务会议的新闻文本研究发现,会议议程一般在一至三个左右,标题统一为"李克强总理主持国务院常务会议"。副标题分别为:"部署促进消费品标准和质量提升,增加'中国制造'有效供给,满足消费升级需求"(8月25日报道);"确定促进创业投资发展的政策措施,释放社会投资潜力,助力实体经济。部署建设北京全国科技创新中心,加快推进创新型国家建设。通过《中华人民共和国无线电管理条例(修订草案)》"(9月2日报道);"部署在关键领域和薄弱环节加大补短板工作力度,依靠改革开放推动发展升级和民生改善"(9月6日报道)。从副标题看,基本都是对于会议主要议题内容的概括,采取的是工作部署和工作要求的框架,并不是新闻框架。从议程设置功能看,并没有形成可以引起公众关注的媒介议程,也没有凸显能够锁定目标受众"定向需求"的议程信息。从会议新闻传播话语建构看,其传播的对象应该是政府决策的执行部门,是对这些部门提出的工作要求,并不是决议决策和政策受施者——社会公众,尤其是会议决策所涉及的目标受众群体。如果新闻的目标受众是某一政策影响的社会公众,则应该选择和挖掘那些涉及与社会公众生活、生存、发展相关联的核心信息进行传播。8月25日新闻,在新闻最后自然段才提到"建立消费品生产经营负面清单管理制度"的内容,应当说,这是政府对于公众"消费安全"呼声的回应,但是新闻中没有说明如何建立、怎样执行、谁来执行这个清单。这样的信息对于公众来讲是需要的,但却是残缺的,难以满足其"定向需求"。9月2日的新闻议题有三个,其中涉及实体经济投融资问题,企业界尤其是中小企业应该比较关注这一问题,广大中小企业应该是其目标受众。新闻除了报道"丰富创投主体模式,发挥主板、创业板和地方性股权交易场所功能"等原则性意见外,对于中小企业特别是没有能力上市融资的小企业,如何解决融资难问题,并没有提供相应的政策信息。9月6日的新闻重点是国务院制定补短板的政策措施。其中有"进一步放开基础设施领域投资限制,在教育、医疗、养老等民生领域对民办与公办机构在市场准入、职称评聘、社保定点等方面同等对待"的信息。应该说,这个信息具有重要的政策指向意义,尤其是具有民办性质的教育、科研和医疗机构在职称评聘上一视同仁具有政策突破性,这对于民办科技型企业吸引人才,创新发展具有十分重要的政策激励作用,但是,这个信息由于被淹没在其他信息中,因此,也就很难引起民营企业群体的注意。

在新闻叙事框架选择上,采取的是会议精神传达提纲式的新闻建构,每一个议程都是先论述议题重要性和必要性,然后才是议题中涉及的内容,而且这些内容大都是指导性的工作意见,并没有突出公众需要了解的具体政策信息。这种虚空的政治信息传播,造成的结果必然是"政治脱离了公民(在他们的思想中发生),专家脱离了公众(信息空洞而不可接近,即使有时贴上信息社会的标签也是如此)。因此,知识在这样的社会中既是存在的,同时,又是缺席的。知识是可以差别利用的,而且成为社会控制的一个因素,而不是为公众经常地和公开地利用,作为参与政治和做出决定的基础"①。应当说,在转型期的当代中国,不仅需要自上而下的宏大政治宣传和意志贯彻,而且更需要社会公众的政治参与和政治沟通,以"增强国家谋求社会支持的能力,弥补政治调整过程中的权威不足"②。

信息需求理论的前提是要有满足需求的信息,需求产生信息获取的动机,越是能够提供满足需求的信息,受众就越会投入关注和学习。但是,受众在媒介接触中,一般只对容易获取且能够激发某种情感的信息投入注意力。如果受众从新闻中没有发现可以满足其需求的信息,或者即使是有相关的信息,但是却需要受众耗费大量的精力去发现,那么在快餐式信息消费时代,这样的新闻传播是难以俘获受众注意力的。

需求的满足是个连续的过程,在这个过程中,信息接收的费力程度将决定受众是继续还是终止新闻接触。"美国传播学者施拉姆曾经在20世纪50年代提出了一个著名公式,以揭示影响受众对大众传播信息选择的决定性因素。该公式为:选择的或然率 = 报偿的保证/费力的程度。'报偿的保证'指的是传播内容满足选择者需要的程度;而'费力的程度'则指的

---

① 埃尔德里奇.获取信息:新闻、真相和权力[M].北京:新华出版社,2004:23.
② 苏颖.作为国家与社会沟通方式的政治传播——当代中国政治发展路径下的探讨[M].北京:中国社会科学出版社,2016:1.

是得到的内容和使用传播途径的难易状况。"①选择的或然率在其他条件相等的情况下,满足程度越高,而费力程度越低,则或然率就越大,受众也就越乐于选择这样的媒介或信息,相反,受众就会选择逃离或者回避。因此,偏离目标受众"定向需求"和耗费极大注意力资源的信息传播,是难以俘获受众注意力的,这也进一步印证了需求悖论产生的一个重要原因。

二、僵硬呆板的新闻建构造成受众的媒介回避和逃离

人与人之间的信息交流只有采取彼此都能够接受的方式和话语形态才能继续下去。在面对面的交流中,如果一个冷若冰霜,一个顾左右而言他,这样的交流是无法进行下去的。新闻传播也是如此,如果新闻建构居高临下板着面孔传播信息,或者不考虑传播对象的需求,而只顾自说自话,那么就会造成传通阻滞的现象。因为,公众绝不喜欢这种与自己有距离感的新闻。在信息过盛而注意力稀缺的时代,选择性注意是公众抗拒信息轰炸的不二选择。人们是不会把注意力投放在距己千里之外,或者并不需要的新闻上的。

认知心理学认为,信息的接收取决于受众的认知心理。对于契合受众心理需求和接收习惯的信息,一般会产生某种接收冲动,尤其是那些具有"易接近性"特征的信息。传播实践证明,对于生动性信息人们一般不会产生排斥。因为"生动性与某物'在情感上有趣、具体,能激起形象化联想,在感觉、时间或空间上贴近'……概念越生动,越容易从记忆中被激活"②。而且人们对于"生动的事例而不是那些苍白无力的统计数据的偏爱,可能会使这些事例更容易被人们记住"③。会议新闻之所以造成受众的逃离,僵硬呆板的新闻建构也是一个重要原因。

僵硬呆板似乎已经成为中国会议新闻的刻板印象,似乎不这样建构新闻就是离经叛道,因此上行下效,各级媒体都是如此。在回答"你喜欢什么样的会议新闻?(喜欢与不喜欢分别列出六种选项)"问卷调查时,回答比较喜欢的排在前三位的分别是:形式鲜活,话语平易,能看懂的新闻占61.36%;角度新颖,重点突出,一事一报的新闻占56.82%;满足某一方面需求的新闻占51.82%。回答不喜欢的新闻,排在前三位的分别是:内容空洞,没有提供所需要信息的新闻占65.00%;只告诉"是什么",不告诉

---

① 转引自周亭.从"广播"到"宽带"——媒介融合时代电视新闻生产的流程再造[J].现代传播,2012(1):98－101.

②③ 布莱恩特,兹尔曼.媒介效果:理论与研究前沿[M].北京:华夏出版社,2009:57.

"为什么",缺少新闻背景的新闻占 60.91% ;内容庞杂,篇幅过长,重点不突出,抓不住要领的新闻占 58.18% 。

从受众新闻喜好选择可以明确的是,严肃的政治新闻未必都要板着面孔传播;板着面孔传播很难有效果可言,即使有也不会十分明显,因为公众体会不到传播的温度和态度,更不要说接受和改变。在僵硬呆板的新闻里,看不到富有个性的直接引语、揭示新闻意义的背景信息和贴切的修辞手法的运用,基本都是居高临下的官方公文话语,因此,很难引起公众的关注。而且在会议议程报道中,议程与议程之间基本是"会议认为、会议指出、会议强调"或者"某某认为、某某强调、某某指出"等单调乏味的过渡形式。这种过渡形式,人们看不到议程里的重要信息是什么,重要的新闻事实是什么,尤其是公众"定向需求"的信息是什么,公众对这样的新闻基本持一种敬而远之的态度。

传者本位居高临下的新闻传播,特别是远离受众"定向需求"的新闻建构,使公众在新闻选择中产生对于会议新闻的逃离。从国家级媒体到地方媒体,会议新闻的八股调、模板化问题十分严重,几乎成为公众对于我国会议新闻的总体印象。那么是不是人们真的不需要政治新闻? 是不是人们对于影响其生活、生存和发展的决议决策和政策信息漠不关心? 从每年数以亿计的公众对于全国"两会"的关注程度,尤其是"两会"结束后的总理记者招待会的关注热度表明,公众的政治冷漠其实只是对于传播方式不满所造成的媒介疏离,而不是对于政治的真正远离。在信息爆炸和各种娱乐性节目充斥的媒介环境下,公众对于优质政治信息的需求不是少了,而是更加迫切了,因为他们没有更多的时间和耐性去寻找被层层信息泡沫包裹的有用信息,也没有时间处理那些他们不需要的一般信息。正如崔迪和罗文辉所说的那样:"新闻媒介是现代人了解世界、获取信息以及学习知识的重要渠道。对民主社会而言,优质信息的流通与传播更是维持民主政治有效运作的前提和保障。"[①]人们之所以关注"两会",特别是会后举行的总理记者招待会,是因为人们对于国家政治生活的关心,是对于政治系统是否将其诉求纳入政治议程并且产生政治输出的关注,是对于国家制定的方针政策影响其生活、生存和发展的关切。"两会"结束后的总理记者招待会,从某种意义上说,是总理代表中国政府对于国际社会和国内公众有关热点问题的政治回应。中外记者在记者招待会上所关注的问题,也是国际社会和国内公众想要了解的问题。通过总理的直接回答可以让国内外的公

---

① 魏然,周树华,罗文辉.媒介效果与社会变迁[M].北京:中国人民大学出版社,2016:31.

众了解中国政府的政治态度和政策主张,可以消除政治和政策不确定性带来的疑虑和困扰。另外,政治人物身份的显要性和个性化的话语风格也是获得公众注意力的重要因素。也就是说,人们对于会议新闻所传播的信息,并不是一律排斥的,其所排斥的只是那些远离需求的信息传播和僵硬的传播方式。

三、平面化的信息难以满足受众多层次的信息需求

平面化的信息是指"是什么"且"空洞化"的单一层面的传播形态,"为什么"和"怎么着"的信息基本处于空置状态。即使是政策信息的传播,传播的也只是平面化的政策信息的原则性公告。为什么出台这样的政策,政策的核心内容是什么,政策的利益调整指向在哪里,政策影响的群体是谁,制定政策的依据和遵循的原则是什么,等等,这些信息恰恰是公众十分关注的。如果在这些信息上采取忽略或者回避的态度,政策的社会共识就将难以形成,尤其是那些受到政策负面影响的群体对于政策的抵触和排斥力就会加大,如果这种抵触和排斥力不能及时得到化解,那么将不利于社会的和谐稳定。

任何决策都是"政治系统对外界环境压力做出的反应"[1]。政策输出的背后,其实质反映的是社会诉求输入与议程设置的权力问题。透过会议新闻传播,可以了解诉求输入与议程设置的博弈,以及政治输出与公众诉求输入的契合度,能够了解和反映政府在多大程度上尊重并代表了人民的意志。因此,平面化的信息传播很难呈现复杂的会议活动政治输出的过程,也很难适应不同目标受众群体对于"定向需求"政治政策信息的满足。

中国媒体的会议新闻,如果只是平面化的会议活动信息的公告式传播,而没有决议决策和政策产生的背景,以及不同利益群体的利益博弈过程的披露,就不会全面客观地反映社会诉求政治输入与政治输出在不同利益群体间的联系,也不能很好地回应公众的核心利益关切,决议决策和政策的社会认同就将难以达成。

另外,任何政策都是阶段性的利益调整,既然是调整,就会有政策受益者,也会有利益的损益者。在政策颁布前后,政府和媒体就政策调整进行解释说明是非常必要的,其对于形成普遍的社会共识具有重要意义。因为"说服是一切政治体系运行的根本特点"[2]。说服的过程就是形成共识的过程,在说服过程中,虽然人们的利益诉求不尽相同,但是也并不是不可以

---

① 伊斯顿.政治系统:政治学状况研究[M].马清槐,译.北京:商务印书馆,1993:3.

② 林不隆.政策制定过程[M].朱国斌,译.北京:华夏出版社,1988:37.

沟通和改变的,关键是要进行充分的信息交流,让公众充分地了解政策制定的背景,以及政策调整的原则,参与政策制定过程,人们会随着交流的深入,使其偏好、意见随之发生改变,进而形成某种基本的共识。一些重大的决议决策和政策信息的传播应该采取立体的传播策略。强调立体传播,是说政府的政策说明性传播不可或缺,同时,媒体的新闻背景交代以及公众关注的核心利益信息不能缺少。不仅要传播政策内容,还要将政策制定的背景、政策制定的原则和过程、政策的利益调整指向、政策的受益群体和受损群体等都告诉公众,不要仅仅是空洞的政策信息的平面公告。只有将立体的信息发布给公众,才能满足其对于不同层次信息的需求,也才能够劝服公众并形成某种政策认同与共识。目前看,政府经常性的有效的政策解释(针对公众)和说明仍然是缺席的,这对于社会的政治政策认同是不利的。

那么,如何吸附公众对于会议新闻的注意力,如何发挥会议新闻的政治传播功能,使会议新闻成为政治系统政治社会化的有效途径,成为社会系统,尤其是公众参与国家治理所需要的全面、准确、可靠的信息来源,这些正是本书要重点探讨的问题。

第二节　逻辑的反思:会议新闻传播的研究现状

世界的会议新闻实践历史悠久。西汉初年(公元前 2 世纪)朝廷创办的"邸报"和公元前 59 年古罗马的"每日纪闻"都是以执政系统会议议事要闻为主要内容的新闻传播形式①。汉朝所刊行的"邸报"是一种供各级官员阅读的朝廷议事纪要,且这种官方会议新闻传播形式一直延续到清朝

---

① 戈公振《中国报学史》研究认为,西汉已有"邸报"。依据是《西汉会要》卷六十六《百官表》"大鸿胪属官有郡邸长丞"。颜师古注:"主诸郡之邸在京师者也。按国有邸,所以通奏报,待朝宿也。"即各个郡国在京城都设有"通奏报"的"邸",而"通奏报云者,传达君臣消息之谓,即'邸报'之所由也"(《中国报学史》第 35 页)。此时的"邸报"媒介形态是竹简或绢帛,由专人将朝廷的议事要点写在竹简或绢帛上,然后由信使快马传递至各郡国设在京城的官邸供官员阅读。到了唐朝才用木板刻字印刷发行。从西汉至清朝虽然信息传递的媒介形态和名称有所变化,但是传播朝廷议事纪要的新闻形式没有改变,而且一直在延续从未间断过。"每日纪闻"是公元前 59 年罗马执政官尤利乌斯·恺撒下令创办的,他要求每日公布元老院及公民大会的议事记录,由专人将记录写在罗马议事厅外一块涂有石膏的木板上。当时的名称为"阿尔布"(Album),后来人们称之为"每日纪闻"。

末年才终止,历史长达 2100 余年。而古罗马的"每日纪闻"则是发布在议事厅外公示板上供民众阅读的会议新闻,至公元 330 年因迁都君士坦丁堡而终止。

考察会议新闻学术研究,无论是西方还是中国大约都是 20 世纪初才起步的①。尽管如此,直到目前还没有形成规范的理论体系和成熟的研究范式,总体上,会议新闻传播研究尚处于系统的理论建构阶段。从研究现状看,对会议新闻传播内容的研究目前还多局限于新闻采访与新闻本体生产等新闻实务方面的探讨。西方的研究多关注资本的力量对于会议活动信息选择的影响,出于对自身利益的考虑,媒介更多的是对会议活动冲突性、戏剧性信息的选择与披露;中国的研究重点则放在舆论导向对于社会的影响,更多关注的是会议议程内容正向信息的选择与公告。但是,这些研究都忽略了会议新闻传播是政治系统、媒介系统和社会系统共同建构的政治现实。因此,都很难回答和揭示系统之间的博弈逻辑与规律对于会议新闻传播的影响。

一、西方的会议新闻传播研究

西方何时开始会议新闻的研究,目前,尚没有一个明确的定论。笔者研究,西方最早研究会议新闻传播问题的是马克思。从查阅第一国际总委员会(以下简称"总委员会")会议记录(1864—1871)可以发现,马克思在机关报如何做好会议新闻报道问题上提出了许多具体的指导意见。

马克思亲手创建了第一国际(以下简称"国际"),不仅为国际起草成立宣言和组织章程,而且对于如何开好国际会议,设立会议主席和委员会议书记(会议记录者),如何报道好国际会议也都提出了明确主张。

---

① 任何理论都是实践的产物,新闻学也是如此。据休曼《实用新闻学》介绍,19 世纪初,美国报纸有 200 种,至 1830 年达到 1000 种。美国新闻学教育也是在 19 世纪末 20 世纪初发展起来的。中国近代学者谢六逸在其《实用新闻学》介绍,报纸的职能为世人所重视,不过是 19 世纪后半期的事。至于把新闻学当作一种学问来研究,则为 20 世纪。以美国为例,1893 年约翰生教授在宾夕法尼亚大学主持新闻讲座,1908 年威廉博士在密苏里大学创办新闻学院,1912 年哥伦比亚大学新闻学院正式成立。这两所新闻学院的创办,标志着美国新闻研究机构的正式成立。又如德国在第一次世界大战以后,柏林大学的附属"柏林新闻学研究所"正式成立于 1926 年 4 月。英国伦敦大学设立新闻学讲座也是在第一次世界大战以后。我国的新闻学研究开启于 1918 年,同年,徐宝璜出版《新闻学》著作,其在北京大学成立的"新闻学研究会"标志着中国新闻学科正式确立。新闻学科的确立,与会议新闻研究是同时起步的,会议新闻研究虽然在时序上西方先于中国,但是就研究的系统性而言我国学者要好于西方学者。

按照章程,总委员会的会议一般每周举行一次,每次会议由国际会议委员选出的书记记录。会议记录内容包括:会议时间、会议主题、参会人员、会议主持人和会议讨论形成的决议等。会议记录并不是有文必录,而是只记录发言要点和形成的决议及票决情况。从会议记录的作用看,带有内部文件的性质,不仅可供随时查阅,而且,也可以用来规范国际组织的活动。

按照规定,会议记录要在下一次开会前通过,这也是对于会议记录核实批准的程序。核实和批准会议记录的目的:一是言责自负,每个人要对自己发表的意见负责,这体现了马克思制定的国际宣言的基本精神:"使私人关系间应该遵循的那种简单的道德和正义的准则,成为国际关系中的至高无上的准则。"①二是经过所有当事人认可,应保证记录的真实性与严肃性,每个与会者都要在会议记录上签名。三是便于审视和检查上一次会议的决议情况。四是为媒体的会议报道提供准确的政治信息,国际会议的报道口径一般要以会议记录形成的决议为依据。

关于如何做好会议新闻报道问题,马克思提出了一系列主张:

一是要确保新闻的真实性与准确性。他认为,机关报必须真实、准确、完整地反映国际的基本宗旨和总委员会会议的决议精神。马克思发现《蜂房报》②等报纸在报道关于总委员会因国际总委员会委员、法国人勒·吕贝诽谤他人,被开除出国际的决议时,未经核实就将本来有两人弃权的决议结果报道为"一致通过",马克思对此提出严厉的批评。在1864年11月8日召开的总委员会会议上,马克思指出:"这些报道违反了协会的一个基本原则,即真实性。"③同时,针对《蜂房报》删掉总委员会决议、肢解总委员会提供的报道,以及因拖延发表而伪造时间等问题,马克思对于该报的做法提出明确的反对意见。他提请总委员会委员们注意:"我们把报道交《蜂房报》发表,就是给了这家报纸以道义上的支持,使人们认为我们赞成

① 马克思.马克思恩格斯全集:第16卷[M].北京:人民出版社,1964:14.
② 《蜂房报》是英国工联主办机关报。该报同国际是一种道义上的协议关系。国际赋予其机关报的名义,它承担报道国际活动的责任。国际工人协会在成立后没有自己的机关报。1864年11月,总委员会宣布《蜂房报》为总委员会的机关报。由于经济上比较拮据,总委员会没有能力掌握这家报纸的所有权,更无法改变编辑部的成员,因此此报纸并不能很好地贯彻总委员会的编辑方针,一旦遇到编辑部不赞成的决议,经常采取删节、歪曲的报道方式,甚至不予刊登。此时的所谓机关报的含义,仅指给予该报专门发布总委员会消息的专属权力。
③ 国际共产主义运动史文献编辑委员会.第一国际总委员会会议记录(1864—1866)[M].北京:中国人民大学出版社,1986:32.

它的方针。我们的宣传不用它比利用它更好些。"①马克思的提议得到总委员会委员的一致同意,总委员会会议形成决议,宣布断绝与该报的一切关系。

在确保会议新闻事实的准确性问题上,马克思也提出了明确的主张。在1871年2月21日总委员会会议上,马克思针对《东邮报》关于他在总委员会会议上发言的报道存在许多断章取义和曲解其本意的"胡拼乱凑的写法"等问题提出严肃批评,并提出,报道与会议记录也不一样,这样的报道有害无益。如果再有这样的东西发表,他将提议不准再刊登报道②。米尔纳也表示赞同,并提出:"今后最好是先宣读和批准记录,然后才发表报道。"③

马克思的上述主张,不仅阐明了会议新闻报道必须坚持真实性、准确性的新闻原则,而且也进一步明确了国际与机关报的关系。国际将会议活动的信息通过哪一家媒体进行传播,并不是随意的,这是赋予机关报报道国际活动的专属权,即马克思所说的"给了这家报纸以道义上的支持,使人们认为我们赞成它的方针"。马克思所强调的是,作为机关报对于事实的态度,反映的不仅是媒介自身的问题,而且也将直接反映国际对于政治事实所秉持的态度。如果对于机关报违背新闻真实性原则的报道行为不进行坚决的抵制,那么就是在向资产阶级表明:国际是一个有着虚假意识形态的政治组织,因为国际所主张的意识形态与机关报通过新闻所体现的意识形态取向是难以分开的。如果报纸所传播的信息是虚假的、不真实、不准确的,那么国际的意识形态的真实性就值得质疑,而这一质疑的结果就是对于国际政治合法性基础的破坏,这是绝对不能允许的。

二是要设立专门的会议报道员对报道内容进行审核把关。马克思赞成由总委员会书记负责关于总委员会会议、代表大会和代表会议的报道。因为由总委员会书记负责新闻报道,可以完整、准确地体现会议所形成的决议精神。在1864年11月8日中央委员会会议上,马克思提议:"今后凡给报纸的报道须通过书记递送。"④方纳塔也附议这一主张。这就进一步确定了国际会议专人报道并就此负责的原则。

①　国际共产主义运动史文献编辑委员会.第一国际总委员会会议记录(1864—1866)[M].北京:中国人民大学出版社,1986:226.

②③　国际共产主义运动史文献编辑委员会.第一国际总委员会会议记录(1870—1871)[M].北京:中国人民大学出版社,1988:124.

④　国际共产主义运动史文献编辑委员会.第一国际总委员会会议记录(1864—1866)[M].北京:中国人民大学出版社,1986:32.

同时,马克思赞成并支持国际中央领导机构对报道内容进行讨论把关。这种讨论不仅可以起到报道事实的审核作用,而且对报道者也可以形成一种经常性的检查和警戒,使其能够更准确地反映国际的原则①。

马克思主张设立专人报道国际会议,和对于报道内容进行审核把关的目的,主要是确保新闻事实的真实性和准确性,并不是要操控媒体。因为真实准确的政治信息传播,才能有利于国际与资产阶级的斗争,进而也有利于维护工人阶级的利益。同时,这一主张也是在确立和贯彻新闻失实追责的新闻原则。

三是要对会议记录与会议报道进行严格的区分。会议报道与会议记录具有完全不同的性质和功能。会议报道是新闻,会议记录是文件,是新闻事实的来源。会议报道应该以会议记录为准,以防止断章取义和曲解发言人的意思,但是,也不能把会议记录当作新闻全文不动地发布出去。如果将会议记录不加选择地全文发布出去,那就不是新闻,而是会议纪要。会议新闻所传播的信息应该有所选择,特别是要根据国际所面临的政治形势和工人阶级革命的需要进行选择。信息的选择不仅要回答工人阶级所关心的问题,而且还要有力回击资产阶级对于国际的攻击。

国际会议的报道,按照国际决议,一般要由书记(会议记录人)负责报道,考虑到新闻时效性,国际会议书记一般会在会议记录整理基础上向报纸提供新闻稿件。会议记录作为新闻报道的来源,如果是在没有经过国际会议通过的情况下就进行报道,难免存在一些问题。为了解决存在的问题,国际多次召开会议统一思想,尤其是在 1868 年 5 月 11 日至 1870 年 2 月 21 期间,召开了两次会议就此问题进行了讨论。在 1868 年 5 月 11 日的会议上,有委员对书记埃卡留斯发表在《蜂房报》上的报道存在的技术性错误提出批评。马克思考虑到作者的身份,要求以后报道中"不允许埃卡留斯先生任意使用总委员会委员的名字",以免有损国际的事务。为避免以后再出现此类问题受到指责,埃卡留斯提出:"最好是在公布之前有人批准报道。"②此次会议对此问题没有形成明确的决议意见。1871 年 2 月 21 日,总委员会会议继续讨论这一问题。委员米尔纳提出,报道要在上次会议记录通过后才能进行。委员荣克认为:"这个办法固然不错,但是报道就得推迟一个星期(因为委员会按规定一个星期开一次会)。有许多东

---

① 陈力丹.马克思主义新闻观思想体系[M].北京:中国人民大学出版社,2006:101.
② 国际共产主义运动史文献编辑委员会.第一国际总委员会会议记录(1868—1870)[M].
  北京:中国人民大学出版社,1987:90.

西是需要立即发表的。再说，报道和会议记录是有所不同的，不能把会议记录全部发表。"马克思对此表示赞成，他指出，会议报道与会议记录"应该有所不同，他们应该写得更严肃认真"①。从会议记录的前后文看，马克思主张将会议记录与会议报道区别开来，潜在的意思是，尽管为了确保新闻的时效性，虽然不一定非要经过下次会议讨论后再做报道，但是，作为会议新闻还是应该写得更严肃认真，不应该将会议记录不加选择地通通发表出去，这种做法是不能允许的。这里强调的"更严肃认真"，不仅是在强调新闻报道事实选择所应秉持的严肃认真的态度，而且也是在强调新闻报道舆论引导功能上的作用。

四是坚持内外有别，不能把内部矛盾通过大众媒体公开化。马克思鉴于第一国际组织创办之初比较弱小的实际，主张对于国际内部的矛盾和争论应遵循内外有别的原则，对于国际内部出现的矛盾要通过组织渠道处理，不允许国际的各级机关报进行公开报道。1871年在国际伦敦代表会议上，追随巴枯宁派的《进步报》和《团结报》未经批准，便把国际内部的矛盾公之于众，引起了不良的社会舆论。为防止类似的问题再次发生，马克思在其所起草的会议决议中明确指出："如果国际的任何机关报效法《进步报》和《团结报》，在它们的篇幅内当着资产阶级公众讨论那些只应在秘密会议上予以讨论的问题，那么，总委员会今后有责任一概予以公开揭露和拒绝承认。"②内部会议涉及许多不宜公开的信息，这些信息因当时的政治环境和时机等因素不宜向外界公开，过早公开将不利于国际开展工作。尤其是国际内部成员之间由于认识和主张的不同，难免存在一些矛盾与冲突。但是，这些矛盾和冲突只要没有影响会议做出正确决策，那么会议新闻就不应该披露。矛盾和冲突的解决属于国际内部事务，应该由国际通过组织程序进行处理，新闻披露这些矛盾只会加剧国际内部的分歧，不利于国际内部团结。更为重要的是，这将为国际的敌人提供攻击国际的口实。

五是广泛邀请记者采访并授权他们宣传国际会议，利用更多的报纸扩大国际的影响。马克思在国际成立伊始，就主张国际的代表大会和决定公开的代表会议要广泛邀请记者采访报道。比如1867年11月19日的总委员会会议，就邀请了英国和爱尔兰的记者出席会议。会议就英国政府镇压爱尔兰芬尼亚社问题进行辩论。马克思在会后写给恩格斯的信中介绍说：

---

① 国际共产主义运动史文献编辑委员会.第一国际总委员会会议记录（1870—1871）[M].
北京：中国人民大学出版社，1988：124.

② 陈力丹.马克思主义新闻观思想体系[M].北京：中国人民大学出版社，2006：99.

"关于芬尼亚运动的辩论(上星期二)是公开进行的,而且《泰晤士报》也报道了这方面的消息。都柏林的报纸《爱尔兰人报》和《民族报》也都有记者在场。"①1870年4月,在伦敦,有法国人冒充国际进行活动。为澄清事实,马克思在5月3日的总委员会会议上提交了一份由他起草的总委员会声明。会议记录记载:该声明"获得一致通过,并安排予以签署。把一份抄件交给报纸记者科宁斯比和哈特威尔,他们经特别允许出席了会议。又安排把几份抄件寄交国外报纸"②。

为了扩大国际会议影响,马克思提议有关国际会议的报道不仅要提供给机关报,而且也要尽可能地在其他报纸上发表。在1866年7月10日的总委员会会议上,马克思就上一期《共和国》没有刊登中央委员会活动的报道一事,询问福克斯是怎么回事。在福克斯做出详细说明后,经多位委员讨论并形成决议:"今后,我们不要把我们的报道局限于一家报纸,而投给凡是愿意刊登的不论哪一家报纸。"③

马克思的这一主张,体现了马克思开放的新闻观。要让更多的媒体,而不仅仅是机关报报道国际会议和传播国际的声音,而且还应该敞开大门,欢迎更多国家的媒体采访报道国际会议,以扩大国际的世界影响。通过更多国家媒体的报道,让全世界无产阶级觉醒并团结起来,为夺取无产阶级的最后胜利而奋斗。

以上文献内容显示,马克思对于机关报如何做好国际会议新闻报道的意见是明确和全面的,体现了马克思一贯的新闻主张,为无产阶级党报做好党的会议新闻报道提供了指南。

目前掌握的资料显示,西方学术界的会议新闻研究起步较晚,20世纪初才开始关注会议新闻,且此时的研究尚不够系统,仅将会议活动列入采访报道范围,其他方面的涉猎并不多,因此,还算不上严格意义上的学术研究。美国学者休曼的《实用新闻学》(1913年出版)和英国学者斯蒂德的《新闻学的理论与实际》(1947年出版)等均属此类。休曼的《实用新闻学》一书"第四章 探访"提道:"每逢会集,必先面见演说之人,叩其说辞之大要。或得其演稿,摘取其要点,草为初稿。"④除此之外,休曼并没有就

① 马克思.马克思恩格斯全集:第31卷[M].北京:人民出版社,1964:403.
② 国际共产主义运动史文献编辑委员会.第一国际总委员会会议记录(1868—1870)[M].北京:中国人民大学出版社,1987:124.
③ 国际共产主义运动史文献编辑委员会.第一国际总委员会会议记录(1864—1866)[M].北京:中国人民大学出版社,1986:206.
④ 休曼.实用新闻学[M].史青,译.北京:中国传媒大学出版社,2018:51.

会议新闻其他方面的问题进行探讨。当时,美国新闻界对于会议采访有明确的规定,并不允许记者随意采访官方的会议。比如《芝加哥脱列宾日报》就规定:"如有名人演说,宜先期邮报本馆,由馆中酌定","政治新闻不可有私见党见杂糅其间,且必其足以动全国人士之兴趣,徒关一地之选举报告,得本馆命令,可报之","集会演说等事,经本馆命令,可报之"①。在英国学者斯蒂德的《新闻学的理论与实际》一书中并没有涉及会议新闻的相关研究内容。在他看来:"新闻的来源愈系官方,完全可靠的成分便愈少。"②由此可见,当时的西方学术界对于会议新闻传播并没有给予足够的重视和系统的理论研究。

西方媒体对于官方的会议和政治人物的演讲始终保持一种谨慎的态度。之所以会产生这种情况,与政府严格的新闻管理是分不开的。"英国议会的议事内容向来对民众保密。议会的提案和演说均属秘密,任何违反保密规则的议员都有可能被传唤"③1660 年 6 月,英国斯图亚特王朝复辟,王朝实施了非常严格的新闻管理。英国国会颁布决议,规定非经允许绝对不准刊载国会消息。1747 年,《绅士杂志》的编辑爱德华·凯夫,因报道上议院会议内容被逮捕,并被押解到上议院受审。这一禁令,到 1772 年在社会舆论和新闻界持续的抨击下才被迫废除。1830 年,国会同意专设记者席,并通过法案承认记者报道国会消息和批评国会不属诽谤罪④,这一过程历经 170 余年。这期间有关国会的新闻报道都是严格禁止的,在这样的历史背景下,19 世纪至 20 世纪初期的新闻学涉及政府的会议新闻研究比较少就可以理解了。

立国前的美利坚各殖民地大体也沿袭了英国的秘密会议办法,会场大门严禁向外界开放。1774 年 9 月 4 日第一次大陆会议和 1775 年 5 月 10 召开的第二次大陆会议,以及 1787 年 5 月 25 日召开的联邦制宪会议都采取的是密室会议形式,参加会议的成员都要逐一进行保密宣誓,会议讨论的内容不许向外界包括自己的家人透露。这种保密原则一直延续到建国初期举行的国会会议。众议院作为与美国民众联系比较紧密的立法机构,成立不久就向公众敞开会议大门,吸收公众代表参加会议,允许记者旁听并进行会议报道。而作为贵族院的美国参议院会议自 1789 年 3 月 4 日举

①　休曼.实用新闻学[M].史青,译.北京:中国传媒大学出版社,2018:72 - 73.
②　斯蒂德.新闻学的理论与实际[M].王季深,吴饮冰,译.北京:中国传媒大学出版社,2018:136 - 137.
③　弗罗斯特.美国政府保密史:制度的诞生与进化[M].北京:金城出版社,2019:5.
④　参见沈固朝.欧洲书报检查制度[M].南京:南京大学出版社,1999:118.

行首次会议起就实行严格的闭门政策,即使是美国总统也不得进入参议院会场,所有议题都是在秘密的情况下审议的。参议院有一条严格的保密规定,即"当大门关闭时或每当主席下令时,便应遵守不可侵犯的保密制度,这一制度对参议院中处理一切事物均适用"①。除了总统,参议院会议更是严禁向众议员、公众和新闻记者开放。正因为参议院始终奉行神秘的闭门政策,许多美国人"认为参议院是一处黑暗神秘之地,里面不断酝酿着反对公共利益的秘密阴谋"。② 这种秘密会议政策直到1802年1月2日在政界、新闻界和社会公众的压力下,"参议院才最终投票允许速记员和其他记录人员进入参议院会场,并指定其就座于(参)议长所分配的位置"③。会议的辩论情况始见报端。因此,这也是美国早期的新闻学著作更加关注"如何获取秘密会议内容"的原因了。

进入20世纪80年代西方学术界才形成了比较集中的会议新闻研究,这些研究体现在两个层面:

一是会议新闻实务方面的研究。两次世界大战之后,随着西方国家民主政治的迅速发展,美国政府认为,总统和政府的决策和政策要赢得民众的支持,就需要媒体的配合。同时,美国民众的政治参与意识也在不断增强,需要通过媒体了解政府的有关运行情况以及政治和政策信息。为适应这一需要,媒体和学界都投入了大量精力来研究会议新闻报道问题。作为政治政策信息的源头,总统的记者招待会、新闻发布会、国情咨文、演讲以及政府会议都被媒体给予了极大的关注和报道。但是,如何把握会议新闻报道规律,增强会议新闻传播的吸引力,如何获得秘密会议的信息,如何培养新闻界用得上的新闻人才,这些成为学术界和高校普遍关注的重点问题。英、美、法、德等国的许多知名大学都纷纷开设了新闻学课程,尤其是美国的新闻教育更加注重新闻实战训练,新闻学教程大多围绕演讲、记者招待会和新闻发布会等传授具体的新闻采访与写作方法,其新闻实用性较强。

美国学者杰克·海敦于1980年出版的《怎样当好新闻记者》一书,其中第29章就有关于政府及其政府会议的报道问题,详细论述了如何获取信息来源、培养采访经验、有效利用会议材料等④。梅尔文·门彻的《新闻

---

① 弗罗斯特.美国政府保密史:制度的诞生与进化[M].北京:金城出版社,2019:85 - 86.
② 弗罗斯特.美国政府保密史:制度的诞生与进化[M].北京:金城出版社,2019:89.
③ 弗罗斯特.美国政府保密史:制度的诞生与进化[M].北京:金城出版社,2019:108.
④ 海敦.怎样当好新闻记者[M].伍任,译.北京:新华出版社,1980:239 - 247.

报道与写作》、卡罗尔·里奇的《新闻写作与报道训练教程》、布鲁斯·D. 伊图尔的《当代媒体新闻写作与报道》和布雷恩·S. 布鲁克斯等人编著的《新闻报道与写作》等新闻学教程中都设有单元或章节探讨演讲和新闻发布会的新闻采访与写作,对于采访要点和报道要素以及会议新闻采访写作中要注意的问题进行了具体论述。可见,美国的新闻学教程重在训练和培养学生的新闻采写能力。遗憾的是,这些研究都拘泥于新闻操作的微观层面,缺乏系统的会议新闻理论的建构,所以很难有创新的理论突破。

　　二是政治与媒介关系的研究。政治与媒介的关系,说到底是总统与媒介的关系问题。这一关系始终伴随着复杂的政治博弈——操控与反制和政治建构与解构。2000 年以来,美国的一些学者从不同的角度揭示了总统与媒介既合作又敌对的关系。通过对这一关系的揭示,可以清楚地了解美国政治的运作特点和美国总统与白宫是如何操控媒介推销其政策以及媒介又是如何反制和解构政治的。比较有代表性的研究成果有,库玛的《美国总统的信息管理——白宫的新闻操作》、戈瑞伯尔的《大众传媒与美国政治》、帕雷兹的《美国政治中的媒体:内容和影响》和班尼特的《新闻:幻象的政治》等几部著作。

　　库玛的《美国总统的信息管理——白宫的新闻操作》一书从白宫的新闻管理入手,直指美国总统操控媒体和新闻的内幕,将美国总统与媒介的复杂关系比较客观全面地呈现于人们面前。库玛认为:"无论现代社会的历任总统推出什么政纲,属于什么政党,处于怎样的社会环境,都会与国民建立正常的联系,根据具体需要向他们通报自己的各项方针政策,以及对国内外重大事件的看法,劝说他们采取行动或保持耐心。"①总统们知道,"公众身上集中体现了总统的政治力量,而总统与他们沟通的主要渠道则是新闻机构"②。而若想获得"专爱找碴挑刺"媒体的关注,并不是一件容易的事,这需要白宫新闻管理机构及其顾问们"设计出既符合常规又能及时回应新闻机构要求的若干策略"③。库玛在书中,一方面分析了白宫通讯宣传机构及其运行机制,介绍它们如何拥护总统,如何保护总统免受批评者的伤害,如何向媒介和民众解释政府的各项行动和政策以及协调各政府部门宣传工作的运行情况;另一方面,介绍了白宫通讯宣传机构如何把

①　库玛.美国总统的信息管理——白宫的新闻操作[M].朱建迅,译.南京:南京大学出版社,2011:1.

②③　库玛.美国总统的信息管理——白宫的新闻操作[M].朱建迅,译.南京:南京大学出版社,2011:2.

握时机,通过策划总统讲话、确定政策议程、发布国情咨文和安排总统会见记者等形式来操控媒介,解释总统政策和决定,向新闻界推销总统的政策和决定。

戈瑞伯尔的《大众传媒与美国政治》、帕雷兹的《美国政治中的媒体:内容和影响》和班尼特的《新闻:幻象的政治》等几部著作则关注媒体对于政治的反制与解构问题。几位学者看到的是美国政府与媒介的"敌对关系"①。虽然总统与媒介都知道谁也离不开谁,但是两者的用意和目的却截然相反。总统需要媒介的积极配合,有效推销他的政策和决策,展示其正面的形象;而媒介则需要总统的所有信息以吸引公众的眼球,无论是好的还是坏的,尤其需要坏的信息。媒介知道,一味地配合总统和白宫进行正面宣传,并不符合媒介自身的利益。媒介所需要的永远是冲突和丑闻,因为只有这样的信息才能吸引更多的公众眼球,换取更多的媒介利益。

新总统上台后,媒介与总统会有一段十分短暂的"蜜月期",总统的声音会得到正面的传播,但是随着总统和白宫执政活动的展开,尤其是在一些决策和政策遭到国会的强力反制,总统又试图操控媒体为其利用并使媒体的利益受到侵害的时候,"蜜月期"很快就会转为"敌对期"。戈瑞伯尔在分析总统与媒介的博弈关系时指出,为了获得并保持公众的支持,维护其权力,总统始终希望"以自己的方式来定义当前局势,突出形象"②,并能影响媒体向公众传递这些信息。然而,"新闻人有自己的目标:他们想监视并评估政府的行为,因为受到来自新闻界的经济压力,即展示令人振奋的报道以吸引大批读者,这常常意味着记者需要打听冲突和争论消息或者设法获悉那些官员希望保持沉默的事情……政府总是希望其形象照是从最佳的角度拍摄的,至少希望避免形象不佳的照片;而媒体总是希望找到政府盔甲的缝隙,为了获得最多的观众,他们更愿意拍摄自然、真实地显示政府糟糕的照片"③。媒介为什么会与政府作对呢? 戈瑞伯尔分析指出,主要是因为越南战争和水门事件让媒体失去了对政府的信任。媒体认为"这两次事件是基于错误的前提,涉及政府的虚假宣传、谎言及非法掩饰。从那时起,新闻界又一次变得多疑和敌对,多数情况下假定所有政策都是有问题的、政府有不良动机、编撰欺骗性的新闻,除非政府能提供相反的证明"④。

在政治新闻对于公众的影响方面,几位学者重点探讨了政治信源的操

---

①②③　戈瑞伯尔. 大众传媒与美国政治[M]. 张萍,译. 南京:南京大学出版社,2011:218.

④　戈瑞伯尔. 大众传媒与美国政治[M]. 张萍,译. 南京:南京大学出版社,2011:217.

控以及政治新闻不同框架选择对于公众的影响。在政治信源的操控上,帕雷兹分析了政府是如何控制信息的。他指出:"政府机构并不愿意向追根究底的记者透露一切"①,因此他们会想尽一切办法来操控媒介。一是消极的信息封闭与控制。帕雷兹在其《美国政治中的媒体:内容和影响》一书中指出,虽然美国媒介可以凭借《信息自由法案》向政府提出信息公开的申请,但是美国政府仍然可以采取一系列的手法来破坏法案的执行。诸如:"声称因为人手短缺无法满足 10 天期限;对寻找和复制文件的记者收取高额费用;声称文件已经丢失或被转移其他机构;不加区别地封锁所有有关该文件的信息。以上种种可能会产生完全误导记者的结果。"②二是积极的信息操控。戈瑞伯尔在《大众传媒与美国政治》一书中分析了四种操控方式,包括:总统利用好的新闻素材,为个别信得过的记者提供独家新闻来操控媒介,赢得支持;总统通过插手新闻评论和控制与新闻界的联系来引领新闻的方向;总统策划制造有新闻价值的事件,在宣布重要公告之前封锁新闻以加强悬念;在没有新闻的时候,举办公告庆典仪式,在媒体上做盛大宣传;通过总统的网站发布政策和决策信息;等等③。

　　总统和白宫对政治信源的操控是一回事,而媒介能否对于政治进行有效的解构则是另一回事。媒介并不心甘情愿地做政府"顺从的仆人",相反,他们更愿意充当"看门狗"和"捣蛋鬼"的角色。媒介通过对新闻框架的选择和新闻建构方式来解构政治、影响公众。戈瑞伯尔将美国政治新闻建构概括为"镜子模式、专业模式、组织模式、政治模式和平民模式"④,每一种模式其新闻主张和政治倾向各有不同,其对于受众的政治影响自然不同,而公众看到的也自然是不同图景下的美国政治现实。班尼特则揭示了美国政治新闻普遍存在的"个人化、戏剧化、碎片化与权威—失序"⑤的信息倾向对于美国公众的影响。帕雷兹则分析了美国媒体运用"支援式、善意式、削弱式和颠覆式"等政治幽默方式对于总统和白宫政策的"嬉戏"与解构。班尼特认为,是政府与媒介共同建构了一个幻象的政治。美国政治和媒介的"日常行为充斥着越来越多的政治运作、耸人听闻的小道消息和内幕爆料……处于主导地位的政治形象,一旦被民众接纳,据此采取行动,

---

① ② 帕雷兹.美国政治中的媒体:内容和影响[M].宋韵雅,王璐菲,译.南京:南京大学出版社,2010:97.

③ 戈瑞伯尔.大众传媒与美国政治[M].张萍,译.南京:南京大学出版社,2011:228－230.

④ 戈瑞伯尔.大众传媒与美国政治[M].张萍,译.南京:南京大学出版社,2011:19.

⑤ 班尼特.新闻:幻象的政治[M].杨晓红,王家全,译.北京:中国人民大学出版社,2018:55.

这种政治形象就能创造出一个自己的幻象世界,尽管这样一个世界从一开始根本就不曾存在。新闻中的犯罪率激增的消息与现实生活中的犯罪率水平可能并没有什么关系,但会导致更多人投入监狱的公共政策出台。这样一来,新闻幻象就变成政治现实"①。在这样的新闻轰炸下,美国民众所感受到的美国政府决策和政策都是愚蠢的、错误的。之所以如此,主要是媒介新闻框架选择的"犬儒主义味道"②,"对关于表面价值的解释几近怀疑的偏见,均将之归咎为卑鄙动机"③,"因此,重复出现在政府与政治相关报道中的框架有官僚无能、效率低下和浪费、贪污、一心争取选票的政客、赛马式的选举、出于谋划和策略而非实质的政策制定以及政府内部的派系斗争"④,这种报道和解构政治的效果必然是"和漫画一样……经常会造成扭曲的印象,因为它们不能详细或完整全面地报道事件"⑤。

这些研究虽然没有直接探讨会议新闻传播问题,但是却比较深刻地揭示了美国政府与媒介之间的博弈关系,以及会议活动的政治信息是如何在总统及其新闻管理机构与媒介博弈的过程中传播的。它们生动描绘了西方政治信息传播过程中错综复杂的政治博弈景观,对于研究美国会议新闻传播问题,具有重要参考价值。

二、中国的会议新闻传播研究

我国学术界的会议新闻研究,从 1918 年北京大学成立"新闻研究会"就开始起步了,到今天经历了上百年历史。学术研究总体呈现着由引进消化到经验梳理,由宽泛无界到规范定位,由碎片化探讨到系统性研究的演进特点。

随着西方新闻学的引进和我国新闻学学科的确立,会议新闻研究也开始起步。20 世纪 20 年代,我国一批学者从英、美、法等西方国家学成回国,并从留学所在国引进了几部新闻学著作,同时开始编写自己的新闻学教程,建构我国自己的新闻学学科。徐宝璜从美国密歇根大学留学回国到北京大学讲授新闻学。1918 年北京大学设立"新闻学研究会",次年,徐宝璜出版了中国第一部新闻学著作,该著作成为我国新闻学理论的奠基之作。由此,我国新闻学研究正式启动,会议新闻研究也随之兴起。

① 班尼特.新闻:幻象的政治[M].杨晓红,王家全,译.北京:中国人民大学出版社,2018:自序.

②③④ 帕雷兹.美国政治中的媒体:内容和影响[M].宋韵雅,王璐菲,译.南京:南京大学出版社,2010:73.

⑤ 戈瑞伯尔.大众传媒与美国政治[M].张萍,译.南京:南京大学出版社,2011:2.

徐宝璜在《新闻学》第六章"新闻之采集"之第九节"报告集会之法"中系统论述了会议新闻采访要注意的问题。这些问题包括访员宜早到会场，利用会前调查集会原因，面见演说人，了解演说内容。演说人演说的内容不必全记，要用心静听，注意演说的精彩观点，惊人之语和常用口头禅等。编辑不能仅靠访员的会议记录，宜迅速编辑，以免忘记一二事实。对于极重要人物的演说宜采用连环笔记法，因为重要人物的演说一字一句都有刊载的价值，据此，报馆宜派多名记者，以五分钟为限，对演说内容进行接续性的记录和整理①，等等。徐宝璜的研究虽然受休曼的影响比较明显，但是却比休曼的研究更为全面和系统。他没有使用"会议新闻"或"会议报道"的概念，而是用"意内新闻"（事先知道会议活动安排）来概括"选举会、演说会、纪念会"等会议报道问题，并要求"新闻社之对于意内新闻也，应将其略示予先记之于一簿中，每日开视之，即知当日有何事举行，可派员届时亲去探视"②。这是要求编辑要随时注意根据不同时间举行的会议活动，安排好记者及时进行采访和报道。与徐宝璜同在北京大学讲授新闻学的邵飘萍，也于1923年出版了《实际应用新闻学》一书，该书也对会议新闻的采访要点和应注意的问题进行了具体论述。该书第十一章具体探讨了普通会议、展览会、音乐会、夜总会、跳舞会、宴会、游园会、慈善会及竞技会和各种仪式活动等采写要注意的问题，并将会议新闻与其他聚会活动类新闻统称为"裸体新闻"③。伍超（留学美国）的《新闻学大纲》（1925年）中的第四章"探访新闻概论"也具体探讨了普通集会、展览会、音乐会、夜总会、西式宴会、竞技会、慈善会和游园会以及各种仪式新闻采访要注意的问题。伍超的研究沿袭了邵飘萍的会议新闻定位和研究思路，并没有大的突破。两位学者的会议新闻认知都有些泛化的味道，凡是涉及"会"字的活动，都被纳入会议新闻研究和报道范畴。

可见，当时学术界的会议新闻界定和认知是不够规范的。正因为如此，此时报纸的会议新闻也呈现出连篇累牍、泛滥成灾的态势，这也是他们之后的一些学者反思并试图探讨解决的问题。1928年周孝庵的《最新实验新闻学》出版，该书反思了这一时期"开会新闻"泛滥成灾的现象，并提出了改进意见。他在该书的第二编"新闻编辑法"第五节"开会新闻"中指出："社会之组织愈复杂，则社团之组织愈多，吾国报纸之'开会记事'，累

① 徐宝璜. 徐宝璜新闻学论集［M］. 北京：北京大学出版社，2008：71 - 72.
② 徐宝璜. 徐宝璜新闻学论集［M］. 北京：北京大学出版社，2008：67 - 68.
③ 邵振青. 实际应用新闻学［M］. 北京：北京京报馆，1923：125 - 130.

篇累牍,司空见惯,殊不知重要社团之开会,固有刊登之价值,若无甚者重要之社团开会,报纸故无许多地位,为之刊载。"①他在分析会议报道泛滥的原因时指出:"社会中恃'开会'为生活者甚众,唯恐其新闻不见于报纸,尤惧其'姓名'不见于新闻,一小小问题,则必今天开会,明天开会,使其'真姓大名'在报纸上'不落实',而其目的乃达,报纸成此种无肠公子式的'名人'者甚多。如沪南商帮联合会之一段常会记事,亦某人发言,某人附议,开得'不亦乐乎'其实所议者,仅属于一会寻常之'会务',自有该会议事录可以记述,对于'会'以外之社会大部分人,均无关系,故绳之以新闻价值,绝无刊载之必要,兹试改为新闻,则可短焉。"②周孝庵认为,开会新闻不能不分会议是否重要,不看与社会公众有无关系,不管社会公众是否需要,而应有所选择。为此,他提出四条原则:"①少数人不重要之集会,不必刊载,②除有名人物外,新闻中不必记入到会者之姓名,只记到会之人数足矣,③只登决议案,某人发言,某人附议,均可略,④讨论之范围仅属于一会而性质又不甚重要者,与社会无直接关系,可代以'余议会务而散',其议事则详记该会'议事录'中可也。但重要之集会,而讨论之问题又与多数人有关者,自有'愈详愈妙'之价值'。"③周孝庵的见地颇有深意,今天读来,仍具有指导价值。

从以上研究成果看,近代中国新闻学的会议新闻研究也侧重于会议新闻采访以及会议新闻报道要注意问题的研究。同时,当时的会议新闻仅限于社会组织的各类会议活动的报道,政府的会议活动报道基本没有涉及。其主要原因也是由于民国政府实行政治信息封锁政策,严禁报人旁听国会会议,更不用说报道了。袁世凯政府在民国初期出台的《出版条例》④名义上是支持新闻出版自由,但是对于涉及民国政府的报道却是严格禁止的。《出版条例》第十条第七款就明确规定:"国会及其他官属会议按照法令禁止旁听者。"⑤不仅不允许报人旁听国会会议,而且为了防止报纸通过其他途径了解和报道国会会议内容,《中华民国暂行新刑律》还设有妨害公共秩序的法律条文,该法律规定,凡是涉及报道有关国会内容的报纸,都将受

---

① 周孝庵.最新实验新闻学[M].上海:中华书局,1928:286.
② 周孝庵.最新实验新闻学[M].上海:中华书局,1928:287-288.
③ 周孝庵.最新实验新闻学[M].上海:中华书局,1928:288.
④ 此条例是袁世凯就任总统后颁布的。虽然该条例名为允许新闻出版自由,但是其必须是在不触及统治者政治利益的前提下才可以获得的,如有违背就会受到法律的制裁。
⑤ 柏德逊.中国新闻简史:古代至民国初年[M].广州:暨南大学出版社,2013:39.

到"诽谤或其他诉讼"①。

20 世纪 50 年代,我国台湾新闻学者对会议新闻也给予了关注。王洪均于 1955 年出版的《新闻采访学》,该书单列一章,研究了"集会演讲与节日新闻"的采访与写作问题,他也以"集会"代替"会议"的概念②。1974 年之后,我国台湾新闻学者开始聚焦政治性会议新闻的研究。具有代表性的有 1974 欧阳醇出版的《实用新闻学》和 1984 年李瞻出版的《新闻采访学》。欧阳醇的《实用新闻学》不仅介绍了相关主管部门的性质、级别、设置问题,而且还强调了记者在采访时要注意的问题,提出了对于会议"不可有文必录、要对偶发事件的'权益问题'采访等原则"③。李瞻在《新闻采访学》中系统论述了采访、写作、报道技巧及要注意的事项等④。两位作者将会议新闻研究的重点聚焦于政治性会议上。将会议新闻界定为政治会议,初步解决了会议新闻定位泛化的问题,但是,其不足仍然体现在缺乏理论的系统梳理与阐释方面。

2003 年以前,我国各级媒体的会议新闻报道也如周孝庵《最新实验新闻学》所指出的那样,不管什么会议,也不管是否重要,不管是否有新闻价值,也不看受众是否需要,凡有官员出席的会议,一律逢会必报(新中国成立后我国媒体对于社会组织召开的常规会议一般不予报道),各级媒体几乎成了会议活动的大看场。地方媒体,尤其是广播电视(市县台)的新闻节目基本不固定,有会议、有领导活动就有新闻节目;没有会议、没有领导活动就没有新闻节目。而且节目时间长短一般是根据官员的职务高低大小决定的。主要领导的报道时间就长一些,其他领导按照职务排序相应递减。会议新闻基本是领导讲话的节选,基本看不到新闻的影子。报纸的会议新闻也是如此,除了会议程序就是出席会议领导人员的名单和领导讲话提纲。会议新闻无新闻的现象比较普遍,会议新闻报道模板化、僵硬化、冗长化的问题十分突出。

"文化大革命"十年,我国新闻界和学术界受到了很大的政治冲击。受"四人帮""事实为政治服务"的新闻操控影响,新闻媒介异化为政治的工具,学术界的学术活动也基本停止。正如陈昌凤所指出的那样:"对于中

①　参见柏德逊. 中国新闻简史:古代至民国初年[M]. 广州:暨南大学出版社,2013:39.

②　王洪均. 新闻采访学[M]. 台北:中正书局,1955:199–211.

③　欧阳醇. 实用新闻学[M]. 台北:华欣文化事业中心,1974:330–336.

④　李瞻. 新闻采访学[M]. 台北:三民书局,1991:135–198.

国新闻界来说,'文化大革命'时期不堪回首,新闻报道'假、大、空',新闻学研究跌入低谷,新闻教育一度被停业取消,新闻工作者受到迫害。"①我国学术界的会议新闻研究在此期间也处于缄默状态。

改革开放后,我国新闻学教育和新闻学研究得以迅速恢复。1978年,中国社会科学院成立新闻研究所,其研究生院开始招收新闻学研究生。到1983年,全国已有21所院校开设新闻专业②。自此,新闻学研究进入了一个繁荣时期,会议新闻研究也呈现出活跃的局面。推进会议新闻改革在学术界和新闻界成为了普遍共识。在学术界与新闻界呼吁会议新闻改革的同时,中共中央对此也给予了高度重视。2003年,中央做出改进会议和领导活动新闻报道的决定,在这一东风的吹拂下,围绕如何推进会议新闻改革,提高会议新闻质量,学术界和新闻界进行了广泛的讨论。

据不完全统计,从1988年至2018年间,我国出版了各具特色的新闻学基础理论专著及教材等100余部③,其中,许多著作都对会议新闻进行了不同角度的探讨。与此同时,《新闻界》《新闻传播》《新闻战线》《新闻记者》等学术期刊均开设专栏,就改进和创新会议新闻报道进行了持续的学术探讨,会议新闻研究形成了学术热点,笔者在中国知网输入"会议新闻"一词,获得相关研究论文达3400多篇。进入21世纪,会议新闻研究专著也开始面市,由此,我国会议新闻研究进入了系统的理论阐释阶段。

这一时期,出现了一些比较有代表性的学术研究成果。

在学术论文研究方面,大体分为四类。一是新闻实务研究。这类研究大都聚焦会议新闻的采访与写作,着重探讨新闻采访与生产的方法问题。如李希光等的《会议新闻的采访与写作》④、段宏等的《会议新闻的选题及表达技巧》⑤等。二是会议新闻改革创新研究。这类研究大都探讨的是会议新闻本体,即新闻采访与写作的创新问题,并没有从政治系统、媒介系统和社会系统整体把握上提出可行的改革方案。如林小生的《会议新闻改革与创新初探》⑥、徐君康的《会议报道的创新及策略》⑦和蒋剑翔的《让会议

① 陈昌凤.中国新闻传播史:传媒社会学的视角[M].北京:清华大学出版社,2009:321.

② 陈昌凤.中国新闻传播史:传媒社会学的视角[M].北京:清华大学出版社,2009:342.

③ 童兵.中国新闻学研究百年回望[EB/OL].[2019-09-20].http:www.cssn.cn/index/inex.

④ 李希光,郭晓科.会议新闻的采访与写作[J].新闻传播,2011(11):6-8,12.

⑤ 段宏,戈广安.会议新闻的选题及表达技巧[J].新闻爱好者,2008(12):33.

⑥ 林小生.会议新闻改革与创新初探[J].新闻界,2008(5):188,159.

⑦ 徐君康.会议报道的创新及策略[J].当代传播,2003(2):92-93.

新闻出新出彩——创新会议报道 20 法》①等。三是实证式研究。该类研究多聚焦"两会"和一些重要会议的新闻报道案例和新媒体报道特色等，着重研究梳理一些带有规律性的新闻实务的操作方法。如张瑞《会议新闻的网媒呈现模式研究——以人民网 2016 年两会报道为例》②和曹航的《融媒时代党报会议新闻报道创新之道——以党的十九大报道为例》③。四是中西媒介会议新闻报道的比较类研究。该类研究大多聚焦中国和西方国家通讯社和权威媒体的国际重要会议新闻报道的差异研究。如丁柏铨、蒋潇的《中美主流媒体会议新闻比较研究——以〈人民日报〉和〈纽约时报〉对联合国系列峰会和 G20 第三次峰会的报道为例》④，该文围绕两国主流权威报纸对国际系列峰会的报道，在报道数量、报道体裁、报道内容、报道方式等方面进行了比较研究。孟建、左玥的《改进会议报道：我国新闻改革亟须突破的一大瓶颈——兼论中西方会议新闻报道理念与实务的异同》⑤则从传媒政党关系、新闻价值判断、新闻教育方法三方面进行了探讨。

在新闻学著作方面，1991 年，蓝鸿文的《专业采访报道学》出版，该书将会议报道纳入政治采访范畴，并且单独列出一节，系统论述了党代会、人代会和政协会议的采访报道问题。该书围绕"怎样使'三会'报道出新""把握'三会'的性质和特点""会上会下、会内会外结合""做好记者招待会的采写工作"等问题，比较系统地探讨了"三会"新闻报道的规律和方法等问题⑥。这些研究的经验梳理味道比较浓厚，虽然这些梳理来自于新闻实践，但是在新闻实务操作技巧方面的创新突破并不明显。

21 世纪初，我国引进了美国一些著名大学的新闻采访与写作教程，国内一些学者也借鉴西方新闻教程体例编写了一些教科书。这些著作注重会议新闻采访与写作技巧的探讨，其主要目的是要解决新闻学教育理论脱离实际的弊端，同时，也是要推动解决会议新闻的"空洞化、模板化和公文

---

① 蒋剑翔.让会议新闻出新出彩(一)——创新会议报道 20 法[J].新闻与写作,2011(11)：80 - 83.

② 张瑞.会议新闻的网媒呈现模式研究——以人民网 2016 年两会报道为例[J].今传媒,2016(11)：64 - 65.

③ 曹航.融媒时代党报会议新闻报道创新之道——以党的十九大报道为例[J].青年记者,2018(8)：49 - 50.

④ 丁柏铨,蒋潇.中美主流媒体会议新闻比较研究——以《人民日报》和《纽约时报》对联合国系列峰会和 G20 第三次峰会的报道为例[J].新闻传播,2010(2)：6 - 9,13.

⑤ 孟建,左玥.改进会议报道：我国新闻改革亟须突破的一大瓶颈——兼论中西方会议新闻报道理念与实务的异同[J].新闻传播,2009(12)：6 - 8,10.

⑥ 蓝鸿文.专业采访报道学[M].北京：中国人民大学出版社,1991：39 - 43.

化"的问题。这些研究多集中在演说、会议和记者招待会的采访写作上,更多是西方会议新闻采访与写作观点与方法的中国式阐释。如高岗2005年出版的《新闻写作精要》中的"演说与会议新闻的写作"、石坚2008年出版的《新闻写作学》中的"会议与演说新闻"的研究等。这些学者的研究侧重于会议新闻采访与写作方法和技巧的介绍,但研究的系统性和理论深度尚显不足,尤其是对在中国语境下如何进行会议新闻改革这一问题缺乏有见地理论阐释。值得一提的是,2011年清华大学李希光等出版的《新闻采访写作教程》,则是一部理论与实践结合比较好的著作。该书在第6讲"新闻的导语"中就"会议型导语"的写作方法和第20讲"会议报道"就如何挖掘会议新闻,如何在会议中听、看、读,会议新闻如何一事一报,如何建立与受众的联系,如何使用读者喜爱的语言进行传播①等问题进行了具体探讨,其研究视角直指中国媒体会议新闻传播中存在的突出问题,在新闻实务操作上提出的主张与措施更加贴近中国实际,书中一些带有规律性和可操作性的理论梳理和实践经验,对于理论研究与新闻实践具有较强的指导价值。

标志我国会议新闻研究进入比较系统的理论阐释阶段的是靖鸣、张勤和刘良龙等出版的几部著作。虽然几位作者研究的视角各有不同,但是都抓住了会议新闻传播的一些基本问题,其探索精神是值得肯定的。靖鸣2007年出版的《会议新闻学》是我国第一部系统研究会议新闻的学术著作。该书从基本概念入手,对于会议新闻的地位、特征、作用和类型以及会议新闻的采访、写作、编辑等问题均进行了比较系统的探讨。该书除了重点介绍会议消息、记者招待会的采访与写作外,还提出了会议新闻传播是一个系统工程的观点,他认为,改进会议新闻需要媒介、会议的领导者和组织者以及新闻主管部门共同努力。2013年11月张勤出版了《中国报纸会议新闻报道融合论》,该书另辟蹊径,从融合新闻的角度,着重探讨了报纸会议新闻的内容、渠道、终端融合等问题。同年12月,刘良龙出版了《怎样发掘会议独家新闻》,该书是他结合自身的新闻实践,着重总结梳理了发掘独家会议新闻的经验与做法。虽然几位学者的研究值得肯定,但都没能超脱于新闻学研究范式,其理论突破也并不理想。

在学术界普遍对会议新闻进行新闻学阐释的同时,一些学者开始了跨学科的学术研究。李春雨自2007年以来在学术期刊连续发表多篇学术论文,运用政治学、政治传播学、传播学、信息论和博弈论等理论,系统探讨了

---

① 李希光,孙敬惟,王晶.新闻采访写作教程[M].北京:清华大学出版社,2011:506-528.

会议新闻政治传播属性、功能与变量因素①、会议新闻传播受众②、会议新闻传播效果③④和数字时代的会议新闻传播新趋势⑤等问题,是国内首位运用政治传播学理论研究会议新闻传播问题的学者。2011 年,戴元光主编出版了《超越传统》一书,其中单列一章,系统探讨了中国报纸的会议新闻传播问题,运用议程设置理论,分析了上海市"两会"的媒介议程设置效果,提出了改进会议新闻传播的意见和建议⑥。该研究运用传播学理论,从公众认知、理解、支持与评价的角度,对于会议新闻传播效果进行了实证研究。以上两位学者的探讨开拓了会议新闻传播研究的新视域。

需要指出的是,2003 年 3 月 28 日,中央政治局讨论通过的《关于进一步改进会议和领导同志活动新闻报道的意见》,对各级领导机关和领导干部提出支持媒体进行新闻改革的要求。可以说,这为会议新闻改革提供了难得机遇,属于政治系统自身的改革自觉。但是,从目前可以查阅到的会议新闻改革研究文献了解到,除了一些政治响应式的浮泛的改革必要性议论以外,并没有系统可行的改革思路和建议。与此同时,媒介系统的改革实践也没有明确的动作,改革的成果主要体现在会议新闻的时间控制和数量减少上。会议新闻在"政府要说和应说的"与"公众欲知和应知的"的统一上,无论在理论上,还是实践上并没有明显改变,媒介系统的会议新闻依然遵循空洞僵硬的报道模式。可以说,会议新闻改革在理论和实践上的探索基本处于不自觉的状态,并没有触及政治系统、媒介系统和社会系统深层次的博弈逻辑对于会议新闻传播的影响,并没有弄清三者之间关系的协调与平衡的基点。许多研究并没有深刻理解中央提出的党性与人民性相统一的新闻原则,片面地将上述原则机械地理解为政治上的正确,而没有从会议新闻在满足公众信息的定向需求,实现政治社会化,促进社会公众的政治政策认同等方面探讨其特殊的传播规律。研究成果虽然丰富,但是,并没有引起政治系统、社会系统,包括媒介系统在内的普遍认同。

---

① 李春雨.会议新闻的政治传播属性、功能与变量因素分析[J].新闻传播,2015(22):29 –
31,32.

② 李春雨.会议新闻受众分析——基于公众受众的研究视角[J].学术交流,2016(4):205 –
209.

③ 李春雨.拉斯韦尔5W 传播模式与会议新闻传播效果研究[J].南开大学学报(哲学社会
科学版),2014(4):79 – 90.

④ 李春雨、李澍.会议新闻传播效果的四个 W 考量[J].新闻传播,2007(1):11 – 15.

⑤ 李春雨、刘丹.数字时代会议新闻传播的新趋势[J].绥化学院学报,2019(5):98 – 101.

⑥ 戴元光.超越传统[M].北京:中国大百科全书出版社,2011:366 – 449.

从近30年的会议新闻传播研究现状分析中,可以得出这样的结论:我国会议新闻研究尚处在由碎片化向系统理论建构的演进阶段,跨学科的理论研究尚没有形成。而要获得理论与实践的创新与突破,需要结合我国会议新闻传播实际,在跨学科理论研究中寻求新的解释。

第三节　学科的取向:会议新闻的政治传播学

会议新闻本质上是一种政治性传播活动,是通过媒介传播政治系统会议活动政治信息,实现政治社会化的过程。因此,它应是新闻传播学与政治传播学共同关注的一个交叉领域。这个研究领域将孕育出一个新的交叉学科——会议新闻政治传播学。

一、会议新闻政治传播的学科分析

会议新闻传播既是新闻传播学,也是政治传播学的研究范畴。前者要探讨和回答的是会议新闻本体的生产规律,如何让新闻传播更加满足目标受众的定向需求;后者则是要揭示政治系统、媒介系统和社会系统的博弈逻辑及其对于会议新闻传播活动的深层次影响,探讨三个系统认同、协调与平衡的基点,并在此基础上寻求共同的改革动力。会议新闻的政治传播的学科定位,需要将两者进行交叉融合研究,才能揭开其神秘的学科面纱。

新闻传播学是建立在传统新闻学基础上,吸收传播学的学术成果,运用传播学的学术范式,审视新闻传播学现象,考察新闻传播过程,探讨区别于传统新闻传播的特殊规律及其原理和原则的学科[①]。新闻传播学除了要探讨新闻本体的发现与生产等微观元素以外,还注意探讨传播过程、传播事业、传播控制等中观问题。

政治传播学是政治学与传播学融合的产物,包含着政治与传播的双重学科要素。西方的政治传播学研究倾向于两个视角,即基于政治现象与政治行为的政治学视角和基于传播在政治过程中所扮演角色的传播学视角。前者关注的是"控制论的政治传播",后者关注的则是"劝服论的政治传播"[②]。中国学者则倾向于"从政治学与传播学'视界融合'的高度把握政

---

① 童兵.理论新闻传播学导论[M].北京:中国人民大学出版社,2000:1.

② 白文刚.中国古代政治传播研究[M].北京:中国社会科学出版社,2014:5.

治传播"①,两者互为表里,难以分开。荆学民等认为,应该从政治与传播的关系上来把握政治传播问题,即"要从'政治'的本质中探求其传播的要素,从'传播'的内容中探求政治的要素,二者有机结合构成元态的、具有独立而完整内涵的政治传播范畴"②。政治传播学重点探讨的是政治信息的传播问题,揭示政治系统在政治传播中与社会系统和媒介系统之间的关系,以及运用政治宣传、政治修辞、政治沟通和政治营销等手段对于社会系统实施政治影响的过程。这一研究介于中观与宏观的政治传播领域。

政治学的控制和传播学的劝服从一定意义上讲,两者是统一的——控制即劝服,劝服即控制。说控制即劝服,是说在政治传播中,传播者应尽量提供受传者愿意接受的信息,而控制一些容易引起受传者反感的信息,从而强化其政治认同;说劝服即控制,是说通过劝服使受传者按照传播者规定的路径来思考和认知信息,从而增强对于劝服者提供信息的认同与依赖。

新闻传播学与政治传播学都涉及传播要素、传播过程、传播形态和传播效应等问题,但区别在于两者所关注的重点和揭示的内涵有所不同。新闻传播学研究的是大众传播,传播的是新闻事实,其建构的是媒介与受众的关系;政治传播学研究的则是政治共同体之间的信息扩散与接受,其所传播的是政治信息,政治传播所建构的是政治共同体内部与政治共同体之间,政治系统、媒介系统和社会系统之间的关系,以及支配其运行逻辑的相互影响与制衡,本质和核心其实是政党政府与社会公众之间的关系问题。

会议新闻作为一种政治信息的传播,是新闻传播学与政治传播学共同研究的对象。会议新闻传播的受众是社会公众。由于所传播的是政治系统决议决策和政策信息以及政治行动者的政治主张、政治理念等,因此其所建构的不仅是媒介与受众的关系,而且是政党政府与社会及其公众的关系问题。因为,决议决策和政策是为了调整社会利益群体的利益;政治主张和政治理念是为了回应社会的政治诉求,凝聚社会思想和意志。可以说,会议新闻所承载的不仅是信息传播功能,而且还具有不可替代的政治功能。因此,依据一般的新闻传播学理论来阐释会议新闻的上述功能,显得有些力不从心。

会议新闻传播是会议活动政治信息的社会化,是决议决策和政策活动

---

①　荆学民.政治传播活动论[M].北京:中国社会科学出版社,2014:25.

②　荆学民,施惠玲.政治与传播的视界融合——政治传播研究的五个基本理论问题辨析[J].现代传播,2009(4):18-22.

的社会延伸。作为一种政治活动,会议活动必然体现政治活动的一般规律,对于这一规律的揭示可以让公众了解政治系统议程设置和政治政策输出的过程与特点;而作为一种政治传播的新闻活动,会议新闻传播必须遵循政治传播和新闻传播规律。只有如此,所传播的政治信息才符合作为公众受众的新闻接收习惯和偏好。会议新闻只有将新闻传播学与政治传播学融合起来研究,建构会议新闻的政治传播学理论框架,才能回答和揭示会议新闻传播特有的属性、功能及其传播规律,才能准确把握政治系统、媒介系统和社会系统彼此的博弈逻辑,才能在三者关系的把握中,找到彼此相互博弈、协调与平衡的基点所在。

新闻传播学与政治传播学发展到今天,初步厘清了各自的"理论谱系"和"知识边界",并确立起了相对完备的学科体系。相比之下,会议新闻政治传播研究并没有引起学术界的关注,其仍然是学术领域一块有待开垦的"处女地"。正是基于上述考虑,本书愿意做一次会议新闻政治传播活动的探险之旅,权当一块抛砖引玉的垫脚石。

二、政治与传播的核心概念

要弄清楚会议新闻政治传播的理论框架,把握政治系统的运行规律,厘清政治系统、媒介系统和社会系统在国家治理过程中的角色及其相互关系,需要对政治与传播的有关理论的核心概念进行梳理,通过梳理来厘清涉及会议新闻政治传播的一些基本理论问题。

作为政治活动的延伸,会议新闻传播是政治系统、媒介系统和社会系统共同建构的过程。从一定意义上讲,会议新闻传播只是政治活动的延伸,并不是终结,决议决策和政策的社会施行还需要持续的政治动员和社会认同。要准确理解会议新闻的政治传播属性,研究会议新闻政治传播,首先就需要研究政治系统的社会诉求输入与政治政策输出以及决议决策和政策安排等政治活动的规律。从社会系统作为政治传播的外在环境的角度来厘清政治、政治系统与政治活动,传播、传播系统与传播活动以及政治传播的核心概念及其关系,这是理解和把握会议新闻政治传播活动规律的逻辑前提。

(一)政治、政治系统、政治活动

1.政治

对于政治的研究,由于目的和角度不同,获得的结论也会有所不同。本书从国家治理的角度来探讨政治问题。国家治理涉及国家与社会、精英与公众、利益集团间的利益平衡和权力分配等诸多关系的处理,通过对国家治理过程中的资源和权力的权威性分配,来揭示不同政治体制下的政治及其运行规律。因此,从共同体、共识、权力的角度来探讨国家治理过程中所涉及的政治含义,有助于理解会议作为政治活动的本质特征和政治运行规律。

(1)作为"共同体"的政治

西方学术界一般从社会学和政治学两个视角来研究共同体问题。德国古典社会学家腾尼斯是最早将"共同体"概念引入社会学的学者,在其《共同体与社会》一书中,腾尼斯系统分析了由血缘形成的家庭与家族共同体、由乡村和城市形成的地缘共同体,以及由人们"共同的、有约束力的思想信念"形成的精神共同体的形成过程及其规律。他认为:

> 在任何族亲的相互关系中,可能想象是一种共同体的胚胎,或者在意志里得到阐明的发展为一种共同体的倾向和力量……血缘共同体作为行为的统一体发展和分离为地缘共同体,地缘共同体直接表现为居住在一起,而地缘共同体又发展为精神共同体,作为在相同方向上的和意义上的纯粹的相互作用与支配。地缘共同体可以理解为动物的生活的相互关系,犹如精神共同体可以被理解为心灵的生活的相互关系一样。因此,精神共同体在同从前的各种共同体的结合中,可以被理解为真正的人的和最高形式的共同体。共同体是建立在有关人员的本能的中意或者习惯制约的适应或者与思想有关的共同记忆之上的。血缘共同体、地缘共同体和宗教共同体等作为共同体的基本形式,不仅仅是它们的各个组成部分加起来的总和,而且是有机体浑然生长在一起的整体。①

社会学角度的共同体,是指从家庭、乡村、城市实体形态到人的精神形态的自然形成的规律和共同体对于人的身份及其归属的重要性,它所回答的是共同体作为社会构成具有的普遍意义。腾尼斯认为,维系实体形态共同体长久存在的是建立在情感和宗教认同基础之上的精神共同体。尤其是随着时间的推移和社会变革,建立在血缘基础上的家庭共同体和建立在地缘上的乡村共同体可能会发生某些形态或者结构上的改变。但是,源于这些共同体成员的共同的情感基因和记忆却是难以改变的,也就是说,精

---

① 腾尼斯.共同体与社会——纯粹社会学的基本概念[M].林荣远,译.北京:北京大学出版社,2010:48 – 49.

神共同体(核心价值)是人类最牢固、最持久的力量。人类社会的黏合剂与群体整合的力量就来源于此。谁掌握了这一力量,谁就拥有了强大的社会整合力量,这也是所有国家的执政者都十分看重并且依靠的力量,谁成功掌握和驱动了这一力量,谁就会获得对其政治主张和政策认同与支持的社会基础。

从政治学的角度探讨共同体——政治共同体,其概念是卢梭最早提出来的。卢梭将"人民结合成的集体"定义为政治共同体。卢梭政治共同体理念的提出是建立在私有制所带来的不平等的社会现实基础之上的。他主张要建立资产阶级共和国。他认为,私有制的出现带来了人的不平等,而要保障私有财产和个人自由,必须通过订立社会契约来实现。卢梭认为,社会契约一旦缔结,就意味着每个人把自己的全部权利都转让给由人民结合成的政治共同体,因此,个人必须服从政治共同体的"公意",如果有谁拒不服从,那么整个政治共同体就要迫使他服从。因为人民是这个政治共同体的主权拥有者。

古希腊的城邦共同体和现代的国家共同体都属于卢梭所定义的政治共同体的性质。古希腊的城邦政治共同体的政治是指"与城邦有关的事务",它要求所有城邦内具有公民资格的公民①都要参与到城邦共同体的公共事务中来。每一个城邦公民都清楚,投身于城邦的政治行动是一个合格公民所必须履行的义务和不可推卸的责任②。随着现代国家的形成,政治成为"与国家有关的事务"。在亚里士多德看来,"国家就是一种政治共同体。在国家中虽然家族是其必要的因素之一,但国家是一种更为发达的因而是一种更加完善的共同体"③。在国家的政治共同体中,"政治就是参与国家事务,给国家定方向,确定国家活动方式、任务和内容"④。政治也是"人们为制定、维持和修改社会一般规则而进行的活动"⑤。"它说服人民组成可以做出集体决定的团体,诱使其成员接受或者反对那种以团体名义实行改革的建议。"⑥而在伊斯顿看来,政治就是作为政治共同体的国家

---

① 古希腊的公民资格具有严格身份界定,城邦分为三种人,即奴隶、外邦长期居住的居民和城邦公民,只有城邦公民才具有参与城邦公共事务的权利和义务。城邦公民一般都是公民大会和法院人民陪审员的成员,因此,城邦强调公民必须参与城邦的公共事务。

② 高宣扬.当代政治学[M].北京:人民出版社,2010:952.

③ 萨拜因,索尔森.政治学说史[M].邓正来,译.上海:上海人民出版社,2015:202.

④ 列宁文稿:第2卷[M].北京:人民出版社,1978:407.

⑤ 海伍德.政治学核心概念[M].吴勇,译.北京:中国人民大学出版社,2014:20.

⑥ 陈开先.施特劳斯政治哲学的精神与中国传统之重建[J].现代哲学,2006(3):56-62.

在处理利益群体利益过程中的"价值的权威性分配"。根据这种观点,政治与政策相联系,亦即与正式或权威性决定相联系,这些决定则确定了共同体的行动计划①。同时,它又是"特定的集团和个人,为了自身的利益,围绕国家政治权力而进行的活动和产生的关系……政治的本质就是争取、维护、调整或分配一定社会阶级和社会集团的利益。简言之,政治的真谛就是分配和协调社会利益"②。这种分配权威其实指的是政府与公众的关系。"决策者借其权威地位,依靠公民自愿分配或强制行使权力,以控制、管理社会内部物质、服务、卫生福利、人身安全和其他价值的流动"③。可见,作为政治共同体的国家治理的政治,体现的是国家如何平衡政府与社会、精英与公众、各个利益主体之间的关系,公正地分配和协调社会利益。

（2）作为共识的政治

作为共识的政治更多关注决策制定的方式,即将政治当作解决冲突的特殊手段,也就是说,通过妥协、调节和谈判,而非武力和赤裸裸的权力威胁来达到目标④。在哈罗普看来,"政治是组织试图通过协调其成员间的分歧从而作出具有约束性的集体决策的行为……政治,事关达成约束性群体成员之共享利益与冲突利益的决策过程"⑤。在是妥协的政治还是冲突的政治问题上,虽然西方学者各自持有相反的立场,但是,对于通过协商和妥协,最后达成共识,多数学者的意见还是比较一致的。其实,妥协揭示的是政治的艺术,通过协商和妥协才是求得冲突双方达成原则共识的可行途径。共识政治的前提是承认冲突与对抗的存在。因为存在着不同的利益主张和利益差异,只要涉及利益调整就必然存在冲突与对抗,冲突、对抗的实质是利益的分配权益问题。公正地看待和分配利益是利益主体进行协商、妥协,达成共识的基础。只强调一方利益,而不考虑其他群体的利益,冲突和对抗就无法化解,最后,必然的结果就是谁的利益都保障不了。因为"政治的根基,正是整个社会中各种最具体的利益和情绪的实际协调的结果"⑥。

共识政治揭示了政治系统决策的本质。其实,决策的过程就是一个分

①　海伍德.政治学的思维方式[M].张立鹏,译.北京:中国人民大学出版社,2014:6.

②　石永义,刘玉尊,张璋.现代政治学原理[M].北京:中国人民大学出版社,2014:3-4.

③　本奈特,恩特曼.媒介化政治:政治传播新论[M].董关鹏,译.北京:清华大学出版社,2011:2.

④　海伍德.政治学的思维方式[M].张立鹏,译.北京:中国人民大学出版社,2014:12.

⑤　黑格,哈罗普.比较政府与政治导论[M].张小劲,丁韶彬,李姿姿,译.北京:中国人民大学出版社,2007:4-6.

⑥　高宣扬.当代政治学[M].北京:人民出版社,2010:966.

歧—协商—妥协—达成共识的过程。只要有不同利益群体的存在,分歧和对抗就是不可避免的,弥合分歧的途径只能是通过彼此对话与协商,在保障自身合理利益诉求的同时,做出部分利益和权利的让渡,这样才能达成共识并做出决策。分歧—协商—妥协—达成共识的政治,在政治系统的会议活动中是一种比较常见的博弈形态。

(3)作为权力的政治

广义的权力是指能够控制并且实现预期目标的能力,而狭义的权力则是指能够行使奖惩的能力,这种权力通常要靠强制和操纵的手段来实现。与权力相关联的政治,一般涉及决策、议程设置和思想控制等。决策权是权力政治的核心。决策,即决定可以实施的计划,达成既定目标。而决策的前提是要设定议程。议程设置权在不同的政治体制下,其权力的归属是不同的。在中国,议程设置和决策权力是合一的,体现的是人民主体地位,是执政党、政府在广泛听取群众的意见和建议基础上所做出的基于群众共同意志的选择。美国则不然,其议程设置权与决策权在体制设计上是分开的。美国议程设置权属在国会,但是真正的权力拥有者却是国会背后的强势利益集团,普通民众基本靠不上边,而决策权则属于总统领导的行政系统,但这种决策通常也是强势利益集团意志的反映。从这个意义上讲,其议程设置和决策权实质上也是统一的——强势利益集团。思想控制权力则是指通过意识形态的灌输来塑造人们思想和意志的能力。政治行动者的政治主张、政治理念、政治态度反映了占统治地位的意识形态,通过多种途径向社会进行灌输,其实质是意识形态的社会化过程。

权力的政治是基于这样的事实:人类的需求和欲望是无穷的,而满足需求的资源却是有限的。因此,政治被视为围绕稀缺资源的争斗,权力则是进行争斗的手段[1]。因此,在夏夫利看来,权力政治的实质是“一个群体中的一部分人,通过权力为另一部分人制定共同政策的行为”[2]。

无论从哪个角度来探讨,政治都是政治共同体围绕着权力和资源的权威性分配所进行的协商、博弈,形成共识并做出决策的过程。

2. 政治系统

“政治系统是各种政治活动主体之间联系的总和”[3],是政治行为主体

---

① 海伍德.政治学的思维方式[M].张立鹏,译.北京:中国人民大学出版社,2014:15.

② 夏夫利.权力与选择——政治科学导论[M].孟维瞻,译.北京:世界图书出版公司,2015:5.

③ 王沪宁,林志立,孙关宏,等.政治的逻辑——马克思主义政治学原理[M].上海:上海人民出版社,2016:24.

与其他社会行为主体相互联系、相互作用的形式。政治系统由政府机构、政党关系、暴力机构和行政等子系统构成,其实质是一种政权体系。

阿尔蒙德等认为,"一个系统必须有两个属性:①它有许多相互依存的部分;②该系统与其环境之间存在边界"①。阿尔蒙德进一步分析指出,政治系统也是一个特定类型的社会系统,它涉及权威公共决定的做出。政治系统的边界是由人、领土和财产来界定的②。作为政治系统的国家所依存的是由国际和国内两个社会系统所构成的环境,并且也将"被这些环境所塑造"③。

社会系统构成了政治系统存在和活动的外部环境。从宏观社会结构而言,政治系统应从属于社会系统,有什么样的社会系统就会有什么样的政治系统,政治系统在一定的社会系统中运行。但是,在社会系统中,政治系统又处于主导地位,它承担社会系统的大脑功能,其可以通过革命或者改革的手段来改变社会形态。同时,社会系统也只有在政治系统的维护、管理和引导下才能实现有序的运行。反过来,政治系统如果失去了对于社会系统的维护、管理和引导的功能,或者不能代表社会系统大多数人的利益,那么社会系统也会通过各种行动迫使政治系统发生改变。政治系统和社会系统只有彼此相互适应、相互协调、相互促进,才能实现两个系统的有序有效的运行。

伊斯顿在其《政治生活的系统分析》一书中认为,政治系统是由政治过程以及环境所引发的一系列变量因素所构成的。"我们可以把政治生活看作一个行为系统,它处于一个环境之中,本身受到这种环境的影响,又对这种环境产生反作用"④。"为了使一个政治系统具有最大的效用,可以把它看作一些互动,一个政治系统通过这些互动为一个社会权威性地分配价值,这就是政治系统与它所处环境中的其他系统的不同之处"⑤。这种环境就是社会系统所构成的环境。社会系统环境由内部和外部两部分组成。前者包括与政治系统同一的"经济、文化、社会结构或人的各种行为、态度

① 阿尔蒙德,鲍威尔,多尔顿,等. 当今比较政治学:世界视角[M]. 顾肃,吕建高,向青山,译. 北京:中国人民大学出版社,2014:9.
② 阿尔蒙德,鲍威尔,多尔顿,等. 当今比较政治学:世界视角[M]. 顾肃,吕建高,向青山,译. 北京:中国人民大学出版社,2014:9 - 10.
③ 阿尔蒙德,鲍威尔,多尔顿,等. 当今比较政治学:世界视角[M]. 顾肃,吕建高,向青山,译. 北京:中国人民大学出版社,2014:10.
④ 伊斯顿. 政治生活的系统分析[M]. 王浦劬,译. 北京:人民出版社,2012:16.
⑤ 伊斯顿. 政治生活的系统分析[M]. 王浦劬,译. 北京:人民出版社,2012:20.

和观念"①;后者一般是指一个国际社会的功能部分,包括国际政治、经济或文化系统②。也就是说,一个国家的政治系统所面对的是由国内和国际两个社会系统所构成的环境,同时,面对两种社会系统的输入压力进行决策与政治政策的输出。

政治系统的过程由"输入"(inputs)与"输出"(outputs)两个部分之间的联系所构成。国内社会"输入",一般表现为社会公众的"需求"和"支持"。"公众的需求包括从生活标准提升、就业前景改善、更多的福利支出,到对少数民族和个人权利的更有力保护等一系列压力。公众的支持则是公众通过纳税、服从以及自觉参与公共生活来对政治系统作出的贡献方式"③。而"输出"则是由政府的决定和行动构成的,包括制定政策、通过法律、强制征税以及宣示回应的政治主张、政治观点和申明的政治态度等。当公众的利益诉求得到政策满足时,公众就会以特定支持行动作为报酬回馈给政府;当政治行动者的政治主张、政治观点和政治态度唤醒并契合了公众情感,战略规划和目标同公众对于美好生活的向往相联系,那么公众就会形成对于政治输出的弥散性支持。"弥散支持是独立于日常输出的影响的,它构成了一个支持储蓄,这种储蓄在输出不能与需求保持均衡时,可以使系统平息许多风暴。"④由于战略目标具有预期性的期待,不是一个特定的现实需求满足就可以解决的,因此,需要社会成员认同政治系统所描绘的长远利益并约束眼前的利益。在弥散性支持形成过程中,公众对于特定需求的满足,也可以通过成员间的互动交流来表达对于政府的好感,进而对于政府的战略行为形成弥散性的支持。伊思顿认为:"特定支持源于在它们出现后或出现前已认定符合自己需求输出所刺激的友好态度和倾向。特定的报酬有助于补偿未能满足全部需求时的任何不满情绪。但与此同时,成员还能够向系统内各个客体发出弥散支持。这种支持构成了一个友好态度或善意的蓄积池。"⑤

而国际社会的"输入",一般表现为国际社会对一国政治系统的政治、经济、外交、军事、文化等的诉求和行动。根据国际社会系统的各种输入,政治系统形成相应的政策和决策。国家间的输入与输出和需求与支持的形成,一般是按照平等互利的原则进行的,有时也会考虑国际政治的需要,以及国际义务的要求所要履行的责任。当国家间的输入与输出达到了一

①② 伊斯顿.政治生活的系统分析[M].王浦劬,译.北京:人民出版社,2012:21.

③ 海伍德.政治学核心观念[M].吴勇,译.北京:中国人民大学出版社,2014:70.

④⑤ 伊斯顿.政治生活的系统分析[M].王浦劬,译.北京:人民出版社,2012:262.

种对等的利益平衡时,那么这种合作就将成为一种相互支持的报酬;当国家间以一国利益优先为原则而迫使其他国家服从其利益,那么就必然产生冲突与对抗。如特朗普政府上台以来,奉行美国优先的单边主义政策来对抗全球多边主义体系,同其他国家挑起贸易战,不仅破坏了世界贸易组织规则,而且也使世界经济蒙上阴影,美国的单边主义政策自然受到国际社会的反对与抵制。当国家以履行国际义务对于贫穷和落后的国家进行无任何附加条件的援助时,被援助的国家不仅会对履行义务的国家形成特定支持,同时,这种援助所获得的好感,将会以一种报酬的形式在贫困落后的国家间传播,也会转为弥散性支持。新中国在成立之初,虽然也面临百废待兴的国家建设困难,但是,仍然挤出有限的资金对于非洲国家进行无私援助。作为一种特定支持,非洲朋友把中国抬进了联合国,使新中国获得了合法的国际地位。

在国际社会的输入与输出,以及需求与支持过程中,或者通过双方政府间不同级别的会晤协商谈判,处理彼此的利益关切,或者通过政府新闻发言人阐释本国政府的立场和主张,并通过媒介向国际社会传播,来回应国际社会舆论,使国际社会了解本国的政治立场和主张。

社会系统对于政治系统的输出产生的反馈,反过来又会形成新的"需求与支持",这是一个循环往复、没有终止的过程。

就内部社会系统输入与政治系统输出的关系而言,不同体制下"输入"与"输出"的权力结构以及社会系统与政治系统之间的关系也是不尽相同的,而且,政治"输出"的结果与社会期待之间也存在一定的距离。美国政治系统"输入",正如前文所说,更多的是受强势利益集团所左右。杨光斌等在对美国 1980 年以来的 1779 个政策议程的研究表明:"强势利益集团的诉求变为政策或法律的概率要远高于弱势群体。因此,美国已不再是人们常说的民主国家,而是一个倾向于保护寡头利益的自由国家,美国存在一个寡头阶级统治。"[①]美国政府的决策和政策更多代表和维护的是强势利益集团的利益,检验它的也必然是这些利益集团,受损的利益集团和民众虽然也可以提出抗议,或通过利益集团控制的媒体对于政府的决策和政策提出批评,但是,这些政治行动除非获得足够可以导致政府垮台的证据,一般不会改变已经形成的政策。美国的媒介系统既不维护美国政府利益,也不维护公众的利益,它只维护资本的利益,媒介的会议新闻所传播的常常是冲突和失序信息,因为这样的信息能够吸引公众的眼球,符合资

---

① 杨光斌,王果."人民—阶级—团体"的语境与表述——兼论一党执政体制下的社会结构[J].学术争鸣,2016(1):51-54.

本的利益。中国政治系统则始终坚持"从群众中来,到群众中去"和"以人民为中心"的决策方式,社会公众的需求作为政策"输出"的决策依据,更多地体现公众议程的政治化,公众的需求"输入"与政治系统政策"输出"之间的关系更加紧密,这也在客观上能够促进公众的政治参与。而且,这些决策和政策及其施行还要接受人民的检验与监督,人民有权力提出完善和改进的建议,党和政府要根据人民的意见建议进行政策的完善和工作的改进。正因为如此,中国的媒介系统更多地采取信息公告式的传播方式,侧重点放在会议活动政治信息的发布上。

3. 政治活动

任何体制下的政治系统都离不开活动这一载体的有效运行。政治活动作为一种特殊的政治机制和场域,是"政治主体为了自身利益围绕国家政治权力所进行的交互作用的一种社会活动。政治活动是政治主体一切政治行为的总和,是政治关系的动态表现"①。石永义等认为,从广义角度讲,政治活动的目的是为了维护政治集团的自身利益,其核心是国家的政治权力,方式是政治主体之间的博弈。政治活动的主体是指政治活动的从事者,既包括公民、政府官员和政治领袖等个人主体,也包括阶级、阶层、社会团体、利益集团、政党和民族等集团主体②。从狭义的角度讲,政治活动特指国家这一政治主体涉及的政治权力的分配与再分配、政治权力的归属等活动。从活动内容角度讲,政治活动可分为政治统治活动、政治管理活动、政治参与活动、政治斗争活动③。

政治统治活动的主体和客体都是阶级。就其主体而言,政治统治活动一般是通过领袖和执政集团运用国家机器来进行的,他们是统治阶级的代表,是统治阶级意志和力量的体现,被统治阶级服从的是统治阶级整体的意志和力量,而不是某个统治者个人。而政治统治活动的客体则是与政治统治活动主体相对抗的阶级或阶级残余分子。人民内部不存在政治统治活动。政治管理活动是公共管理活动的组成部分。"从广义上讲,政治管理活动是指国家政权体系对社会各方面的管理"④,"从狭义上讲,则是指国家政权体系对社会政治生活的协调和控制"⑤。管理活动的主体是政府,管理活动的客体是社会公众,管理活动的方式一般采用行政和法律的手段。管理活动的目的是维护良好的政治秩序和社会秩序,维护政治权力

---

①② 石永义,刘玉蓉,张璋. 现代政治学原理[M]. 北京:中国人民大学出版社,2014:165.

③ 石永义,刘玉蓉,张璋. 现代政治学原理[M]. 北京:中国人民大学出版社,2014:169.

④⑤ 石永义,刘玉蓉,张璋. 现代政治学原理[M]. 北京:中国人民大学出版社,2014:175.

的合法性。政治参与活动,广义上是指"社会成员以多种形式、不同性质地参与政治的言论和行动"①,狭义上讲则是指"公民以合法方式参与政治的言论和行动"②,具体说就是公众依法参与管理国家和社会事务的活动。参与方式一般包括选举、竞选、参选、言论、集会、结社、游行、示威等③。政治斗争活动则是指对立阶级之间或统治集团内部围绕争夺和维护政治权力所进行的斗争④。

从本质上讲,人类政治活动是人类社会利益分裂并形成根本利益对立的情况下产生的一种社会实践活动。对于一个处于统治地位的政权来讲,政治管理活动和政治参与活动是国家日常的政治活动。政治管理活动无论是对于政治生活的协调,还是社会控制,一般采取会议、文件、协商、沟通和宣传等方式进行。会议活动作为政治活动的常规形式,承载的政治功能和政治使命是其他任何活动所不可替代的。

会议活动汇聚了各类政治主体的意见、诉求和建议,体现了社会主体政治参与的特性,其所形成的决议决策和政策意见也将经受各类政治主体的检验。会议活动的场域始终是政治集团利益博弈的政治活动场域。因此,会议活动对于政治系统的政治统治、政治管理、政治沟通具有不可替代的作用。

政治系统与政治活动是一种相互依存的关系,政治系统的正常运行离不开一定的政治活动载体,政治活动载体如果离开政治系统这一活动主体,就无所谓政治活动,政治活动也就不复存在。政治活动是政治系统得以存在和运行的有效机制和形式。政治主体通过各种形式的政治活动吸纳社会诉求,产生政治输出,既传播政治主张、政治观点和价值观,以增强其执政思想的吸引力和影响力,同时,也传播决议决策和政策信息,以调节社会利益主体的关系,从而维护社会平稳、和谐、有序健康地运行。

(二)传播、传播系统与传播活动

1. 传播

现代意义上的传播,乃信息的交流。"交"是传受互动,"流"是信息流通。我国最早出现"传播"一词的是《北史·突厥传》:"宜传播天下,咸使知闻。"这里的"传播"是"广泛散布"的意思,主要强调传者对于信息的散

---

① ② 石永义,刘玉尊,张璋. 现代政治学原理[M]. 北京:中国人民大学出版社,2014:187.

③ 石永义,刘玉尊,张璋. 现代政治学原理[M]. 北京:中国人民大学出版社,2014:186 – 187.

④ 石永义,刘玉尊,张璋. 现代政治学原理[M]. 北京:中国人民大学出版社,2014:191.

布,是一种由中心向四周单向的信息传递行为,这种传递只有信息的流动,而没有"交"的互动性。目前使用的"传播"一词则是从英文"communication"转译而来,其原意为告知、传递和交换思想,本质上是一种信息传递的社会过程。

在西方,传播一词从19世纪进入公共话语时起,除了包含地理与运输方面的隐喻外,也有着"控制"的含义。维纳在对"传播"进行诠释时使用了"传递",认为"传播"是一个讯息在空间传递和发布的过程,从而达到对距离和人的控制,传播的典型情形是劝服、态度改变、行为变化,通过信息传递、影响或调节达到社会化或个体对"读什么"或"看什么"的选择。"传播的核心功能是对社会运转状况的监控。通过反馈这一信息交换过程,为控制者提供行为的参考。"①维纳强调的是传播者对于信息交换的控制能力,通过控制来实现某种政治目的。正因为传播所蕴含的对人和社会的"控制"意味,卡斯特才有传播是一种权力的认知,在他看来:"在公共空间中,对信息和传播活动的不同形式的控制和操纵,是制造权力的核心"②,而权力的获取与实施没有思想和信息的交换是做不到的。施拉姆从人类社交的角度将传播定义为工具,他说:"传播是工具,社会之所以成其为社会全赖传播这一工具……传播过程中传递的一切都是符号……交流者总是要揣测符号背后的含义……从符号的含义去推测对方想要表达的意义。"③施拉姆所揭示的其实也是"传播"作为社会成员的思想、信息的交流关系,正常的信息交流可以维系社会的正常运转。麦克卢汉在其著名的《理解媒介——论人的延伸》一书中也认为:"每一种形式的传输都不只是简单的搬运,而且涉及发讯者、收讯者和讯息的变换和转换。任何媒介的使用或人的延伸都改变着人际依存的模式,正如它改变着我们的各种感觉的比率一样。"④麦氏也是在强调传播是一种信息交流的观点,在他看来,这种交流是传与受通过讯息的"变换和转换"实现的过程,也就是说,传者在与受者的信息交流中,为了实现一种传通,需要随时进行信息的"变换和转换",通过"变换和转换",实现更好的信息交流。我国学者刘海龙从关系、知识、权力三个维度来理解传播,他认为:"传播是一定社会结构与社会关系中的信息传递与知识共享行为。"⑤刘海龙所强调的是信息传播与人

①⑤　刘海龙.中国语境下"传播"概念的演变及意义[J].新闻与传播研究,2014(8):113-119.

②　卡斯特.传播力[M].汤景泰,星辰,译.北京:社会科学文献出版社,2018:236.

③　施拉姆,波特.传播学概论[M].何道宽,译.北京:中国人民大学出版社,2010:2-4.

④　麦克卢汉.理解媒介——论人的延伸[M].何道宽,译.南京:译林出版社,2011:111.

们共享知识的关系。对于传播是交流意含的揭示,墨顿、阿伦特、列维纳斯也都有一定的关注和论述:墨顿将交流看成涂尔干式的社会黏合剂;阿伦特则认为,它揭示了人与人之间相互联合的政治潜力;列维纳斯则强调,它是对他人自主权的尊重①。上述思想家的论述体现了传播作为人类的交流活动的功能意义和价值,这也是人类创造传播工具进行交流的目的。

从人际传播角度分析,传播就是一种信息交流。交流的目的是为了说服并改变交流双方彼此的思想、态度和行为,因为这种交流是双向的,交流的双方都有可能被改变,也有可能谁也改变不了谁。从传统的大众传播角度分析,传播就是一种信息的单向传递,是传播者利用媒介传播其思想、观点、主张和发布信息的手段。这种传播由于是单向的,缺少反馈和交流,接收者是否接受其传播,接受多少,是否改变,改变多大都不可知,因此,这种传播的效果具有不确定性。新媒体传播使信息交流回归到人际交流,只不过这种交流是传统人际交流的延伸,即由同时空面对面交流,延伸为异域的"虚拟空间"的共时交流。

综合上述关于传播的定义,有一点是明确的,即传播是传受主体借助媒介进行的信息交流,达到行使权力、知识共享、实施控制和劝服改变的过程。

2. 传播系统

传播系统是由各种传播主体构成的信息共同体,既包括政治系统内部的传播系统,诸如政党、政府、新闻发布机构等机构传播系统和政治领袖等个人传播系统,也包括政治系统外部的媒介传播系统。

传播系统是政治系统与社会系统的连接体,既承担着政治信息发布、宣示、动员、回应等功能,也承担着社会系统的诉求、意见的输入与政治系统政治输出的信息反馈功能。政治系统通过传播系统,尤其是媒介系统与社会系统保持密切的政治沟通、政治联系,获得社会信息和诉求,将社会诉求通过传播渠道输入政治系统,为政治系统的议程设置和政治输出提供社会情境,同时,也通过传播系统进行政治输出和回应,寻求社会认同与支持。

传播系统中政治系统内部的传播组织和个人,承担着对于外部社会需求"输入"以及政治系统决议决策和政策"输出"的回应、解释、说明和宣示等功能。这种回应,一般是通过新闻发布会、"脱媒"窗口或媒介系统来进

---

① 参见彼得斯. 对空言说:传播的观念史[M]. 邓建国,译. 上海:上海译文出版社,2017:43.

行的,具有权威性、政治性、政策性和宣示性的特点,是对于社会诉求的直接回应和对政治系统决议决策的直接宣示和说明。媒介系统的政治信息传播,一般是通过"上位"传播主体(政治系统传播者)、"侧位"传播主体(专家学者)和"下位"传播主体(媒介传播主体)共同合作实现的。在媒介系统的政治信息传播中,"上位"主体是以主导者或信源的角色出现的,"侧位"主体则是以媒介嘉宾角色出现的。媒介系统的政治信息传播一般要遵循新闻传播规律,以满足公众的"定向需求"为宗旨。我们考察传播系统的功能,既要看社会(内、外部社会)需求的"输入"与政治系统的决议决策"输出"之间的关系(决策背景),也要看媒介系统、政治系统与社会系统是否建立起了紧密的参与、互动、协调与平衡的关系。这种关系的建立既可以增强社会系统对于政治系统的信赖、依附程度和政治参与的效能感和满足感,同时,也有利于政治系统与社会系统达成对某种政治政策的共识,政治系统的决议决策和政策赢得社会系统支持也就成为可能。

3.传播活动

传播活动是人类特有的"精神交往"①形式。传播活动从活动对象和活动方式上可以划分为若干种。这里的传播活动仅限于媒介传播活动和政治系统传播活动。媒介传播活动主要是新旧媒体的信息传播,是媒介系统针对大众受众的传播行为。政治系统传播活动可以分为:组织传播(会议、文件、培训)、个人传播(演讲)等,是政治系统内部政治信息的扩散过程。

大众媒介传播的主体是多元的,传播客体是泛在和模糊的大众群体,传播内容是丰富多彩的,传播形态可以根据受众需要呈现多种样态;政治系统内部的信息传播是一种政治信息的"内化"过程,其目的是通过信息传播达到内部成员的意见统一。传播主体是政治行动者,传播客体是政治机构及其成员,传播内容只能是政治信息,传播形态比较单一,即公文、讲话、演讲等。

当政治系统借助于大众媒介向社会原原本本传播这些政治信息时,其本质上是一种政治系统的直接传播活动,其目的是要建构政治系统与社会系统的联系,进行社会动员和政治宣示,以影响公众的社会行为。当媒介系统将政治系统的决议决策、政策和讲话、演讲转化为新闻形态并通过媒介进行传播时,则是一种政治新闻的传播活动。传播主体是政治行动者和媒介,传播客体就是社会公众,传播内容就是与社会公众需求相关的政治信息。会议新

---

① 马克思、恩格斯将人类的物质交往和精神交往视为人类的传播活动。

闻就属于政治新闻传播活动——政治传播活动。

传播活动涉及传播主体、传播客体、传播内容、传播渠道、传播形态的交互、影响和效应。

(三)政治传播、政治与传播的关系

1.政治传播

政治系统要有效地影响社会系统,并使社会系统产生对于政治系统的"需要"和"支持",离不开决议、决策和政策等政治信息的社会传播,最大限度地实现政治社会化,让社会公众产生一定程度上的认同和共识。

对于政治传播的认知一般有政治学和传播学两个视角——政治的传播和传播的政治。

从政治学视角来认知政治传播,认为政治传播是"关于政治的有目的的传播"①,这种传播更多体现政治系统的信息控制与操纵。正因为如此,从政治学的角度来分析政治传播,是其作为政治系统实施统治的有效工具,传播的目的主要是为了获得广泛的社会支持与响应,进而获得执政的合法性。西方有学者认为:"传播活动对于政治系统的运作有着现实的和可能的影响。由于这一点,传播活动被认为是政治的传播活动。"②"传播(活动)规定人们在冲突条件下的行为,由于这一(现实的和可能的)影响,该活动被认为是政治的传播活动。"③费根认为政治传播是政治系统中有关政治的资讯④。在日本学者竹内郁朗看来,政治宣传(传播)即政府、政党、压力集团、大众团体等组织指导大众的意识行动朝自己所设想的政治目标发展的传播工作⑤。多伊奇在《政府的神经:政治沟通与控制的模式》中强调政治传播是政治中心活动——决策过程的一个环节。"政治系统内的机制对信息的接受、选择、存储、分析和处理就是政治传播。"⑥穆勒也有

---

① 参见苏颖.作为国家与社会沟通方式的政治传播——当代中国正在发展路径下的探讨[M].北京:中国社会科学出版社,2016:33.

② FAGEN R R. Politics and communication:an analytic study[M]. Boston:Little,Brown & Co.,1966:20.

③ NIMMO D D. Political communication and public opinion in America[M]. Santa Monica,CA:Goodyear,1978:7.

④ 参见 FAGEN R R. Politics and communication:an analytic study[M]. Boston:Little,Brown & Co.,1966:15.

⑤ 李元书.政治体系中的信息沟通——政治传播学的分析视角[M].郑州:河南人民出版社,2005:33.

⑥ 参见 MEADOW R G. Politics as communication[M]. New York:Ablex Publishing co.,1976:4.

相似的观点,即将政治传播作为内部的正式、非正式的沟通网络①。尼莫和桑德斯则认为政治传播是正式组织与公民投票行为之间的中介环节②。米勒等认为,政治传播是"赋予政治过程以结构和意义的信息和情报的流动"③。查非的政治传播含义的表征则最为简洁,即传播在政治过程中的角色④。里勒克尔认为:"政治传播源于国家的需要,即政治空间是由国家政党与政治行动者所组成的,它们需要将其观点与政策向社会公众解读并传播,从而被认为是具有合法性的领导者。"⑤以上政治的传播,既有政治系统内部的信息处理与决策,又有政治系统对于社会的影响行为,其强调的是"政治统摄传播"⑥的政治行为。

从传播学的视角研究政治传播,则是对于传播的政治揭示,即政治信息的传播。这种视角所理解的更多是劝服在政治传播中的功用,是通过劝服让公众接受所传播的信息。派易倾向于将大众媒介作为政治沟通的方式与通道,政治传播就是媒介对于政治信息的传递过程⑦。兰尼则认为政治传播是借助符号的运用来传达意义,是个人或团体试着使他人或团体知道他们对某个特定事物的感受过程⑧。麦克奈尔则将政治传播解释为"关于政治的有目的的传播"⑨,包括"所有政客及政治行动者为求达到目的而进行的传播活动。所有非政治行动者对政治行动者作出的传播活动,例如选民及报纸评论员。所有在媒介中涉及以上政治行动者的新闻报道、评论及政治讨论。简而言之,我们的定义包含了所有的政治话语"⑩。

中国的政治传播学者则主张将政治与传播综合起来研究。荆学民认为,对政治传播范畴的研究要突破单纯政治与传播关系上思考的局限⑪。

---

① 参见 MULLER C,CONVEY C C. The politics of communication:a study in the political sociology of language, socialization and legitimation[M]. London:Oxford University Press,1973:54.

② 参见 NIMMO D D,SANDERS K R. Handbook of political communication[M]. Beverly Hills, Calif:SAGE Publications,1981:12.

③ 波格诺丹.布莱克维尔政治学百科全书[M].邓正来,译.北京:中国政法大学出版社, 1992:547.

④ 参见 CHAFFEE S H, BECKER L B. Political communication:issues and strategies for research [M]. Beverly Hills, Calif:Sage Publications,1975:15.

⑤ 参见 LILLEKE D G. Key concepts in political communication[M]. Beverly Hills, Calif:SAGE Publications,2006.28.

⑥ 荆学民.政治传播活动论[M].北京:中国社会科学出版社,2014:18.

⑦ 参见谢岳.当代中国政治沟通[M].上海:上海人民出版社,2006:6-7.

⑧ 参见兰尼.政治学[M].台北:桂冠出版公司,1990:145.

⑨⑩ 麦克奈尔.政治传播学引论[M].殷祺,译.北京:新华出版社,2005:4.

⑪ 荆学民.政治传播活动论[M].北京:中国社会科学出版社,2014:26.

"应从'政治'的本质中探求其传播的要素,从'传播'的内容中探求政治的要素,二者有机结合构成元态的、具有独立而完整内涵的'政治传播'范畴。"①因此,从这一视角来考察,"政治传播就是指政治共同体的政治信息的扩散、接受、认同、内化等有机系统的运行过程,是政治共同体内与政治共同体间的政治信息的流动过程"②。邵培仁则认为:"政治传播是政治传播者通过多通道、多媒体、多符号传播政治信息,以推动政治过程、影响受传者的态度与行为的一种对策。"③李元书则将政治传播视为由政治系统的结构和功能导致的政治信息的传递与处理过程,包括政治系统内部的信息沟通传递、交流和政治系统与社会环境的信息沟通传递与交流④。

　　以上中外学者关于政治传播的释义基本概括了政治传播的内涵和属性、政治共同体的政治活动规律以及政治信息的流通规律。

　　2. 政治与传播的关系

　　政治即传播,传播即政治,这是对于政治与传播关系的经典概括。邵培仁在《政治传播学》一书中说,政治呼唤传播,传播回应政治。政治与传播犹如一张纸的两面,相辅相成,密不可分,失去任何一面,另一面便不复存在⑤。他认为,从动态角度讲,"政治是一种或隐或显、刚柔并济的政治信息传播过程。在这一过程中人们通过政治信息的传播与沟通,得以相互感应、相互理解、相互影响、相互控制、相互结合和相互斗争。"⑥在他看来,传播是政治不可或缺、不可替代、不可忽视的重要内容,是政治运作的基本标志之一。"政治是传播的主神经,传播是政治的控制器。"⑦这种认识也是从"政治的传播"与"传播的政治"角度来研究两者之间关系的,而且这种关系也仅限于考量执政系统政治与传播的关系,没有涉及社会系统公众政治与传播的关系,尤其是后一关系对于执政政治的实际影响。

　　本书认为,单纯从执政政治与传播的关系来认识政治与传播的关系是不够全面的。任何执政系统的执政政治都离不开社会系统的环境影响,更离不开社会系统的政治参与,即社会系统利益诉求输入与政治政策输出的评价反馈,这是执政系统有效执政的前提和基础。因此,社会系统公众政治与传播的关系是忽视不得,也是不能忽视的。如若忽视了,不仅不利于

---

①②　荆学民.政治传播活动论[M].北京:中国社会科学出版社,2014:26.

③　邵培仁.政治传播学[M].南京:江苏人民出版社,1991:25.

④　参见李元书.政治体系中的信息沟通——政治传播学的分析视角[M].郑州:河南人民出版社,2005:34.

⑤　邵培仁.政治传播学[M].南京:江苏人民出版社,1991:15.

⑥⑦　邵培仁.政治传播学[M].南京:江苏人民出版社,1991:18.

正确处理政治与传播的关系,同时,也不利于协调政治系统与社会系统的关系。如果看不到社会系统公众政治与传播的关系对于执政政治的影响,也就回答不了社会系统作为外部环境对于执政系统的政治压力。任何无视社会系统利益诉求的执政行为,都将引起社会系统的不满,从而丧失执政的社会基础。我们要认识到,执政政治只有与公众政治相适应和协调,才能使执政获得社会认同,不然执政政治就会迷失方向。

政治传播活动始终围绕并伴随着国家的政治活动而展开。其实,我国古代政治家早就认识到臣民政治与朝廷政治的关系问题,虽然统治者主张"普天之下莫非王土,率土之滨莫非王臣",但也回避不了"水可载舟亦可覆舟"的政治压力,即臣民政治对于皇权政治的挑战。古希腊城邦的统治者也认识到城民政治对于城邦政治的重要性,因为在处理城邦事务上,单纯靠统治者的强权是行不通的,只有城民参与合作才能成事。因此他们鼓励每一个合格的城邦公民都参与城邦事务的"言说"和"行动"。所谓言说是指政治言说,即围绕城邦的公共事务进行辩论,古希腊反对单纯靠暴力迫使人服从,而提倡通过辩论让人信服;所谓行动是指政治行动,即参与城邦公共事务的管理活动。美国著名政治传播学者尼谋曾提出,政治就是谈论(Politics is talk)的主张。尼谋的政治谈论关注到了社会谈论对于执政者的力量,他认为,不论在朝在野,谈论都是政治活动的重要一环。贝尔认为政治谈论至少包括权力谈论、影响谈论和权威谈论三种形式[①]。同时,政治人物的一举一动既是大众媒介也是普通公众十分关注的焦点。"一个显要的政治人物所说的每一句话都是新闻。所谓政治谈论,就是指政治传播。"[②]同样,公众的政治谈论也不可忽视,通过公众谈论不仅可以形塑一个政治集团或者政治人物,也可以判断一个政治集团或者政治人物的社会认同向度(认同或不认同)和评价向度(正向或者负向)。这说明,仅有政治人物的谈论,而没有社会公众的谈论是不完整的。在会议新闻传播过程中,政治行动者的政治政策谈论与公众就政治行动者的谈论所进行的评价性谈论,构成了政治传播的完整回路,从而使政治系统得以有效运转。

然而,政治并不能自动向社会传播,它需要借助媒介的力量来实现社会化,否则,政治信息就只能是政治共同体内部交换的"流通券"。

---

① 祝基滢.政治传播学[M].台北:三民书局股份公司,1983:10.

② 周鸿铎.政治传播学概论[M].北京:中国纺织出版社,2005:5.

第四节　范式的选择：会议新闻传播的活动论探讨

一、范式选择

本书建立在活动论的范式选择上，之所以选择活动论作为研究取向，主要依据如下：

一是活动论范式选择可以系统地探讨会议新闻传播活动涉及的一系列基本元素，包括传播主体、传播客体、传播内容、传播形态、传播渠道和传播效应等。虽然这一范式脱胎于拉斯韦尔5W传播模式，但是就会议新闻传播研究现状而言，这一范式还是可取的。因为到目前为止，会议新闻传播研究对于上述基本问题并没有探讨清楚，尤其是系统的理论探讨还没有形成。这些基本问题梳理不清楚，会议新闻传播也就失去了基本的理论研究前提，因此，活动论的范式就其要研究和回答的基本问题而言，还是比较理想的选择。

二是人类的一切活动都是人的认识和实践活动。认识的目的在于探求和把握规律，而实践的目的则是运用规律来改造世界。无论是从"人是政治的动物"角度来考察人类的政治活动，还是从"人是社会的动物"来审视人的社会交往活动，乃至从"人是符号的动物"和"人是传播的动物"来探讨人的文化和传播活动，其实，都是在探讨人与社会关系的建构过程，通过关系的建构实现人对于政治、经济、社会、文化乃至传播活动规律的认识与把握，从而实现改造自身和世界的目的。

会议新闻作为一种政治传播活动，自然体现着上述人类活动的认识与实践的逻辑及其合理性。会议新闻说到底是政治系统、媒介系统和社会系统共同作用的过程。因此，会议新闻传播活动所涉及的传播主体比较复杂，它涉及政治系统、媒介系统和社会系统及其彼此合作博弈的一系列过程。在会议新闻传播过程中，三个系统彼此都有其各自的运行逻辑和博弈策略，其目的都是为了实现各自利益的最大化。但是，这种利益的实现，如若离开任何其他一方系统的合作，都将难以获得，三个系统只有寻求并找到彼此协调合作的基点，并且在此基础上扩大合作空间，才能实现共同利益的最大化。无论是政治系统回应社会系统诉求的政治政策安排，还是媒介系统政治信息的社会化过程，乃至政治和媒介议程的公众议程转换，都不是静止不变的，而是一个不断运动的过程。原有的社会诉求和利益矛盾解决了,新的诉求和矛盾还会随时出现。社会系统对于政治政策输出的认同也是一个动态的过程,一项政策调整获得了多数人的认同,并不等于任何一项政策都会获得同样的认同与支持。认同与支持来源于政治系统与社会系统的协商互动的共识程度。因此,媒介系统新闻传通的有效性、政治系统社会支持的获得性和社会系统政治社会化的认同性,等等,都不会是一劳永逸的,其始终处于动态的变化之中。活动论试图将三个系统放在一个动态的情境下去考察彼此运行逻辑和博弈策略对于会议新闻传播的影响,通过对于系统之间博弈规律的揭示,从而获得系统之间内在的不易察觉的传播活动的密码。

三是会议新闻传播活动与会议新闻是两种不同的研究路向。会议新闻传播活动研究立足于宏观视角,重在对活动规律的揭示,其不仅要研究会议新闻传播活动的传播主体、传播客体、传播内容、传播形态、传播渠道、传播效果等问题,而且还要研究政治系统、媒介系统和社会系统的运行逻辑及其博弈策略对于会议新闻传播活动的影响,通过对各个系统之间博弈关系的揭示来把握会议新闻传播活动的独特规律;而会议新闻则属于新闻本体生产的微观研究,它所探讨回答的是会议新闻发现、生产及其叙事建构的规律问题。只有从活动论的角度来探讨会议新闻传播,以"活动"为主轴贯穿会议新闻传播活动的全过程,才能从宏观层面弄清三个系统在会议新闻传播活动中的角色、关系及其博弈形态和规律。单纯从新闻本体角度来研究会议新闻的发现、生产和叙事规律,很难揭示上述系统之间的关系,不能揭示系统之间的博弈关系,也就不能揭示会议新闻传播活动的特有规律,同时,也无法回答和解释会议新闻传播活动独特的运行逻辑。

当然,以活动论的范式来研究会议新闻传播,也不能脱离新闻本体建构规律的揭示,两者并不是对立的关系,而是彼此协同统一的关系。其要求在会议新闻传播活动研究中,审视新闻本体的生产规律——满足目标受众定向需求规律的合理性。揭示这一规律,对于会议新闻创新突破具有重要意义,尤其是在数字时代圈子化部落日益形成的情境下,这个规律的研究和把握显得尤为重要。同时,在会议新闻本体研究中,反观系统之间的博弈规律对新闻生产的影响,揭示各个系统的角色定位,博弈策略选择和合作博弈的基点,可以获得会议新闻改革的动力源泉。会议新闻传播活动作为一个有机整体,离开了新闻本体这一基础元素的研究,会议新闻传播规律的揭示就会成为无源之水,而没有系统之间的博弈策略的探讨,也不能准确地揭示影响会议新闻传播活动的核心因素及其特殊规律。本研究通过对会议新闻本体建构规律与会议新闻传播活动规律的双重揭示,来建构一个会议新闻传播的理论框架。

四是以"活动论"为研究路向,可以实现多学科要素的有机统合。会议新闻是由作为政治活动的会议与作为传播活动的新闻构成的有机体。基于会议新闻政治传播活动的理论探讨,需要将新闻传播学与政治传播学统合起来才能获得理想的研究框架。新闻传播学在于对新闻本体建构及其新闻规律的认识,政治传播学则在于对政治活动及其传播规律的把握。可见,无论是前者还是后者,都难以回答会议新闻政治传播所涉及的所有问题,而"活动论"则可以打破学科壁垒,超脱学科限制,实现两个学科要素的有机统合,进行政治与新闻传播活动的形态、规律的考察,这种探索无论是对于会议新闻传播的学科拓展,还是对于政治传播学的实践延伸,都具有一定的理论和实践意义。

二、研究对象

本书主要从政治传播的角度,揭示会议新闻传播活动规律,探讨会议新闻传播活动中的传播认知、传播主体、传播客体、传播博弈、传播内容、传播形态、传播渠道、传通效果,以及影响会议新闻有效传播的变量因素等问题。过去的研究多探讨会议新闻本体的生产,但是,新闻本体的生产与传播要受到一系列环境(政治、社会)、媒介和受传者等因素的影响,如果不能揭示这些会议新闻传播的核心变量因素,那么要把握会议新闻传播规律就只能是一句空话,我们所提出的结论和建议就不能很好地回答政治系统、媒介系统和社会系统所关心的一些基本问题,因此,有必要将这些基本问题梳理清楚,为以后的研究打下比较坚实的基础。

除此之外,研究将揭示政治系统、媒介系统、社会系统彼此之间的复杂的博弈关系和运行逻辑,以及如何平衡三个系统相互之间的博弈张力,形成政治行动者、媒介和公众彼此协调的传受关系,在理论上为我国会议新闻传播提供新的研究思路。

本书认为,会议新闻传播研究成果虽然较多,但是无论是研究的系统性、深入性和学理性,还是作为一种独立的学科体系建构来看,还不能称之为"学"。以活动论的范式来构建一种研究框架,着重在理论上厘清一些基本问题,厘清政治系统、媒介系统和社会系统之间的关系,在三者关系的把握和建构中,进一步探讨政治逻辑、媒介逻辑和社会逻辑影响会议新闻传播的诸因素,对于把握会议新闻传播规律,提升会议新闻的传通效果具有一定的理论创新价值。这对于我国会议新闻传播研究无疑是一件很有意义的事情。

会议新闻传播不同于其他新闻传播活动。会议新闻传播本质是会议活动政治信息的社会化过程。如果给会议新闻传播下一个定义的话，虽然还很难界定一个为所有人都能够接受的概念，但是，从会议新闻传播活动这个角度来考量，会议新闻传播就是满足目标受众定向需求的政治信息的社会化过程。之所以将会议新闻传播视为政治信息的社会化过程，而不是从新闻本体建构的角度来定义，是因为会议新闻传播是政治系统决议决策和政策信息的社会化过程，绝不仅是一次会议信息的单纯公告，它是政治系统决议决策和执行的系列政治活动的媒介营销。特别是全国"两会"及其后续召开的国务院常务会议就"两会"重大决策所形成的具体政策，其实是"两会"决策的延伸落实过程。如果政府常务会议的决策涉及"两会"重大决议的落实，那么媒体的报道就不能仅仅报道政府常务会议做出了哪些决策，而应该交代决策的背景，要体现政府常务会议决策与"两会"决议的关系，这种交代是政治社会化过程所不可或缺的，从一定意义上讲，其涉及公众对于"两会"诉求的政治回应以及对于政治系统政治作为的评价。

会议活动作为政治系统处理国内国际事务和利益关系的政治实践活动，涉及政治共同体内部的政治决策，外部的政治宣示、社会动员等。会议新闻传播作为政治活动信息的社会化，是政治共同体内部政治活动的社会延伸，是政治行动者借助媒体将其政治活动向社会扩散的营销过程。

会议新闻作为执政集团政治信息的社会化，是借助媒体针对公众的互动与交换活动，其目的是通过决议决策和政策的互动交换来获得公众的认同与支持。这里的交换一方面是政治信息与公众意见的交换，另一方面是政策主张与社会支持的交换，通过互动交换从而实现政治政策的社会化和顺利实施的目的。同时，会议新闻作为一种新闻传播活动，又必须遵循新闻规律来建构新闻，以实现新闻价值和影响力的最大化，从而获得公众的关注、接受和理解并采取相应的社会行动。会议新闻的接收离不开公众对于政治信息的心理认知和表征，而这种心理认知和表征则来自于受众对于信息的知觉、注意和动机驱引等一系列的信息加工过程，其认知无论是正向表征或是负向表征都与公众对于信息的认知需求满足程度（正向满足或负向满足）相关。新闻传播必须以构建顺畅的传受关系，实现传播主体和受传主体的信息传通为宗旨，不然，任何传播活动都将失去传播效果和影响力。

从研究取向来说，会议新闻的政治传播研究主要是新闻传播学和政治传播学，但是仅凭上述两个学科的理论，仍然找不到有些问题的答案。因此，还需要哲学认识论、信息论、系统论、博弈论、认知心理学、媒介生态学等学科的理论支撑。从宏观层面研究政治共同体的政治活动规律、会议新闻传播活动规律,以及受众信息使用与满足规律厘清政治系统、媒介系统和社会系统之间的关系,以会议新闻的传播认知、传播主体、传播客体、传播博弈、传播内容、传播形态、传播渠道与传通效果等理论问题为研究对象,构建起符合中国国情的会议新闻传播理论。

三、研究方法

本书整体上采用的是理论研究与实证研究相结合的方法。首先进行跨学科的交叉理论研究,在对哲学认识论、政治学、认知心理学、系统论、博弈论、新闻传播学、政治传播学、生态位理论等相关理论文献梳理、解读、整合的基础上,对基础概念的逻辑关系进行论证,运用比较、分析、综合、抽象和概括等方式对研究对象的本质特征进行深入探究,用以解释和揭示会议新闻传播活动的规律。其次,在对"人民网""凤凰网""参考消息网"等大量的会议新闻传播活动分析中,探讨会议新闻的传播形态对于公众新闻接收的变量因素和传通效应。同时,通过问卷调查,对公众会议新闻媒介接触和新闻偏好进行分析,把握真实的会议新闻传播现状,从传与受的心理表征规律来分析影响传通效果的变量因素,在此基础上提出会议新闻传通的对策。

四、主要内容

会议新闻传播认知论。认知在人们的活动中发生,又指导人们的各种活动。会议新闻传播认知涉及会议新闻的应然认知——属性认知,实然认知——新闻本体认知。属性认知要回答的是会议新闻的本质属性与功能,会议新闻的政治属性是其根本属性,政治功能是其核心功能。这是其他新闻所不具有的属性和功能特征。会议新闻是政治活动的社会延伸,是政治社会化的手段,也是公民政治参与的有效途径。其具有议程设置、政治宣示、社会动员、政治沟通和舆论引导功能。本体认知探讨的是会议新闻政治事实的特征与价值、目标受众与定向需求及其关系的问题。政治事实是意识形态所包裹的硬核信息,其具有双重意识形态价值,一是观念价值形态,其体现的是政治系统的政治信仰,二是实践价值形态,即反映政治系统政治信仰的政治实践。会议新闻政治事实的传播应体现上述双重价值的统一。目标受众是指持有一定政治立场和利益主张,在某些方面具有比较明确需求愿望的群体。定向需求则是满足目标受众群体的核心利益并有助于消除其不确定性的信息需求。在传播无处不在的信息丰裕时代,满足目标受众的定向需求将成为会议新闻传播的核心原理。受众信息需求与传者信息供给规律,其实就是需求与满足相适配的规律。目标受众的新闻认知是以满足其"定向需求"为导向,是需求价值与新闻价值的认知统一的过程。任何不能满足公众需求价值的新闻传播,都不会实现其传播意图,更谈不上会议新闻的传通。

会议新闻传播主体论。会议新闻传播是由人构成的多元传播主体形态。无论从一般认识论角度,还是"传播是人类特权"的角度,乃至传播主体构成的角度来分析,人都是信息传播的主体,并不是"无头无尾"的"截断面"。在会议新闻传播中,上位主体、下位主体和侧位主体构成了彼此协调的有机能动的传播整体,上位主体作为政治活动者主导着传播活动,下位主体作为职业传播者从事传播活动,而侧位主体则作为权威解读者参与传播活动。三者关系协调与否将影响会议新闻的有效传播。在中国语境下,无论是政治活动中的传者与受者,还是新闻活动中的传者与受者,在信息交流过程中,政治行动者的政治传播者角色都不会发生根本改变,上位主体要发挥传播主导者的作用,还需要强化议程设置说明者、前在沟通与引导者、政府行为解释者和政治政策营销者的角色认知和行动。

会议新闻传播客体论。哲学意义上的客体是主体作用的对象,传播学上的客体则是指信息的接收者。会议新闻传播的客体是作为公众的受众出现的。作为公众的受众是现代民主政治与媒介结合的产物,与大众的分散、无根性和缺乏自觉意识以及政治冷漠相比,公众具有较强的政治自觉、独立人格、理性精神、政治参与和监督批判意识。公众的受众并不是公众+受众,或者受众+公众那样简单。作为公众的受众,首先是公众,然后才是受众。公众成为受众,是公众在与政治、与社会保持密切联系的媒介实现形式,也是保持特殊的政治敏感和参与国家治理的必备条件。大众走向公众需要大众走出自闭、自在、自得其乐的状态,在与社会、与政治的交往中增强政治意识和参与意识。作为会议新闻接收主体的公众受众的形成,需要传受关系的协调、定向信息需求的满足、信息结构的合理和交流平台的开放。公众走向受众还需要获取信息、表达意见、参与治理和监督施政等权利的保障。数字媒介时代,公众受众日益呈现出微粒社会的圈民互动者、利益共同体的维护者、政治参与的权利主张者以及政府行为监督者的角色重构,其核心将是政治人角色的确认。

会议新闻传播博弈论。作为一种政治传播活动,会议新闻是政治系统、媒介系统和社会系统共同作用的结果。三个系统博弈的核心其实质是信息权力的博弈。在信息传播中,政治系统的运行逻辑是要维护政权和国家安全以及执政的合法性;媒介逻辑除了要依附于政治逻辑运行以外,其仍然具有运用反制策略解构政治的可能,其博弈的核心是媒介自身利益及其媒介权力的实现;社会系统不仅构成政治系统和媒介系统的社会环境,塑造着政治系统和媒介系统,同时,也是政治系统和媒介系统要回应和影响的对象。社会系统的博弈是获取知情权与信息权。社会公众绝不是被动和无所作为的"群氓",对于上述两个系统同样具有决定性的反制力。三者的博弈与合作的基点在于"政府要说的应说的"和"公众欲知的应知的"的协调统一上。倘若只选择政府要说的,不考虑公众欲知的,那么公众就不会关注;反过来,公众欲知应知的,也应该是政府和媒体需要传播的。这体现的是政府和媒体对于公众的责任。满足目标受众定向需求将决定公众政治信息的接触、接收、接受和改变。满足需求,则政治社会化的实现就有可能,反之,任何传播都将难成所愿。

会议新闻传播内容论。会议新闻传播的核心内容是政治信息。政治信息的政治价值包含三种级态——指向感性的现实利益的经验级态、指向他律规约的价值系统的规范级态和指向人类政治信仰的终极级态。在会议新闻传播中,包含这三种级态的所有重要信息。这些级态信息归纳起来主要是决策类、宣示类、规约类、仪式类和事件类等五种信息形态。从公众信息需求心理看,始终存在一条信息需求曲线,这条曲线的变化是由受众"不确定性和相关程度"牵引的。媒介传播的信息在其他条件相同的情况下,越是与受众的利益相关,越是有助于消除其不确定性的信息,信息需求曲线越是呈现上扬态势,反之则会下降。公众的政治信息需求与信息供给平衡是实现会议新闻传通的重要基础。公众同与会者的信息需求有着本质的区别,公众需要满足的是"是什么、为什么,与我有何关联"的新闻需求,而与会者需要满足的则是"干什么、怎么干,达到什么标准"的工作要求,会议新闻不能将两者相混淆。在会议新闻传播中,有效的新闻修辞可以为政治政策的营销创造有利的条件。劝服型新闻修辞、首脑型新闻修辞、政党型新闻修辞、行政型新闻修辞、制度型新闻修辞是实现会议新闻传通的有效工具。

会议新闻传播形态论。政治沟通的双向互动均衡理论和政治营销的互动交换理论适用于会议新闻传播活动。在与政治系统的互动交换中,社会公众并不仅仅只有现实利益追求,还包括对终极价值的追求。会议新闻的受众是作为利益相关者而存在的,任何政策的调整必然带来不同利益群体的利益损益,因此会议新闻传播互动交换的是公众公正合理的利益认知和对于终极价值的认同。会议新闻传播既要摒弃美国媒介普遍建构的"权威—失序"的新闻形态,也要改造中国流行的"权威—秩序"新闻建构形态,应当探讨一种"权威—参与"的新闻建构形态。"权威—参与"的新闻建构,不仅能够体现政治政策的合法性权威,也将增强公众参与的"政治效能"感和对于政治政策的认同感。会议新闻传播分为文本传播形态和媒体传播形态。文本传播形态由本体态和功能态构成。本体态是指新闻的一般形态,即只传播信息,不做信息的说明解释和劝服的新闻形态。功能态建构于互动交换的营销策略,体现的是政治政策主张与公众利益认知的关联,通过互动与交换达成对于政策的理解与支持;功能态包括解读态、回应态、劝服态和关联态。媒体传播形态则由受众信息需求聚合性满足的组合态传播、构建双向互动平衡话语场的互动态传播和议程风向测试与政治政策社会促销的延展态传播构成。随着数字时代的到来,会议新闻传播呈现出新的发展趋势:圈子化受众的定向推送将成为竞争的新选择;延伸链接将成为受众深广阅读的信息池;大数据挖掘将成为可视化传播的新形态;脱媒窗口将成为受众信息"拉取"的主渠道;$1 \times 1 \times N$ 将成为会议新闻传播的新模式。

会议新闻传播渠道论。传播技术的创新不仅创造了不同的媒介形态,同时也创造了规模、兴趣和需求不同的受众形态。受众的媒介依赖是媒介获取注意力资源的决定性因素。信息丰裕时代,注意力将成为一种稀缺的"硬约束资源",数字媒体让大众传播变为小群或分众化传播,媒介获取受众的注意将越来越不容易。"注意力市场"理论和"满足—效用生态位"理论解释了媒介竞争的核心——注意力资源。注意力获取 = 信息独特性 + "定向需求"满足/媒介选择机会,将成为媒介打造自身优势的不二路径。在复杂的媒介环境中,会议新闻的有效传播有赖于媒介独特时空生态位优势的充分释放,以满足不同目标受众群体对于多层次信息的"定向需求"。受众的媒介渠道选择虽然不以人们的意愿为转移,但是,每一种媒体独特的市场定位和相对的传播优势将是锁定目标受众的先决条件。无论媒介形态如何变化,受众媒介消费的永远是内容,传播技术只是为受众获取信息提供了便利,"内容为王"的总趋势并没有发生根本改变。

会议新闻传通效果论。传通,是任何信息传播要实现的理想目标。会议新闻的传通,需要将传者主导的信息供给模式转为受众主导的信息需求模式。需求模型包括受众需求、信息选择、新闻建构、需求满足、传通反馈等要素。需求模型建构的核心价值是目标受众定向需求的满足。除此之外,还需要精准把握和科学处理关系传通、情感传通、兴趣传通、话语传通等多个变量因素,只有如此,才能在政治系统、媒介系统和社会公众之间建构起顺畅的传通关系。会议新闻传通效果的测量是一个比较复杂的体系。建构会议新闻测量评估模型对于评估传播效果具有工具性价值,本书提出了"三个向度的评估模型",即议程向度——议程转换的指标测量,认同向度——受众认知的边际测量,行动向度——社会行为的参数测量,并对测量评估的数据进行了数值确定。该模型的假设不仅在理论上是成立的,更为重要的是其来源于传播实践的客观反映。

五、学术创新

本书运用活动论的研究范式来厘清会议新闻传播的一些基本问题,目前国内外学术界还没有相同的系统性研究成果。运用系统论和博弈论原理,探讨政治系统、媒介系统和社会系统各自的特征、运行逻辑和博弈策略,并将三个系统博弈协调认同的基点确定为"政府要说的应说的"与"公众欲知的应知的"统一上,这一基点是获得三方合作博弈的最佳选择;运用政治营销的互动与交换原理探讨政治政策营销的新闻形态建构的可行性,具体分析劝服、回应、说明新闻与政治政策营销效果问题,也具有一定的创新性;对美国和中国的会议新闻建构形态做了"权威—失序"和"权威—秩序"的概括,并提出了"权威—参与"新闻建构的主张,并就建构的意义和价值进行了阐释;运用社会理论、政治理论和受众理论分析受众形态,将会议新闻受众做了"公众受众"的定位和系统的理论揭示,同时,对于麦奎尔的"目标受众"概念和麦库姆斯的"定向需求"概念也做了明确的理论界定和系统分析,并且将"目标受众"与"定向需求"做了理论上的有机接合,从而形成了"满足目标受众定向需求"的理论建构,这一理论贯彻了整个研究过程,可以成为会议新闻受众定位、信息选择与新闻建构的理论指导。媒介融合时代,注意力资源将成为媒介竞争的"硬通货",本书据此提出了注意力"硬约束资源"理论主张。本书认为媒介生态位宽度其实就是注意力资源获取的宽度,而注意力资源的宽度则取决于媒介提供的信息独特性与受众获得的满足感和媒介选择机会的等值性,这作为一种定律支配着受众的注意力投放,同时,也将支配着媒介的信息选择、新闻生产和传播。其公式是:注意力获取 = 信息独特性 + "定向需求"满足/媒介选择机会。会议新闻传通效果的测量评估是一块有待开垦的处女地,目前尚没有可供借鉴的规范的测量评估模型。本书提出的"三个向度"的评估模型具有原创性。同时,本书对于政治事实与竞争性议程概念的内涵与外延,信息需求曲线、信息黏性等进行了创新性的理论阐释。综上所述,这些跨学科的综合研究力求为我国会议新闻传播研究提供一个新的视角。

六、学术与实践价值

就学术价值而言,本书从宏观角度揭示政治系统、媒介系统与社会系统复杂的信息权力及博弈关系以及三者之间的互动、协调与平衡对于会议新闻传播的影响,具有一定的理论与实践意义。综合运用政治学、认知传播学、政治传播学、系统论、博弈论和媒介生态理论等理论进行跨学科交叉研究,为中国会议新闻传播理论体系的建构提供一条新的途径。

就其应用价值而言,会议新闻的有效传播不仅是政治系统、媒介系统和社会系统关心的问题,而且也是三个系统共同作用的结果,从理论与实践结合的角度来探讨和回答会议新闻传播活动规律,明确政治行动者、传播媒介和公众在传播活动中的角色,正确处理三者之间的关系,协调平衡博弈张力,把握受众信息需求曲线,丰富传播形态,增强信息的有效供给,为会议新闻的有效传播提供了实践指导。

第一章　会议新闻传播认知论

人类的一切活动都离不开人对于客观事物的心理认知与表征,正确的心理认知是科学把握与表征客观事物的前提。认识与认知是两种不同的心理活动。认识活动是直接依靠感知能力和思维能力认识客观事物的过程,而"认知则是人们对客观世界中信息的获取、整理、编码、分析判断,形成理解世界知识的过程"①。在这个过程中,"人们通过自己的感官获得从外部输入的信息,经过处理(能量的不断转换)转化为自己内部的观念或概念,即一些能代表外部世界事物的符号或模式,并储存在头脑中,然后再经过一系列处理,将内部的观念或概念转化为语言或其他行为,成为输出的信息,对外部的刺激作出某种特定的反应"②。

正如在导论中提到的,会议新闻与会议新闻传播活动是两种不同的认知客体。会议新闻是作为本体的新闻生产与传播,其重点在于会议新闻要素构成及其规律的把握;会议新闻传播活动则侧重于构成会议新闻传播活动主体及其关系的探讨,尤其是对政治系统、媒介系统、社会系统博弈逻辑的揭示。本章重点从传播活动与新闻本体构成的核心要素的角度,具体探讨会议新闻传播属性功能、会议新闻政治事实及价值体系、目标受众与定向需求的认知,通过这些核心要素的认知,全面揭示会议新闻作为政治传播活动的现象及其规律。

第一节　会议新闻传播属性与功能认知

研究会议新闻传播的属性,首先需要对于作为政治场域的会议活动及其特点的认知,这是赋予会议新闻传播属性的逻辑起点。

---

① 林克勤,严功军.认知传播学论丛[M].成都:四川大学出版社,2015:100.

② 彭聃龄,张必隐.认知心理学[M].杭州:浙江教育出版社,2004:3.

一、会议活动类型及其属性特点

(一)会议活动史的考察

会议活动,始终是作为议事和决策的政治博弈空间存在的。在我国"会议"一词最早出现在汉代蔡邕《独断》一文:"凡章表皆启封,其言密事,得帛囊盛,其有疑事,公卿百官会议。"说的是公卿百官聚集一起启封章表议事的政治活动过程。《史记·平津侯主父列传》:"每朝会议,开陈其端,令人主自择,不肯面折庭争。"也反映了古代朝廷开会廷议的形式与过程。马丁称会议是:"几个关键人物聚合在一起,每人有他们各自的角色,讨论他们共同感兴趣的问题,取得某些决定,而这些决定都是会议预期要达到的。"①马丁是从一般组织机构的议事形式来定义会议的。无论从哪个角度来认识,会议作为一种议事的活动场域,是人们发挥集体智慧,决机大事的政治实践活动。

自进入人类社会之后,议事的会议雏形就出现了。原始人类的渔猎活动由个体走向群体的"围捕"是原始人类适应环境变化做出的智慧选择。

随着原始人类的不断繁衍,对于食物需求单纯靠个体的渔猎活动已经不能满足人类生存的基本需要。原始人类开始认识到个体行动的局限性,于是群体合作的"围捕"便出现了。应当说,"围捕"较个体行动而言,是一种比较复杂的、社会合作活动,不仅需要深入的社交互动,而且还要进行简单的社会分工,因此,复杂的、有组织的社会实践活动也就随之出现了。正如洛根所分析的那样:"类人猿习得新的技能,比如使用工具、取火、大规模协同狩猎和采集、维持家庭的社会智能、模拟性交流。起初,这样的复杂性可以靠追加的感知来应对,但到了某一时刻,复杂程度实在是太高,光靠感知不能提供充分的抽象去应对日益复杂的生存环境。"②于是就出现了沟通语言、交流符号和有组织的社会性的合作活动。

应当说,"围捕"是一种有组织的社会性合作活动,这在原始人类早期是一个了不起的进步,这种进步来自于原始人类对有目的、有组织活动的社会认知。社会合作要获得成功,参与合作的成员必须"聚议",进行简单的分工,约定彼此联系的信号,同时,还要商议捕获猎物的分配原则。虽然这还不是严格意义上的会议,但是其作用已接近会议。可见,会议是人类

---

① 马丁.驾驭会议:如何从会议上得到你想要的东西[M].马小丁,宋竞梅,译.北京:经济管理出版社,1999:9.

② 洛根.理解新媒介——延伸麦克卢汉[M].何道宽,译.上海:复旦大学出版社,2012:28.

社会进步的产物。

会议活动无论在中国还是西方,出现时间都比较早。而且,会议活动始终伴随着人类社会政治实践的需要,创新和改变着会议形态。由于政治活动的目的不同,会议活动呈现的形态也各不相同。

1. 始于"围立"形态的西方会议史

"围立"一词是古代德意志法庭用语,是会议的原始形态。"围立"指的是氏族或部落遇有重要事情,部落成员站在一起发表意见、参与讨论的会议形式。这种会议活动是一种比较粗糙的原始自治的民主形态。由于这种形态的会议活动缺乏规范的议事程序,意见嘈杂又不便于决策,因此,原始社会的会议活动常常是缺乏效率的。

进入奴隶制社会,会议活动形成了比较规范的程序,参加人数和表决方式都有了明确规定。古代雅典国家的最高权力机构创始于公元前6世纪末克里斯梯尼改革时期,这个机构的名称叫公民会议。公民会议由10个部落选出均等比例的代表组成"五百人议事会议"。"五百人议事会议"取代了梭伦时期创设的基于等级、财产组成的"四百人议事会议"。这种会议形式,虽然克服了"四百人议事会议"将普通公民排除在外的弊端,但是,由于参会人数众多,且召集一次会议并不容易,同时,又缺乏规范的议事规则,因此,会议的效率和效果也并不理想。

公元前5世纪中叶伯里克利当政时,"五百人议事会议"通过民众议案,决定设置行使经常职权的"五十人团"。作为一种常设的议事机构,这个机构可以定期召开会议,处理民众议案。实质上这是一种具有执政性质的议事决策机构。这个权力机构实行轮流执政,即将"五百人议事会"的全体成员分为10个组,每组50人,按组轮流执政,实行任期制,任期一般为一年的十分之一。"五十人团"每日采取抓阄儿的方式决定会议主席,主席由一人担任。如果在其任期内举行"五百人议事会",此人便担任大会主席,主持讨论和表决重大事项,这是一种轮流执政的民主形态。

雅典共和国的公民会议是最高议事机构,行使管理国家的权力。会议的功能、职权、方式、程序和效力都有严格的规定。比如,规定任何人在"五百人会议"或公民大会上发表演讲时,必须围绕当时讨论的议题,不可同时涉及其他议题;同一场会议也不允许就相同的问题重复发言;即使有不同意见,也不能采取谩骂或打断他人发言的极端做法破坏会议进程;更不允许攻击主持会议的官员;等等。应当说,这样的规定是对以往会议活动经验总结的结果,也为提高会议的议事效率和质量提供了保障。

公元前287年,罗马平民发动起义,罗马政府任命平民出身的霍腾西阿为独裁官去平息起义。霍腾西阿就职后便提出一个法案,对公元前449年法案的内容做出重申:特里布会议的决议无须经元老院批准,对全体罗马公民具有同样的法律效力。从此,特里布会议成为全体罗马公民的人民大会。公元451年,由东罗马帝国皇帝马西安在小亚细亚卡尔西顿召开的基督教世界性会议,旨在通过充分交换意见来否定一性论派。会议谴责了关于耶稣基督"只有神性没有人性,与人不是同类"的论点,赞成罗马教主利奥一世关于基督为肉身的说法,并将此规定为信条。会议对教会纪律、诉讼程序和教产等问题进行讨论并做出详细规定,并宣布君士坦丁堡大主教与罗马主教在教务上有同等的权力。

中世纪的西欧,在封建皇室的控制下,会议成为专制统治者表达意志的工具。在7—11世纪,英国盎格鲁-撒克逊时代的国王建立了咨询机构——贤人会议,由最高权势的教俗贵族和王室成员组成,不定期地由国王召集。贤人会议颁布法令、任命官员、册封土地,就宣战及征收赋税等问题发表意见、选举和废黜国王。

中世纪末资产阶级萌芽后,干预政治的主要手段也是召开会议,一切事务都由会议讨论决定。1265年,由孟福尔在英国召开等级代表会议,标志着英国开始实行等级君主制,开创了议会制度的先河。1258年6月,持有共同政见的贵族召开了"牛津会议",要求国王批准限制王权的"牛津条例",由15名贵族执掌国家权力。这次会议被称为"疯狂的国会",从此便有了"国会"一词。由于国会由贵族把持,平民的意愿得不到尊重,因此,引发了平民的激烈反抗。许多不满贵族寡头统治的骑士和平民更是怨声鼎沸,纷纷汇聚在孟福尔的周围。1264年孟福尔在内战中取得胜利,成为英国的实际统治者。1265年孟福尔召开代表大会,除教俗贵族参加外,还规定每郡派两名骑士和平民代表出席大会,等级代表会议开始取代贵族会议。起初国会权力并不大,通常只是讨论税收问题,骑士和平民代表也没有自己独立的议事机构。在各方努力下,1334年国会形态发生了重大变化,即分为上院(贵族院)和下院(平民院),平民也获得了管理国家的权力。下院在分立初期权力并不大,只是提出一些提交上院审议通过的议案,后来逐渐取得参加制定国家法律的权利。17世纪后,国会权力逐步扩大,直至拥有最高立法权,决定内阁人选、监督内阁施政,甚至废黜或推举国王等大权。1265年国会会议的召开使英国获得了"世界议会鼻祖"的称号。

2. 启于原始氏族民主议事的中国会议史

我国正式的会议活动始于母系氏族社会的氏族民主议事会,较之西方会议史要早许多。

据白钢主编的《中国政治制度史》介绍,公元前5万年至公元前4万年左右,我国即进入母系氏族社会。由于生产力水平的提高和氏族力量的形成,社会形态开始发生变革,即由以渔猎和采集为主逐渐向原始农业为主的社会形态过渡。当时的农业生产活动主要由妇女承担。母系氏族社会繁荣时期实行的是氏族外婚,血缘亲族关系就成为维系氏族的纽带。由一个老祖母生下的子女,和几代女子构成了一个母系氏族,几个氏族便组成了一个部落。每个氏族成员,都以平等的资格参加氏族的各种活动,氏族部落成员均没有私有财产,土地和房屋等也实行共同占有①。

氏族的最高权力机关是氏族民主议事会。氏族的一切重大事项,都由全体成年男女参加讨论决定②。氏族首领由氏族民主议事会选举产生,通常会选举那些在氏族内年长而有能力和威望的妇女担任,有时女家长也会提名并经全体讨论通过,由本族的男子担任③。氏族首领与氏族成员的地位平等,没有任何特权,他们只是社会的公仆。

到了母系氏族社会晚期,生产活动所获得的生活资料开始有了剩余。此时男性在手工业生产中开始取代女性。男子在家族中经济地位的提高,使自己子女继承私有财产成为可能,并加速了母系家族向父系家族的转变。几个父系家族组成了一个氏族公社。公社拥有土地、林场等生产资料。每一个父系家族由氏族公社分配土地等生产资料。作为生产单位的家族,其成员共同生产,共同消费。父系家族长负责全家族的生产和收获物的分配,并处理家族内部事务。家族长具有父权和对非自由人奴役的绝对权力。父系氏族公社的首领,虽然要经过民主选举产生,但通常是由最有权势的家族长担任。这些家族长成为联盟首领后,往往利用自己的地位和权力,为自己及其家族谋取利益,家族间的贫富分化开始出现,氏族的平等民主精神遭到破坏④。

原始社会末期,随着私有财富积累和阶级分化的加剧,氏族显贵和父权家族首领向外扩张的野心进一步膨胀。他们常常联合拥有共同利益关系的部落组成部落联盟,向其他部落和联盟开战,以掠夺财富、土地和奴隶,扩大自己的势力。此时通常被称为军事民主制时期。

---

①②　白钢.中国政治制度史[M].天津:天津人民出版社,2016:52.

③　白钢.中国政治制度史[M].天津:天津人民出版社,2016:52-53.

④　白钢.中国政治制度史[M].天津:天津人民出版社,2016:56.

军事民主制时期社会组织的最高形式是部落联盟①。"部落联盟有联盟大会。"②"部落联盟的决策机构为联盟议事会,其成员由各加盟部落酋长或氏族显贵组成。"③联盟议事会负责处理部落联盟的重大事项④。联盟内部设有负责农业、治水、军事等事务的首领,但是最终的决策权在联盟首领和议事会。即使是联盟首领要决定重大事项,也要通过联盟议事会的讨论才能实行⑤。

各部落联盟经常举行大会,宣示政治主张,进行政治动员,展示政治权威,凡是联盟内的氏族长和成年男子都要参加联盟会议,其会议规模相当庞大。据文献记载,公元前 4000 年,黄帝与炎帝为争夺领地展开了著名的阪泉之战,最终黄帝打败炎帝,一统黄淮两大流域。黄帝确立一统地位后,曾在釜山(今涿鹿西南)召集万人大会,参会者有万国之众,一万多个氏族首领前来向黄帝表示臣服,称颂其功德,拥戴其为统领万方的部落联盟首领。这种会议形态更多是彰显庄严的政治仪式,以及对于新的政治权威的确认。这种浩大的会议规模和庄严的政治仪式在古代,无论是中国还是西方都是绝无仅有的。

黄帝时期实行首领禅让制。相传在禹取得对广大氏族部落的统领权之后,曾在涂山(今安徽蚌埠西淮河东岸)召集由夏、夷各部落首领参加的大会,此次会议,禹为了巩固和加强部落联盟的首领地位,指定伯益为自己的接班人,但是禹死后,他的儿子启废除了禅让制,自己做了首领,并建立了我国第一个奴隶制国家夏朝。

进入春秋战国时期,各国开始实行朝议制度,朝议是国家最高权力机构,主要讨论国家大事,决定国策,发布政令等。这种制度按照参见者和朝会地点不同分为内朝、外朝和治朝三种形式,亦称"三朝"。内朝的参与朝议者是以国君的宗室臣僚为主,外朝主要是朝国人。朝国人是一种向国人征询意见的形式。朝国人时,通常是向国人宣布政令,再就是征求国人对一些重要事情的态度,以获得国人的支持。据《左传》记载,朝国人一般是在国家处于危难的时候所采取的政治活动,多发生在中小国家,由于其国力不强,人口不多,而国人又是军队的成员,因此,在国家处于生死存亡的关键时刻,获得他们的支持是维持执政的重要基础。如公元前 502 年卫灵公在晋国受辱,想要与晋国反目,又怕晋进攻时国人不支持他,于是便朝国人,向国人述说他受辱于晋的情况,国人听后,无不义愤填膺,表示支持灵

---

①②③④　白钢. 中国政治制度史[M]. 天津:天津人民出版社,2016:60.

⑤　参见白钢. 中国政治制度史[M]. 天津:天津人民出版社,2016:50 - 63.

公与晋国对抗。再如公元前645年,晋国被秦国打败,晋国国君被俘。国内大臣便借惠公名义朝国人,在朝国人时,宣布了土地改革方案,即"作爰田",并要求国人要同心一致保卫家园,对抗秦国。外朝没有形成固定的制度,多数时间都是在国家面临艰困和危机时的一种临时议政形式,其主要功能是一种政治宣示和动员,以凝聚人心,同仇敌忾,共赴国难。

治朝则是国家议政的常规形态。国君与各级臣僚每日都要朝见议事,讨论政事,发布政令等。治朝参见的人数较多,凡有官爵者皆可参与。朝见时有明确的站立位置,一般距离国君较近者为地位较高的官吏,依次站立,即所谓的"朝以政班爵"。朝议也并不是所有参与朝议的官吏都有发言权。只有地位高的掌权人物才可以发表政见,年轻或地位低下的官吏一般不准发言,只能听别人议政,故称"听政"。一旦出现年轻或下级官吏抢先发言的越礼之举,有时还会招来不测之祸,甚至还会有灭顶之灾。可见,此时的议事还是一种等级分明的民主议政形式。《左传》记载,昭公三年(公元前539年),晋国的范武子退休后,其子范文子子承父业入朝听证。一天,范文子回家较晚,并对其父说,朝会上有位秦国人说隐语(谜语之类),没有人能猜得出来,只有他说准了三个。范武子听后十分生气,说:不是大人们不知道,而是他们谦让长者。你刚刚入仕为官就在朝会上三次抢先,我不知道何时要遭灭族之祸了。于是举杖便打,将范文子的帽子打掉,头上的簪子也被打断[①]。

西汉继承了"朝议"制度,但西汉的"朝议"制度与春秋战国时期有所不同。西汉的"朝议",分为"廷议"与"集议"。廷议,是皇帝坐朝听政时,传旨就某一问题令群臣各抒己见,由皇帝从诸臣廷对中择善而从,做出决断。集议,则是由皇帝将涉及某一问题的大臣奏章"下其议"于百官,让他们讨论,皇帝并不亲临讨论现场,而由最高行政长官主持,讨论之后将意见呈奏皇帝。皇帝对集议的意见,即可照准,亦可否定,下旨重议,还可以不予理睬,即是所谓的"留中不发"。一旦这种情况发生,通常所议之事即被搁置,但议者还有重新提出讨论的权利。集议的主持人,在西汉成帝废丞相之前概由丞相领衔。朝廷公卿,都可以参加朝议,根据所议内容不同,某些官职稍卑的人若得到皇帝旨意,也可以参与讨论与其职掌事务有关的问题。在朝议中,可以各抒己见,反复驳难。如果达成一致意见,就联名上奏,呈报皇帝。如果某人对众人所议持不同意见,也可以单独上奏,提出对集议的"驳议",供皇帝决策时参考。

---

① 参见白纲.中国政治制度史[M].天津:天津人民出版社,2016:64-167.

历史上最著名的一次集议是"盐铁会议"。汉昭帝始元六年(公元前81年)二月,主政的大司马大将军霍光接受谏大夫杜延年的建议召开了一次盐铁会议。会上,60余名由郡国国主推举出来的贤能人士,与以御史大夫桑弘羊为首的朝廷官员就是否废除盐铁问题展开了激烈的辩论。会议由丞相田千秋主持,围绕汉武帝主政时期包括盐铁官营在内的一系列国家政策进行检讨。会议讨论得十分激烈,各郡国的参会代表纷纷对盐铁官营、平准均输、酒类专卖、货币发行等政策提出尖锐批评,并要求将其废除。会议最后经过表决,通过了废除全国酒类专卖和关内铁官制度,一举打破了长期以来实行的盐铁、酒类等国有公营垄断的局面①。这次辩论其实是不同治国理念的较量与碰撞。桓宽的《盐铁论》就是根据这次会议记录整理而成的。

朝议的范围极为广泛,国家的一切重大军政要务,皆在朝议讨论的范围之内。如封皇子、拜官爵、定律令、断疑狱、议攻伐、论得失,甚至在某些特殊情况下,议定由某位藩王入继皇统,或议定废黜无德之君,都将列入朝议的议程。

东汉时期,随着皇帝专制权力的增加,朝议的作用日渐式微,渐渐变成一种"坐而论道"的程式,对实际行政决策的影响已不能与西汉时代相比,但在汉朝被取代之前,朝议制一直没有废止。

据学者考证,世界上最早举办国际会议的是中国。中国古代的国际会议一般每年召开两次,而且有正式的国际会议机构来组织。无论是国际会议,还是国际会议组织机构,"中国都要早于古希腊"②。据国外学者考证,"早在公元前7世纪到6世纪,古代中国就有了经常性、制度化的国际会议了"③。据中国学者统计,"鲁史《春秋》记载的诸侯盟会就有450次,可见整个春秋时代平均一年就有两次'国际会议'"④。孙玉荣认为:"由国际会议发展成为国际会议组织,由国际会议组织机构组织召开国际会议,这是国际会议与国际组织之间的时序关系,这在古代中国有可靠的印证。且不说三皇五帝时期的联盟或大禹治水时期的同盟,在夏商时期,中国就有了较为明确的国际会议组织,到了春秋时期,鲁庄公十五年(公元前679年)即出现了正式的国际组织,即北盟会,随后建立了南盟会,并在此基础上建

---

① 参见陈桐生译注.盐铁论(前言)[M].北京:中华书局,2015:1-9.

② 参见张乃和.英国学派与国际会议史研究[J].史学集刊,2012(6):20-22.

③ MARTIN W. Systems of states[M]. Leicester: Leicester University Press in association with the London School of Economics and Political Science,1977:32.

④ 何茂春.中国外交史[M].北京:中国社会科学出版社,1996:36.

立了总盟会。"①

比如,公元前651年,齐桓公在葵丘之地与鲁、宋、卫、郑、许、曹等诸侯会盟,商讨并订立了盟约。盟约规定:不准把水灾引向别国,不准因别国有灾荒而不卖给该国粮食,不准更换太子,不准以妾代妻等。葵丘之会是齐桓公确立霸主地位的一次政治会议,成为春秋时期政治发展史上一次极为重要并具有深远影响的会议。此后,各种结盟会议不断,每次会议都会做出一些具有影响力的决议②。

再如,公元前482年,吴王夫差在打败齐,威服鲁、卫诸侯之后,邀晋、鲁国君及周卿士单平公于黄池(在今河南封丘西南)聚会。会上,吴、晋两国争做盟主,争论不休,互不相让。公元前500年,齐国和鲁国相约在齐国的夹谷举行由两国国君参加的会议。当时,孔子为鲁国的大司寇,被指派为鲁定公的相仪随同前往。会议期间,齐景公差人企图绑架鲁定公,孔子见状挺身而出,护卫鲁君退后,并令士兵将绑客击散。会上,孔子义正词严地斥责了齐人的无理之举,又利用齐、鲁两国缔结盟约的机会,迫使齐国归还了所侵占的鲁国的汶阳(今山东泰安市西南)之田③。

据刘建明先生考证,从世界范围看,学术会议最早也起源于中国④。此时的学术研讨是比较典型的论理说道的会议形态。公元前51年,汉宣帝在长安未央宫殿北的石渠阁召集众儒生评议《五经》的异同。会议的中心议题是评议《公羊传》《谷梁传》的得失,事实上这是一场"公羊""谷梁"两派争夺意识形态领导权的斗争。会后,《石渠奏议》由众儒生议论汇集而成,亦称《石渠论》。南宋淳熙二年(1175年),信州(今江西上饶)鹅湖寺举行了一次著名的哲学辩论会,吕祖谦邀请组织,会议的目的是调和朱熹与陆九渊两派的争执。朱熹主张"道学"——"即物而穷其理",以泛观博览启发潜在的知识;陆九渊主张"尊德性"和"先发明本心",不主张多做读书穷理的功夫。陆九渊讥讽朱熹为"支离",朱熹则抨击陆为"禅学"。在鹅湖会上,陆氏兄弟赋诗讥朱熹,双方不欢而散。这种会议形态在中国整个封建时代比较常见,具有明显的政治博弈的意味。

中国的议会萌芽于清朝末年。清朝末年成立了咨议局,这是为预备立宪所设立的地方咨议机关。议员由钦选和民选两部分组成,共198名,就重大议案从地方一直讨论到北京。咨议局以年会的形式由各省咨议局同

---

① 孙玉荣.古代中国国际法研究[M].北京:中国政法大学出版社,1999:133 – 135.

②③ 刘建明.舆论传播[M].北京:清华大学出版社,2001:172 – 173.

④ 刘建明.社会舆论原理[M].北京:华夏出版社,2002:95.

时召开。咨议局第一次年会于 1909 年 10 月 14 日召开。会期不等,一般均要开 40—50 天。会议议案很多,涉及教育、矿物、铁路、商务、务农、航运、工厂、户口调查、地方自治、兴修水利、诉讼、税捐、垦务、森林、旗丁生计、禁烟及禁止外国人购买土地等,虽然会议议题广泛,但督府同意的却不多,公布实行的更少。咨议局第一次年会的召开,标志着议会在中国的萌芽①。

从以上会议史梳理看,无论是西方的"围立"会议、公民会议、贤人会议,乃至中世纪末期的英国等级代表会议和之后形成的上院会议和下院会议,还是中国古代的氏族议事会、诸侯盟会、朝议会议等会议活动,其实都是人类的政治社会实践活动,体现着人类社会发展进步对于权力资源分配的不同探索,每一种会议活动形态的设计,都对应着不同的权力博弈与权力资源的分配形态与原则。

随着现代国家的建立,会议活动形态也呈现出明确的功能性特点,而且这些形态是根据会议活动主体的不同目的所建构的。

从我国国家管理活动的需要出发,会议活动大体可分为五类:

决策类会议活动。这类会议活动的重要功能是决策。主要是就一些重要问题、重大事项做出决策。这类会议活动的特点是议而有决,具有合法性与权威性的特点。

协商类会议活动。这类会议活动的功能主要是协商,尤其是就一些涉及决策的重大问题进行决策前的沟通协商。这一类会议活动的特点是议而不决,侧重听取意见、求同存异、化异趋同,在此基础上提出各方都可接受的政策建议,供决策选择。

部署类会议活动。这类会议活动的功能是决策的贯彻落实,是对于决策的动员实施。这类会议活动的特点是决而不议,是决策的权威性的部署。

仪式类会议活动。这种会议活动一般是政治系统对社会(国际社会和国内公众)的政治宣示,如纪念会、政治集会等。其特点是政治回应与政治宣示,即借助于纪念会议活动以宣示和回应国际国内的政治诉求,表明执政系统的政治态度和政治主张。

发布类会议活动。这种会议活动是根据国际国内的社会形势,借助记者提问来回应社会诉求的会议形态,如记者招待会、新闻发布会等。其特

---

① 参见刘建明. 社会舆论原理[M]. 北京:华夏出版社,2002:96.

点是政治政策回应和信息发布,通过回应来发布重要信息,营销政策,阐明政治立场,表明政治态度和匡正社会舆论。

本书之所以将会议新闻传播限定于以上五类会议活动,主要是这些会议活动是常规的国家管理活动形式。决策类会议活动是议而有决,会议议程设置明确,决策意见明确,决策程序明确,决策具有权威性;协商类会议活动是议而不决,协商的会议主题一般也比较明确,协商程序开放,意见可以交叉,协商的结果建立在原则共识基础之上;部署类会议活动是决而不议,其重点是决议的贯彻部署,工作任务、责任主体明确,落实权限与时限也比较明确,不容推诿扯皮;仪式类会议和发布类会议则是另外一种决策的延伸活动。

就政治系统的国家管理而言,五类会议活动是一个有机统一的整体。协商类会议先于决策之前,其目的是为决策做准备,重点是听取不同利益主体的利益主张,并就相关问题进行充分协商,在汇聚各方面意见的基础上,形成协商意见,提出政策建议,供决策选择;决策类会议活动,一般是在协商共识基础上的政治政策制定,形成权威性的决议决策和政策安排,同时,提出决策落实的意见;部署类会议、仪式类会议和发布类会议则是就决策所进行的政治行动和政治回应。五类会议形态不同,虽然各有分工,但又是彼此联系的整体,环环相扣,构成了我国国家管理的系统行为。

我国每年召开的政治协商会议与人民代表大会,会中的新闻发布会和会后的总理记者招待会,就充分体现了协商与决策以及政治政策回应的特点。除了"一府两院"人选的协商与选举外,就政府工作和国家治理的重点任务而言,政治协商会议不仅要讨论协商政府工作报告,而且,政协委员还要就政府工作和国家治理的一些重要问题提出议案,形成建议供政府决策参考。人民代表大会审议政府工作报告形成决议并批准政府执行,其实,这是一种实质性的决策程序。会后的记者招待会则是就会议形成的重大决策和国际国内关心的问题所进行的政治政策阐释和回应,形成重大决策的媒介和社会的政治延伸。

(二)会议活动的属性和特点

从以上会议历史的考察中,我们可以得出这样的结论:会议是人类社会特有的活动形式,是伴随着人类社会发展而产生的有目的、有组织的政治实践活动。会议从诞生那天起,就是统治者或政治集团实行政治统治的决策机制。上至国家、部族,下至部门,都要召开会议处理和解决一些重要问题,决议决策重大事项。因此,会议活动必然带有鲜明的政治性、协商性、冲突性、仪式性等属性特点。

1. 会议活动的政治性

会议活动的政治性是由会议活动的政治属性决定的。会议的场域始终是政治活动的场域,是执政集团、政治集团和利益集团进行利益和权力博弈的场所。

就会议活动的政治属性而言,其核心是权力博弈。权力通常表现在两个方面,一是会议议程设置权力,二是会议决策权力。会议议程的设置权力,体现着各种权力主体围绕政治影响力的彼此较量,并不是所有议题都能够进入会议议程,即使是勉强进入了会议议程,也并不一定就能够有一个满意的议事结果。议程设置是一回事,决策则是另一回事。决策是由执政集团与各个利益集团协商博弈的结果。因此,决策既可以按照议程内容的期待来做,也可能是完全相反的结果。

夏夫利在《权力与选择》一书中谈到政治的特征时指出:"政治有两个非常明确的特征:1. 政治通常是指为一个群体所做的共同决策;2. 决策是由一个群体中的部分人作出的,并且对这个群体中的另一部分人行使权力。"[①]夏夫利这里谈到政治的两个特征,其实质是在说明政治的决策权问题,无论是为一个群体的共同决策也好,还是决策影响另一部分人的行为,都是在表明政治活动议程设置权和决策权的重要性。

在日常的执政集团的会议活动中,并不是什么问题都能进入政府议程和决策程序。在美国,白宫决策并不是由民意决定的,而是由强势利益集团决定的。民众的意志只能在选举时被重视,选举过后,民意就很难进入决策程序了。正如戴伊所说:"治理美国的是少数精英,并不是大众,关键政治参与者是大型组织和机构的领导,不是群众个人;公共政策通常反映的是大型组织和机构的利益,而不是大多数人的利益。"[②]也就是说,普通民众并不能对美国政府的政策施加任何影响,即使民意再集中,只要相关强势利益集团阻挠和反对,也不会进入政府政治输入的通道。在一些特殊问题上,媒体议程虽然也可以影响政府议程,但更多的时候是强势利益集团在决定议程设置。在美国,争取议程设置权是一回事,而最终决策权则是另一回事。比如,争取了参议院的议程设置权,但是,参议院是否能够赢得多数参议员赞成则是另一回事,即使是参议院通过了,众议院也不一定能批准。因为每一个议员都属于一个党派,同时其背后都有一个利益集

---

① 夏夫利. 权力与选择——政治科学导论[M]. 孟维瞻,译. 北京:世界图书出版公司,2015:7.
② 戴伊,等. 民主的反讽——美国精英政治是如何运作的[M]. 林朝辉,译. 北京:新华出版社,2016:2 – 16.

团,是利益集团在左右着议员们的意见。这与中国政府的会议议程设置不同。中国政府在议程设置时,虽然也免不了受到利益集团的影响,但是,公众的利益诉求始终是政府议程设置的重要来源。

任何政治活动,其目的都是为了取得或维护自身的利益。"它根据不同利益集团对整个共同体福祉和生存的重要性,给予其相应权力,以此来调节它们在既定统治单位内的关系。"①因此,政治既是"人们为制定、维持和修改社会一般规则而进行的活动"②,又是权力的分配,也是利益关系的平衡,更是对权力合法性的维护。其实,会议的决议决策和政策的审议是对社会规则的制定和完善过程,也是对稀缺资源的分配和利益主体利益的平衡和调整;是对当前面临的形势、问题和挑战的审视判断,也是应对挑战的措施及未来方向和目标的评估。会议的政治性始终围绕政治信息的交流、政治共同体思想的统一、复杂的政治利益关系的博弈与平衡以及对于政治合法性的维护。

2. 会议活动的协商性

人们通常也将政治视为"公共"活动,与这种活动相联系的是对共同体事务的引导和管理。任何决策和政策的制定都是利益博弈协商和思想统一的过程。作为实施政治手段的会议,是"通过妥协、调解和谈判,而非武力和赤裸裸的权力威胁来达到目标"③的过程。也就是说,公共事务的引导和管理离不开会议的协商沟通,协商沟通本身也是一种政治活动。人们之所以要开会,就是要就某些重大问题进行协商,寻求共识,做出决定,而这个过程始终伴随着协商和博弈,尤其是会议决议决定和政策涉及多个利益集团的利益时,这种协商和博弈将变得更为复杂。一个集团或利益共同体的人可能比多个集团或利益共同体的人更容易取得一致性的意见,但是,这样的情况并不多见,尤其是同一个议题涉及多个政策议定场所④时,各个权威机构都会从各自的角度阐述对议题的看法和意见,协商的难度可想而知。会议协商求得的是原则性的一致意见,正如海伍德在其《政治学思维方式》中指出的那样:"共识意即一致,但通常指一种特定类型的一致。首先,它意指广泛的一致,为许多个人或团体接受;其次,它是根本或基础性原则的一致,而非确切或具体的一致。换句话说,共识容许

---

① 转引自海伍德.政治学的思维方式[M].张立鹏,译.北京:中国人民大学出版社,2014:12.

② 海伍德.政治学核心概念[M].吴勇,译.北京:中国人民大学出版社,2014:20.

③ 海伍德.政治学的思维方式[M].张立鹏,译.北京:中国人民大学出版社,2014:12.

④ 政策议定场所是指拥有相关议题决策的权威机构或集团。

某些重点事项或细节方面的分歧。人们在两种意义上使用'共识政治'（consensus politics）：一是程序共识（procedural consensus）；二是实质共识（substantive consensus），指两个或多个政党在意识形态方面有重合之处，基本政策目标具有一致性。"①特别是一些国际性会议，与会国的价值观念和利益主张不同，会议期间的博弈是常见的，博弈的目的是为了求得彼此的利益认同。博弈的过程也是彼此信息交流和说服的过程。在这一过程中，各自的偏好、意见随着信息交流而得到调整和改变，起初的意见分殊会随着交流的深入而得到某些改变，以致达成一定的共识。会议就是要在充分协商的基础上，求得彼此认同的最大公约数，最终形成决议和政策。

可见，任何一项决议决定和政策的出台，始终伴随着协商和博弈，协商和博弈对于决策来说并不是坏事，没有协商和博弈的政策不会是好的政策，因为，没有经过协商和广泛认同基础上的政策，因其合法性不足将受到质疑，因而也将难以实行。

3. 会议活动的冲突性

韦伯认为："一切政治的本质就是冲突。"②这种冲突常常体现在利益和价值博弈上。因为"政治与差异性和冲突有关，但本质要素是资源稀缺性的存在：一个简单的事实，人类的需求和欲望是无穷的，而满足他们的资源却永远是有限的。政治由此被视为围绕稀缺性的争斗，权力则是进行争斗的手段"③。也就是说，政治与差异性和冲突是难以避免的，这一切都来源于资源的稀缺性与人类欲望的无限性。会议的目的是为了寻求有限资源合理的分配方式，实现利益的某种平衡，这种愿望在只有一个政策议定场所时才有可能实现，但是，现实中并不只有这样一种情况，而且多个政策议定场所的情况又比较多见，因此，政策议论冲突不可避免。冲突，一般表现为三个方面：理念上的冲突、政策主张上的冲突、身体接触性冲突。理念上的冲突，根本上是意识形态的冲突。在政策制定过程中"理念处于所有政治冲突的核心位置"④，这种冲突一般不会轻易弥合。在美国，共和党和民主党的政策主张就截然相反。参众两院两党的力量如果均衡的话，基本上什么政策法案都通过不了。即使是参众两院都被执政党控制了，法案通过了，也会随着政府更迭，特别是当在野党上台执政，原来通过的政策法案

---

① 海伍德. 政治学的思维方式[M]. 张立鹏，译. 北京：中国人民大学出版社，2014：13.

② 韦伯政治著作选[M]. 北京：东方出版社，2009：173.

③ 海伍德. 政治学的思维方式[M]. 张立鹏，译. 北京：中国人民大学出版社，2014：15.

④ 斯通. 政策悖论——政治决策中的艺术[M]. 顾建光，译. 北京：中国人民大学出版社，2006：11.

也有被废除的可能。比较典型的是第45任美国总统特朗普正式上任的第一天，就在椭圆形办公室签署文件，连续废除了奥巴马的医改政策和退出《跨太平洋伙伴关系协定》(*Trans-Pacific Partnership Agreement*,TTP)协作协议等法案。政策主张上的冲突，其核心是各个利益主体的利益博弈，这种冲突一般要通过彼此求同存异和相互让步才可以达成共识，否则不会有任何结果；身体接触性冲突，则是一种野蛮的意见表达，这种表达会使会议秩序陷入混乱，会议活动将难以进行下去。在台湾的会议上常常看到蓝绿阵营相互抢夺霸占主席台，使会议无法进行。台湾地区这种乱象并不具有普遍性。

　　冲突也并不是不可以调和的。求同存异，实现最大公约数是形成共识的最佳选择。人们意识到，冲突不可能解决问题，必须在冲突的基础上寻求共识和合作，不然，谁都不会获得好的结果。海伍德认为，政治、冲突与合作的现象联系紧密。一方面不同或对立的观点、期望、需求和利益，很可能使人们对规则的看法并不一致；另一方面人们也意识到，要想影响并维护这些规则，他们也必须和他人合作①。因此，政治也是寻求冲突得以解决的过程。作为寻求冲突解决的载体，会议就成了冲突—协商—合作的博弈过程。利益集团只要能够参与政策议定，就会在争取自身利益的同时出让一部分权益，以获得自身利益的保障。因为他们知道，只争取自身利益，不考虑其他利益群体的利益，其利益也将难以获得。如果利益集团被排除在政策议定场所之外，尤其是其利益受到政策侵害时，他们就极有可能采取抗议手段，以"尝试教育政策制定者、利益集团成员和一般公众"②来表达立场，对政策制定者形成舆论压力。冲突表象背后其实是不同利益集团和党派的对立本质上则是利益的对立。会议新闻关注会议冲突，意图也是在揭示对立的利益集团的不同主张，以及其给社会带来的影响和冲击，便于社会公众对于彼此冲突对立的政治主张的了解和判断。

　　4.会议活动的仪式性

　　仪式是人类特有的一种精神寄托。原始人认为，主宰宇宙中一切的"神秘的(或非经验的)存在或力量"③因看不见、摸不着，因此，只有在仪式上被化约成为一种符号，才可使人有所寄托，于是便将"神秘的(或非经

① 参见海伍德.政治学的思维方式[M].张立鹏,译.北京:中国人民大学出版社,2014:4.
② 格罗斯曼,赫尔普曼.特殊利益政治学[M].朱保华,译.上海:上海财经大学出版社, 2009:6.
③ 彭兆荣.人类学仪式的理论与实践[M].北京:民族出版社,2007:15.

验)的存在和力量"变成了指代崇拜的符号。

随着现代文明的演进,仪式逐渐从神境进入到凡俗,成为家庭、团体、国家活动的一种具有象征意义的凝聚力量。仪式的世俗化,并没有淡化仪式的核心功能,相反,人们借助这种功能强化了自身的政治信仰和共同体价值观认同,尤其在国家政治活动中,仪式的作用不可低估。正如人类学家威尔逊所说的那样:"仪式能够在最深层次揭示价值之所在,人们在仪式中表达出来的,是他们最为之感动的东西,而正因为表达是囿于传统和形式的,所以仪式所揭示的实际上是一个群体的价值。"①

古今中外政治集团所举行的会议无不具有仪式性的特征,这种仪式是在强化一种统治、体制、信仰和文化认同,只不过这种仪式化的程度不同罢了。仪式所传播的政治、权威、神秘、象征含义与会议性质、会议内容、会议规模以及要达到的政治目的是一致的。有时一个特殊的会议仪式所彰显、传达的讯息就足以引起人们的关注,其往往是对一种信仰、立场、主张和政治倾向的宣示。而且,一种契合特定情境的庄严仪式,会激发人们内心巨大的情感力量,以应对面临的灾难与危机。如在纳粹德国重兵围困,莫斯科即将沦陷的危急时刻,斯大林决定在红场举行盛大阅兵仪式,纪念十月革命24周年。莫斯科军民冒着严寒风雪汇聚红场,在炮火中举行了悲壮的阅兵式,它成为凝聚苏联军民奔赴战场、同仇敌忾的巨大力量,正是受这种强大的精神力量的激励,苏联红军以顽强的意志击败了德军,最终扭转了战局。仪式是会议的重要组成部分,不同于一般的会议形式,仪式具有统摄人心、提振士气、彰显权威、宣示主张等功能。会议新闻关注会议仪式,重点是关注这种仪式所传递出来特殊的政治含义和意义,尤其是要同国际国内特殊政治和社会情境联系起来去准确解读仪式的意义。传播具有特定含义的政治仪式,对于引导社会舆论,回应公众诉求、稳定社会情绪、激发社会能量具有重要价值。

二、会议新闻传播的属性及其功能

会议新闻传播是对于信源,即会议活动政治信息的传播,其属性必然打上会议活动的属性特点。然而,会议新闻传播的属性并不等于会议活动属性,二者既有联系,又有区别。虽然,会议新闻传播的首先是新闻,然后,才是赋予新闻本体的获得性属性——功能。但是,从会议新闻传播要实现

---

① 特纳.仪式过程:结构与反结构[M].黄剑波,柳博赟,译.北京:中国人民大学出版社,2006:6.

的目的看,其获得性属性才是其根本属性。

本体属性是新闻所共有的一般属性,而获得性属性则是新闻的功能部分,是某一类新闻所具有的延伸属性。新闻的本体属性是任何新闻之所以称为新闻所必备的属性,诸如真实性、时效性、异常性等。但是,任何新闻本体的建构和传播都是有一定目的的,都要赋予新闻以一定的意义,这也就延伸出了新闻的获得性属性。新闻获得性属性表现为新闻的引导、劝服、动员、监督等功能价值。但是,新闻的获得性属性不是自然生成的,它是传播者通过新闻事实和叙事框架选择来建构的。那么,会议新闻的属性究竟是什么? 会议新闻的功能体现在哪里? 会议新闻的本体属性与功能属性的关系如何处理,以及在传播过程中如何实现有机融合?

就会议新闻的本体属性而言,其首先应具有新闻的一般特征,这是毋庸置疑的。但是会议新闻所选择和呈现的事实又有其特殊的功能价值,因此,只注重新闻属性,而缺乏对功能属性的揭示,会议新闻就起不到政治社会化的作用,反过来,只注重功能属性,而缺乏对新闻属性的呈现,会议新闻就会陷入政治说教。只有将功能属性寓于新闻属性,使会议活动的政治信息按照新闻规律来建构,才能实现双重属性的有机融合,呈现出来的才是新闻,而不是工作部署或者政治说教。

会议是新闻事实发生发现的场域,而会议的场域又始终是产生决策和政策的政治活动场域。会议活动由于其本身所具有的"资源的权力分配"功能,其本质上是一种政治权力的博弈。会议新闻的事实选择,则应该呈现和揭示这种"资源权力分配"(决议决策及政策)活动的信息,从逻辑上讲,作为传播政治信息的会议新闻,自然属于政治新闻的范畴。

邵培仁在其《政治传播学》一书中将政治传播类型划分为政治演说、政治新闻、政治广告、政治公文、政治辩论、政治谈判、政治流言、政治歌谣等。根据邵培仁的划分,将会议新闻划入政治新闻的范畴是比较合适的。政治新闻是最为重要的政治传播形式[①],是关于国家和社会发展、公共利益或政策过程的新闻[②]。从类型上看,政治新闻是关于政治领域的新闻报道和评论,一般包括国家首脑和政治领导人的变更、政府组成和地区性组织互动、国家和政府间的磋商等,同时还包括政治会议、政策发布、政治性

---

① 邵培仁.政治传播学[M].南京:江苏人民出版社,1990:73.
② 参见李艳红.政治新闻的模糊表述:从中国大陆两家报纸对克林顿访华的报道看市场化的影响[J].新闻学研究,2003(3):169-199.

谈判、国家和政府领导人访问等①。可见，政治新闻的范畴比较广泛。虽然范畴广泛，但是对于将会议活动作为政治新闻的认知却是比较明确的，因为会议活动是政治系统日常性的政治活动。会议活动作为政治新闻传播的主要信息来源，会议新闻自然应被纳入政治新闻的范畴，这一点也不应该有任何疑义。

会议新闻传播的是政治系统会议活动形成的决议决策、政策安排、政治行动者的政治主张等重要政治信息，就其所传播信息而言，政治演说、政治公文、政治辩论、政治谈判亦是会议新闻要传播的重要内容。在一些重要的国际会议上，国家领导人经常发表演讲，阐述本国政府的政治主张、政治立场、表明政治态度，媒体给予关注和报道，对于形成有利的国际舆论具有重要的传播价值；各级政府等权力机构召开的会议所形成的法规、政策、规划、意见等政治公文，媒介给予关注和报道，对于协调社会利益关系，推动社会发展，尤其是为公众消除政策不确定性所带来的困扰，形成政策共识并采取相应的行动具有重要引导和规约价值；一些政治协商会议上的政治辩论和国家间领导人会晤中的政治谈判和政治磋商也是社会公众需要了解的信息，媒介给予关注和报道，对于社会公众及时了解国际局势和本国政府立场具有重要的获悉价值。因此，会议新闻就其本质而言是一种政治信息的传播，毫无例外其属于一种政治传播活动。

（一）政治属性——会议新闻传播的本质属性

会议活动是政治共同体内部政治动员、思想统一、利益博弈的政治活动，也是执政集团政治运行的主要方式。政治行动者②日常性的政治活动一般可分为内部性活动和外部性活动。内部性活动是政治共同体成员内部的政治活动，一般采取会议议事、政治协商、政治沟通等形式；外部的活动，则是政治共同体与外部社会的政治联系。政治行动者举行会议所形成的每一项决议决策，出台的每一项政策，都是执政集团建立在以社会系统整体诉求为依据的政治输出过程，是实施政治统治、政治管理、利益关系调整、巩固执政基础、维护执政合法性的政治活动。会议活动从本质上讲是政治共同体的一种政治管理活动。

"政治传播是政治传播者利用意义符号，通过媒介向社会成员传播政

①　马胜荣，薛群. 描述世界：国际新闻采访与写作[M]. 北京：新华出版社，2004：54.
②　政治行动者广义是指通过组织手段和制度手段左右决策的组织和个人，包括政党、政府、公共组织、压力集团和政治领袖、政治精英等。

治信息的行为过程。"①会议新闻则是媒介对于会议活动中具有新闻价值和社会知悉意义的政治信息的即时陈述。传播的主体是政治行动者和新闻记者,传播的客体是社会公众,传播渠道是各种形态的媒介。政治行动者、媒体、公众三个要素构成了政治信息传播与反馈的完整链条。

如前所述,会议是政治共同体的一种政治管理活动,传播政治信息的会议新闻则必然具有鲜明的政治传播属性。政治性是会议新闻传播的根本属性。

1. 会议新闻是政治信息的媒介传播

会议新闻政治传播的核心是政治信息的传播。"政治信息是指以中介形式对各种政治关系相互作用以及运动过程的表征,它反映了人类社会生活中政治活动的内容、形式、特点和规律,以及人们对以国家政权为核心的政治制度、政治实践的要求和态度。"②景跃进将政治信息划分为:表征政治理论、学说、思想、观念、意识等的观念形态;反映国家机器及其运转状况的实体形态;通过一定的态度及行为表现出各种政治心理状态的潜在形态和不断运动变化的政治斗争、政治变革、政治行动的流动形态③。可见,政治信息涵盖了所有政治系统的各种有目的的政治活动、政治观念、政治心理及社会公众的反馈和评价。

政治信息对于"政治组织的决策、政治系统的控制、政治问题的解决具有决定性意义"④。同样,对于社会公众消除政治和政策不确定性带来的困扰,形成国家、政党的政治认同,积极参与国家治理也具有重要价值。会议是政治共同体内部的一种政治活动,会议新闻则是媒介对于会议活动政治信息的表征过程,社会公众通过会议新闻来了解国家政权的运行情况,了解各级执政系统做出的决议、决策和政策信息,其目的是适应政治、政策变化的需要,调整由此带来的涉及其生活、生存和发展利益关系的决策和行动。

2. 会议新闻是政治活动的社会延伸

作为一种政治系统的政治输出,会议新闻是政治活动的政治信息输出,更准确地说是政治行动者内部政治活动的社会延伸,是政治行动者借助媒体将其政治主张、政治理念和政策信息向社会扩散,以形成广泛的社会共识和社会行动的过程。正如迈克奈尔所说:"媒体报道政治活动并对

①　段鹏.政治传播:历史、发展与外延[M].北京:中国传媒大学出版社,2011:30.

②③　景跃进.政治学原理[M].北京:中国人民大学出版社,2011:268.

④　荆学民.政治传播活动论[M].北京:中国社会科学出版社,2014:94.

之做出分析,不过同时它又是这些活动的一部分,因为它为政治行动者以及他们的顾问提供了资源。而后者自然有很大的兴趣理解媒体如何运作,以及如何才能利用它们达到传播目的。"①

一方面,会议新闻是决议决策的社会延伸。任何执政集团的会议所形成的决议、决策一般都涉及公共事务、公众利益和利益集团利益关系的调整。"每个问题都需要针对某个群体制定共同政策,每个决定都会对群体中的所有成员造成影响。"②而任何涉及公共事务、公共政策、公众利益关系调整的信息,倘若走不出决策圈子,就不会引起公众的广泛关注、参与、讨论、理解和认同,而没有广泛的社会认同,再好的政策都将难以施行。会议新闻将会议决议决策信息传播给社会公众,使决议决策在社会广泛传播并产生深刻影响,实质上是政治行动者决议、决策的社会延伸,是决议决策影响社会生活的开始。在这个过程中,社会公众参与讨论、认同和反馈将推动这种延伸,并且将进一步扩大决议决策的社会影响,为决议决策的社会施行创造条件。党的十一届三中全会做出的一系列拨乱反正的决议决策,之所以迅速变成全党、全社会的共同行动,一个重要的原因就是媒体广泛和深入的传播。另外,由于决策反映了全党、全社会的意志,得到了最广泛的社会响应、认同和支持,这为决议决策的社会施行提供了广泛的社会政治基础。

另一方面,会议新闻也是政治行动者政治行动的社会延伸。政治行动者的政治行动不仅作用于政治共同体内部,通过会议活动形成决议决策,出台政策,同时,更重要的是要作用于社会及其社会成员,来进行社会管理,形成社会共识,推动决议决策和政策的执行,保障国家机器的有效运行。会议新闻的政治行动延伸,是媒介将政治行动者的政治行动与社会公众利益联系起来,政治行动者借助媒介的联系,寻求社会公众对政治行动的理解和配合,这种理解、配合只有代表和契合社会公众最广泛的利益诉求才能产生良好的行动效果。

再一方面,会议新闻还是政治系统回应社会需求的社会延伸。社会系统的需求,通过一定的途径输入政治系统,政治系统根据社会需求,进行选择、归类、综合,并进入决策程序,会议所形成的决议决策和政策,即政治输出,其实是对于社会系统需求的一种制度性的回应。这种回应,除了组织传播途径以外,更为有效的方法就是通过媒介的会议新闻传播。会议新闻

① 迈克奈尔.政治传播学引论[M].殷祺,译.北京:新华出版社,2005:49.
② 夏夫利.权力与选择——政治科学导论[M].孟维瞻,译.北京:世界图书出版公司,2015:6.

在事实选择和建构新闻过程中,注意了解和把握社会系统的核心诉求,以及政治系统决议决策和政策与社会需求的契合,并给予直接和明确的回应,实质上就是政治系统政治回应的社会延伸。即使是对于没有满足的部分需求,传播者也应该通过政治行动者,或者专家学者等第三方,进行有理有据的说明和解释,以化解由于分歧和不满所造成的社会失序状态。

3. 会议新闻是政治社会化的手段

简言之,"政治社会化是政治文化得以实现代际传递的途径"①。具体地说,政治社会化是"人们在特定的政治关系中,通过政治实践,逐步获得知识和能力,形成和改变自己的政治心理和政治思想的能动过程"②。社会化的主要维度包括:人们学习什么(内容),什么时候学习(时机和次序),以及从哪里学(施动者)③。帕雷兹将政治社会化归纳为体制合法化、政治效力、政治参与、党派认同、团体认同和政策偏向六个方面④。媒体是执政集团实现政治主张、政治理念、政治社会化的重要工具。会议新闻是政治系统由内部政治信息传播实现政治社会化的有效途径。会议新闻是对决议决策政治信息的发布、执政者执政主张、执政理念、执政思想的传播(讨论)过程,也就是政治社会化的过程,其目的是在政治社会化过程中形成公众与政治系统基本相同的政治态度和价值取向。正如科塔姆所说,社会公众"许多重要的政治态度是通过社会化获得的"⑤。政治行动者通过会议新闻这一社会化过程来影响社会公众,实现政治动员、政治沟通,以及政治主张、政治理念的宣示与传播。因此,会议新闻自然成为政治行动者实现政治社会化的重要手段。

4. 会议新闻是公民政治参与的重要途径

政治参与一般是指公众以多种形式参与政治实践的言论和行动。会议新闻作为公民政治参与的重要途径,主要是公众通过会议新闻,了解执政系统的决议决策和政策主张对其利益诉求的回应,以及对政治系统的政治作为所做出的评价,并采取相应的行动进行或支持,或抵制的政治反馈。

虽然在实际的公众政治生活中,公民的政治参与热情并不如想象的那

①③　黑格,哈罗普. 比较政府与政治导论[M]. 张小劲,丁韶彬,李姿姿,译. 北京:中国人民大学出版社,2007:141.

②　王浦劬. 政治学基础[M]. 北京:北京大学出版社,1995:357.

④　帕雷兹. 美国政治中的媒体:内容和影响[M]. 宋韵雅,王璐菲,译. 南京:南京大学出版社,2010:143.

⑤　科塔姆,尤勒,马斯特斯,等. 政治心理学[M]. 胡勇,陈刚,译. 北京:中国人民大学出版社,2013:12.

么高,而且,在大众中普遍出现了一定程度的政治冷漠现象,但是媒介有效的会议新闻传播,在建构媒介政治议程,传播政治信息,汇聚公众政治意见和建议方面确实发挥了一定的作用。媒介聚焦公众诉求与政府政治输出回应的信息有利于培养公众的政治参与意识和政治认同感,可以让参与的公众形成"有能力参与决策的感觉,可以导致对体系运行状况更大程度的满意,以及对体系更大程度的支持"①。而且,"个人参与决策越多,就越有可能从他们所参与的体系中得到有利的输出"②。同时,尤其是在移动新闻客户端和新闻网站的评论专区,公众就会议新闻中的相关政治议题和政策内容发表看法、建议和意见。这些看法、建议和意见一方面作为反馈被提供给政府,使政府获得真实的社会意见,另一方面也说明政府也在渠道上保障了公众的政治参与。因为"媒介作为传播工具,构建的是社会情境、政治组织、媒体与公众互动协调与平衡的关系"③。媒体的会议新闻信息选择,一方面要体现政治传播者的传播意图,同时也要考量社会公众的舆论诉求。其实,媒介在政治信息选择过程中,也是在构建政治传播者与社会公众相互影响的关系。在政治传播过程中,媒介既不应单纯作为政府的喉舌,也不应该把自己定位为政府的"敌对物",而应当成为受众和政府之间沟通的桥梁和纽带,以建设性的态度进行政治沟通,为公众政治参与提供交流的平台。

会议新闻传播作为公众政治参与的途径,已经成为政治活动不可或缺的有机组成部分。一方面执政集团通过会议新闻,传播自己的政治主张、执政理念,发布决议决策,颁布政策法规来影响和引导社会;另一方面,公众的意见和建议作为一种社会诉求和舆论的"风向标",在公众与媒介的互动中,对政府施加一定的影响,公众通过媒体了解执政集团的决议、决策等政治活动信息,并做出评价和建议,通过媒介反馈来影响政治系统决议决策的完善和施行。

(二)政治功能——会议新闻传播的核心功能

会议新闻的传播功能是政治传播者和社会公众所赋予的,是政治传播者对于会议新闻政治事实选择和新闻建构的结果,也是社会公众的政治信息期待所在。会议新闻的核心功能是其政治功能,具体体现在议程设置、政治宣示、政治动员、政治沟通和舆论引导等五种功能。

---

① ② 阿尔蒙德,维巴.公民文化[M].张明澍,译.北京:商务印书馆,2014:197.

③ 李春雨.拉斯韦尔5W传播模式与会议新闻传播效果研究[J].南开大学学报,2014(4):79-90.

1. 议程设置功能

媒介议程设置其实是对会议活动形成的决议决策和政策主张的媒介聚焦与凸显，同时，也是将政治议程与社会议程的媒介的统一过程。

从一定意义上讲，媒介对于会议活动政治信息的选择，其实就是在突出话题的显要性。这种显要性应该建立在"政府要说的和应说的"与"公众欲知的和应知的"协调统一上，只有政治议程、媒介议程与公众议程达成一致，才能实现政治议程转为媒介议程，媒介议程转为公众议程的目的，不然就会出现议程链条的断裂，而断裂的议程链条将难以汇聚起公众对于政治议程的关注与支持。

在媒介议程转为公众议程过程中，"媒体不但提供认知信息，告诉我们发生了些什么，同时还排列、组织政治事实，通过这些事件在媒体议程中的出现与否指定他们的重要程度"①。媒介话题处理的显要性和重要程度，其实就是在引导公众"想什么"和"怎么想"。"想什么"就是媒介在设置议程，"受众希望从媒介那里得到公开的政治信息，所以媒介在加工信息、形成舆论的过程中实际上在一定程度上左右着公众的政治偏好"②。李普曼认为，透过超越直接经验认识外部世界的窗户，新闻媒介决定了我们对这个世界的认识尺度。新闻媒介提供的信息在构建我们关于社会现实的图示方面起着关键作用。新闻媒介的议程设置作用体现在其对某个议题显要性的影响，公众利用这些来自媒介的显要性线索去组织他们自己的议题，并决定哪些是最重要的议题③。

在会议新闻的政治传播中，媒介的议程设置功能主要体现在四个方面。一是政治议程的媒介化。这也就是大众媒介通过对于会议活动众多议程的选择，将那些影响社会进程或者涉及国家发展、各种利益关系调整等的重大决议决策和政策设置为媒介议程并加以突出强化，形成阶段性的媒介讨论的焦点，以此引起公众的广泛关注，这也是政治社会化的重要手段和途径。阶段性的媒介讨论，强调的是对议题持续的媒介聚焦所形成的显著性，它不仅仅是对数量多少的要求，而且还应该体现一种对讨论的深度和信息质量的要求。二是媒介议程的社会化。这也就是媒介通过新闻、评论、政策解读等多种传播方式，将执政集团做出的决议决策和政策信息向

---

① 麦克奈尔.政治传播学引论[M].殷祺,译.北京:新华出版社,2005:54.

② 段鹏.政治传播:历史、发展与外延[M].北京:中国传媒大学出版社,2011:95.

③ 麦库姆斯.议程设置:大众媒介与舆论[M].郭镇之,徐培喜,译.北京:北京大学出版社,2008:2.

社会促销,引起公众的广泛关注、接受、理解并做出积极的回应。事实上,公众只有通过媒介才能了解那些无法直接参与的重大政治、政策议题的决策,据此调整自己的行动决策。媒介议程的社会化,同政治议程媒介化一样,需要议程的阶段性聚焦,以强化议程的显著性和其与公众议程的契合度。在媒介议程社会化过程中,媒介议程与公众议程契合度是关键。如果媒介议程设置没有契合公众的兴趣与需求,就很难引起公众的关注并使其参与讨论,媒介议程的社会化就难以实现。三是公众议程的媒介化和政治化。这也就是媒介在传播政治议程的同时,同样不能忽视公众议程对于政治议程的反作用,特别是对于那些涉及社会公众利益关系调整的政治议程的建议和意见的媒介反馈。同时,执政集团的政治议程的输入来源,很大程度上也是来自于公众议程,是对于公众议程的正向回应。政治系统从有利于长期执政和维护其执政合法性的角度出发,也应该自觉地将反映集中的公众议程并及时转为政治议程,形成政府与公众的良性互动,从而达到良政善治的目的,这也是寻求社会支持的重要途径。四是媒介议程的政治化。大众媒介不仅能够使政治议程媒介化和社会化,同时,也能够使媒介议程政治化,即将媒介议程变为政治议程。因为"一般政治人物,不管是政府官员、民意代表或政治活跃分子、政策制定者都认为媒介对民众的态度形成及政策制订过程有关键性的影响"①。事实上,媒介的这种作用和影响力确实不可低估。美国政府可以不考虑民众的呼声,却不能不关注媒介舆论,不能不重视媒介压力对于政治政策议程的影响。另外,从政策形成的过程来看,大众媒介无论在政策问题的发现、议程设置,还是政策制定、政策执行等环节都发挥了极其重要的影响力。任何政策问题都来源于社会问题,而社会问题要成为政策问题,并且能够顺利进入政策议程,从一定意义上讲,没有媒介持续的舆论关注与影响也是做不到的。

可见,媒介议程、政府议程和公众议程是彼此相互关联、相互影响的关系,政府的任何决议决策一旦离开公众的诉求与期待,就将失去广泛的社会基础和解决问题的现实针对性,同时,媒介在设置议程中,倘若离开政府议程与公众议程的契合,也不会引起公众的关注,任何不能引起公众关注的话题都将失去媒介议程设置的意义。

2. 政治宣示功能

政治宣示是指政治传播者根据国际国内的社会情境和舆论状况,通过媒体发出的政治声明,表达的政治主张以及表明的政治态度。

---

① 彭芸.新闻媒介与政治[M].台北:黎明文化事业股份有限公司,1993:91.

　　政治行动者通常利用一些公开的会议活动来宣示政治主张。政治宣示所表达的不仅是一种鲜明的政治立场、政治观点和政治态度,而且也是对于现实世界的看法、意见和倾向。媒体的政治宣示功能,体现在政治行动者与宣示对象特殊关系的建构上,即宣示的有的放矢。通过关系的建构,让公众明白政治宣示的背景和对象,以及鲜明的政治观点、政治主张、政治看法和意见倾向之依据及其目的所在,以回应、影响宣示对象和国际、国内社会的舆论。

　　作为重量级的政治传播者,世界各国领导人常常利用国际国内的一些重要会议发表讲话,就某些国际社会和国内普遍关心的重大问题,代表执政党和政府阐述政治主张、政治立场、表明政治态度,回应国际国内社会的普遍关切。这些政治主张、政治立场、政治态度本身就是一种政治宣示。会议新闻的政治宣示功能主要体现在准确把握国际国内政治和社会情境以及政治传播者的政治意图上,通过新闻叙事框架的构建,突出强化政治传播者的政治主张,以回应国际社会有关政治、经济、国防、外交等方面的舆论和国内公众的诉求。近些年,中国领导人在一些重要的国际会议场合,明确提出"欢迎大家搭乘中国发展的列车"①的政治主张,其实就是在回应国际社会,尤其是周边国家对于正在崛起中国的种种疑虑,特别是针对奥巴马所谓"中国发展是搭了美国便车"的论调,向美国政府和国际社会阐释中国政府的立场和政治态度。在国内的一些重要会议上,国家领导人提出了一系列政治主张,如:"人民对美好生活的向往,就是我们的奋斗目标"②"我们要像对贫困宣战一样,坚决向污染宣战"③"政府工作的根本目的,是让全体人民过上好日子"④"用最严格的监管、最严厉的处罚、最严肃的问责,坚决治理餐桌上的污染,切实保障'舌尖上的安全'"⑤,等等,这些政治主张、立场和态度高度契合了公众普遍的利益关切,通过媒体的传

① 习近平:欢迎搭乘中国发展的列车[EB/OL].[2014 – 08 – 23].http://news.sina.com.cn/o/2014-08-23/071930731586.shtml.

② 习近平等十八届中共中央政治局常委同中外记者见面[EB/OL].[2012 – 11 – 15].http://www.xinhuanet.com/18cpcnc/2012-11/15/c_113697411.htm.

③ "我们要像对贫困宣战一样,坚决向污染宣战。"——李克强[EB/OL].[2014 – 03 – 14].http://news.cnr.cn/special/2014lh/daily _ news/5/words/201403/t20140305 _514999434.shtml.

④ 李克强:政府工作的根本目的是让全体人民过上好日子[EB/OL].[2014 – 03 – 09].http://news.jxntv.cn/2014/0309/3037787.shtml.

⑤ 李克强:切实保障"舌尖上的安全"[EB/OL].[2014 – 03 – 05].http://news.cnr.cn/special/2014lh/zb/rdkm/news/201403/t20140305_514995311.shtml.

播得以突出和强化,直接回应了国内广大公众对于解决这些问题的期待,展现了人民政府为人民的良好形象,形成了良好的政治传播效果。

3. 社会动员功能

一项重大政策和一个重要的政治理念要想得到社会认同,并且变为公众自觉的行动,没有有效的社会动员是做不到的。社会动员是指政治传播者通过媒介向社会公众进行持久、广泛、集中、深入的政治信息的传播,使其态度、期望与价值取向等发生政治传播者所期望的变化过程。

任何执政集团要实施有效的政治统治和社会治理,使自己的政治观点、政治主张、政治决议和决策为社会公众所认同,都需要借助媒介系统进行社会化的促销。每一个社会成员,对政治系统的认同、依附、认识、态度、信仰、支持和参与大都是社会动员和政治社会化的结果。传媒系统的社会动员功能主要表现在:在会议政治信息选择中,突出会议所形成的推动社会变革与发展的重大政治决策、政治主张和重大政策的传播,以凝聚社会共识,引导社会朝着符合时代发展规律的方向发展。媒介社会动员功能的发挥主要通过两个途径:一是使决定社会变革的重要会议这一政治事件引起国人的高度关注,即通过新闻报道、舆论渲染等方式,吸引社会公众对会议重大决议决策的注意,扩大社会知晓度,从而引导社会成员的政治心理方向;二是张扬鲜明的政治价值观念,以激发人们的政治情感、政治认知并形成政治抉择。社会动员是否成功,取决于政治动员内容的社会知晓度与公众的政治认同度的高低。一定的知晓度是社会形成共识和共同信念的前提,而政治认同度则是促进政治行动的基础。

4. 政治沟通功能

政治沟通是利益主体间通过互动而形成政治认知、政治态度和政治行动的过程。在现代国家,政治系统与社会系统沟通的基本工具是各种形态的媒介。政治沟通在国家政治生活中的作用就像血液之于生命有机体,任何政治生活和政治管理活动都离不开政治沟通。沟通一旦不畅,政治系统的运行就要受到严重干扰,政治效能也会大大削弱。

政治沟通成功与否,取决于政治系统与社会系统的政治信息交流是否顺畅。政治沟通的目的在于影响受传者的政治认知、情感、态度、立场、信念、行为等内心活动和外部行为,使受传者朝着传播者所期望的方向发生某种变化。政治沟通不只是精英对其民众发送信息,而且还包括全社会范围内以任何形式影响政治的整个非正式沟通过程①。因此,任何政治沟通都是双向甚至多向的信息传输与转换并取得共识的过程。

传媒会议新闻的政治沟通功能主要体现在为政治传播者与社会公众之间搭建信息沟通渠道和意见交流的平台,营造平等平衡、协商协调、有序有利,具有建设性的沟通环境。平等平衡讲求的是社会成员无论强弱,社会群体的意见和诉求都应该有一个平等的发声和意见表达的机会,而绝不仅仅是强势一方的政治胁迫;协商协调讲求的是媒介在讨论一些重大决策和政策上,搭建政治行动者与社会各个阶层群体的协商与协调的平台,使决策和政策更加符合社会要求;有利有序讲求的是社会各个群体的意见表达和利益诉求通过大众媒介进行理性、秩序的表达,政府也要尊重不同意见和诉求,并且给予积极的回应。

一个国家和社会的和谐稳定,取决于话语权分配的公平和话语力量的平衡。在现实政治传播中,由于主体间的不平等和信息的不对称,政治沟通不畅的问题时有发生。反映在主体的不平等上,弱势群体相较强势群体,他们的声音往往被边缘化。同时,由于主体间的不平等性,也造成了政治系统政治信息的不对称性。应当说,普通群体特别是弱势群体的意见和呼声如果不能及时、全面、准确进入沟通渠道,不能形成对于政府决策和政策的影响,社会群体之间的利益平衡就无法实现。因此,媒介在发挥政治沟通功能上坚持平等平衡、协商协调、有序有利的原则十分必要。一方面媒介在会议新闻报道上要向社会公众全面准确地提供信息,包括政治经济形势,面临的矛盾和问题,还要提供会议做出的决议决策,制定的方针政策以及这些决议决策和政策直接影响的社会群体的信息,等等,让社会公众能够"知上情"。同时,媒体还要反映社会各个阶层群体的呼声和诉求。中国的改革实践表明,社会成员缺乏足够的信息沟通和对于全局性问题的了解,是造成改革进程中社会矛盾、冲突和不稳定的一个基本原因。另一方面也要特别关注和汇聚社会公众对于政治政策信息的反馈意见,特别是他们的呼声、要求、愿望以及建议,尤其要关注那些相对边缘化的或者处于不利地位的社会群体表达的特殊观点,将这些反馈意见通过媒体展示出来,使强弱社会群体的诉求、主张实现一种基本的动态平衡,让决策者能够"明下意"。

政府如果缺乏对社会舆情的及时、全面、客观、有效的了解,其做出任

---

① 米勒,波格丹诺.布莱克维尔政治学百科全书[M].邓正来,译.北京:中国政法大学出版社,1992:547.

何决议决策都将因为偏离社会公众的整体诉求而失去执行的社会基础,尤其是在一些难以达成共识的问题上。媒介还应发挥"第三方"协调沟通功能,邀请政策制定者、专家学者和公众代表在媒体上进行对话讨论,引导各方面意见的交流,逐渐化解分歧和疑虑,寻求解决问题的共识,切实起到"去塞求通"的作用。转型期的中国,政治传播者和媒体的政治沟通,不仅要强化已经形成的社会共识,而且要特别注重有针对性地回应和引导社会公众的各种歧见,通过有效的政治沟通实现对执政党的政治主张、政府政策的基本认同。

5. 舆论引导功能

舆论引导是政治传播者通过影响公众舆论,从而达到某种政治目标的重要手段。执政集团的任何一个政治主张、执政理念,做出的每一项决议决策,颁布的每一部政策法规都有一个广泛而深入的社会化和意见统一的过程,特别是面对纷纷扰扰的社会喧嚣和各种不同的社会意见,尤其需要进行有效的舆论引导。

转型期的中国社会"由于急速的社会变迁,舆论呈现一时的迷茫状态;由于公众心态的浮躁,舆论呈现情绪化;由于社会群体的重新组合,舆论呈现分散化"①。舆论的迷茫化、情绪化和分散化给舆论引导带来相当的难度。因此,媒介会议新闻传播的舆论引导应当坚持引导的方向性、建设性和聚合性。所谓方向性,就是舆论引导方向要明确。转型期特殊的舆论环境,要求媒介会议新闻传播的舆论引导,既要植根于中国的现实社会情境,正视转型期多元化和情绪化的舆论中所揭示的矛盾和问题,又要廓清时代发展的趋势和方向,在阐释政府的重大决议决策和政策时,不能只拘泥于信息的告知,而且要将决议决策和政策出台的背景、要协调解决的矛盾问题的指向以及社会发展的总体趋势和方向告知社会公众,以减少舆论的惶惑。所谓建设性,就是舆论引导要以平等的建设性的态度分析社会问题,阐释政策主张,指明时代发展趋势和社会进步的规律,让公众在获知政府决策和政策信息的同时,较为客观、全面地理解政府政策主张的现实针对性和时代性,促进公众的政治认同。所谓聚合性,就是舆论引导要客观分析分散的社会舆论内在诉求的合理性,寻求政策主张与分散舆论合理诉求的契合点和最大公约数,强化政策调整的广泛公众利益的主导价值取向,增强政策的认同感,在认同中聚合舆论。

大众媒介在会议新闻传播中,不能只强调决议决策和政策的正确性,

---

① 陈力丹.论针对我国当代舆论特征的媒介引导[J].新闻大学,1998(1):3-5.

不考虑现实社会的差异性和公众合理诉求的正当性,如若无视这些差异性舆论的存在,试图采取回避或者对立的态度,就将难以求得舆论的和谐与统一。舆论的分散是由于现实存在的种种差异造成的,因而媒介在传播中,要讲求舆论引导的艺术,努力寻求和放大分散舆论的共同点以及决议决策和公众合理诉求的契合点,在引导形成共识上做足文章。同时,为了避免和缩小"舆论的渲染和民众的猜测"造成的误差,对于确实存在的种种弊端,媒介给予揭露和批判也不失为一种有效的舆论聚合方式。因为人们有了共同的话题,就会形成共同的舆论认知,共同的舆论认知有利于舆论的和谐,而舆论和谐则是产生社会内聚力的有效途径。

第二节　会议新闻的本体认知

一、会议新闻认知模式选择

认知在人们的活动中发生,又指导人们的各种活动。人无时无刻不在交流信息,交流的基础在于对信息的认知。

奈塞尔认为:"认知是指感觉输入受到转换、简约、加工、存储、提取和使用的全过程。"[1]这里既包括信息认知的阶段,也包括认知阶段信息的不同加工或处理过程。因此,认知过程也可以叫作信息加工的阶段或信息处理的过程。"表征是在我们头脑中通过语言对各种概念的意义的生产。"[2]心理表征则是外部事物的心理认知所形成的概念、观点、情感和意义。

传播者的会议新闻事实和价值认知来源于会议活动所传播的信息,在对会议活动信息的认知过程中,总是伴随着一系列的加工处理和心理表征过程。不同的认知阶段和信息及其价值的心理表征模式是不同的。

根据不同的信息环境下的信息加工特征,一般呈现三种认知模式:刺激—知觉—表征模式;选择—注意—表征模式;动机—加工—表征模式。每一种模式代表不同的信息环境下的信息处理方式和心理表征特点。前一种属于被动心理状态下的信息处理模式,其符合一般的信息认知和加工规律。当面对一个新的信息环境时,人们都是被动的信息接收者,是否继续给予注意,是否继续接收和对信息进行加工,则要看信息刺激的有效性

---

① 转引自彭聃龄,张必隐.认知心理学[M].杭州:浙江教育出版社,2004:5.

② 霍尔.表征——文化表征与意指实践[M].徐亮,陆兴华,译.北京:商务印书馆,2013:22.

及其价值。如果刺激强度合适,且部分信息与受传者的需要相符合,那么就会启动后两种信息处理模式,或者对信息进行选择性加工,或者根据需要对信息进行进一步的搜集和认证。后两种模式,则是主动和积极的信息处理行为,是在前一种信息处理过程中对需要投入注意力的信息所进行的主动加工过程。每一种信息处理模式,人们的认知系统信息处理程序和表征都是不同的。

(一)刺激—知觉—表征模式

刺激—知觉—表征模式是一种被动状态下刺激反应式的信息处理过程。该模式的核心要素是信息刺激。信息刺激由刺激物、刺激强度和刺激方式构成。刺激物是指作用于神经元的不同信息符号系统;刺激强度是指信息符号激活神经元的感知程度;信息刺激方式则是信息符号独特的呈现样态。

传播者对于会议活动的信息认知,一般都是处于被动的信息感知状态,即使是已经了解了会议议程信息,但是这些议程的具体讨论的过程、最终形成的决议决策和政策等,只有随着会议活动的进程才能获悉。这就要求传播者要始终保持对于会议活动信息的敏感度。因为,通常会议活动的信息刺激,并不像突发事件信息那样强烈,没有一定的信息感知的心理准备,或者保持一定的心理敏感是难以获得刺激的。

认知心理学认为,作为符号系统的刺激物如果不能激活受传者认知系统,就不会产生信息加工。认知激活要靠刺激物对受传者产生感知唤醒,这种唤醒,或者是认同感知(观点、价值观的认同),或者是关联感知(同受传者本人或相关关系者的某种关联),或者是利益感知(直接或间接的利益影响),符合以上感知元素的信息刺激一般都会激活人的感知系统,从而产生注意和信息加工。传播者的会议活动信息感知也是如此,虽然传播者在会议活动中是被动的信息接收者,但是作为新闻生产者,其也应该是积极的新闻信息认知者,需要调试自己的心理状态,增强会议活动中那些对于认同感知、关联感知和利益感知信息的敏感度,只有如此,才能获得有价值的新闻事实信息。

会议活动形成的决议决策和政策信息,包括政治行动者的政治主张,一般是建立在对于社会(国际、国内环境)诉求输入的正向反应,这种反应能否引起社会公众的感知,涉及决议决策和政策的社会认同与支持。政治系统和媒介系统的政治信息的提供与选择,对社会系统的认同感知、关联感知、情感感知具有直接的影响。政治系统政治信息传播的目的是实现政治社会化,影响社会系统的运行。媒介系统的政治信息选择目的则是为了满足目标受众的定向需求。两个系统传播目的有一定的差异，即政治系统的信息传播更强调面向普罗大众，而且越多越好，而媒介系统的信息选择则更强调针对特定的政治信息直接影响的目标受众。无论政治系统政治信息的传播目的的实现，还是媒介系统的政治信息选择，都离不开社会系统，尤其是公众的信息感知、信息认知和信息认同。而这一切都需要遵循人类的信息加工和认知规律，尤其是受众被爆炸性信息包围的情境下，只有那些锁定目标受众定向需求的信息，才能引起其关注和接收，并且产生信息加工的动机，而任何违背信息认知规律的传播，都将难以达到预期目的。

认知是通过大脑存储的经验信息所进行的知觉比较的心理表征过程，也是通过现实世界信息的知觉比较而进行选择的过程。"知觉是人们辨认、组织周围环境的刺激并使之有意义的各种加工的集合。"[1]知觉认知理论认为，人的"知觉并不是单纯由输入的刺激信息直接给予的，而是当前存在的刺激与知觉的某些内部过程相互作用的结果"[2]。也就是说，知觉既依赖于直接作用于感官刺激物的特性，也依赖于感知主体既有认知基模的检验。知觉者既有的知识经验，他们对事物的态度以及对认知活动的预先准备状态，都在一定程度上影响着信息知觉的过程和结果[3]。

信息形态作为一种刺激物，具有不确定性。人们在接收信息时，或者信息形态呆板抽象抑制了神经元的激活，或者信息形态鲜活具象从而激活了注意力，而能否让激活的神经元和注意力保持并进入深度认知领域，既有的认知基模对于信息过滤作用不可忽略，而且，既有认知基模往往起到决定性作用。传播者对于会议活动信息及其价值的感知也是如此。既是对于刺激物（信息的新奇程度）的正常心理反应，也是既有认知基模（职业规范、专业主义标准）的检验和过去知识经验的比较过程，同时，也是对于现实社会情境、公众诉求与会议活动决议决策和政策信息契合度感知比较的结果。如果传播者了解和把握了受传者的信息需求，并且对于政治系统政治信息的利益指向有一个明确的认知，信息选择就会更加契合目标受众的需求，传播就会更加顺畅。丹伯尔认为："知觉是一个精细加工和解释刺激信息从而产生组织和意义的过程。"[4]意义的表征和呈现需要信息的知

① 斯腾伯格.认知心理学［M］.邵志芳,译.北京:中国轻工业出版社,2006:108.

② 彭聃龄,张必隐.认知心理学［M］.杭州:浙江教育出版社,2004:48.

③ 参见彭聃龄,张必隐.认知心理学［M］.邵志芳,译.杭州:浙江教育出版社,2004:48-49.

④ 彭聃龄,张必隐.认知心理学［M］.杭州:浙江教育出版社,2004:49.

觉比较,在知觉比较过程中,人们才可以获得有用和有价值的信息。

知觉一般分为自下而上的直接知觉和自上而下的建构知觉。直接知觉观认为,知觉在于感觉信息的输入,其主张将感觉的各种信息作为知觉所需要的一切,它不需要更高级的认知过程来调节人的感觉经验。直接知觉是靠头脑中的模板、原形、特征和结构来理解信息的。应当说,直接知觉在处理简单的生活信息方面是可行的,但是对于抽象的政策信息、理论信息、专业知识信息则是力所不及的。建构知觉观则认为,知觉者对于信息的知觉既需要利用先前知识,也需要通过环境信息和感觉信息来构建刺激①。在建构知觉者看来,人的知觉是以感觉的信息为基础,辅之以其他信源刺激来建构认知理解的。建构知觉强调智力在知觉中的重要性,智力在知觉加工过程中起着信息的整合作用。因为我们在与外界事物感知过程中,是知觉在统合着我们与外部世界的关系与认知。虽然,这两种方法都解释了不同的刺激对于知觉的影响,但是在人们的具体知觉过程中,常常会根据信息加工的需要,交互运用两种知觉。尤其是在会议新闻信息的知觉中,人们面对一个新的政策信息的刺激,要很好地认知确实需要将先前的知识(对过去政策的了解)与当前的社会情境(现实对于政策调整的需求)相结合进行信息加工,才能获得比较客观、正确的认知。光靠新闻文本"信息本身的完整性",即这种完整性并不是指构成政策核心信息的完整性,而是指新闻文本的结构完整性,或既有的"模板、原形、特征和结构"并不能使公众产生正确的理解。

在会议新闻传播中,对于传播者而言,会议活动政治信息能否进入其认知系统,一般是由信息的新闻属性来决定的。如果这些信息的新奇程度、显著程度、关联程度和重要程度,作为一种刺激物足以引起传者的注意,那么其就会自动进入传者的认知系统,并且通过信息加工来解码、表征和传。传者的新闻事实感知,不仅需要凭借职业规范和专业主义标准进行事实认知和选择,同时,更需要从受者定向需求的价值尺度来认知和选择。只有将职业规范和专业主义认知标准与符合受者需求规律的价值标准有机统一起来,感知和选择的事实信息才能为受者所接受,信息传通的目的才能得以实现。

传播者感知会议新闻事实是如此,受传者的新闻感知也是如此。他们对所接收到的信息能否产生注意,关键在于传播者是否有对信息符合新闻规律和受众需求规律的认知。传播者对新闻刺激物的选择以及刺激方式

---

① 斯腾伯格.认知心理学[M].邵志芳,译.北京:中国轻工业出版社,2006:108.

和刺激强度的把握,其尺度是刺激物、刺激方式和刺激强度与受传者的感知是否相匹配,达到了这一点,就会锁定受传者的注意力,刺激选择达不到这一标准,受传者的注意力就很难锁定。除此之外,就是对于会议新闻政治信息的感知,如果会议新闻中的政治信息与受传者的核心利益关切构建起了一定的关联,那么受传者就会深入接触,并且对政策信息的利益调整指向做出对应性的反应。反之,受传者的认知知觉就将难以激活,并且终止新闻接触。因此,传播者在感知、接收并加工信息的同时,要考虑和判断这些信息的传播对象是谁,谁需要信息中的哪些内容,选择什么样的刺激物和组构形式来建构新闻更适合目标受众的接收习惯,这些问题弄清楚了,选择的信息、刺激方式和强度才能与受传者的新闻感知相匹配,才能获得理想的传通效果。

一项有关"使用与满足"的研究揭示了人们消费新闻的两个基本动机:一个是认知上的需要,即通过新闻了解社会和环境的变故,以适应环境变化的需要。一个是情感上的依托,即人们通常以一种娱乐的态度来消费新闻。温纳认为,人们获得满足的"路线图"通常有两个维度:"一个是内容的维度,另一个是过程的维度。内容的满足,或曰回报,主要来自认知行为。信息使用是为了获得知识,增加或减少个人环境和社会环境的不确定性,支持现存信念。过程满足主要涉及情感或情绪——远离内容本身,包括大量'逃避式'的使用、'刺激式'使用(常与'娱乐'密不可分),以及通过与中介文化及其参与者发生联系而完成'抵抗社会隔绝式'的使用。"[①]温纳所说的"过程维度",其实就是在揭示新闻组构方式以及核心信息对于受传者神经元刺激所产生的系列反应。传播者要想捕获受众的注意力,首先就需要设计一个足以激活神经元的"刺激物",这个刺激物,即新闻组构形式(新闻关键词、新闻标题、新闻导语)和新闻组构中的核心信息,其激活了受传者的情感或者情绪,就会引起受传者的注意,并进入新闻的知觉比较和认知表征过程。受传者的认知表征体现在对新闻信息的心理和行为的某种反应,这个过程体现了刺激—知觉—表征的被动信息处理特点。

(二)选择—注意—表征模式

选择—注意—表征模式是人们面对众多信息的自主的选择性注意加工处理和表征的过程,其核心是信息选择。选择在信息处理过程中是一种

---

① ROSENGREN K,WENNER L,PALMGREEN P. Media gratifications research:current perspectives[M]. Beverly Hills, Calif. : SAGE Publications,1985:248.

非常重要的心理活动。信息选择一般受两种动力的驱使,兴趣和需求。选择性注意是一种排除性的信息认知过程。认知心理学认为:人的注意力资源是有限的,人,不可能也没有能力处理所有信息;人,只对他认为感兴趣或者需要的信息产生关注。

传播者对于会议活动信息的注意和选择,是建立在信息感知和认知基础上的,而信息感知是为了传播,满足受传者的信息需求,这就要求传播者对决议决策和政策信息影响目标群体的准确认知。一般情况下,决议决策和政策影响的目标群体就是会议新闻的目标受众。但是,也有这样的情况,会议决议决策的目标群体是政府机构的执行群体,针对决策执行群体的会议信息传播,一般来讲,应该属于组织传播的范畴,并不属于大众传播范畴,即使是需要媒介传播,也应该选择那些需要公众了解的且与社会公众相关的信息,即决策执行影响公众的部分,以便社会公众实施有效的监督。

选择性注意是任何信息处理的正常行为,尤其是作为传播者,其信息注意和选择更是如此,如果不能对进入认知区域的信息进行快速选择,那么就会陷入模糊的信息感知。"注意是通过感觉、已存储的记忆和其他认知过程对大量现有信息中有限信息的积极加工。"[1]也就是说,只有进入注意这个特定的区域的信息,才能获得最大的清晰性和显著性。注意虽然和心理过程及统觉(使一定的心理内容获得清晰领会的独特过程)有着密切的关系,但它主要是指一种心理状态,而不是一种心理过程。马丁代尔认为:"注意是当前被激活的一系列结点。"[2]"在他看来,人脑中的各个认知单元在当前一刻被激活的过程是不一样的,激活较少的单元处于短时记忆中,成为注意的边缘,而激活最多的单元,占据注意的焦点"[3],而成为注意焦点的信息将进入理解和接受阶段,并成为心理表征的重点。在一系列信息加工过程中,选择对于注意的焦点信息的激活起着重要作用。

传播者对于会议活动信息的注意和选择是一种有意识的积极信息加工过程,它需要启动前意识加工和控制加工。前意识加工包括依据需要随时可以唤起的存储记忆。控制加工则需要有意识控制,这些加工是按序列进行的且需较长的时间执行。对于政策信息的注意选择,需要前意识信息的唤醒和控制性的信息加工,由此产生注意和理解的心理表征过程,这种

---

① 斯腾伯格.认知心理学[M].邵志芳,译.北京:中国轻工业出版社,2006:52.
② 转引自彭聃龄,张必隐.认知心理学[M].杭州:浙江教育出版社,2004:105.
③ 彭聃龄,张必隐.认知心理学[M].杭州:浙江教育出版社,2004:105.

信息加工需要投入一定的注意力资源,而不是简单生理刺激式的反应所能表征的。

认知心理学认为,人的认知心理资源极其有限,人不可能同时集中处理多个信息。注意这一心理现象使得人们能够明智地利用有限的心理资源。"把外部刺激(感觉)和内部刺激(思维和记忆)的光亮变暗,而使得人们所感兴趣的刺激发亮。被强化的焦点增强了人们对有趣刺激快速准确反应的可能性,被强化的注意则为记忆加工铺平了道路,因此人们更可能记住所关注的信息,而不是所忽视的信息。"①注意的这种聚光灯效应的特点是意识的指向性与集中性。注意的指向性是指注意的排他性,即意识对某一特定对象或活动的直接关注;注意的集中性则是指对所指向的信息保持高度的紧张性,使人能够集中处理那些感兴趣或者需求的信息。正是由于注意的指向性和集中性的特点,当浩如烟海的信息扑面而来的时候,有限的心理资源会引导人们只对其感兴趣或需求的信息给予选择性的注意和加工,在此基础上产生信息的意义和价值的理解,然后才决定是否接受和改变。

在会议新闻生产和传播过程中,选择—注意—表征模式体现在:作为传播者,对于进入其认知范围的会议活动信息,一般是依据传播与受众需求来进行选择的,不存在没有选择的新闻事实,也不存在不经选择的新闻报道。选择的原则应是"政府要说的应说的"和"公众欲知的应知的"的协调统一。倘若只选择政府要说的,不考虑公众欲知的,那么公众就不会关注。反过来,公众欲知应知的,也应该是政府和媒体需要传播的,这体现的是政府和媒体对于公众的责任。公众不需要的信息传播是没有价值的,而对于公众想要知道的信息却不予提供也是不负责任的。同样,对于进入受众认知范围的新闻信息处理也是如此。受众在新闻信息选择中,只对他们当下感兴趣的或者需要的信息给予关注、接收、理解和反馈。这也提醒传播者在信息的选择时,要时刻注意目标受众的定向需求是什么,只有满足目标受众定向需求的信息,才能激活受传者大脑神经元并给予积极的关注,同时愿意接收和处理其他需要了解的信息,才会有传播者所期待的某种行动和改变。

(三)动机—加工—表征模式

动机—加工—表征模式是一种积极主动的信息加工处理模式,其核心是动机驱引。动机是指人们根据内在需求而产生的积极心理状态。也就

---

① 斯腾伯格.认知心理学[M].邵志芳,译.北京:中国轻工业出版社,2006:53.

是说,人们对于信息的主动认知和加工是受动机驱使的。在动机的牵引下,信息的感觉会比较灵敏,对所需要的信息也会投入足够的注意力,其认知心理表征会变得更加活跃。

传播者对于会议活动的信息感知和选择,笼统地讲其动机是为了传播,精确地讲是为了满足目标受众的定向需求。传播者的会议活动的信息感知,需要了解受传者的需求,审视比较会议活动的决议决策和政策信息,以此来判断哪些是目标受众所需要的,哪些是不需要的,哪些是需要充分满足的,哪些是一般性提供的。根据目标受众的需要,有目的地搜集、认证、加工信息,从而使建构的新闻能够满足目标受众的定向需求,使信息传递与目标受众的需求相匹配。

马斯洛认为:"内驱力或欲望的出现,它激起的行动以及因目的物的获得而引起的满足……这种动机的出现实际上总是取决于整个机体具有的其他所有动机的满足或非满足状态,即取决于这样或那样的优势欲望已经达到相对满足的状态。"①马斯洛揭示了人的需求动机的出现,总是建立在已获得某种满足基础上的新需求期待。会议活动做出的决议决策和政策安排,其实是政治系统对于社会诉求的回应性的政治输出,其满足的是各种利益群体利益关系调整的期盼。这种调整或者是对原有政策的修补和完善,或者是政策结构性调整,或者是特定对象的政策输出。任何政策都是某种利益关系的调整,不可能满足所有人的利益诉求,因此,传播者的会议新闻传播,应该准确把握政策调整的对象与政策之间的关系,对于政策信息进行精心选择,使传播对象(目标受众)和传播的信息在定向需求满足上达到某种程度的协调统一。

自觉意识是获得认知的主动行为,动机越明确,获得认知的机会和表征也就越多。阿伦森指出:"人类是复杂的有机体,在特定时刻,我们的想法和行为是由各种交叉动机引发的。"②在信息认知过程中,动机只是信息获取的心理条件,而对于信息的获取和认知还要受另外两个条件的约束:一是费力程度,二是信息需求价值的满足程度。如果费力程度远远大于信息获得的动机,那么信息的获取过程就会终止,同时,投入注意力资源过大,即使获得了一定的信息,由于信息价值与心理预期相去甚远,那么也会终止对于信息的注意。这也提醒传播者在会议新闻生产过程中,要时刻考

---

① 马斯洛.动机与人格[M].许金声,等译.北京:中国人民大学出版社,2007:8.

② 阿伦森,威尔逊,埃克特.社会心理学[M].侯玉波,朱颖,等译.北京:世界图书出版公司,2012:17.

虑目标受众信息认知因素的影响,任何新闻信息的传播,如果受众不喜欢、不愿意接收,或者难以寻找和理解所需要的信息,都将造成受众的逃离。因此,信息解码的准确度、信息利益关联度、新闻话语平易度、信息符码的生动度等,这些都将成为影响会议新闻传通效果的重要变量因素(这些变量因素将在第八章具体论述),对此,传播者不可不认真加以考量和把握。

二、会议新闻传播的认知范围

正如前边所分析的那样,新闻认知是传受双向的信息知觉、注意和动机引导的心理表征过程。只有传受主体双向的新闻认知和谐,一个良性的新闻传播活动才能完成,才能收到理想的传通效果。

认知心理学表明,人面对外界信息刺激一般呈现两种加工形态,即自动加工和控制加工。自动加工一般不受意识的控制,是对于信息刺激的随机反应,而控制加工则是人对于信息有意识的加工。控制加工具有顺序性、目的性和控制性的特点。会议新闻认知属于信息的控制加工,无论是传播主体的"前新闻"认知,还是受传者的"后新闻"认知,都需要意识控制来进行信息加工。

传播主体的新闻认知是对于"前新闻"即构成新闻质料——新闻事实以及新闻本体(这里的新闻本体指所有媒介生产出来的不同介质的新闻产品)及其产生效果的认知。新闻事实的认知是为了建构和传播新闻,以满足目标受众定向需求为目的的有意识的心理表征过程。传通效果的认知,同样是传播者对于受传者信息认知与使用满足程度的心理评估过程。在这一系列的心理表征过程中,始终伴随着信息(新闻事实)的有意识、有目的注意,有意识、有目的加工过程。

在新闻认知过程中,涉及传播主体对所有进入注意区域事实信息的知觉注意,这个过程伴随着信息采集和筛选过程,对于感兴趣或者需要的信息给予注意,对于不感兴趣或者不需要的信息则会关闭知觉通道。注意是通过被激活的有限认知资源对信息刺激做出的快速反应,并记忆和突显认为重要的信息。而有意识的知觉使人们能够调控与环境的交互作用,通过对注意获得的信息进行处理,排除其他噪音的干扰,集中加工感兴趣和需要的信息,在感知过程中人们"把过去和现在的经验联系起来,从而感觉到连续的经验之流,并控制和计划未来行动"[1]。

传播主体的新闻认知需要调动过去和现在的既有经验,对于进入注意

---

① 斯腾伯格.认知心理学[M].邵志芳,译.北京:中国轻工业出版社,2006:79.

范围的信息进行有目的的加工。除了要判断所获得的新闻质料及其价值外，还要研究这些新闻质料是"谁"所需要的，采取什么样的传播方式才能使目标受众接受并产生改变。因此，传者的新闻认知，应着眼于新闻传播活动的完整过程，包括新闻事实、目标受众、定向需求、传播形态、传通效果的认知等。这个过程虽然是以满足传播者的有效传播为导向的，但是，传播者的有效传播是建立在受传者的新闻认知基础之上的，也就是说，没有受传者的有效新闻认知，新闻的传通是实现不了的。那么受传者的有效新闻认知是建立在什么之上的呢？有一点是明确的，无论是新闻兴趣驱动，还是信息需求驱动，受传者的新闻接收永远是建立在满足信息获悉兴趣和定向需求之上的，是对于新闻信息价值与需求价值的认知的统一过程。他们永远不会对不感兴趣或者不需要的新闻投入注意力。

通过以上分析，传者是对于"前新闻"——新闻事实的认知及心理表征，受传者则是对对于新闻本体认知的心理表征。前者的心理表征是对构成新闻事实及价值的认知结果，后者的心理表征则是新闻使用满足度的认知结果。这种传受关系及其新闻认知特征表明，传播主体必须改变单纯传者主导的新闻认知模式，代之以满足目标受众的定向需求的认知模式，实现新闻价值与需求价值的有机统一和传受双向新闻认知的协调。

传播主体的新闻认知是对于"前新闻"状态的认知，这种新闻认知属于新闻发现范畴，即对于构成新闻质料及其价值的认知。杨保军将"前新闻"状态称为"未传态的潜新闻本体"，他认为这种状态的新闻本体"是一种具有实实在在的存在，是一种客观事实，是一种自然存在的事实信息"①。这个观点与本书对于"前新闻"的定义基本接近。既然传播主体对于"前新闻"状态认知属于新闻发现——新闻事实认知的心理表征过程，那么就有必要对于新闻发现及其生成机制进行系统的考察。对于什么是新闻发现，国外学者还没有具体的理论阐述，只是在一些新闻教科书中，论及记者的信息挖掘、新闻事实观察时才零零星星地介绍一些应注意的问题，没有新闻发现的理论概括。我国自 1996 年潘堂林出版《怎样发现新闻》一书对于新闻发现给出明确定义以来，国内一些学者从不同角度对于新闻发现进行了比较系统的研究。我国在新闻发现理论研究方面具有代表性的学者有潘堂林、胡志平和张征等。

潘堂林认为："新闻发现，就是识别客观事实的传播价值，看出或者找到客观事物事实本身固有的、值得传播的要素。一般来说，作为新闻报道

---

① 杨保军.新闻本体论［M］.郭本禹，译.北京：中国人民大学出版社，2008：37.

对象的事实,其传播价值表现是多侧面的,内容是多层次的。新闻发现最关键的环节是,敏锐地感觉客观事物事实诸种价值中最能吸引公众注意力的侧面,充分发掘多侧面的价值,尽可能实现其价值的最大化。"①潘堂林在这里特别强调了传者对"事实诸种价值中最能吸引公众注意力的侧面,实现其价值的最大化"的认知的重要性,道出了新闻发现的核心目的。

胡志平、王桥则认为:"新闻发现的本质含义是指:对新闻事实传播价值先于世人的正确理解、评价和认知。"②同时,他进一步强调,"真正的新闻发现不是指事物本身的采访和发现,而是对事物传播价值的发现;不在于先于世人'发现'过去的未知和今天的新事,而在于领先发现了人们没有发现的传播价值和传播效果"③。胡志平、王桥的定义侧重在"事物的传播价值和传播效果"的认知,而不在于发现的过程。

张征在其《新闻发现论纲》一书中对新闻发现做了这样的表述:"新闻发现就是以实现新闻实践的合理发展为根本指向,依据新闻传播规律对事实信息的新闻价值和新闻作品表达方式的率先认知。"④张征在潘堂林和胡志平定义的基础上强调了表达方式的发现。新闻发现的前提是新闻实践的合理性,而不是为了发现而发现。

以上对于新闻发现的定义,呈现出不断完善和丰富的知识表征过程,虽然角度不同,但都是从传播的角度来揭示新闻发现的某个侧面的特征,即对于新闻事实价值及表达方式和效果的率先认知。但是,这种对于新闻发现的认知尚显不足,并没有抓住新闻发现的根本目的。根据"使用与满足"理论,受众的需求价值的发现,将对新闻使用与满足起到关键性作用。因此,新闻发现应该是新闻事实价值与受众需求价值统一的认知过程。本书将新闻发现表述为新闻认知,是对新闻发现认知心理表征过程的本质揭示。

本书认为,对于受传者而言,他们都是不完善的信息认知和处理者,而传者的使命就是要通过信息的搜集、挖掘、甄别、选择和传播,为受传者提供准确、有用、有效的信息,以消除外部世界不确定性带来的种种困扰。新闻认知的目的(动机)在于传播,满足目标受众的定向需求,而受传者接收新闻则是为了消除现实环境的不确定性,以便调整其社会决策行为。

新闻认知伴随着新闻活动的整个过程,从新闻线索的捕捉到新闻事实

---

① 潘堂林.怎样发现新闻[M].董关鹏,译.武汉:湖北人民出版社,1996:17.

②③ 胡志平,王桥.重新发掘新闻奥秘[M].北京:新华出版社,2000:4.

④ 张征.新闻发现论纲[M].北京:中国人民大学出版社,2006:24.

的挖掘,从新闻叙事框架选择到目标受众的确定和传通效果的预测,无不体现新闻认知不间断的心理表征过程。而且这种活动体现着新闻认知由表及里、由浅入深,步步深入且连续不断的环环相扣的表征特征。倘若只是停留在某一环节,而不是观照新闻认知的完整过程,那么这样的新闻认知将是零碎的和片面的,而且将影响新闻的传通效果。因为没有新闻线索的认知,就不会有新闻事实的认知;没有新闻事实的认知,也不会有新闻价值的认知;没有新闻价值的认知,就不会有目标受众及其定向需求的认知,更不会有新闻叙事框架的认知和传通效果的预测。

基于以上认识,本书认为:新闻认知是传播者以满足目标受众定向需求为目的,寻求事实的新闻价值和受众需求价值的统一,实现新闻事实、目标受众定向需求、表达方式和传通效果的完整心理表征过程。这一定义强调满足目标受众的定向需求,着眼于信息的新闻价值与受众需求价值的统一和新闻传播活动的整个过程,以构建新闻认知的完整链条,实现新闻信息的有效传播。

(一)新闻认知的目的在于传播,满足目标受众的定向需求

新闻认知的目的是为了传播,通过传播来满足目标受众的定向需求。这里的定向需求是指与目标受众"不确定性和相关程度"较高的信息需求,即影响目标受众核心利益关切的核心信息需求,是高于一般信息需求认知的心理表征。这种认知的信息价值和传播价值的对象性更加清晰、更加明确,因此,传通效果将更加直接。之所以强调满足目标受众的定向需求,是因为公众的注意力资源是有限的,"人类不能对无限的信息进行加工"[1],尤其是在铺天盖地的信息轰炸面前,人们不可能将注意力平均分配给所有接收到的信息,他们只能对感兴趣和需要的信息投入相应的注意力。任何信息的传播都是针对其所需要的目标群体的,因此,那些只有新闻的一般价值而没有需求价值的信息,以及那些只是面向泛在的大众而不是锁定目标受众并满足其定向需求的信息传播,要想捕获受众,尤其是目标受众的注意力是难以做到的。

在信息渠道越来越多,各种信息无孔不入,人们的注意力资源越来越短缺的情况下,传播者要明白的是:在与各种信息提供者竞争中,不在于你提供了什么信息,而在于你提供的信息是"谁"需要的,即为"谁"提供的,不在于你提供了多少信息,而在于你能否提供满足目标受众定向需求的信息,只有那些能够准确捕捉并满足目标受众定向需求的信息才能引起这部

---

① 弗兰肯.人类动机[M].郭本禹,译.西安:陕西师范大学出版社,2005:41.

分受众的注意,而且只有那些有能力满足目标受众定向需求的媒体才能生存。准确定位新闻要影响的目标群体,尤其是在会议新闻传播中,锁定目标受众并且准确提供其定向需求的信息,对于提升传通效果具有重要的价值。

正如本奈特在分析受众细分与定向传播策略对于提高传播效果时指出的那样:

> 人们被分为若干小的细分群体,以反映不同的口味、偏好、兴趣、需求,以及与政治议题有明显关联的某些倾向。细分方法背后的基本原理就是人们的不同背景、兴趣、利益甚至于认知方式,而这些都需要相应的不同种类的说服方法。将高度订制的信息传达给特定的细分人群的过程,即是我们所谓的受众定向。这种策略考虑到这样一个事实,即对于所有受众而言,每种宣传方法的效果并不相等。并非所有的例子都能在男性和女性、白人和黑人、雅皮士和流浪汉的经验中产生共鸣。通过不同的态度、意见、生活方式和期望的了解,受众定向试图提升说服信息达到预定目的的成功率。①

任何传播,如果不考虑受传者的需求、兴趣、偏好,对受众进行细分和目标定位,而试图采取广而告之的大众传播方式,尤其是在会议新闻的传播中,是不会收到理想传播效果的。

在新闻认知过程中,由于职业原因,新闻记者对于新闻事实价值的认知,不仅受自身认知框架的支配,而且还要考虑受众的信息需求偏好。新闻记者的新闻认知,不仅是事实价值的心理表征,而且也是对受传者定向需求价值的认知,而后一个价值认知将决定新闻传播的有效性。这种新闻信息的认知通常采取的是主动的信息选择策略,即前文在分析信息加工模式中提到的"选择—注意—表征模式"和"动机—加工—表征模式"的认知特征。也就是说,记者的信息选择需要站在受众的立场上,这种选择是主动的信息加工过程,既体现对于大量的进入传播主体认知范围信息的选择,同时,也是根据受传者信息需求的信息加工过程,通过加工力争使建构的新闻满足或者基本满足目标受众的定向需求。传播者的受众立场的确定,不仅是从受传者需求角度来选择新闻事实,而且,也是在建构一种关系——传受双方彼此相通的认知模式和彼此相融的解码框架。

---

① 本奈特,恩特曼.媒介化政治:政治传播新论[M].董关鹏,译.北京:清华大学出版社,2011:109.

（二）新闻认知应着眼于新闻传播活动的完整过程

新闻认知的核心是对于新闻事实、目标受众定向需求、表达方式和传播效果的心理表征，也就是说新闻认知是对于整个传播过程中各个关键环节的整体价值的心理判断。偏于任何一个方面的环节，而忽视其他环节都达不到应有的传通效果。认知一个新闻事实，首先要判断这个事实对"谁"有价值，"谁"需求它，"谁"需求它的哪些价值。这里的"谁"，特指目标受众，而不是泛指的一般大众，目标受众对应的是信息的定向需求。满足目标受众的定向需求是新闻传播要深入研究和解决的问题，特别是在新媒体无处不在的信息汪洋大海中，人们需要的是能够引导其获取定向需求信息的精准的"航标"和"地图"，以便锁定需要它的目标受众群体。任何试图采取"泛在"的传播策略去影响所有人的新闻信息传播，都将因为无法满足目标受众的定向需求而失去传播价值。

在时空资源丰裕的新媒介环境下，受众细分与信息的定向满足将成为一种有效的传受策略，而且这种策略将改变传统媒介的运行模式。一家独大的传媒时代已经过去，任何一种媒介形态都不可能一统天下，将所有受众的注意力锁定在自己所提供的信息上。未来媒介竞争的核心将是对于目标受众精准的锁定以及对其定向需求的信息满足。

根据目标受众定向需求的认知来考虑采取什么样的方式传播，什么方式容易引发受传者的兴趣，什么方式能够适应目标受众的接受习惯，这也就是传播方式的认知与选择。传播方式在传播过程中，也是影响传通效果的一个重要变量因素。无论事实价值和目标受众定向需求价值如何统一，如果采用一种目标受众不喜欢或者不习惯的传播方式，那么受传者接收和信息注意的可能性就会大打折扣。任何引发不了接收兴趣的信息传播都不会进入受传者大脑神经元的注意区域，也就谈不上传播的效果了。霍夫兰和凯利等领导的传播心理学实验项目的研究也证明了这一点，他们发现："在大众传播环境中经常发生这种情况，面对个人不感兴趣的传播内容时，受众会选择'关闭'传播，可能是物理层面的关闭（关掉收音机或电视机），也可能是心理层面的关闭（不会再有任何注意）。"[①]因此事实价值、目标受众、传播方式三者必须协调统一，只有如此，传通效果也才会得到理想的体现。

---

① 霍夫兰,贾尼斯,凯利.传播与劝服:关于态度转变的心理学研究[M].张建中,李雪晴,范苑,译.北京:中国人民大学出版社,2015:115.

（三）新闻认知是对于传通效果的心理评估

新闻认知的目的在于传播，新闻认知的核心是对于新闻事实价值、目标受众的定向需求、传播方式的心理表征，是对三者关系的正确认知、协调和统一。认知、协调、统一的终极目标建立在传通效果的评估上。传通效果认知和评估的基础是事实价值中对于目标受众定向需求价值的满足程度，满足的程度越高，传通效果也就会越大。传播方式对于目标受众的兴趣激发和接受习惯的适应情况，也决定传通效果的程度，激发注意和接收习惯适应的程度越高，传通效果也会越大。在新闻传播实践中，由于一些记者的认知能力、截稿时间压力等因素，或者单纯的任务观念，往往忽视传通效果的认知和评估，新闻传通效果的不确定性就会加大。一个经验丰富且社会责任感很强的记者，往往在新闻认知的过程中就已经对传通效果进行了评估，将新闻事实价值、目标受众选择、传播方式与传通效果的考量统一起来，他们传播的新闻常常给人以出乎意料的感觉，一件看似普通的事实却凸显出目标受众定向需求的特殊价值，揭示出事实非同凡响的意义。

（四）新闻认知是不同认知主体协调统一的过程

会议新闻的认知主体构成是多元的，由于各自认知的意图不尽相同，各主体内部之间是否协调和统一将影响新闻的认知和传播。会议组织者与记者的认知意图既是协调的，又是有一定区别的。其区别在于，关注角度的不同。会议组织者一般是站在政治行动者的角度，要确保信息传播政治上的正确和政治行动者意志的贯彻，而记者则是在贯彻政治意图的同时，更多的是从受传者需求的角度，对于具有传播价值和社会知悉意义事实的认知和选择。两者相异的认知意图虽然处于博弈之中，但是对于政治社会化的认识却是一致的，而且这种认识的贯彻需要在满足目标受众定向需求的信息选择中来实现。

政治行动者的政治信息传播目的，在于影响社会公众对于决议决策和政策形成共识和认同，从而推动国家治理和社会发展。媒介的会议新闻的传播，也是为了满足公众对于政治行动者的政治主张、政策意见的了解，从而形成对于决议决策的整体评价并采取相应的行动。其实两者并没有原则性的分歧，只不过强调的侧重点不同罢了。在我国"党政双轨"媒介管理体制下，大众媒介在新闻传播基调统一上已经不成问题，应该说凡是国家召开的重要会议，各级主流媒体都依据新华社的通稿来传播，并没有多少自主的信息处理空间，这种上下一致的新闻传播切实保证了传播口径和基调的一致。但是就传播效果而言，由于新华社的通稿基本都是政治系统的信息公告，并没有考虑社会公众，尤其是对目标受众的定向需求满足，因此,就其信息选择和新闻建构与目标受众的期待而言,还存在一定的距离,社会公众的反映并不如预期的那样理想。其实新华社通稿通过国家主流媒体发布后,在保证传播基调、口径和导向统一的前提下,应该允许其他媒体根据各自的媒介特点及其市场定位,从满足不同目标受众定向需求的角度,对相关信息进行重新建构,以实现一个基调、多个角度、多种形态的呈现,从而达到多元目标受众需求同时获得满足的传播局面。同时,专家和智库的信息解读也应该同步跟上,这样公众的信息期待就会通过这些立体的信息传播得到满足。

政治行动者要清楚的是,任何信息的传播如果不能引起受传者的注意,就不会产生任何传播效果,政治社会化也将难以实现。同时,任何信息传播如果不是受传者所需要的信息,受传者也同样不会接收、理解和接受,那么传播效果也将无从谈起。从这个角度讲,政治行动者要主动与媒介和新闻生产者达成某种默契、协调和统一,即以满足目标受众定向需求为目的,通过信息的选择和信息结构调整,从而达到社会动员、舆论引导的政治传播目的。另外,媒介和新闻生产者也必须明白,任何媒介尤其是承担舆论引导和环境监视功能的媒介,对执政党和政府的决议决策和政策主张的有效传播,也是其维护执政全局,服务公众的重要体现。媒介必须通过传播来为执政合法性服务。同时,执政党和政府的一些重大的决议决策,出台的政策将对一个时期国家和社会的政治生活、社会生活产生深远影响,这些决议决策所作用的客体是社会公众,社会公众通过媒介传播获得政治信息,来调整自己的生活、生存和发展的决策。因此,媒介和新闻生产者也应该明确的是,一旦离开了执政党和政府的政治信息,也将弱化监视环境和服务公众的职能,失去对社会和公众的影响力。从这个角度讲,媒介和新闻生产者也要主动处理好与政治行动者的关系,从会议新闻有效传播,即社会公众对会议决议决策和政策主张的有效理解角度出发来建构和生产新闻,以求得政治行动者的认同。

协调统一于满足目标受众定向需求的有效传播,需要对事实价值、目标受众的定向需求、传播方式以及传播效果的正确认知和判断。会议新闻事实对目标受众定向需求而言,在于信息的关联性、有用性和获益性。会议的决议、决策和政策都是针对某一社会利益群体的利益平衡和调整,会议决议和政策的指向是明确的,其作用于的目标对象也是明确的,因此,会议新闻的目标受众就应该锁定在决议、决策和政策影响的目标群体上,而不是决议决策的执行者,决议决策的执行者一般靠组织传播(会议传播、文件传播、组织培训等形式)的方式来明确相关信息。另外,让会议的决议决策和出台的政策在社会上产生积极的影响,既是政治行动者举行会议的目的所在,也是政治行动者想要传播的内容,只有这样才能实现政治行动者、受传者需求的协调统一和一定程度上的信息满足。

我们的一些会议新闻之所以看不到目标受众的影子和有用的信息传播,问题的关键是传播者对于事实及其价值、目标受众及其定向需求和传播方式不协调、不统一的认知。会议新闻的传播实践证明:任何事实的新闻价值都是由受众需求价值决定的,受众不需要的信息,无论传播者怎样努力都是没有价值的。因此,事实价值、目标受众、定向需求和传播方式只有达到传受认知协调,才能实现会议新闻的有效传播,才能使目标受众定向需求得到一定程度的满足,反之,则会出现传受脱节的现象。

三、新闻事实观与会议新闻事实

(一)事实观辨析与会议新闻事实的确认

在理论、思想和观点等信息形态是不是事实的问题上,学术界始终存在着激烈的争论,其争论的核心是事实观约限下的事实属性问题。

杨保军在其《新闻事实论》一书中,对于事实论观点做了经验事实观、多元事实观和辩证事实观的概括。

经验事实论者不承认客观事物的事实性,他们主张"一切事实都是经验事实"[1]。事物不是事实,事物是客观存在的"东西",只能用概念或语词来表达,"事实是人对于呈现于感官之前的事物的某种实际情况(亦即事物的感性呈现)的一种判断、一种经验知识"[2]。这是"事实"一词的"本意所在"。经验事实论者否定理论原理、观念的事实性,认为理论原理、正确的认识以及对事实的解释都不是事实。

"多元事实论者则认为,'事实'世界是由多种事实构成的,不只是经验事实论者所说的那样,除了经验事实外,再无任何别的事实。"[3]苏联著名哲学家科普宁就将现象、事物事件和人们对事物及其特性的感觉和知觉以及用来论证或反驳某种东西的不容置疑的理论原理等都纳入事实的认识范畴。杨保军认为,如果把以上这几种观点整合在一起,事实就与存在范畴成了近乎同等意义的概念,涵盖了物质世界与精神世界的所有存在[4]。

在辩证事实观者看来,事实就是事物的真实情况,即经验事实论者所

① 彭漪涟.事实论[M].南宁:广西师范大学出版社,2015:67.

② 彭漪涟.事实论[M].南宁:广西师范大学出版社,2015:66.

③④ 杨保军.新闻事实论[M].北京:新华出版社,2001:4.

说的经验对象才是事实,它是经验事实的来源,经验事实不过是对它的反映。"我们不能因为只有通过知觉、感觉才能判断发现事实、知道事实、陈述事实,就说那些事实是由于我们的经验才存在的,我们也不能因为现实的认识活动是主客两极共同构成的,就否认作为对象存在的事实具有外在性和先在性,否认本体论断定的意义和价值。"①姚福申也认为:"事实在指客观事实时,它是一种客观存在,一种物质现象……而经验事实是一种认识,一种判断,是对客观事实的认识和理解,属于观念范畴的东西。"②

杨保军分析认为,"在辩证事实论者看来,经验事实论的缺陷在于抛弃了'本体论'意义上的客观事实"③。"多元论事实论则泛化了事实概念,将其近乎等同于存在的范畴,并且将事实与对事实的反映并列起来,都称之为事实,模糊了它们之间的本质区别,也是不恰当的。辩证事实观认为,不存在所谓的'理论事实'……理论即使是真理,它是观念性的存在,而非物质性的现象。"④杨保军的分析基本厘清了不同事实观的基本立场和观点,为我们认知和把握会议新闻事实的本质特征提供了参照。

本书认为,新闻事实是认识论意义上的客观事实的陈述,这种事实具有公众知悉价值,其陈述的是本体论意义上的客观事实,只不过其感知与陈述是以新闻价值高低来决定的,即是建立在公众的兴趣与需求价值基础之上的。客观事实有许多,但是,客观事实并不一定都是新闻事实。新闻事实的客观实在性是传播主体对事实之于公众需求满足的认知结果。新闻事实不仅是一维的客观物质实在性,同时,它也应该包括信源所提供的各种客观性信息事实,即经验事实观和辩证事实观所否定的"理论事实""观念事实"。新闻类型不同,新闻事实形态也不会相同。

作为政治信息的会议新闻事实,是政治系统对于客观世界及其规律的正确认知所做出的政治判断和政策回应。会议新闻所传播的就是政治系统的政治判断和回应社会诉求的政治信息。这些信息对于媒介与社会公众而言具有本体论意义上的客观实在性,并不是记者主观臆造的东西,因此,其并不违背事实的客观性判断标准。

本书认为,一种事实形态能否作为新闻事实,是由这一事实客观性和新闻价值性与公众需求效应性决定的,只要符合客观性与新闻价值性(重要、新奇、获益)及公众需求满足的特征,就应该视为其符合了新闻事实的选择标准。新闻事实的客观性就某种意义上讲,并不一定都是物质实在性

---

①③④　杨保军.新闻事实论[M].北京:新华出版社,2001:5.

②　姚福申.关于新闻本体的探索[J].新闻大学,1998(2):5-9.

的东西,物质实在性只是它的外壳,事实价值本质上讲是物质外壳中的内核意义和价值。比如,一本书,其纸质是其物质结构,但是它的价值却是书中的内容所包含的思想、观点和理论,我们认识书是通过书上的文字和图片,而不是作为书的物质结构,我们能够记忆和受其影响的只能是书中精彩的观点、思想、理论原理和故事。这就如同我们在听取一个人的演讲,虽然我们看中演讲者是谁,但是,更感兴趣的是他演讲的内容,能够打动我们的也是他具有启迪价值的观点、思想和故事。作为演讲者,人是一种物质结构的客观实在,其演讲的内容是其与听众所交流的信息,听众通过演讲者所传播的信息来认识和了解演讲者,同时,也通过演讲的内容获得启迪、激励和情感唤醒。演讲者是作为人的物质结构与所演讲的内容所构成的有机体,谁也离不开谁,其中任何一方离开了另一方都将失去存在的价值。新闻传播学告诉我们,演讲者是作为信源存在的,新闻要报道的是演讲者精彩的观点,也就是说,作为新闻事实的选择,演讲者的观点、思想是一种客观存在,因此,它是可以传播的客观事实。在这里,"理论事实"或者"观点事实"也是客观的存在,它是由人——演讲者生产的,其物质实在性是生产它的人,而不是其他什么别的东西。传播者在认知"理论事实"或"观点事实"的时候,不能脱离具体客观环境下生产它的人,脱离了新闻事实存在的客观环境,那么事实可能还是事实,但它就不一定是新闻事实。会议新闻的事实只能是会议活动的政治信息。会议活动的政治信息虽然具有一种信息多元"混合杂糅"特点,但是,其作为一种客观的新闻事实这一点是毋庸置疑的。

如前所述,会议新闻所传播的政治主张、政治理念、政治思想是作为一种客观事实存在的,并不是记者主观臆造的东西,是对于信源的观点、主张、思想的引述。虽然按照多元事实观,其属于"理论事实"或"观点事实"范畴,但是按照辩证事实观,其也具有客观事实的属性,因为政治行动者在会议活动中阐述的政治主张、政治理念、政治思想作为新闻所传播的信息,是一种客观存在,无疑它是可以传播的新闻事实。因此,套用"经验事实观"和"辩证事实观"来理解会议新闻事实是片面的。理解新闻事实客观性,不能无视构成新闻事实客观性的核心要素——事实的客观来源,因此,将"理论事实"和"观点事实"一律排除在新闻事实之外也是不够科学的。

(二)政治事实——会议新闻传播的硬核信息

1. 政治事实的概念与内涵

会议新闻的事实与其他新闻事实最大的不同,在于会议新闻事实的政治性,其本质上是一种政治事实,是政治性与新闻性的统一体。

所谓政治事实是指意识形态所包裹的硬核信息形态。政治事实是会议活动所产生的一系列政治主张与决议决策和政策意见等事实形态。这些事实包括执政系统一系列治国理政的政治理念,对于社会公众利益诉求的政治回应,就一些内政外交等重大问题的决议决策以及对于社会利益关系调整的政策安排,等等。前两种属于观念形态的事实,后两种属于实践形态的事实。这些事实作为一种政治形态,将影响和决定一个国家和一个社会的政治和政策走向。

政治事实是占统治地位的意识形态所包裹的硬核信息形态。无论是政治理念还是政策取向,无不体现执政系统所主导的意识形态的价值倾向。政治事实的意识形态价值体系具有双重性,其不仅是一种观念的价值形态体系,而且还是一种实践的价值形态体系,是观念与实践的统一体。一方面,意识形态作为一种观念的上层建筑,其反映的是执政集团的政治信仰,这种信仰作为一种区别于其他政治集团的政治标识,其合法性在于公众的普遍认同,并指导着执政系统的政治实践。另一方面,意识形态作为一种实践的价值形态,反映着政治信仰的意识形态的价值,渗透于执政系统的各个政治实践环节,并指导着政治系统成员的政治实践。如果会议新闻所传播的政治理念、政治主张与政策安排取向等政治实践与意识形态所倡导的观念价值形态相背离,那么人们就会质疑执政系统的意识形态的真实性,就会被认为是说一套、做一套的"虚假意识形态"。美国政府一直主张人民主权,但是,美国政府的议程设置和决策所遵从的却始终是强势利益集团的意志,除了选举期间体现着节点式的人民主权外,选举过后的人民主权就被抛弃得无影无踪。美国政府的意识形态的理念形态与实践形态是矛盾的。美国建国领袖在国体设计之初,之所以确立媒体独立的地位,并赋予媒体对于政府的监督与制衡的权力,恐怕就是为了防止政府有意做坏事,违背民主自由的建国宗旨,尤其是政府与利益集团相互勾结所进行的暗箱操作。

因此,会议新闻事实绝不仅仅是一般的新闻事实形态,它是体现执政系统意识形态理念与政治实践统一性的政治标志物。这种政治标志物是一种执政系统"为谁执政"的合法性皈依。执政者的一言一行通过媒体暴露在公众面前,公众就会将你所说的与你所做的进行政治比较与判断。因此,会议新闻事实的选择,原则上应该体现政治理念与政治实践的统一。这样讲,并不是说媒体要违背事实的真实性原则,采取新闻操纵的办法去美化政治实践以达到欺骗公众的目的。如果确实出现了政治理念与政治实践相违背的情况,媒介则有责任提出批评。

笔者在这里需要特别指出的是,任何政策都是阶段性利益关系的调整,既然是利益调整,就必然会涉及不同利益群体之间的利益益损和增减,不会是各个利益集团利益的均衡分配。为了追求社会的整体利益的动态公平,对于阶段性的利益调整是必需的,任何为民执政的政府都不能允许任何一个利益群体始终获得利益,而让利益受损者始终受到损失。只有进行适时、适度的政策调整,才能实现社会的公平正义,而这种政治实践并不违背人类的公正原则,更不会违背执政信仰。同时,也需要强调的是,执政者不要因为自己的政治实践是合理的就想当然地认为社会公众都能够理解,就不需要进行政治和政策的说明解释。合理的政治实践是一回事,而让公众正确地理解这种政治实践的合理性则是另一回事。政治政策说明解释在任何情况下都是不可或缺的,只有如此,才能让利益受损,或者政策调整暂时没有获得利益的群体心悦诚服。因此,媒介需要搭建一个平台,让执政系统与公众进行顺畅的政治沟通和对话交流,将公众关心的问题说清楚,尤其是对于涉及长远利益,需要暂时牺牲一部分眼前利益的问题更要说清楚,以求得到公众的了解、理解和谅解。

2. 政治事实的模态

(1) 倾向态与棱镜态

政治事实的倾向态是指事实呈现出利害关系的相态,它"涉及人们的利益、政治观点及国家制度问题,人对其的感受表现出不同的态度"[1]。政治事实是客观的,而事实的倾向常常是因为利害性事件对于不同利益主体的不同影响呈现出来。政治集团和利益群体不同,政治事实所揭示的利害关系也不会相同。对于某一利益主体,政策的利益倾向可能是正向的,而对于其他群体可能就是负向的。政治事实的倾向态只有置于现实政治和社会环境中才能显现得更为明确,事实的利害关系也才能更为清晰。记者准确把握政治事实的倾向态,有助于厘清各个利益主体间的利益关系,正确处理和选择新闻事实、建构新闻框架。政治事实的倾向态,反映在会议新闻报道中,其表达的就是政治系统政策调整的核心政治主张与倾向,体现着执政者的执政宗旨。

在会议新闻传播中,记者在把握政治事实的倾向态,呈现政治事实的意态时,只有将事实的客观倾向和记者的主观倾向统一起来,新闻才能传导准确的信息,揭示正确的思想。记者不能背离政治事实的倾向,歪曲或

---

① 刘建明. 当代新闻学原理[M]. 北京:清华大学出版社,2003:72.

者有意改变事实的本来倾向,那样的话,所传递出来的就是虚假的和被扭曲的事实态,这样虚假的事实态一旦传播是十分有害的。会议新闻的事实形态是政治信息,无论是做出的决议决策,还是出台的政策,无论是宣示的政治主张,还是做出的政治表态,无不带有鲜明的倾向,而且这些倾向都是建立在一定的国际和国内社会情境下的,记者只有准确理解和把握社会情境与政治倾向之间的关系,才能正确地选择和传播信息,起到引导舆论、社会动员和推动社会进步的作用。

同时,一个事件常常又包含多种项面,如同一个棱镜,从不同角度观察都会映现出不同的镜像,呈现出不同意义。政治事实的棱镜态是指事实呈现的多项面的镜像和意义。一个政治事实的多个项面构成了完整的事态链,不同的新闻事实的事态和意态是记者从不同角度发现和挖掘的结果。会议新闻事实也是这样,会议出台的政策,从不同的利益主体角度审视,会呈现不同的利益调整指向和不同的利益损益取向,同时,不同的利益主体也会捕捉到不同的利好与预警。新闻记者对于新闻角度的选择,要循着事实的核心意态指向,选择代表事实本质的主要方面,即政策的总体利益指向,而不能舍本逐末,做出曲解和错误的呈现。正如刘建明指出的那样:"记者要服从事实本身的事项结构,从全面的事实得出结论,不能胡乱地抽出部分事实而选取角度,淹没事实中固有的各事项间的联系。"①

(2)关系态与变动态

政治是涉及政治系统与社会系统以及社会系统之间的一系列复杂的互动关系。这些关系是由利益来调节的——权力和资源的分配。利益的分配构成了利益群体之间相互博弈的紧密联系。因此,关系态的政治事实就是指利益主体之间利益博弈状况的客观反映。既然政治是权力和资源的分配,那么利益主体之间的博弈便是一种常态。任何决议决策和政策都是建立在利益主体之间的利益协商与博弈基础上的。因此,会议新闻的传播应该体现这种博弈关系的事实形态。因为,只是公告博弈决策的结果,并不容易使各个利益群体包括损益群体对于决策和政策产生认同。因为利益群体的预期是不同的,获益群体会因为政策可能没有达到诉求预期而产生不满,损益群体如果不能全面了解政策出台的背景,也不会产生对政策的认同。关系态的事实要揭示利益群体之间的关系,及其博弈过程,让社会各个利益群体在信息的交流中,彼此了解各自的立场、主张,以及通过协商所获得的共识——最大公约数,开辟双赢区,从而达到理解与谅解。

---

① 刘建明.当代新闻学原理[M].北京:清华大学出版社,2003:79.

政治过程本身就具有变动性的特点。一项决策或政策由于受一些特殊因素的影响,必须根据形势变化进行必要的调整;一些已经纳入议程的问题,出于一些客观情况的变化,其优先次序也可能发生变化;有些问题由于利益主体持有不同的立场和主张,其磋商的结果很难预料,尤其是在一些比较敏感的国际问题磋商上,有的由于分歧严重,难以达成共识,有的由于斗争激烈,可能还会引发一些政治危机;等等。这样的事实具有明显的不确定性,事实最终的状态也很难把握。然而,变动出新闻,变动态的事实也是最值得关注的事实,传播这样的事实,可以满足公众对于某个时期国际热点问题的信息需求。比如美朝无核化谈判就吸引了世界媒体和国际社会的眼球。

(3)核心态与外围态

任何事实按照其作用于人的价值划分,无不呈现出圈层性,居于中心点的是对人的价值最大,也最直接,符合满足目标受众定向需求的事实,故称其为核心事实。新闻的核心事实是指体现"事实性质、形态具有主导影响的事实"[①],是新闻事实的主干,是与公众利益紧密相关的事实,其居于事实的核心位置。政治事实的核心态决定新闻价值的大小。判断一个事实是否具有新闻价值,主要看核心事实是否具有满足目标受众的定向需求的新闻品相,具有这样的品相,就具有新闻传播价值。外围事实则是环绕在核心事实周围的辅助事实。核心事实与外围事实构成了一个有机的整体,谁也离不开谁,外围事实如果离开了核心事实对核心价值的呈现,那么外围事实的说明、解释也就没有了依归,而核心事实一旦离开外围事实的说明、解释,新闻的呈现就不完整,其意义的揭示就会减弱。

外围事实在建构新闻中可分为诱导态事实、延展态事实、引述态事实,这些外围事实对核心事实起着辅助作用。诱导态事实是具有悬念或意义联想的事实,可以增强新闻的趣味性和示意性,引导受众的注意力投向核心事实。这种将诱导态事实放在核心事实前边,核心事实紧跟其后的方式,就形成了"诱导—核心态"的新闻结构。延展态事实作为核心事实的延伸,对核心事实起到补充、印证、说明和解释的作用。大多数新闻都是采取"核心—延展态"来建构新闻的。引述态事实主要是在新闻建构中,为了说明核心事实而采取援引某些权威人士或者新闻现场见证人的话来印证核心事实的可靠性。引述态事实辅助核心事实建构新闻,一般呈现"核心—引述态"的新闻结构。这种结构方式可以强化核心事实的确凿性,提

---

① 杨保军.新闻事实论[M].北京:新华出版社,2001:30.

高核心事实的可信度。外围事实包括背景事实、关系事实等。核心事实与外围事实共同构建完整的新闻事实形态，为受众提供现实世界变动的真实情况。

（4）完成态与发展态

完成态事实是指那些发生即完成的事实。这样的事实几乎每时每刻都在发生，有些事实具有传播价值，有些事实则会自生自灭。完成态事实具有单一性，关系比较简单，一经发生便完结了其生命过程，不再往前发展。这样的新闻"只要一个简单的报告就可以包揽无遗，找不到它有什么遥远的结果"①。发展型事实，则体现一种连续性，事实的关系比较复杂，意义和影响比较深远。发展型事实一般"经历了相当长的过程，从混沌到成熟，由许多有关环节、阶段组成，前后互相连贯，可能会继续发展下去。这是历史过程中的重要事件，需要多次构建它的每一次报道，突出较多的生活意义，才能最后画上句号"②。会议新闻事实也是如此，有些会议只是就某些问题表明一个态度，或是颁布一项表彰决定，或是任命了一批干部，这些均属于完成态事实，无须连续性报道。而对于一些重大政策、重要决定和重要的政治主张，尤其是对于国际社会涉及国家主权、外交、军事等重大问题的不同场合的讨论和回应，仅靠一次性的传播不可能获得全面的展示，需要随着会议的进程和相关问题的演进进行连续的跟踪报道，直到最终答成共识，出台政策意见为止。有一点需要澄清，那就是会议新闻传播绝不是一次性的传播，其应该根据会议活动的进程和解决问题的进展以及不同阶段所取得的成果进行报道，特别是要根据目标受众定向需求满足的需要，进行分层次、有重点的多次、连续的新闻传播，给受众一个动态、连续和完整的事实信息。

（5）刚性态与柔性态

政治事实的刚性态是指涉及决议决策和政策法规等具有指令性的事实形态，其具有权威性，一经形成便不可变动，没有弹性。它与新闻中的硬事实既有联系，又有区别。说其有联系，是说两者在表达时空概念及事实显性要素上都没有弹性，都有明确的检验标准；而不同在于政治事实的刚性态专指政治活动中所产生的事实形态，其首先具有规约和指导社会运行的毋庸置疑的权威特征。在没有被新闻选择与传播前，原始态的政治事实，是作为一个完整的事实形态存在的——政策文本、决策意见和讲话文本，而进入新闻的刚性态的政治事实则是可传态的新闻事实，即是根据目

---

① ②　刘建明.当代新闻学原理[M].北京:清华大学出版社,2003:67.

标受众定向需求所选择和建构的新闻事实,也就是荆学民所说的,是从政治中"解构"出来的可传播的事实,这些新闻事实对于社会公众的社会决策和行动具有规约和引导价值。而其他硬事实则是所有涉及构成人们正确认识世界、把握事物性状和规律的且能够准确识别、表达和明确检验的客观事实形态,它较政治事实的范围更广。刚性态的政治事实是构成硬新闻的来源,而且刚性态的政治事实也是规约和管理社会健康有序运行的可靠依据。

柔性态事实是指那些"含蓄、模糊、游移不定……难以确定具体时空界限、表达情态和意态的事实"①。会议新闻的柔性态政治事实则是那些带有温度、情感和意义的事实形态,它有助于传播者更好地阐释政治主张和表明政治态度。会议活动中的柔性态政治事实与新闻的软事实具有一致性,即都是指情态事实和意态事实。但是也有区别,其区别在于会议活动中的柔性态政治事实是为了有效地凸显、说明和阐释刚性态的政治事实,其对象是政治共同体内与政治共同体之间的社会成员,而新闻传播中的柔性政治事实则是从会议活动刚性的政治事实中解构出来的"辅助材料",透过情感的力量,对于刚性政治事实起到烘托、渲染和说明作用,其目的是配合刚性政治事实进行有效的政治和社会动员,激发公众的政治热情,获得更广泛的政治政策的社会支持。在新闻传播中的"柔性态软事实表达可以浓缩,也可以适度伸展,还可以进行一定程度的渲染。柔性态事实突出并占有极大比重的新闻称作软新闻,它能给人一种轻松、诙谐或快感,在建构上呈现出生动活泼的风格"②。刘建明认为:"把软事实圆熟地嵌入硬事实中,才能构成一篇栩栩如生的报道,是新闻建构完美的重要标志。"③

对于一件新闻事实来说,具有刚性的硬事实成分总是占据着主导地位,柔性的软事实成分则居于次要地位。"如果没有了前者,一件事实也就不再被称为新闻事实,但没有后者,一件新闻事实虽然仍会保持自己的新闻价值,但是也会给人'干涸、呆板'的印象"④。不过,从受众接受兴趣看,其更青睐于将刚性态事实与柔性态事实融为一体的报道。因此,把握和处理好构成新闻事实的两种成分的关系,是传播者的基本功,也是传播艺术的基本体现。

---

① 刘建明.现代新闻理论[M].北京:民族出版社,1999:85-86.

② 刘建明.当代新闻学原理[M].北京:清华大学出版社,2003:69-70.

③ 刘建明.当代新闻学原理[M].北京:清华大学出版社,2003:71.

④ 杨保军.新闻事实论[M].北京:新华出版社,2001:34.

(三)政治事实与政治信息的关系

1. 事实与信息

事实与信息是一种存在与表征的关系。从这一观点出发来认识事实与信息——事实即信息,信息即事实,是事实与信息关系的本质揭示。

"事实,事情的真实情况,包括事物、事件、事态,即客观存在的一切物体与现象、社会上发生的事情、局势及情况的变异态势。"①而信息则是"事物的存在方式和相互影响反映的运动过程,以及关于这种存在方式与运动过程的陈述"②。童兵关于事实与信息的理论概括,也表达了事实即信息,信息即事实之存在与表征和表征与存在的关系。有的事实可以直接进行信息表征,有的事实只有借助于其自身的特殊符号解码才能进行表征。可以直接表征的事实与人的关系一般比较紧密,而不能直接表征的事实与人的关系一般并不十分紧密。

揭示事实与信息的关系,离不开事实论和信息论的解释。

说事实即信息,是事实论的解释。事实论认为事实是客观的存在,而"表征事实的是它所发送出来的信息"③。也就是说事实可以发送自身信息。任何事实都具有其本身的符号表征功能,也就是说,"信息不是事物的本身,而是由事物发出的消息、指令、数据、信号等中所包含的内容"④,客观事实是通过特殊符号来表征自身的。人们认识客观事实也是通过这种符号来获得事实的形状与意义。因此,事实是信息表征的来源,信息是客观事实的表征形式,事实与信息是统一的。

说信息即事实,则是信息论的解释。信息论认为,信息是事实状态的表征,这种表征是以事实结构、形态与能量为本源的,是客观事实的反映。"信息必须以质料为载体,并凭借一定的能量。尽管信息不能归结为物质系统的质料和能量,但信息不能脱离质料和能量而存在。"⑤同时,"信息以能量与物质为媒介,自由地超越空间与时间进行传播"⑥。而"表征事实的信息是人们直接把握到的东西,事实是'散发'出的信息或人们通过一定手段从事实中获取的信息,是人们认识事实的中介"⑦。任何事物本身都

---

①② 童兵.理论新闻传播学导论[M].北京:中国人民大学出版社,2011:43.

③ 杨保军.新闻本体论[M].北京:中国人民大学出版社,2008:15.

④ 倪波,霍丹.信息传播原理[M].北京:书目文献出版社,1996:4-5.

⑤ 杨保军.新闻本体论[M].北京:中国人民大学出版社,2008:14-15.

⑥ 李文明,吕福玉.信息的本体论意义与传播学价值[J].山西大学学报(哲学社会科学版),2017(1):48-58.

⑦ 杨保军.新闻本体论[M].北京:中国人民大学出版社,2008:15.

是物质、能量和信息的统一体。信息既独立于物质与能量,又依存于物质与能量。信息不是凭空产生的,信息以事实为本源,没有事实就不会有信息,事实与信息通常可以相互认证,通过认证使人们获得事实就是信息,信息即事实的结论。

2. 政治事实与政治信息

政治事实产生于政治主体的政治活动,是人的政治活动的实际状态。政治事实同其他物质事实所不同的是,其本身就是一种信息形态,它无须像其他物质形态的事实,需要人们借助于附着在事体上的特殊符号解码来认知和表征事实。政治事实可以直接进行自身价值、规范与情感的表征。政治事实与政治信息是同一的关系。从事实论角度来认知,其是事实,从信息论的角度来认知,其就是信息。正因为政治事实本身就是一种信息形态,因此,政治事实即政治信息,政治信息即政治事实的关系是不证自明的。政治事实是政治主体政治活动产生的一系列事实形态,这一系列事实通常都是以信息的形态来表征自身的,无论是决议决策和政策意见,还是政治行动者的政治主张和政治态度都是一种信息的表达。从传播的角度来认识,人们接收的上述内容是一种信息,而作为一种政治行动,就不仅仅是一种信息,更主要的则是一种政治事实——政治行为的规范与指导。

3. 会议新闻中的政治事实

会议新闻中的政治事实,虽然来源于政治活动所产生的政治事实,但又不是政治事实的全部,它是从诸多政治事实中解构出来的,即传播者依据一定的价值尺度进行选择的结果。这种选择通常以政治事实本身的价值、新闻传播价值与受众需求价值的统一作为价值尺度的判断标准,尤其是后一种价值,即受众需求价值将决定政治事实的传播价值。会议新闻所传播的政治事实,应该是对于社会公众利益调节和诉求回应具有十分重要的获悉价值和需求价值的表征。除此之外的其他政治信息是否需要传播,则是组织传播,或人际传播以及群体传播应当考量的价值尺度。

第三节　会议新闻及其价值体系的建构认知

会议新闻本体作为一种认知对象,是传受双向共同认知的客体。无论传播者还是受传者对于会议新闻的正确认知都是十分重要的,它不仅涉及传播者如何建构新闻,而且涉及受传者如何接受和理解新闻的问题。只有传受双方在会议新闻概念及其要素和相关规范上有一个共同的认知,才能求得新闻的传通。

一、会议新闻的概念辨析

任何一种政治体制下的媒体,都与执政集团和其他政治集团保持着紧密的联系,都会密切地关注着执政集团和其他政治集团的政治活动,尤其是会议活动。执政系统的会议活动所形成的决议决策和政策将对社会产生重要影响。因此,会议活动就成为所有媒体关注的政治活动的场域,并且成为媒介的主要信息来源和新闻来源。同时,会议新闻传播已经成为执政系统同社会公众联系的重要渠道,会议新闻建构着执政集团同社会公众的关系。因此,会议新闻传播活动其本质上就是政治信息的社会化过程。

会议新闻的概念区别于会议新闻传播活动的概念,它特指新闻本体的理论概括,是对于新闻文本理论的规范揭示。

目前,国内学者对会议新闻本体的定义大体上分为三种:一是信息说。信息说以靖鸣为代表,他认为:"会议新闻是即时获悉受众欲知的有关会议活动的信息。"[1]二是报道说。报道说以余玉为代表,他认为:"会议新闻是关于新近召开的能引起公众兴趣的重要会议以及与会议相关的内容的报道。"[2]三是体裁说。体裁说以黄炜为代表,他认为:"会议新闻是报道会议上发生的或与会议有关的新闻事实的新闻体裁,又称会议消息。"[3]靖鸣从会议活动——信源的角度,余玉则是从会议重要程度的角度,而黄炜主要是从新闻体裁的角度来定义会议新闻的。应当说这些定义从不同角度揭示了会议新闻不同侧面的属性,关注到了"受众欲知"和"公众兴趣"的新闻属性,但是也都有一定的局限性。

靖鸣从"前新闻"即获取会议信息角度来定义,但获取信息是为了传播,而定义中却缺少了传播项,因此,这一定义是不完整的。而报道说,则将会议新闻局限于重要会议上,排除了一些虽然在规格上不那么重要,但是所研究解决的问题却与社会公众有着密切联系的事实,这些会议又是公众十分关注的,如各种听证会、现场办公会和磋商会等。事实上,媒体也不可能将这些能够引起社会普遍关注的会议新闻排除掉。余玉定义中的会议新闻是"报道"的阐述,也值得商榷,因为"'报道'是记者和媒体行为,不是新闻的'定义项',不能把它作为界定新闻的'属差'。报道与否不能决

---

① 靖鸣.会议新闻学[M].北京:中国传媒大学出版社,2007:69.

② 余玉.如何优化电视会议新闻报道[J].新闻知识,2008(1):81-82.

③ 黄炜.新闻采访与写作[M].上海:上海大学出版社,2005:325.

定事实是不是新闻。新闻存在于客观世界中,记者的报道只是扩大了它的传播范围,并不能决定它的性质,更不能决定它的存在。不管媒体报道与否,新闻的属性没有改变,能够改变的只是知道它的人数"①。其实不管记者和媒体是否报道,在"人人都是麦克风"的自媒体时代,只要有人通过微博、微信将会议上发生的新闻事实发布出去,新闻传播就算完成了。而"体裁"是新闻的分类项,不是概念的定义项。

本书认为,会议新闻是满足目标受众定向需求政治信息的即时陈述。这一定义有三层含义:①会议新闻是与公众利益具有关联性的政治信息,是以满足目标受众定向需求为核心的,这种政治信息能够给公众带来有用、有益的效应。这种关联和效应越直接、越紧密则越有传播价值。②这些政治信息必须是对社会公众而不是对记者和媒体把关人,更不是对会议组织者以及会议活动的目标受众的知悉意义,否则,再新的事实也不能成为新闻。如果新闻只是对会议名称和会议程序的简单复述,没有与社会公众有任何关联的信息传播,那么这只能算作是标准的会议信息公告,而不是新闻。③会议的新闻事实必须要即时陈述,这是新闻的属性所在。新闻事实只有在时间上离它的发生最近,甚至没有间隙——一经发生就被报道,才有浓烈的新闻味,尤其是在移动客户端等新媒体成为新闻即时传播渠道的今天,新闻的易碎性将更为突出。而任何具有以上属性的新闻事实仅仅是事实而已,只有他们被选择记录并传播出去才是新闻,"因此新闻是记者头脑反映的产物,而不是事实本身,这种反映一般要用陈述的方式"②。

二、构成会议新闻价值体系的三重认知

对于新闻价值认知,无论是新闻界,还是学术界一直都没有突破事实的新闻职业认知价值判断,即事实的新闻价值是传播者按照新闻职业认知标准来衡量确认的。除此之外,再没有其他认知主体的价值认知存在。因此,在新闻价值的认知过程中基本没有受传者的影子,也就是说受传者的价值认知是可有可无的。但是,这种认识却忽略了这样一个事实:任何新闻都是以受众为传播对象的,都是要由受众来检验和评价的,受众如果并不认同传播者的新闻价值认知,那么无论传播者认为其价值有多大,在受传者那里都是没有任何意义的。

---

① 刘建明. 当代新闻学原理[M]. 北京:清华大学出版社,2003:52.

② 刘建明. 当代新闻学原理[M]. 北京:清华大学出版社,2003:54.

本书认为,新闻价值是由客观事实的新闻价值、记者的职业认知价值和受众的需求价值三重价值的协调统一决定的,而且受众的需求价值具有决定性意义。

事实的新闻价值是指事实的新闻性,即有别于一般事实的重要性、新鲜性、趣味性、异常性等能够引起受众注意的品质。事实的新闻价值属性决定事实能否进入记者的选择视域,但是,进入视域的事实并不一定会成为新闻文本所传播的新闻事实。从一般意义上讲,决定新闻事实能否被传播,是由记者的职业认知标准决定的。如果新闻事实与记者的职业认知标准相一致,那么选择传播的概率就会加大,反之就会减少。记者的职业认知价值是指符合新闻职业规范的新闻价值判断。不同体制下的媒体,其职业认知标准是不尽相同的。美国媒体事实的新闻价值选择,永远是冲突和反常,即"人咬狗才是新闻",其他事实,无论其对于社会公众的知情和社会秩序的维护来说有多么重要,一律上不了媒体的版面和时段,因此说,不同的媒介职业规范在指导着记者的事实价值选择。受众的需求价值是指满足公众定向需求的价值属性,即给公众带来某种效用和效应的价值。在公众的需求中,定向需求是其内在的核心需求,是不受其他因素干扰的"锚定"器,而受众的需求价值又决定事实的新闻价值和记者的职业认知价值,因为任何新闻都是为受众生产的,而受众不需要的任何新闻信息都将是无效传播。

事实是客观存在,而构成新闻的事实,则是由该事实对于公众和社会的影响程度以及公众和社会对该事实的需求程度决定的。也就是说,记者对新闻事实的观察角度、观察深度决定新闻事实价值所体现的价值程度,但无论新闻事实的价值元素有多少,记者观察挖掘得有多深,如果这些事实是公众所不需要的,那么新闻价值的链条就会发生断裂,当然也就无价值可言。归根结底,新闻价值是由受众的需求价值决定的。

作为传者的记者在新闻事实与受传者之间构筑的是一种联系的桥梁,这种桥梁是搭建在受传者心理上的,是其内在需求的传通与满足,也就是说,新闻事实的价值能否在受传者那里构建起一种关联,是新闻事实实现其价值的关键一环,有了这种关联,新闻的价值就得到了体现。

综上所述,一个具有传播价值的新闻事实,应当是三种价值和谐的统一体。在这三种价值中,受众的需求价值将决定前两种价值的实现,对于任何不喜欢、不需要的新闻传播,受众是不会关注的,更不用说接收了,而没有被接收的新闻其价值也就无从谈起了。

三、会议新闻传播价值的选择取向

会议新闻的价值也应该是新闻价值和公众需求价值的统一。会议新闻能否引起社会公众的注意,取决于新闻对于公众效用价值满足的大小。只有那些具备给受传者带来某种效应,并能产生一定依赖品质的新闻才有价值。会议新闻价值是主观与客观的统一,新闻价值的大小,是客观事物本身的价值、记者的观察判断选择与公众定向需求价值的统一。

会议新闻是由新闻事实、传播者、新闻文本、受传者定向需求满足所构成的价值链条,缺少了哪一环都无法产生应有的价值。

会议新闻价值,应是那些能够给公众的政治、经济、文化、社会决策和行为带来某种效应的事实价值的心理表征。因此,记者的价值选择上一般体现重要性、获益性、接近性、异常性、宣示性和激励性。

(一)重要性——会议新闻传播的影响值

重要性是构成会议新闻传播价值的最重要的因素,是客观事实中具有对社会和公众形成较大影响的品质。

关系国家前途、民族命运的重大决议决策,在某一领域具有重大影响的政策,都会引起社会的普遍关注。重要性的衡量标准就是其影响值的大小。

影响值包括三个方面:一是事实影响人数的多寡。某一事实影响的人越多,说明其影响值越大,反之,影响值就越小。洛德认为:"报纸最大的影响作用不是劝说能独立思考的人如何行动。它的影响力施加于巨大的人口数量。"[1]而且"凡同多数人利害相关,为多数人所关注的事实,被认为有社会意义,也就有重要性"[2]。门彻也认为:"记者谈论显著的、重要的事件。他们讨论在他们的报道中给予人们需要知道的情况以优先位置。事件影响的人越多,新闻最大。"[3]影响目标人口的规模与满足公众的定向需求二者之间不是矛盾的,正因为决议决策和政策影响的目标受众规模巨大,因此满足其定向需求的新闻价值才更大。二是事实对公众和社会影响时间的长短。某一事实对公众和社会影响的时间越长,其影响值就越大,反之,则影响值越小。比如,十一届三中全会做出改革开放的重大决策,可

---

[1]　LORD C S. The young man and journalism [M]. New York: The Macmillan company,2010: 146.

[2]　童兵.理论新闻传播学导论[M].北京:中国人民大学出版社,2000:51.

[3]　门彻.新闻报道与写作[M].展江,译.北京:世界图书出版公司,2014:67.

以说其影响至今仍然具有强大生命力。三是事实影响的空间范围的大小。某一事实影响的空间和范围越大,其影响值就越大,反之,其影响值就越小。有些事实影响的空间范围遍及全球,有些事实则影响世界某一区域,有些则在国内或者国内的某一领域产生影响。毫无疑问,事实影响的范围越广,空间越大,其事实的重要程度也越大。比如,G20 杭州峰会,习近平就全球经济治理开出中国药方,受到世界各国的重视,其影响已经超出 G20 会议本身。四是事实与公众利益关联程度的大小。某一事实与公众的切身利益关联越直接、关系越密切,其影响值就越大,反之,影响值则越小。正如杨保军所说:"一件事实、一种现象的影响力,即时间的长度、空间范围、深刻程度等,取决于它与人们的利益关系大小。"①比如,2006 年国家决定全面免除农业税的重大决策,不仅是中国几千年之未见之举,更是让 8 亿中国农民普遍受益的惠民之策,这一政策受到全国亿万农民的热烈欢迎。

会议新闻重要性和影响值的大小,并不取决于会议的规模和规格,虽然会议规格和规模,体现了政治系统对于会议的重视程度,但是,如果会议没有形成具有深远影响力的决议决策和重大的政策输出,那么会议的影响力也不会很大。会议的重要性取决于会议的决议、决策和政策主张对于时代、社会和公众的影响力,而且,这些决议决策是否得到了广大人民群众的拥护,是否有力地推动了社会进步,是否有效地回应了时代提出的重大课题和公众提出的重大利益关切,并且在解决这些关涉时代发展和公众利益的重大问题上形成了共识,是否正确地引领了国家和社会的发展方向,有力地引导了人们的思想和观念的改变,是否有效地协调和解决了国际国内存在的重大问题,并且形成了防范和解决类似问题再次发生的国际规则和共识,等等。凡是重要的会议都具有重大的新闻价值。

(二)获益性——会议新闻传播的效用值

获益性,即对受众的有用性。获益性是现代新闻价值的核心。雷特认为,新闻价值是一种功用,具有新闻价值的事件是那种影响或改变社会、经济、政治、物质或其他关系的事件。会议新闻的获益性是指人们通过会议新闻传播的信息,获得了对他们的生活、生存、发展某种有用、有益、有效的信息。会议的决议决策和政策信息,是公众社会生活的行动指南。会议新闻传播这些信息对于公众的生活、生存和发展无疑是"有用"的,其不仅可

---

① 杨保军. 新闻活动论[M]. 北京:中国人民大学出版社,2006:181.

以消除不确定性带来的困扰,而且还可以对其政治、经济、社会决策和行为选择给予指引。会议新闻的获益性衡量的标准是传播的信息对于公众效用值的大小。新闻事实对于公众定向需求的获益性越准确、越直接,满足的程度越高,其效用值就越大,反之,效用值就越小。郑保卫认为:"人们需要新闻传播的最基本的出发点,就在于希望所获得的新闻信息对自己的生存和发展能带来某些利益和好处。可以说,在受众所接受的新闻信息中,能够满足其生存与发展的各种利益需要的内容占有重要位置。换言之,那些与受众的生存与发展的利益需要紧密相关的新闻信息往往是最受受众欢迎的。"①正如李希光等所说:"每年的'两会'报道,如果仅仅从会议形式看,可能不会引起广大读者的兴趣。如果记者在报道这些政治会议的时候把会议讲话和讨论的内容与公众的具体利益联系起来,广大读者就会对这样的会议产生兴趣。在卫星电视、有线电视、网络媒体、厚报及博客丛生的时代,新闻报道更需要坚持利益性原理,通过利益扩大甚至发生关联,引起受众兴趣,或者通过改变框架、报道角度改变新闻的兴趣点和利益点。"②应当说,获益性在全媒体信息过盛时代,是任何媒体获取公众注意力、引发公众兴趣的重要传播原则。

(三)接近性——会议新闻传播的关联值

受众接受新闻的心理决定会议新闻的传播效果。公众喜欢那些自己感兴趣的且与自身利益密切关联的新闻,这也是媒体要生产与公众接近性、关联性强的会议新闻的内在要求。新闻传播实践中常常表现出这样的境况,即当地的受众未必在意一些发生在身边的事情,而对于发生在国家层面的事情,却给予了高度的关注。比如,每年召开的全国"两会"、中央政治局会议和国务院常务会议,这些会议在物理空间上与公众较远,公众之所以关注,主要是因为这些会议的决议决策和出台的政策将影响其生活、生存和发展,因此与其心理距离较近,特别是与其生活、生存和发展密切相关。新闻信息与受众的心理接近度越高,其关联值就会越大,同样,新闻与受众的关联越直接,其接近度也就越高。判断新闻与受众的接近度的高低和关联值的大小取决于会议新闻呈现的决议、决策和政策信息对于公众利益影响的程度,影响得越直接越明确,越具体越深远,那么公众的思想、观念、行动改变的可能性就会越大。

---

① 郑保卫.当代新闻理论[M].北京:新华出版社,2003:102.

② 李希光,孙静惟,王晶.新闻采访写作教程[M].北京:清华大学出版社,2011:40.

新闻能否被公众关注和接收一般取决于新闻事实的关联和公众定向需求的满足。新闻事实的选择与公众的切身利益密切相关,在公众与事实之间构建了一定程度的关联,在其心理上便产生了某种接近性,媒介如果选择并传播了,那么受众就会投入注意力资源,产生新闻学习和理解的动力。这种关联和接近不仅指会议新闻传播的决议决策和政策信息的关联,而且还包括那些对公众关切问题的回应。这表明,虽然新闻接近度由地理和心理两个维度构建,但是在会议新闻传播中,心理维度的接近将决定公众的新闻接收。道理很简单,一条与自己一点关系没有的新闻,人们不会关注它,更不用说受其影响了,尤其是在信息爆炸、人们的注意力资源短缺的时代更是如此。

在新闻信息的轰炸面前,人的内心始终有一个声音在提醒着:这个新闻是我需要的吗? 这些事与我有关系吗? 我对这件事感兴趣吗? 正是因为人的选择性关注、选择性接收和选择性理解的新闻接收心理,才使受众免受各种新闻信息轰炸之苦,同时,也在提醒媒介在会议新闻信息选择上,要清楚这些信息是“谁”需要的,是否满足了目标受众的定向需求。只要与其利益构建了一种关联,那么人们就自然会给予充分的注意,否则即使每天都传播召开在身边的会议,但与其利益毫无关联,或关联不大,那么人们照样不会给予关注。正如塔奇曼所说:“有关联的信息通过专业的合法化的手段聚集在一起,具体说明知悉的是什么以及怎么知悉的。在新闻里,事实的证明即是政治诉求的实现,又是专业技术的体现。”①塔奇曼这里说的是关联性信息的建构过程和传播问题,对于媒介搞好会议新闻报道是有借鉴意义的。

(四)异常性———会议新闻传播的趣味值

异常性又称“反常性”,这里是指明显偏离会议议程和正常秩序的事件。非同凡响的事情往往能吸引人们注意,凡是有新闻价值的事件都包含着异乎寻常的品质。会议活动中异常的新闻事件的报道,可以让公众对会议活动所发生的情况有一个全面的了解。如前马来西亚总理马哈蒂尔在一次重要会议上痛哭流涕,突然宣布辞职,在国内外引起了不小的震动。此外,在联合国的一些会议上,由于与会者政见不合,对会议讨论的问题存在严重分歧,常常看到当事国代表集体退场,以示抗议,这一行动表达了不同政见者和利益群体的政治倾向。西方记者多关注这方面的报道,报道数量较多,国内则很少见。

---

① 转引自刘建明. 现代西方新闻理论[M]. 北京:中国人民大学出版社,2015:103 – 104.

（五）宣示性——会议新闻传播的倾向值

新闻作为一种有明确目的性的传播活动，无不带有意识形态的倾向性。正如马克思和恩格斯在论述新闻客观性和真实性时所指出的那样，新闻报道总是有倾向性的，"倾向性是一种必要的、一般新闻都会有的新闻的属性"①。会议新闻的倾向性则更为鲜明，其倾向性一般是由宣示性信息来体现的。会议新闻作为政治信息传播的主要途径，政治行动者常常利用公开的会议场合针对国际舆论和国内公众诉求宣示政治主张、表明政治态度，并通过大众媒介及时传播来回应和引导社会舆论。正如麦克奈尔所说："政治行动者必须通过媒体向目标受众传递信息。不管是政治纲领，政策综述，竞选呼吁，还是压力集团的活动或者恐怖主义行为，如果没有经过媒体报道并且为受众所接收，那么就没有任何政治意义，更不要说产生有效的政治交流了。"②

新闻的宣示性价值是由宣示性信息呈现的倾向值的大小来衡量的。宣示性信息回应公众关切问题的态度越明确、主张越鲜明，其倾向值就越大，反之，则越小。当然，会议新闻的宣示性不是指记者走上前台发表议论，而是借助政治行动者的政治主张、政治观点、政治态度来呈现的。会议新闻的宣示性价值一般体现在回应国际社会舆论及国内公众诉求上。比如，在邓小平同志100周年诞辰纪念大会上，针对陈水扁等"台独"分裂势力的"台独"活动，时任国家主席胡锦涛鲜明地表达了中国政府的态度："我们愿以最大的诚意、尽最大的努力争取和平统一的前景，但我们也完全有决心、有能力粉碎任何把台湾从中国分割出去的图谋。"③为了缓解国际社会对中国崛起日益加深的担忧，习近平在2013年1月中共中央政治局集体学习发表讲话时明确表示："中国的发展绝不以牺牲别国利益为代价，我们绝不做损人利己、以邻为壑的事情。"④同时，针对日本等周边国家挑起钓鱼岛等岛屿事端，威胁国家领土安全时，习近平在讲话中也鲜明地表达了中国政府的立场："我们要坚持走和平发展的道路，但决不能放弃我们的正当权益，决不能牺牲国家的核心利益。任何外国不要指望我们会拿自己的核心利益做交易，不要指望我们会吞下损害我国主权、安全、发展利益

①　转引自：童兵. 马克思主义新闻思想史稿[M]. 北京：中国人民大学出版社,1989：205.

②　麦克奈尔. 政治传播引论[M]. 殷祺,译. 北京：新华出版社,2005：11.

③　胡锦涛在邓小平同志诞辰100周年纪念大会上的讲话[EB/OL]. [2020 – 03 – 04]. http：//cpc. people. com. cn/n/2013/0819/c69709 – 22616249. html.

④　习近平的全球治理观[EB/OL]. [2015 – 10 – 15]. http：//www. xinhuanet. com/politics/2015 – 10/15/c_128320863. htm.

的苦果。"①习近平在纪念孙中山先生150周年诞辰大会上发表讲话,针对台湾当局试图搞柔性"台独"、法理"台独",以及一些"港独"势力的分裂活动发出郑重警告:"我们绝不允许任何人、任何组织、任何政党、在任何时候、以任何形式、把任何一块中国领土从中国分裂出去!"②可以说,以上国家领导人的政治宣示,不仅阐明了中国政府的严正立场,而且也有力地回击了国际社会一些别有用心国家的政治图谋。

(六)激励性——会议新闻传播的动力值

激励性属于新闻的情感和教育价值。检验新闻激励性的价值,是由受传者接受激励性信息产生共鸣的动力值大小来衡量的。一个演讲会和事迹报告会的报道如果能够选择引起公众情感共鸣的思想、观念和事实,就会产生一定的激励性。引起共鸣、产生激励的影响越大,其精神的动力值就越大,反之,则越小。这种新闻产生的情感激励,意味着人们的情感认同得到满足,尤其是政治行动者的情感表达在社会公众那里产生了某种情感激励和共鸣,这种共鸣可以产生政治认同,并且转化为对于政治系统的支持。比如,习近平提出"人民对美好生活的向往,就是我们的奋斗目标"③,这不仅宣示了为人民执政的初心和宗旨,而且也道出了人民的心声,作为一种朴实而强大情感表达不仅激励了所有共产党人,而且也契合了全国人民的情感。精神生活的特点表明,在这个领域中,思想规范的报道和受传者的精神需要之间保持着健康引导的关系是十分重要的。新闻经常提供情感激励和精神养料,人们的文化、精神和道德面貌就会不断得到改善和提高。

第四节　目标受众与定向需求的认知

传统大众媒体与新媒体传播最本质的区别在于由泛众化走向分众化,由大众的泛在需求向目标受众的定向需求的根本转变。这种转变是一种客观现实,不以传者的主观意志为转移,会议新闻有效传通的前提是要弄

---

① 习近平:更好统筹国内国际两个大局 夯实走和平发展道路的基础[EB/OL].[2013 – 01 – 29]. http://jhsjk.people.cn/article/20361380.

② 习近平:坚持"一国两制",推进祖国统一[EB/OL].[2017 – 11 – 08]. http://jhsjk.people.cn/article/29635040.

③ 习近平等十八届中共中央政治局常委同中外记者见面[EB/OL].[2012 – 11 – 15]. http://www.xinhuanet.com/18cpcnc/2012 – 11/15/c_113697411.htm.

清目标受众与定向需求及其相互之间的关系。

一、目标受众

（一）目标受众的概念释义

关于目标受众,目前传播学界还没有统一系统的理论研究和概括。营销学最先提出目标市场①和目标受众的概念。科特勒在《营销管理》一书中提出目标市场的概念,在其另一本著作《社会营销——如何改变目标人群的行为》中正式提出目标受众的概念,科特勒将目标受众定义为:"公司决定提供服务的一群拥有相同需要和特征的购买者。"②政治营销学也讲求市场区隔和目标锁定,其目的是通过市场区隔,将一个市场分为不同的和有意义的购买群体,以获得特定群体的政治支持③。新闻传播学最早提出"目标公众"和"目标受众"概念的是约斯特和麦奎尔。约斯特在其《新闻学原理》一书中提出了"目标公众"的概念,他认为:报纸在选择和判断新闻时,"一般情况下,它应该仅仅建立在新闻价值的概念之上,特别是报纸所服务的目标公众的价值上。编辑不仅要考虑公众对于新闻的比较兴趣,而且要特别考虑所服务的地方和选区的读者的兴趣和口味"④。约斯特在这里并没有具体论述目标公众的含义,但是他把新闻价值与报纸服务的目标公众的价值统一起来作为新闻选择和传播的依据,还是具有参考价值的。麦奎尔在其《受众分析》一书中,正式提出"目标受众"的概念,他认为,"各种大众媒介不同的到达率和影响力,不仅是理论界关心的问题,更是传播策划——尤其是在广告运动、政治选举、信息终端竞争中必须考虑的问题。大部分这类运动都有明确的'目标群体',如选民、消费者等,这些人便成为某一项运动力图到达的受众。于是,在我们的受众目录上,又增加了一个新概念——目标受众"⑤。可以确定的是,麦奎尔的研究受到了政治营销学的影响。遗憾的是他并没有具体论述目标受众的含义,他将广告运动、政治选举、信息终端竞争的"目标群体"等解释为"目标受众"。

因此,何为目标受众? 新闻传播学界目前对此仍然没有一个明确的定义。本书认为,事实及其价值对于新闻认知是重要的,这一点新闻界和学

① 科特勒,凯勒.营销管理[M].董伊人,金钰,译.上海:上海人民出版社,2016:10.

② 李,科特勒.社会营销——如何改变目标人群的行为[M].俞利军,译.上海:上海人民出版社,2018:136.

③ 赵可金,孙鸿.政治营销学导论[M].上海:复旦大学出版社,2008:102－103.

④ 约斯特.新闻学原理[M].王海,译.北京:中国传媒大学出版社,2013:49.

⑤ 麦奎尔.受众分析[M].北京:中国人民大学出版社,2006:64.

术界都没有异议。但是,事实的新闻价值不是笼统的,而是针对具体的传播对象而言的,离开了具体的传播对象,任何事实的价值都将不复存在。同时,任何事实的价值都是相对的,既没有恒长的时间属性,也没有无垠的空间属性,更没有无限传播的对象属性。新闻只对其感兴趣和需要的那部分受众有价值。根据新闻对于受众影响的层次,可以分为目标受众、外围受众和边缘受众。目标受众居于核心位置,是传播者首先要满足和影响的对象。用一句通俗的话,目标受众就是射击所瞄准的靶心。外围受众和边缘受众不是他们要影响和满足的重点,外围受众可能接收信息,也可能不接收信息,而边缘受众基本不会注意这些信息。

那么,从新闻传播学的角度来定义目标受众,其就是指传播者依据事实核心价值判断和选择所要满足定向需求的目标群体。这一定义有三层含义:

一是目标受众是传播者判断和选择的结果。传播者在获得新闻事实时,必须首先对事实的传播对象做出判断,这一事实是"谁"需要的,将对"谁"产生影响。因为"需要是人类发展的内在动力","人的一切活动的根本动机是为了满足自己的各种需要,人类的一切活动都是围绕如何满足自己的需要进行的"①。会议新闻传播,其核心也是在于满足目标受众对于政治和政策信息的需要,从而调整其政治、经济、社会活动的决策和行为。

二是选择的依据是事实所呈现出来的核心价值定位。我国价值哲学研究学者王玉樑认为:"价值是客体对主体的效应,主要是对主体的发展和完善的效应。客体对主体的效应主要包括对主体生存、发展、完善的效应。"②客体对主体生存的效应是价值的初级本质,客体对社会主体的发展和完善效应是价值较深层次的本质,也是评价客体价值的最高标准③。运用价值层次理论来分析新闻事实与目标受众的价值需求,具有一定的揭示意义。任何事实都体现着价值的层次性,有外层价值、内层价值和核心价值。外层价值是信息的表层价值,这种表层价值只给人们以新闻信息一般元素所具有的价值,它只能证明"发生了什么",但是事件(事实)如何发生的,如何定义这一新闻事件(事实),新闻事件与谁(目标受众)有关,将产生什么影响,影响到什么程度,这些才是人们所需要的内层价值和核心价值。内层价值较外层价值具有相对高的价值等级,而核心价值则是价值的

① 杨保军.新闻价值论[M].刘燕南,等译.北京:中国人民大学出版社,2003:3.

② 王玉樑.价值哲学新探[M].西安:陕西人民教育出版社,1993:158.

③ 王玉樑.客体主体化与价值的哲学本质[J].哲学研究,1992(7):16-24,52.

最高层次,是满足目标受众的定向需求的价值所在,其具有不可替代性和必需性的品质。换言之,核心价值所揭示的是事实对于目标受众的有用性和获益性,是目标受众"发展"和"完善"价值效应的最高标准。从哲学的范畴讲,价值产生于主客体的关系中,"它指的是客体的存在、作用以及它们的变化对于一定主体需要及其发展的某种适合、接近或一致"[①]。无论作为传播主体对于事实核心价值的认知,还是透过事实的核心价值,对于目标受众的认知,都是传播主体依据事实的核心价值对于传播客体的满足所实施的影响。而相对于新闻这一客体来讲,接收者则是主体,主体通过事实的接收以期达到"某种适合、接近或一致"来满足自己的某种需求。因此,记者在选择和挖掘事实价值时,要从目标受众定向需求的角度,剥开事实的表层价值外壳,找到其核心价值。

三是事实的核心价值必须具备满足和影响目标受众定向需求的价值属性,也就是说事实的核心价值与目标受众的定向需求必须统一,如果事实价值与目标受众的定向需求不统一,那么事实的价值就难以成立。

目标受众与信息需求价值关系见图1-1。

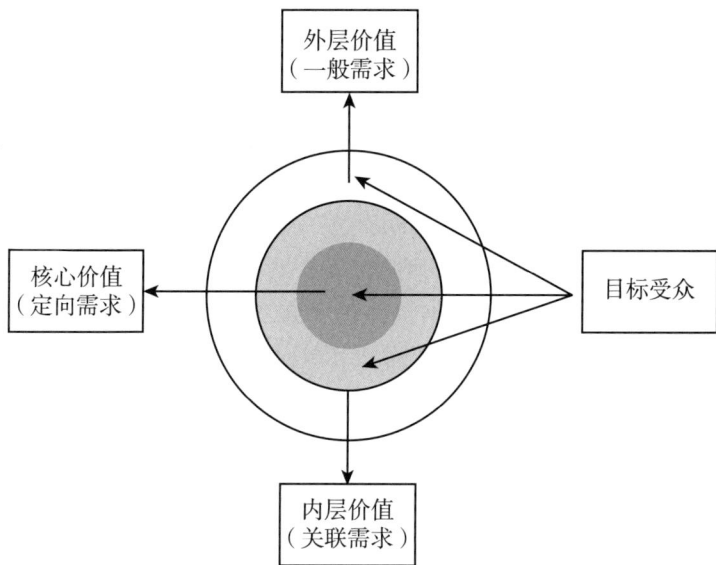

图1-1　目标受众与信息价值需求关系

① 丰子义,孙承叔,王东.主体论——新时代新体制呼唤新人学[M].北京:北京大学出版社,1994:33.

目标受众的选择需要采取焦点透视的方法,深入发现和挖掘新闻事实的重要性、关联性、接近性价值要素的核心价值指向,找到这些指向所聚焦的对象群体,发现目标对象的定向需求所在,选择满足定向需求的信息进行传播,满足需求越直接,核心目标越明确,那么目标受众关注、接收、理解、改变的可能性就越大,引起共鸣、形成舆论的可能性也会增大。

(二)目标受众认知的价值

使用与满足理论认为,受众选择和使用信息的原则是信息是否能帮助解决其感知的问题。任何一篇新闻都不可能解决所有人所感知的问题,因此自然不会引起所有人的注意,更不会影响和改变所有人,其只能满足或者引起需要它的那部分人的注意。传统新闻理论告诉我们,新闻要一事一报,也就是说无论是属于哪种的"一事",都不可能是所有人所关注的,其都有一个受众群体的需求范围。新闻传播规律也表明,一条新闻能否引起人们的注意,很重要的是能否满足目标受众的定向需求。新闻选择理论同样告诉我们,受众面对扑面而来的大量新闻信息,常常采取选择性的策略,即选择性注意、选择性接收、选择性理解、选择性接受、选择性记忆的策略来处理信息,信息接收者只对他们感兴趣、与他们利益相关、满足他们某一方面需求的信息给予关注、接收、理解和接受。

目标受众认知的核心价值在于揭示受众信息需求与传者信息供给相适配的规律。传播实践证明:任何信息都不具有恒长的时间属性,也不具有无垠的空间属性,更不具有无所不包的对象属性。媒介使用是一种理性的、目的明确的活动。信息只对特定时空中的特定需求者才有意义。这也启示传播者:面对一个新闻事实时,首先要考虑这些事实是"谁"需要的,"谁"将对其产生兴趣,然后根据目标受众群体特点,采取与其相适应的叙事框架和新闻组构方式来建构新闻。只有如此,才能锚定目标受众的注意力。对"谁"说,其实是对目标受众群体的选择,只有目标受众锚定下来,其他新闻环节才可以顺利展开。虽然会议新闻受众属性是社会公众,而社会公众也是根据其职业特点、社会分工、教育程度和利益主张等划分为不同的群体,因此,就具体的会议新闻传播而言,无论是传播会议形成的决议决策,还是政策信息,乃至领导人的政治主张、政治态度都应该是针对某一目标群体的传播,不然会议新闻的政治动员、政治说服、政治沟通功能就将难以体现。因此,根据会议活动的事实,准确锚定会议新闻的目标受众,对于实现会议新闻的政治传通是十分重要的。

会议新闻传播有一般受众和目标受众之分。一般受众是我们通常所说的泛在的大众,他们对于媒体所传播的信息可以关注,也可以不关注,新闻可能是他们需要的,也可能是不需要的。而目标受众则不然,是新闻所要直接满足和影响的对象。受众信息需求与传者信息供给规律,其实就是需求与满足相适配的规律。会议新闻信息满足了目标受众的需求,那么会议新闻的传播效果就会得到体现。任何偏离受众需求的信息传播,即便传播者付出多大努力,都不会引起受众的关注。而任何没有进入受众感知区域,引起信息关注的新闻传播,是不会产生任何社会影响的。目标受众的信息需求既是由会议活动的政治信息决定的,也是由公众诉求输入与政治输出相契合的关系决定的。目标受众的确定,可以解决信息同质化、受传者同众化、传受关系同距化问题。泛在的大众传播与精准目标的信息投放,正是政治宣传与政治营销的区别所在。

会议新闻目标受众对于会议信息的关注、理解,也是依据环境和自身需求来选择的。只有传播内容与目标受众需求相契合,才能达到传播的目的,不然就会出现风马牛不相及的传播尴尬。正如拉斯韦尔所说:"传播过程的有效性由促成合理判断的程度来决定。合理的判断达成有价值的目标。在动物社会里,凡是有助于生存的或者有助于满足群体某一方面需求的传播,都是有效的传播。"①新闻传播的目的是使"生命体维持内部的平衡"②。拉斯韦尔在分析生物界对于环境刺激与反应来揭示受众接收信息的目的时说:"任何生命体都用特化的方式从环境接受刺激,相对独立也好,与其他生命体关系密切也好,无一例外,任何生命体都要维持内部的平衡,都要以特定的方式回应环境的变化以维持内平衡。回应的过程需要特化的方式,以便使生命体的各部分协调行动。"③受众从媒介接收新闻信息,目的是求得从环境接受刺激,回应环境变化,维持内部平衡,使自己的思想、观念和行为能够与社会环境相协调,以适应环境变化的需要。受众从媒体获取会议新闻信息,也是为了观察国际国内的政治和社会气候变化,了解国家的方针政策,以适应和调整自己的社会行为。

会议新闻是社会情境、政治集团、媒体、受众等复杂关系互动协调平衡的过程。社会情境决定政府的决策,政府决策决定记者和媒体传播内容的选择,传播内容决定受众的受传行为,反过来受众又决定记者和媒体的事实选择、叙事框架和话语考量。同时,作为公众的受众又是社会情境的反

---

① 拉斯韦尔.社会传播的结构与功能[M].何道宽,译.北京:中国传媒大学出版社,2012:50.

②③ 拉斯韦尔.社会传播的结构与功能[M].何道宽,译.北京:中国传媒大学出版社,2012:38.

映者、利益诉求的输出者,政府决策的受施者和评价者,因此,受众应针对政府决策输入其利益诉求,同时根据自身利益和认知对于决议决策和政策安排给以正向(拥护和支持)或负向(抵制和反对)的反馈。正如拉斯韦尔所说:"当一个人企盼他想要的东西能影响公共政策时,他就从注意力集合体的成员过渡到了公众成员。"①虽然,受众在整个传播过程中并不是被动和中弹即倒的,但是在传播中实现目标受众定向需求的准确把握和传播内容选择的契合,对于引起目标受众对传播信息的关注、接收、理解和行动却是至关重要的。

(三)目标受众的选择

"对谁说"是由传播者"合理判断的程度来决定"的。长期以来,在我国的媒体上,会议新闻传播目标受者定位不清的问题始终没有解决好。传播实践证明:搞不清对谁说、不对谁说、应对谁说、不应对谁说,就会出现传与受的脱节,就不会有好的传播效果。

"对谁说"的确定,首先涉及会议新闻内容和传播话语、新闻框架的选择。一些媒体由于会议新闻传播目标受众模糊,造成会议新闻信息选择上的错位和叙事框架的模板化。各级主流媒体的信息选择基本上都是针对政府执行部门的工作部署和工作要求的内容,新闻框架选择也基本是会议名称 + 会议程序 + 领导讲话提纲。似乎会议新闻是写给会议信息发布者或与会者的,生怕缺了这些内容会让会议信息发布者和与会者提出质疑。而会议决议决策了什么,通过了什么,解决了什么问题,出台了什么政策,决议决策和政策对哪些人将产生影响,等等,这些对会议新闻目标受众有用的信息似乎可有可无。这样,一方面作为与会者会议传播的信息通过媒体再传播,对其来讲是无效信息,而对于决议决策和政策的受施者,即目标公众而言,又是无用信息。除了让社会公众知道开了什么会议、谁讲了话以外,再无可知和有用的信息。

会议活动信息的传播渠道主要有四种:会场传播、会场与媒体的同步传播、媒体传播、人际传播。会场传播的主体受众是与会者,而会场和媒体传播的主体受众则是与会者和社会公众,媒体传播的主体受众是目标公众,而人际传播的主体受众则是传者面对的所要影响的人。

每一种传播形式和传播渠道所传播的对象、内容和形式是不同的。

会场传播的是会议信息发布者发布的完整信息,与会者对信息的接

① 拉斯韦尔.社会传播的结构与功能[M].何道宽,译.北京:中国传媒大学出版社,2012:56.

收,理论上讲应是全息性的(实际情况对于有的人可能相反),也就是说是完整接收的,有时还是传受互动的(一些决策性会议)。与会者要获悉的是需要执行和落实的工作部署、工作要求,以及要达到的工作标准。

会场和媒体的同步传播则是采用直播(广播、电视、网络、移动媒体)的形式,对会议进行全程传播,与会者和社会公众对信息的接收可能是全息性的,也可能是选息性的。也就是说,虽然传者信息发布和传播渠道是开放的,全息传播的,但对社会公众而言,并不一定会全息接收。两个不同的受众群体的信息接收目的是不同的,社会公众接收会议信息的目的是想从会议活动中获得与其切身利益密切相关的信息,以调整自己适应形势变化的决策行为。

媒体传播则应是传媒对具有传播价值和社会知悉意义的会议活动信息的选择性发布。受传者既有传者指向的目标受众(定向信息需求的群体),也有边缘受众(定向信息需求之外的相关群体)。目标受众将对会议新闻信息中与其利益关联度较高的信息产生关注、接收、理解并产生影响和行动。

人际传播属于二级传播,是对会议和媒体传播内容的再度解码和编码。解码的准确性和倾向性是由传播者对于会议活动信息的理解程度决定的,这种理解可能正确,也可能错误,根据解码者的理解,再重新进行编码和传播。人际传播是对其所要影响的目标受众的选择性的信息传播与交流。

会议活动传播基本是由核心圈向外围圈的放射性传播,但信息传播却是由全息向选息的传播,即会场(全息传播)、会场与媒体同步传播(全息传播)、媒体传播(选息传播)、人际传播(选息传播)。

对应上述传播行为,受传者则是由会议活动的选择性受众(与会者是选择性的)、大众受众(媒体参与的传播是面向社会大众的)、媒介传播的目标受众、人际交流所面对的直接受众构成的。我们通过分析了解到会议信息内容传播是由内向外,信息状态是由全息向选息,每一级传播的内容和受传者是不同的,因此,会议新闻传播的受众,不应是会议信息发布者和会议场域内的受传者,而应是会议所讨论问题的直接和间接利益关联者和政策的受施者——目标公众。会议信息的发布者和参与者只对会议新闻信息的传播起到印证、评价、控制作用。

任何新闻都不可能引起所有人的注意,试图影响所有人的新闻客观上讲是做不到的,极有可能由于目标受众定位不准,而造成无人关注的局面。

新闻传播实践证明,不同的信息传播因其内容选择不同也会有目标受众、外围受众、边缘受众之分。目标受众是指那些最容易受到定向需求信息满足和影响的群体,他们对满足其定向需求的核心信息具有关联性的反应。外围受众是指那些圈围在目标受众层的群体,这些群体对新闻信息可能产生反应,也可能不反应,还可能受目标受众的影响,对信息产生关注性反应,他们是新闻信息的潜在目标受众。边缘受众是指那些与新闻信息毫无关联的受众,虽然他们也能够接收到信息,但因与其需求没有直接关联,对传媒传播的信息不会给予关注。受众、需求、事实形态及其关系见图1-2。

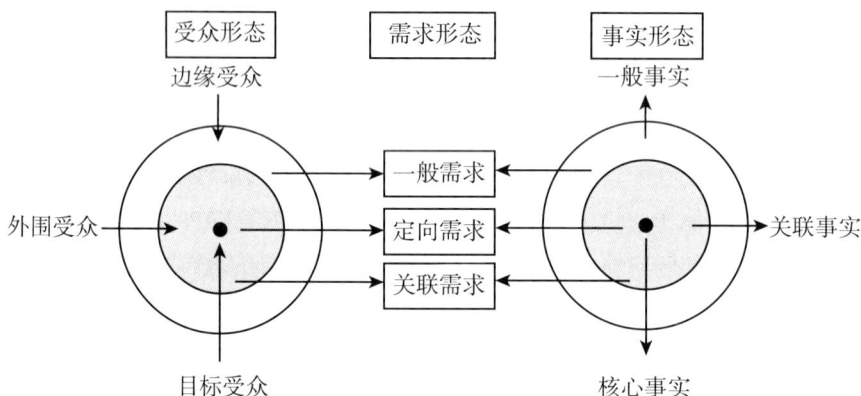

图1-2 受众、需求、事实形态及其关系

会议新闻的受众也不例外,要提高会议新闻传播的有效性,必须研究和把握谁是会议新闻的目标受众、外围受众、边缘受众。如农村工作会议新闻的目标受众,应该是农村工作者和农民,而作为外围受众的与农业生产有关的企业、个人也会予以关注,因为农村工作会议出台的政策、透露的市场信息也将对他们的生产、经营活动产生影响。明确了目标受众,就能够为选择与目标受众定向需求的信息和叙事框架来建构高注意力的新闻提供可能。

当然,也不否认在特殊情况下,记者在内容和目标受众选择上,会受到来自会议信息发布者、利益集团等客观因素的干扰,同时,也会受到记者的世界观和认知能力等主观因素的影响。这些因素都将影响记者信息内容的选择,从而使传播的信息偏离目标受众需求。但多数情况下,由于记者对目标受众识别的不准确,因此,造成无效传播。

确认目标受众,一方面需要记者从会议讨论的问题中去弄清"谁"是这些问题的直接关联者,"谁"将关注这些问题,"谁"将受到波及性影响。弄清了这些问题,就会确认"谁"是新闻传播的目标受众,也便知道该向其说些什么和怎样说了,以实现"完全传导"①而避免"最少传导"②。另一方面从传受互动反馈的角度,记者应带着问题,特别是社会公众所反映和关心的问题参加会议,这样通过对目标受众需求的把握,就会有目的地采访会议,选择好报道内容。会议新闻报道应是目标受众感兴趣、关注、关心,对其产生影响或引起关联反应的内容,而不是会议,因为"会议只是一个新闻的挂钩和由头,是新闻发布的时间要素,而不是新闻本身"③。这些内容应是会议决议了什么事情,会议出台了什么政策,为什么要做出这样的决议、出台这样的政策,这些决议决策和政策将会产生怎样的影响,影响的目标对象是"谁",等等,而不应只是会议的程序性信息。

会议新闻事实众多,每个事实可能或多或少都指向一个方面的受众群体,在这些受众群体中,也存在核心目标受众群体、外围受众群体和边缘受众群体之别,像为1976年"天安门事件"平反这样震惊世界、举世关注的重大事件并不多见,常见的是比较重要的会议决议、决策和政策。

那么如何来认知和确定会议新闻的目标受众?

1. 在会议决议决策的作用对象上认知目标受众

目标受众对于会议的决议决策,一般都具有相关性或者关联性,也就是说,会议活动所形成的决议决策都有其明确的受施主体,因此,决议决策影响的群体自然就是会议新闻要满足的目标群体。会议活动形成的决议决策影响的目标群体指向越明确,会议新闻锚定的目标受众就会越准确,目标受众的呈现也就越具体。

在新闻实践中,一些记者往往将会议活动的目标受众与会议新闻的目标受众相混淆,使新闻变成工作部署或者会议精神的传达提纲。会议活动的目标受众对象是政党、政府机构和执行部门及其成员,他们是会议决议决定和政策的实施主体,其信息传播的核心渠道是组织传播(会议传播和文件传播),大众媒体和新媒体传播处于次要位置;而会议新闻的目标受众则是会议决议决定将要影响的目标群体,是决议决定和政策的受施主体。其传播的核心渠道只能是媒体系统,其他传播形式居于次要位置。

①② 拉斯韦尔. 社会传播的结构与功能[M]. 何道宽,译. 北京:中国传媒大学出版社,2012:41.

③ 李希光. 转型中的新闻学[M]. 广州:南方日报出版社,2005:442.

  会议活动形成的决议决策和政策的执行和实施主体,需要的是"干什么、怎么干、达到什么标准"的工作要求信息,而会议新闻的目标受众需要的则是"是什么、为什么、与我的利益有何关联"的新闻信息。因此,目标受众的发现和选择不能错位,不然,新闻事实的选择、叙事框架选择也必然南辕北辙。这也是我国会议新闻无新闻的一个重要原因。会议活动与会议新闻的受众不同,其传播的信息与目标受众的定向需求信息满足也不尽相同。两者受传关系,见图1-3。

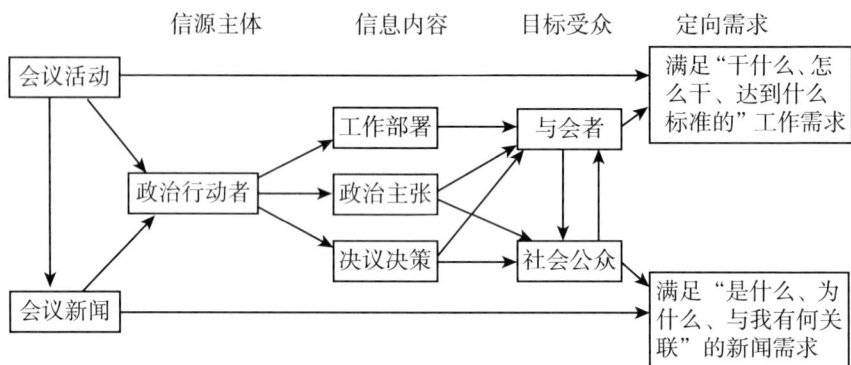

图 1-3　会议活动与会议新闻受传关系及需求满足

2. 在新的政策调整利益指向的目标群体中认知目标受众

  政策调整往往是利益关系的重新平衡,任何政策都有利益的受益方,也有利益的损益方,无论是受益方还是损益方,都可能是新闻的目标受众,将哪一方作为新闻要影响的目标受众,一般要受决策者政策传播意图的影响,同时,也由记者的立场和意识形态倾向性所决定。如果政策倾向于受益方,那么新闻所关注的是政策给予受益群体利好方面的信息,包括有利于受益群体的政策解读;如果政策倾向于利益受损方,新闻可能会关注政策带给这部分公众的影响,因为这部分公众也需要了解政策的影响,看看自己受政策影响的程度,这种影响是否符合利益公正原则,自己能否理解和承受,等等。

  3. 在回应公众的舆论诉求和重大问题的关切上认知目标受众

  国际国内一个时期出现的舆论焦点事件或者重大的政治、外交和公共问题,都是社会公众普遍关注的焦点,公众十分关注政府的回应和态度。舆论焦点事件影响的群体和重大公共事件所涉及的群体,对于政府的回应尤为关注,他们既是会议活动回应的目标群体,同时,也是会议新闻要影响的群体。记者要十分关注会议上对这些事件的回应,政府回应有的属于政策说明,有的属于表明立场和态度,有的属于宣示政治主张。如果是政策说明,就要选择公众不清楚、不明白,或者质疑的问题进行说明解释,以消除政策的不确定性带给公众的困惑;如果是表明政治立场和政治态度,那么就要准确把握公众在什么问题上需要政府表明立场和态度,公众核心诉求是什么,这些问题弄清了,回应的信息选择才能切中要害,公众才能满意;如果是政治宣示,那么就要根据国际社会某些舆论进行有针对性的回应,媒体要选择那些直接公开表明和宣示的核心政治主张进行传播。无论是哪种回应,媒体都要从目标受众需求的角度在政府回应的基础上,深入了解相关背景信息、回应对象和有关事实,进行说明并且构建一种关联,以满足公众的知情权。

二、定向需求

(一)定向需求的理论来源

定向需求(need for orientation)是麦库姆斯在研究媒介议程设置时提出来的概念。定向需求理论认为,定向需求基于两个前提:相关程度和不确定性程度,它们是顺次发生作用的。其中相关程度是首要条件。在很多情况下,特别是在公众事务方面,大多数人一般不会感到不适应,也不需要媒介的定向作用,因为这些事情与我们个人不太相关。定向需求理论指出,议题与个人的相关度越高,个人的定向需求也就越高,议题与个人的相关程度越低,其定向需求也越低。除此之外,还应考虑不确定性程度与定向需求的关系,对于某一议题,如果一个人已经知道了所需的信息,这时他对该议题的不确定性就低,对于这样的信息传播,公众一般不会给予特别关注。在相关度高但不确定程度低时,定向需求适中;而在相关度高且不确定程度也高时,定向需求也高。个人的定向需求越高,他就越有可能留意媒介议程。有时,个人对某一议题的相关经历不仅不会降低定向需求,相反,还会激发受众的定向需求,即想从大众媒介那里了解更多的相关信息或者进行求证[①]。

另外,定向需求理论指出,政策议程一般都具有多重属性,既有显性议题(指那些可以直接体验的议题)也有隐性(属性)议题(指那些只能通过媒介了解的议题)。从媒介议程设置看,隐性(属性)议题由于不确定性的存在,因此新闻报道在公众中容易产生较强的议程设置作用,而显性议题

---

① 参见布莱恩特,兹尔曼.媒介效果:理论与研究前沿[M].石义彬,彭彪,译.北京:华夏出版社,2009:7 - 9.

则没有这种作用。原因是对于隐性议题,公众的不确定性高,定向需求也高,而对于显性议题,公众的不确定性低,定向需求也低。比如物价问题,就具有多重属性,既有显性的一面,因为人们每天都会接触物价问题,对于物价的涨跌人们感受比较明显,不用媒体报道也会知道,但是物价上涨的背后原因,是输入性因素引起的,还是结构性因素引起的以及政府将采取什么措施来控制物价,这些则是隐性的,这些隐性信息的不确定性较高,对于公众的信息需求以及行为的影响也会比较大,因此,这是媒体要特别关注和满足的。这一原理同样适用于新闻事实的选择处理,比如前边提到的物价问题,人们面对高涨的物价,常常抱怨"物价怎么这么高呀"。其实这就是一种定向需求的表达,如果不考虑社会心理,只是一味连篇累牍地报道各种物价上涨表象,不分析物价上涨的原因,没有解决问题的办法,这样的报道只会产生两种结果:一方面会加重刺激社会的不安情绪,使社会处于恐慌状态,另一方面会使公众产生对于政府的不满。虽然这样的报道是客观的,但并不是公众所需要的。按照定向需求理论来建构新闻,如果将高物价背后的原因以及政府即将采取平抑物价的对应性措施告诉给公众,那么公众的定向需求就会得到满足,不安的社会情绪和对政府的不满情绪也会平息下来。

(二)定向需求的概念释义

定向需求理论对于信息定向传播具有借鉴价值。麦库姆斯是就总统候选人的政策主张和议程设置来研究定向需求的。麦库姆斯虽然提出了定向需求的概念,但遗憾的是却没有对这一概念的含义进行理论阐述。

定向需求理论,隐含着三个要素:谁的、定向和需求。麦库姆斯将"谁的"确定为"个人",把"定向"确定为"相关程度和不确定程度",将"需求"确定为"议程",也就是定向需求是与个人相关程度和不确定程度有关的议程。本书认为,麦库姆斯的定向需求理论具有合理性的一面,但也有理论上的不足。合理性的一面,是揭示了公众在面对媒介议程时并不是被动的,其具有一定的议程辨识度,即议程与自身的"相关程度和不确定程度",而并不是对于媒介所有议程都感兴趣。这一认识符合受众的选择性接触、选择性注意、选择性理解、选择性记忆的媒介心理学原理。其不足在于对"谁的"定向需求的定位上。麦库姆斯将"谁"确定为"个人",其理由是"个人"对公众群体的事务不感兴趣。这一结论本书不敢苟同。说"个人"对那些与其利益关系不大的议程不感兴趣是比较客观的,但是,把所有公众群体事务都排除掉也是不准确的。因为,公众群体事务并不都是与个人没有任何联系的,还有些是关系密切的。因此,本书认为,虽然麦库姆斯的定向需求的"个人"的定位是建立在对美国社会的分析上的,但其仍然不够准确。一是"个人"的概念比较模糊,二是"个人"定位也不符合美国社会的实际。美国是公民社会,且公民社会又是比较发达的。公民一般都会加入一些社会组织或者社会团体(工、农、商、学、军、教等团体,运输、步枪、退休等协会,环保、女权、动物保护等组织),每个美国公民都会有自己的社会组织,如果没有社会组织容纳他,他就会被边缘化,甚至被社会所抛弃。既然美国公民都属于他所在的组织,那么,怎么会说公共事务与其关系不大呢? 因此,将"个人"确定为议程定向需求满足的对象是不符合美国实际的。退一步讲,媒介将"个人"作为议程设置满足的对象,不仅难以做到,而且即使媒介想这么做,它也不会这样做,因为这有违媒介的传播规律。媒介要影响的只能是那些具有群体性质的社会公众,而不是分散的"个人",不然的话,媒介的议程就会因偏离主体社会群体诉求而失去媒介议程的设置意义。

麦库姆斯在《新闻对于我们认识世界的影响》一文中,重点研究选举过程中总统候选人的政策主张和议程设置对于"个人"的影响。他的意图是要证明,总统候选人的政策主张如果只关注那些涉及公共事务的公众议程,而不涉及"个人"议程,那么"个人"就会因为政策主张与己无关,而不再关注总统候选人,即使是"个人"关心的事情,也不是那些显性议程,而是那些与"个人"相关程度和不确定程度都高的隐性议程。虽然他强调政策主张对于"个人"的影响,以及"个人"对于总统候选人的关注的重要性,但是,由于他对"个人"的定位模糊和结论过于武断,理论的解释力显得有些不足。

熟悉美国大选的人都知道这样一个事实,即美国大选起决定性作用的是中间选民,也就是说,总统候选人只有争取到中间选民的支持才能获胜。理论上讲,面对中间选民,其政策主张不可能带有明显的或保守主义或自由主义的党派意识形态,意识形态色彩过于明显,无论是保守主义主张,还是自由主义主张,都会吓跑中间选民中的某一部分。任何选民包括中间选民,其政策主张都不同程度地带有党派的痕迹,只不过中间选民的党派色彩不那么浓,其政策倾向比较中性温和而已。因此,总统候选人的政策主张要满足的定向需求也应该是群体,而不应该是"个人",针对中间选民提出相对温和的政策主张,才能有效回应中间选民中某一群体的定向需求,从而赢得支持。考察历届美国大选,总统候选人都是针对摇摆的中间选民群体,而不是针对分散的"个人"来设计选举策略的。因此本书认为,对于"谁"的定向需求,应该进行概念含义的规限性揭示,只有把这些基本问题搞清楚了,理论的力量才能得到充分体现。

本书主张,定向需求对应的应该是目标受众群体,而不是分散的"个人",不然定向需求就失去了意义。如果从政治选举的角度来理解目标受众,那么,所谓目标受众就是指持有一定政治立场和利益主张,在某些方面具有比较明确需求愿望的特定群体。也就是说,目标受众是定向需求的信息满足者。就某一议题和信息而言,目标受众并不是所有分散的"个人",而是群体的受众,这些群体具有某种相同或者相近的政策或者利益偏好和诉求主张。泛在而分散的"个人",即使存在,也是极其有限的。无论在哪种社会制度下,即使是自由职业者,他们也是作为一个群体存在的。任何政策的制定,都是对各个利益群体的利益关系的调整,并不是对以"个人"为单位的政策输出,那样的话,就不是什么政策了。事实上,任何体制下的政府都做不到为某个"个人"去制定政策。因此定向需求并不适用于分散的"个人",它只适用或满足于特定的目标受众群体的政策或利益诉求。

那么,如何来释义定向需求的概念,本书认为,定向需求是指满足目标受众群体的核心利益并有助于消除其不确定性的信息需求。这一定义有三层含义:一是对受传者的规限,即目标受众群体;二是对信息的规限,即与目标受众密切相关的信息;三是核心利益和消除不确定性需求的定向满足,这是对信息规限进一步的约限和定位。这样来释义,就比较好地揭示了定向需求的含义,就能够弥补麦库姆斯定向需求理论在对"个人"定位上的模糊性,使理论更加具有解释力。

(三)定向需求的层次

马斯洛认为,人的行为与动机是密切关联的。不断产生的需求欲望激发了人的各种动机,从而推动人类不断走向自由和解放。人的需求由生理、安全、爱、尊重和自我实现构成。这些需求是由低到高,由基本需求到特殊需求逐层递进的。马斯洛认为,"基本需求是全人类共同的需求,是由体质或遗传决定的,具有'似本能'的性质,特殊需求则是在不同的社会文化条件下形成的各自不同的需求"[①]。生理、安全、爱和尊重属于基本需求,而自我实现则属于特殊需求。用一句话概括,人类不同层次的需求,体现着人的生存、生活和发展的总体需要。

定向需求是与目标受众相对应的不同层次的核心需求。有关衣食住行、社会安全、食品安全、交通安全、环境安全和利益关系调整方面的决议决策和政策,是事关人的生存、生活方面的定向需求,而涉及政治、文化、教

---

① 马斯洛.马斯洛人本哲学[M].成明,译.北京:九州出版社,2003:24.

育等的决议决策或政策,则是事关人的发展方面的定向需求。不同阶层的定向需求也不尽相同,他们所关注政治输出的兴奋点也有所不同。普通百姓更加关注衣食住行、环境和收入分配等涉及生活、生存方面的政策输出;而知识分子和精英阶层,则更加关注政治、经济、文化等体制改革涉及影响其发展和自我实现方面的政治输出。中产阶级的需求则处于两种需求之间,也就是说他们既关注生存、生活方面的需求,也关注自我实现等发展方面的需求。会议新闻的目标受众定位和定向需求的信息选择,应该遵循不同阶层对于定向需求的满足偏好,进行有针对性的信息选择和传播。中产阶级和知识分子等社会精英阶层作为积极的公众,对于政府政策的诉求输入有着积极的影响,同时,对于政府的政治输出的评价和建议也同样表现出一种活跃的状态,其意见和主张也更有影响力。另外,他们作为意见领袖对于普通公众的影响和舆论引导的作用也不可小觑。因此,会议新闻传播在满足这部分目标受众的定向需求方面,要十分注意政府在处理社会需求输入与政治输出,在回应和满足其定向需求上的契合度、信息的透明度以及信息的准确度。

定向需求也有宏观需求与微观需求之分。宏观需求是指事关国家前途命运、重大内政外交、军事、重大路线方针政策调整方面的需求,微观需求则是事关个人利益的信息需求。虽然微观需求在影响目标受众生活、生存、发展上具有紧密关联,但是,那些涉及国家前途命运的重大决策、制定的路线方针政策和重大的外交、军事决策,同样会牵动公众的神经,尤其是在国家应对某种国际上的重大挑战和重大政治经济决策上,公众对于宏观信息需求的期待会更加急迫。

定向需求同样也有显性需求与隐性需求的区别。所谓显性需求是议题显要性对人的吸引,即满足"想什么"的需要;所谓隐性需求则是属性议程所在,即满足"怎么想"的需要。正如前文分析物价问题时指出的那样,物价问题是百姓每天都面对的显性问题,对于物价上涨百姓议论纷纷,那么是议论物价,还是在议论政府的作为? 我想还是后者,期盼政府采取措施尽快稳定物价,让为物价悬着的心落地才是公众内在真实的定向需求。政府能否控制住物价,对于公众来说,不仅与其生活密切相关,而且也是不确定性的困惑所在。因此,媒介要关注政府的作为,尤其是稳定物价的政策措施,而不应只关注物价本身。媒介在研究目标受众的定向需求上,要注意研究公众内在真实的隐性需求,这样才能使目标受众的定向需求切实得到满足。

三、目标受众与定向需求的关系

在新闻传播中,一般存在两种传播形态,一种是泛众传播,另一种是目标传播。前者传播的受众由于处于泛在的状态,因此,受众形态比较模糊,其传播的目的是信息的广而告之,重在信息的扩散;后者则更加关注和讲求信息的目标受众的定向需求满足,其传播的目的是通过目标受众的信息定向需求满足使其接受所传播的观点,并且促使其态度和行动有所改变。

正如前边所分析的那样,就政治选举而言,目标受众是指持有一定政治立场和利益主张,在某些方面具有比较明确需求愿望的特定群体。而定向需求则是指满足目标受众群体核心利益的信息需求。就会议新闻传播而言,目标受众与定向需求既相互依存又协调统一。

> 目标受众与定向需求,是一个不可分割的统一体。定向需求是目标受众确认的前提,没有信息的定向需求的把握(这个信息是谁需要的),目标受众也就没有了依据,而目标受众则是信息定向需求的归宿,没有目标受众也就谈不上信息的定向需求满足。

在政治营销中,也往往将"市场区隔、对象锁定、政治定位和战略组合"[1]等作为战略规划的重点。其目的也是通过战略规划和实施,影响特定的政治营销对象,使其接受政策主张。

传播者面对大量的政治信息,不可能将所有信息都纳入新闻文本,其必须进行选择,而选择的基本原则就是信息的新闻价值与受众需求价值的统一。目标受众的确定,首先是对于政治信息所直接影响的群体、政策直接作用对象的判断、选择和确认。其次是对于目标受众定向需求的准确调试与对接,使目标受众信息的定向需求获得更加直接的满足。就目标受众的定向需求而言,或是决议决策和政策对目标受众所带来影响的信息及其解读,或政治行动者的政治主张、表明的政治态度及其将带来的政治、政策改变的分析,等等。这些信息的定向满足,将引导相关目标群体的社会决策和行动。

满足目标受众的定向需求,既是会议新闻传播要把握的定律,也是会议新闻信息选择的原则。传播实践证明,倘若违背这一定律和原则,任何形式的信息传播的社会化和社会认同都将难以实现。因为目标受众作为

---

[1] 赵可金,孙鸿. 政治营销学导论[M]. 上海:复旦大学出版社,2008:102.

决议决策和政策的受施者,在政治过程中,他们既是利益诉求表达者,也是政策影响的评价者,其会根据自身利益的损益情况,对政治系统的决议决策和政治政策输出做出认同与抵制的心理和行动表征。如果会议新闻传播偏离了目标受众的定向需求,偏离了政治系统影响和引导社会公众的政治政策指向,那么不仅会造成公众的会议新闻远离,而且还会引起社会公众的不满,决议决策和政策的实施就要受到影响。尤其是因决议决策和政策受到影响,甚至利益受到损失的群体,倘若政治系统不能就决议决策和政策给予充分的、有说服力的说明解释,那么要获得这部分利益群体的认同与支持就只能是一句空话。因此,会议新闻的信息选择,不仅要选择"是什么"的信息,而且要根据特定群体的需求,特别注意选择"为什么"的解释性信息,所有信息选择都要围绕满足目标受众的定向需求来展开,不这样做,新闻传播就会陷入盲目且泛化的状态,而这种状态下的传播,很难获得受众的关注,更不要说态度和行动有所改变了。

目标受众定向需求的选择和确认,涉及对信息选择、传播方式、传播角度和传通效果的评估。正确处理目标受众与定向需求的关系,将满足目标受众定向需求作为传播定律和原则来指导会议新闻的传播活动,政治信息的传通效果才有保障,对此,政治系统和媒介系统应该有一个清醒的认识。

会议新闻传播认知论涉及的内容较多,但是核心仍然是属性和本体所涉及的相关要素以及传播主体所要影响的目标群体及其定向需求的认知,对于这些核心问题的正确认知,将为后续各章内容的讨论提供认知基础。

第二章　会议新闻传播主体论

会议新闻传播主体,同其他新闻传播主体不同,其具有多元主体的特点。明确会议新闻传播主体,涉及揭示"谁"作为传播者的传播心理、传播行为及其传播规律的认知,便于建构起完整的传播者体系。本章从哲学认识论的角度切入,来探讨人作为传播主体问题,从而具体揭示会议新闻的传播主体及其构成,以及多元传播主体的角色定位和关系,分析各个传播主体在会议新闻中不同的出场方式,进而把握会议新闻的传播规律。

第一节　人:会议新闻传播活动的主体

一、从一般主体论角度来认识人的主体性

说人是会议新闻传播活动的主体,首先是从人类主体作为社会形态最高表征的哲学意义来认知的。这一表征其实质是从一般主体论来考察人的主体性。丰子义指出,按照一般主体论来分析人,离不开主体活动、主体中介和主体关系三个层面。

主体活动是人的存在方式,"是主体作为类的存在形态,其内涵是指地球上不同国家、地区和民族作为认识和改造自然的主体内在统一性"①。丰子义认为,主体活动是人的主体性生长的内在根据,也是主体性发展的第一动因,它是主体性表现的现实舞台,又是主体性确证的历史明镜。人的活动是一个多层次、多元素的复杂开放系统,其中起决定意义的主体活动是劳动实践活动、社会交往活动和语言符号活动。在这些活动中,劳动实践活动是最基本、最重要的主体活动,其他两种活动是其伴生和升华的形式。丰子义认为,劳动实践活动使人从"自然人"走向"主体人",社会交

---

① 荆学民.政治传播活动论[M].北京:中国社会科学出版社,2014:41.

往活动使人从"个体人"走向"社会人",语言符号活动则使人从"野蛮人"走向"文明人"①。丰子义在这里揭示了人作为社会活动主体不同层面的演进形态。会议新闻传播活动,属于人的社会交往和语言符号的社会实践活动,同时,也是政治参与的政治实践活动,它进一步使"社会人""文明人"走向"政治人",政治的知情参与活动,使人成为国家治理的主体。

就活动的中介系统而言,是说人的活动需要借助不同的工具、手段和形式等中介来实现。丰子义认为,这种主体中介是在"人作为主体长期的历史发展过程中形成的,而且随着人的主体活动不断发展而发展,并且形成了比较规范的工具操作系统、社会关系系统、语言符号系统,这三者综合到一起就构成了人的主体活动所特有的中介系统"②。这种中介系统具有两大功能:一是把人与自然、主体与客体分开,实现天人相分;二是把人与自然、主体与客体统一起来,走向天人合一。这一分一合,既使人走出主客不分的原始状态,又使人超越了主客二分的二元格局。主体与客体分开是因为人的主体活动常常作用于一定的活动对象(自然对象、社会对象、自身对象),这就构成了主体关系,而主体与客体相统一,则是揭示人与物规律认知上的同一性③。

丰子义认为,主体关系的本质内容是"为我关系"。所谓"为我关系",是人在主体活动中借助于主体中介,以人自身为中心建构的普遍联系④。丰子义将主体关系划分为外层、中层和内层关系圈。外层是人与自然之间的物质关系圈,中层是人与人之间的社会关系圈,内层是人与自我之间的内在关系圈。为我关系的本质就在于人在主体活动中具有一种使自身活动、社会关系、活动客体都服从于自身目的、满足自身需要、达到自身利益的固有本性⑤。简言之,人的任何主体活动都是以构建其自身利益与社会关系为目的的,没有无目的的主体活动,也没有无对象的主体活动,主体活动始终处于主体与客体关系的建构之中。

在会议新闻传播活动中,政治信息的传播是人通过语言符号和媒介等工具系统来实现的,也就是说,会议新闻的传播是人作为主体的社会实践活动,属于人的社会交往和语言符号活动。从主体关系看,属于"中层"所建构的"社会关系圈",即人与人、人与媒介、人与社会、人与国家彼此交流、互动和相互影响的社会实践活动。在这一活动中,政治行动者(政治领

---

① 丰子义. 主体论:新时代新体制呼唤的新人学[M].北京:北京大学出版社,1994:3-4.

② 丰子义. 主体论:新时代新体制呼唤的新人学[M].北京:北京大学出版社,1994:4.

③④⑤ 参见丰子义. 主体论:新时代新体制呼唤的新人学[M].北京:北京大学出版社,1994:5.

袖、政治精英)影响媒体接受其政治主张、政治观念、政策议题等这些想要传播的信息,同时也希望借助媒体向社会公众传播这些政治信息,以影响和改变公众。同时,公众通过媒介接收这些信息,是赞成或接受,还是反对或抵制,都将直接进行社会表达或通过媒体反馈给政治行动者。在信息传播中,我们时常看到意见领袖的影子,他们活跃在政治行动者、媒介和公众之间,他们将抽象、复杂的信息解读给身边的公众,然后将公众的意见反馈给媒介,或者直接反馈给政治行动者。在会议新闻传播中,意见领袖(组织机构的领导人或社区消息灵通人士)在接受媒介(大众媒介或政府文件)传播的政治信息之后(一方面接收新闻传播,另一方面通过多种媒介途径获悉那些需要补充的信息,了解和完善相关的背景信息,形成比较完整的意见),就其关心的问题,通过组织传播或者人际交往向组织成员或者社区公众群体进行二次传播,以此影响组织机构内部成员或者社区公众。反过来,组织成员通过组织机构或者公众通过媒介、意见领袖将自己的意见和建议反馈给政治行动者,以影响执政集团的决策。这一传播过程中处处体现着人作为传播主体的身影。可见,人是传播活动的起点和终点,人的传播主体地位毋庸置疑。

荆学民认为,在政治传播活动中,人是唯一的活动主体,就是说政治传播的主体是人。荆学民进一步指出,说"人"是传播主体,是有条件的,"仅仅从具有自然物质结构和功能的生命个体还不能成为主体,只有在社会化中……才能发展成为现实的主体"①。也就是说,人的社会性是人成为主体的先决条件。

人的主体活动并不是孤立的,除了前边提到的需要中介系统这一条件外,还存在一个活动的环境条件。

就环境条件而言,人是环境的动物,人离不开人和物共同构造的环境。正如高宣扬所说:"人是社会生存物,人一刻离不开社会及其环境。"②人的活动总是在一定的社会环境下进行的,总是要受社会环境的影响,人不能脱离环境而存在,也不能有违环境的约束而妄为。阿伦特在其《人的境况》一书中分析了人与环境的关系,指出:人"总是扎根在个人和人造物的世界当中,决不能离开或超越它。物和人共同组成了人的每一种活动的环境,没有这个环境,活动就是无意义的;而这个环境,这个我们出生于其中的世界,没有人的活动,就不存在——物的制造生产了它,土地的耕作照料

① 荆学民.政治传播活动论[M].北京:中国社会科学出版社,2014:37.
② 高宣扬.当代政治哲学[M].北京:人民出版社,2010:995.

了它,政体的组织创建了它。不在一个他人直接或间接地证明他人在场的世界里,就没有任何人的生活是可能的,甚至荒野隐士的生活也不可能"①。阿伦特这里说的人的活动,其实是从人作为一种社会的或者政治动物的角度来分析人与环境的关系的。这里的环境是指人所处的社会政治环境,即人与人、人与社会、人与政治组织(国家)之间的活动关系。没有这样的社会政治环境,人就不会从"文明人"走向"政治人"。

阿伦特在分析人与社会环境的关系之后指出:"按照希腊思想,人结成政治组织的能力不仅同于以家庭为中心的自然联合,而且与后者直接对立。城市国家的出现意味着人得到了'在他私人生活之外的第二种生活,他的政治生活。现在每个公民都属于两种存在秩序,而且在他私有的生活和他公有的(Koinon)生活之间存在一道鲜明的界线'。"②阿伦特认为:"存在于人类共同体中并为人类共同体所必需的活动中,只有两种被看作是政治的并构成亚里士多德所谓的'政治生活',即行动(praxis)和言说(lesis),从这两种中产生出了人类事务的领域(柏拉图称之为 ta tōn anrhrōpōn pragmata)。"③这里的行动是指政治行动,言说也是指政治的言说(辩论与说服)。阿伦特在这里明确地指出了人区别于其他动物的特殊性——政治性。人类活动,无论是家庭活动,还是社会活动,尤其是共同体内与共同体间的活动,都离不开人的政治活动,人的政治活动构成了人的主体性的社会价值。

二、从"传播是人类特权"角度来认识人的主体性

传播是人类的特权,只有人类才有使用多种语言符号传播思想、文化和情感的能力。

卡西尔在其《人论》一书中提出了"人是符号的动物"④的观点,他认为:"符号化的思维和符号化的行为是人类生活中最富于代表性的特征,并且人类文化的全部发展都依赖于这些条件"。⑤ 而普罗瑟则认为:"人是唯一真正创造、使用和操纵符号的动物,也是唯一真正创造、使用和操纵工具的动物。唯有我们能制造用来复制工具的工具。"⑥邵培仁的认识和表述

---

① 阿伦特.人的境况[M].王寅丽,译.上海:上海世纪出版集团,2009:23.
② 阿伦特.人的境况[M].王寅丽,译.上海:上海世纪出版集团,2009:24.
③ 阿伦特.人的境况[M].王寅丽,译.上海:上海世纪出版集团,2009:26.
④ 卡西尔.人论[M].甘阳,译.上海:上海译文出版社,2013:45.
⑤ 卡西尔.人论[M].甘阳,译.上海:上海译文出版社,2013:46.
⑥ 普罗瑟.文化对话:跨文化传播导论[M].何道宽,译.北京:北京大学出版社,2013:1.

则更为明确,他认为:"传播是人类的特权和表征,是社会关系的整合和呈现。人类突出标志,人类与众不同的特征,既不是他的形而上学本性,也不是他的物理性,而是人类的传播活动……它既是人类的特权,又是人类认识世界、反映世界和主宰世界的工具和法宝。"①之所以这样说,是因为"人类可以将自己的思想、观念和情感等转化为符号,又可以通过对符号的认读和释解还愿为编码者意欲传播的那种思想、观念和情感等。动物不能创造符号,也不能认识符号,更不会通过符号将信息传之千年、播之万里"②。符号互动论认为:"互动在很大程度上是符号性的(symbolic),因为行为不仅仅是实用的(functional),它更是表达的(expressive)。"③只有人在传播中可以使用语言工具和媒介系统为自己服务,只有人类才有需要运用代表特定事物、特定含义、特殊解释的符号系统在人类交往和社会活动中表达彼此对于客观世界和社会关系的看法,也正因为人类对于符号系统的双向认知,才使传播和交流成为可能。

邵培仁认为:"有效的成功的政治传播应建立在传受双方对符号所表示的事物或意义的共同认识的基础上,只有求得对符号的共识和互解,才可以使政治生活中的不同意见、不同主张、不同信息得以交流沟通、协调统一。"④正是因为人具有这样的特殊能力,才拥有传播这样的特权。而且,传播"正在取代或逐步取代金钱,成为新的权力的来源,成为'新社会'的重要战略资源"⑤。传播的这种特权赋予了人以政治行动能力,传播使人与人、人与社会、人与国家建构起一种紧密的关系,并在相互沟通交流中形成共识,结成政治共同体。

邵培仁在其《政治传播学》一书中指出:"政治是人的政治,传播是人的传播。人是政治传播的核心和主体。"⑥"政治传播,总是人在传播、人在受传。在从传者到受众的路上,不论是作为起点的传者,作为终点的受众,

---

① 邵培仁.传媒的魅力——邵培仁谈传播的未来[M].北京:首都经济贸易大学出版社,2014:20.

② 邵培仁.传媒的魅力——邵培仁谈传播的未来[M].北京:首都经济贸易大学出版社,2014:21 - 22.

③ 豪格,阿布拉斯姆.社会认同过程[M].高明华,译.北京:中国人民大学出版社,2011:21.
卡西尔.人论[M].甘阳,译.上海:上海译文出版社,2013:45 - 46.
邵培仁.传媒的魅力——邵培仁谈传播的未来[M].北京:首都经济贸易大学出版社,2014:20.

④⑤ 邵培仁.政治传播学[M].南京:江苏人民出版社,1990:24.

⑥ 邵培仁.政治传播学[M].南京:江苏人民出版社,1991:6 - 22.

还是在传播过程中作为滤网的中介者,都是人。"①同时,荆学民也分析指出:"从哲学上讲,仅仅确定'人'是传播的主体还是不够的,因为人还是一个抽象的概念,'主体'就是对'人'的进一步规定,只有在具体的社会活动中的人才能成为'主体'。"②他认为:"只有在社会化中,具有一定的自然物质结构和功能的生命个体,才能发展成为具有主观性、自主性和自为性的人,才能成为现实的主体。这样的主体,只能是在社会中存在的、具有社会性的人。"③无论亚里士多德的"人是天生的政治动物"的政治命题,还是阿伦森的"人是社会的动物"的社会心理学命题,乃至卡希尔的"人是符号的动物"的文化命题,都指向了人作为主体的社会实践性,即人的社会交往实践、人的政治实践和文化交流实践。在人的交往实践、政治实践和文化交流实践活动中,人的主体地位才得以凸显出来,而社会交往和政治、文化活动本身也只能存在于人的社会实践之中。

但是,在传播研究中,一些研究者往往虚化"人"作为传播主体的存在,常常把传播活动模糊为一种媒介渠道的传播活动,对于"人"在传播过程中的活动采取视而不见的态度。正如荆学民所批评分析的那样:"在一些研究者看来,传播过程是不能用'主体—客体'的模式来分析的,认为在传播过程'无所谓主体与客体'是一个'无头无尾'的'截断面',是一种没有主客之分的'场'。"④荆学民认为,这种"只见过程不见主体"的研究是缺乏哲学高度的,完全埋没了"主体"意识。荆学民的这种认识当是正确的。传播活动永远是主体与客体相互联系和作用的过程,无论借助语言媒介,还是实体媒介,都是主客体之间的互动过程。世界上没有无主体的客体,也没有无客体的主体,他们是相伴而生的一体两面。因为任何主体只有当其作用于客体时才被称为主体,同时,其又是其他主体的作用对象。因此,传播行为无论是人际传播,还是媒介传播,都是主体作用于客体的活动,不存在只是无头无尾的"截断面"的传播。即使是传受合一的自媒体时代的信息传播活动,也是传播主体作用于客体的过程,即丰子义所说的"内层"的自我传播活动,只不过这种过程是一种自为主体和客体的转换过程。虽然,在这一过程中传者也是受者,受者也是传者,表面看双重角色是合一的,但是传播过程仍然呈现着传播主体与客体的区别,相对于信息接收过程,就是客体角色,而相对于信息传播过程,则就是主体角色。因此,在信

① 邵培仁.政治传播学[M].南京:江苏人民出版社,1991:150.

②③ 荆学民.政治传播活动论[M].北京:中国社会科学出版社,2014:37.

④ 荆学民.政治传播活动论[M].北京:中国社会科学出版社,2014:36.

息传播特别是新闻传播过程中,绝不是无头无尾的"截断面",而是由传播主体、媒介、传播客体构成的完整传播链条,缺少了哪一个环节,都无法构成传播活动。

另外,还有一种传播主体的认识也值得商榷,即将新闻传播活动的主体仅限于职业新闻人,也就是说,"只有那些直接从事新闻传播业务的职业工作者,也就是从事新闻采写、新闻编辑等工作的业务人员才是新闻活动主体"①。这种主体界定的过度"窄化"不利于我们对传播主体的正确认知,特别是对会议新闻传播主体的认知。

在会议新闻传播中,无论是人作为传播主体的"虚化",还是"窄化"都是有害的。"虚化"人的传播主体地位,就会误认为政治信息的传播只是媒介渠道的行为,与作为核心传播主体的政治行动者与社会公众毫无关系,使传播成为媒介的自我呻吟,正因为如此,我国的会议新闻传播往往都是一些信息的公告,既看不到政府传播的政治意图,也看不到公众诉求与政府回应的影子。而传播主体"窄化"的危害,则是排除了其他传播主体,使新闻信息的结构失衡,从而导致公众的新闻"难以学习",信息公告式的新闻所缺乏的是对于决议决策和政策的解读,这也是公众会议新闻远离的重要原因。在中国的会议新闻传播中,很少看到解读主体的影子(解读主体是决议决策和政策制定的权威部门或人士以及智库或相关领域的专家学者),没有必要的信息解读,就谈不上公众的新闻理解,更不用说态度和行动的改变了。

三、从传播主体构成角度来认识人的主体性

传播主体无论是作为个体的"人"的主体,还是作为共同体的群体主体,其实质都是由人构成的。在政治传播中,离开了人及其活动,就不会有政党、国家、政府等传播主体及其活动的存在。

邵培仁将政治传播者分为个体与群体。他在分析个体与群体在政治传播的关系中指出:"群体是居主导、支配地位的政治传播者。"②但是,群体不可能包揽一切政治传播工作和任务,它必须授权和依靠个体来传播自己的大政方针、政治思想、主张、愿望和要求。当然,个体不可能也无权包揽一切。政治传播功能的充分发挥,理想效果的获得,依赖于政治传播者群体和个体的合理分工,协调动作和能量合理充分的释放③。他认为,个

---

① 杨保军. 新闻活动论[M]. 北京:中国人民大学出版社,2006:102 - 103.

②③ 邵培仁. 政治传播学[M]. 南京:江苏人民出版社,1991:151.

体传播主体应包括政治领袖、政治活动家、政治思想理论家、一般政治领导者、政治集团发言人、教师、记者、编辑、播音员和节目主持人、作家和艺术家、一般著作者,除此之外,还有宗教领袖、社会名流、地方长老等。群体传播者包括政党、国家机关、基层社区组织、群众团体、学术团体、宗教组织、利益集团和国际组织等①。荆学民则依据主体的社会形态,将政治传播主体划分为个体、集团、社会总体和人类总体四种。根据这种划分他将国家、政府、政党、社会共同体归为主体的群体形态,将政治领袖、政治精英、意见领袖及草根民众归为主体的个人形态②。荆学民将草根民众纳入传播主体则是从新媒体的草根自我传播赋权角度来探讨的。

　　本书认为,新闻传播活动中的传播主体,尤其是会议新闻的传播主体,不仅仅局限于职业新闻人,"谁"作为传播主体不是以职业身份来确定的,而是由主体在传播活动中的作用和功能决定的,即"谁"参与了传播活动,"谁"就是传播主体。

　　会议新闻传播既是群体传播,也是个体传播,但本质上还是人的信息传播,无论是作为媒介的传播,还是人际传播都是如此。拉斯韦尔在其著名的 5W 传播模式中,首次提出"谁"的传播主体命题。拉斯韦尔从信息控制的角度,来揭示"谁"是信息的传播者,他在分析传播行为时指出:"研究'谁'的学者查看传播者启动并指引传播行为的因素,我们将这个研究领域的子目称为控制分析。"③这里的"控制"主要是指信息控制。拉斯韦尔虽然没有直接言说信息控制者是"谁",但是从其论述中发现,拉斯韦尔的"信息控制"④主要指"影响信息内容的编辑、审查人和宣传者"⑤。他们主要是通过对传播的"内容修正"⑥来控制信息。可见,拉斯韦尔这里的"谁"特指信息传播的把关人,即编辑、审查人和宣传者。揭示了传播活动多元主体的存在。

　　从新闻传播的完整链条中可以看出"信息控制"的主体是多元的,有信源(国家、政党组织)的信息控制,有记者作为新闻编码者的信息选择性控制,同时,也有媒体的信息控制(包括编辑和审查人),这些控制环节影响着信息传播。除拉斯韦尔以外,卢因也把传播者作为"把关人"来界定

①　邵培仁.政治传播学[M].南京:江苏人民出版社,1991:151.
②　荆学民.政治传播活动论[M].北京:中国社会科学出版社,2014:37－92.
③　拉斯韦尔.社会传播的结构与功能[M].何道宽,译.北京:中国传媒大学出版社,2012:35－36.
④⑤⑥　拉斯韦尔.社会传播的结构与功能[M].何道宽,译.北京:中国传媒大学出版社,2012:44.

的,这种界定有一定的合理性。因为,任何传播都离不开社会语境和受众的影响,因此,传播什么,不传播什么,向谁传播,如何传播就成为传播者信息控制和选择要考量的因素。

信息控制的目的是使传播者与社会情境和信息接收者之间实现某种协调和平衡。传播者要实现传播的目的,就必须选择目标受众定向需求的信息去设定"注意框架"①以影响他们的行为,除此之外,没有其他捷径可走。

第二节　会议新闻传播主体构成

会议新闻的传者是谁?这个问题,常被人们所忽视和误解。许多人都认为,会议新闻的传者就是记者,也有学者认为会议新闻的传者不是记者,"他们只不过是接受了其他传达者(即新闻来源)传达的信息,并利用各种引语形式把其他传达者的话语转换成了自己的话语"②。其实,这两种认识都不够科学。说会议新闻的传者就是记者的人,排除了会议信息的直接发布者,而将会议新闻的表达者误解为会议信息的直接发布者则否定了记者作为传者的角色,也同样回避和排除了记者就在会议现场对会议新闻事实认知与传播的事实。

谁是传者,关键要看谁是信源,谁是新闻事实的认知者、选择者和发布者。考察会议新闻的传播行为,会议新闻传者既不是单元的记者,也不是单元的会议信息直接发布者,他应是多元的传者构成体,包括会议信息的发布者(信源),相关背景信息的提供者(补充信源),会议现场信息的观察者、记录者③。用拉斯韦尔的话说,这些信息传播者构成了"传播链条的每一个中继站"④,信息是通过这些"中继站"的相互作用,最后抵达受众的。

会议信息直接发布者,即是指政治活动者主体。一般指会议活动相关主体,诸如会议报告人、讨论发言者和新闻发言人。相关背景信息的提供者是指会议活动之外的涉及会议决议、决策、政策等背景信息提供的有关机构和个人。会议现场信息的观察者、记录者主要是指采访会议新闻的记

①　拉斯韦尔. 社会传播的结构与功能[M]. 何道宽,译. 北京:中国传媒大学出版社,2012:41.

②　曾庆香. 新闻叙事学[M]. 北京:中国广播电视出版社,2005:74.

③　李春雨. 会议新闻传播效果的四个 W 考量[J]. 新闻传播,2007(1):11－15.

④　拉斯韦尔. 社会传播的结构与功能[M]. 何道宽,译. 北京:中国传媒大学出版社,2012:40.

者,因为有些事实信息是会议信息发布者所不易察觉、无法传播的,比如会场内发生的静默的情态信息和会场情绪信息等①。

确认会议新闻的传者角色非常重要,这不仅涉及对会议新闻叙事形态的建构,也涉及传播信息的选择和效果考量。任何单一的传者确认,都将由于信息残缺难以满足受众的信息需求而无法呈现良好的传播效果。

完全以记者的主观见证来描述和传播会议新闻的情况比较少见,而完全以会议信息直接发布者发布的信息来传播会议新闻,无见证性信息和背景性信息的补充,也将影响人们对于会议信息的理解。当前,很少有单纯以记者见证来描述和构建会议新闻的本体形态,而单纯的以会议发布者直接发布的信息来构建的新闻几乎是中国媒体普遍的叙事模式。

一篇好的会议新闻,应是多元传者信息的相互补充和解读的结果。单一传者信息的发布虽然也传播了受众欲知信息,但是由于缺少必要的背景交代和相关现场信息的照应,会议新闻也会失去应有的传播效果。

一、新闻传播主体的一般认识

新闻传播活动是新闻活动的核心,直接从事新闻传受活动的主体自然就是新闻活动的核心主体②。在新闻的传播活动中,传播主体由参与新闻生产各个环节的主体所构成,既有新闻传播者的传播主体、新闻接受者的受传主体,也有新闻把关者的控制主体和信息拥有者的信源主体。可见,新闻活动主体构成是多元的。

那么,新闻表达主体是"谁",他们是由哪些主体构成的,在以往的新闻传播主体理论中,学术界一般用新闻传播者这个概念指称编辑、记者等直接从事新闻报道活动的人。杨保军认为,在理论新闻学的视野里,新闻传播主体的构成事实上是双重的:一是新闻媒体(资产)的所有者、经营者和管理者,二是直接从事新闻传播活动的人,即人们通常所指的新闻传播主体——以采编人员为主的新闻业务工作者。杨保军将前者称为高位主体,后者称为本位主体。

本书认为,将主体划分为"高位"和"本位"不够准确。从传播主体关系看,用"高位"与"本位"来揭示它们之间的逻辑关系有些讲不通。这里"高位"的含义是从媒介所有者角度来界定的。而"本位"则是从媒介附属于所有者的角度来界定的。如果是这样的话,那么它们之间的关系应该是

---

① 李春雨.会议新闻传播效果的四个 W 考量[J].新闻传播,2007(1):11-15.

② 杨保军.新闻活动论[M].张小娅,译.北京:中国人民大学出版社,2006:101.

"上位"与"下位"的关系,尤其是"本位"的含义也比较模糊。如果从新闻传播行为的角度来定义"本位"主体,自然也不能排除处于"高位"的传播主体,特别是政党、政府及其政治行动者的传播行为,尤其是在会议新闻传播中,处于"高位"的传播主体常常居于"本位"的传播位置,比如,通过媒体直播的新闻发布会,代表政党和国家的"高位"传播主体,他们是唯一处于"本位"的传播主体,媒体和专家学者即使是在传播中露面,也只是"侧位"的角色,或者对"本位"主体的新闻发布进行信息解读,或是提供必要的背景信息。此时的媒体和专家学者,并不是杨保军所说的"本位"主体,他们的角色,一方面是配合"高位"传播主体的信息传播行为,另一方面是通过解读、背景信息提供使政治行动者所表达的意见,更容易让公众理解。如果将传播主体的逻辑关系理顺的话,应该是上位主体与下位主体的关系,上位主体居于主导地位,而下位主体则服从于上位主体。另外,除了上位主体和下位主体之外,本书认为,还存在另一个主体——侧位主体。

所谓上位主体是指处于传播主导地位的政治行动者主体,亦即政治活动者主体。他们通常是指国家、政党和政府。政治活动者既是国家和社会活动的管理者,也是媒介资产的所有者。在媒体私有制度下,处于上位主体的是新闻媒体的所有者,即媒体集团公司,而在其背后也存在一个"隐形"的上位传播主体——政府。虽然西方政府对于媒介的管理是间接的,即通过法规和信息控制来实施影响。但是总统和政府新闻发言人,始终处于上位传播主体地位。事实上,美国媒介的新闻议程是由总统和新闻发言人决定的,媒介离开了总统每天向媒介发布的"新闻关键词",媒介议程就会失去方向。在媒体公有制下处于上位主体的是人民或人民的代表——国家。在中国处于上位主体的是政党和国家,政党和国家通过自己的代表来经营管理新闻媒体。中国新闻媒体的上位主体一般由党委和政府构成,也就是说,在新闻媒体之外的各种行政力量和党的组织力量都在一定程度上影响和介入新闻传播,这些上位主体实际控制着新闻媒体及其新闻传播活动。国家领导人和政府新闻发言人同样决定着媒介议程。上位主体在新闻传播中常常以信源的角色出现,或者直接通过媒体传播信息。

所谓下位主体是指处于从属地位并直接从事日常新闻传播活动的媒介和新闻记者、编辑,他们是新闻传播活动的职业核心力量。在新闻传播活动中,下位主体是新闻价值的认知者和传播者。下位主体处于新闻传播的"前在"位置,也就是传播过程的首端,对信息的内容、流量和流向以及受传者的反映起着重要的控制作用。瓦耶纳认为:"新闻报道者不是简单的传播者,他们的作用远不是纯然被动的,相反倒是有决定意义的。"①因为作为新闻生产活动中的核心力量,编辑、记者掌握着新闻传播的主动权,处于上位主体的媒介所有者虽然控制着新闻传播的方向,但是下位主体仍然对具体的新闻事实选择、新闻编码和传播具有一定的自主权,受众所获知的各种新闻信息都是他们选择过滤的结果,是他们分配着接受主体有限的注意力,并通过不断的媒介议程设置,引发和维系社会公众对于政治、经济、社会有关问题的关注,建构着媒介现实,塑造媒介在公众心中的形象。

所谓侧位主体是指处于上位主体与下位主体之间的相关背景和信息解读的表达者,他们是构成完整信息的必要主体。背景和解读性信息的缺失将产生一个个信息的空洞,给受众带来理解上的困惑。他们常常出现在会议新闻报道中,处于上位主体与下位主体的侧位,一方面他们对于上位主体发布的信息进行解读,另一方面他们又是下位主体新闻表达的有机补充,通过提供背景信息和解读信息使会议新闻更加立体和易于理解。因此,他们可以被称为侧位主体。他们是新闻传播的补充主体,但不是充要主体,有些会议新闻,需要侧位主体的补充,有些则不需要。侧位主体一般由参与政策起草部门的相关人员和相关领域的专家学者构成。

可见,新闻的表达主体是多元的,也就是说由政治行动者、机构信息发布者、相关背景信息表达者和大众媒介新闻信息传播者构成。

二、会议新闻传播主体构成分析

会议新闻传播是会议活动的延伸,会议活动作为政治活动的载体,主要承载着重要政治信息的生产和传播任务。会议活动本身也是一种政治信息的传播活动,其主体由政治领袖、执政集团、利益集团等有关组织和成员构成。会议活动的目的是执政集团协调社会以及公众之间的利益关系,会议活动的成果是做出决议决策,出台政策,达成协议。会议的决议决策和政策只有通过媒体传播才能为社会和公众所关注和了解,进而产生某种社会认同并得以有效施行。

会议新闻传播的是政治信息,就其传播的功能和属性而言,是一种政治传播活动。政治传播是为了影响公众,形成政治共识,但就其新闻建构而言亦属于新闻活动。新闻活动的目的是为了传播新闻,因此,会议新闻传播主体自然由政治活动主体、政策解读者主体和媒体记者构成。

---

① 瓦耶纳.当代新闻学[M].张小娅,译.北京:新华出版社,1986:15.

（一）上位主体——政治活动者传播主体和信息发布者主体

会议新闻传播中处处显现着政治活动者主体的身影，回荡着他们的声音。政治活动者主体是指那些在会议活动中代表政党、国家和政治集团传播政治信息的主体。在所有会议新闻传播主体中，政治活动者传播主体都处于统领和主导地位，因此称为上位主体。无论从信源提供者，还是直接传播政治信息角色看，会议活动中的政治活动者主体都是会议新闻的核心传播主体。在会议新闻传播中，会议活动中的政治活动者主体既是会议新闻的信源，控制着会议信息的流量，又是新闻信息的把关人，左右着会议新闻传播的口径和导向，同时也是新闻信息的直接发布者。

会议新闻传播的上位主体包括：政治活动者主体和机构信息发布者主体。

1. 政治活动者主体

政治活动者主体包括：政党、政府、政治领袖人物、政治机构负责人等。

（1）政党

政党作为群体传播主体，主要是由政党在国家事务中的统领地位决定的。政党是现代政治的主要组织因素，是"代表一定阶级、阶层或集团的利益，旨在执掌或参与国家政权以实现其政治纲领的政治组织"[①]。就其功能而言，"政党是国家和市民社会之间联系的重要渠道，发挥着诸如代表人民、组织和招募政治精英、利益表达和聚集、组建政府等功能"[②]。除此之外，罗斯金认为，政党还具有利益聚合、政治社会化等功能。他认为，如果利益集团是最高形式的政治组织，政府将会变得混乱并且不稳定，因此，"政党通过利益聚合来驾驭和平息利益集团之间的冲突，把它们的不同利益聚集在一个更大的组织中"[③]。同时，"政党还教它们的成员如何玩政治游戏"[④]。在国家政治生活中，执政党通常设定政治议程、制定国家大政方针和舆论引导策略。政党作为特殊类型的政治组织，其地位和作用是其他社会组织或政治团体无法替代的。

现实的政治是执政党控制国家的政治。政党的功能强大而全面，而政治传播无疑是其极为重要的功能。

（2）政府

政府作为传播主体，主要是因为政府的强大作用，除了其是政治信息

---

① 中国大百科全书总编辑委员会《政治学》编辑委员会. 中国大百科全书：政治学［M］. 北京：中国大百科全书出版社，1992：470.

② 海伍德. 政治的密码［M］. 吴勇，译. 北京：中国人民大学出版社，2016：206.

③④ 参见罗斯金. 政治科学［M］. 林震，等译. 北京：中国人民大学出版社，2014：195.

的制造者以外，它还是传媒体制的宰制者。海伍德认为："政府更普遍地被理解为在国家层面上运行的用来维持秩序和促进集体行动的正式制度过程。"①无论哪种政治体制下的政府，作为正式制度的过程，其都要对国家运行秩序进行有效规范和管理，因此，政府规范和管理下的传媒体制，都将毫无例外地置于政府的宰制之下。政府的宰制通常依靠财政预算、政策法规、行政管理等手段，尤其是中国的主流媒体的所有权均属于国家，政府充当所有权管理者角色。除此之外，媒介还要受利益集团的宰制，尤其是西方国家的媒体，多数被掌握在垄断集团手中。在西方，政府传播主体一般靠信息控制与媒体打交道，信息提供多少、公开的程度、报道口径等都掌握在政府手中。在媒体与政府的传播博弈中，政府处于比较主动的位置。

（3）政治领袖人物

政治领袖人物作为传播主体，主要是由于其不仅是"政治生活和政治进程中掌握政治领导权并能影响和控制他人的人"②，他还是政党和国家、政府的首席合法代表，而且其始终处于政治传播的核心位置，是国际、国内和社会公众关注的焦点。因为"人类的政治过程是一个领袖领导民众、民众追随领袖的过程，这是人类政治的'铁律'"③。伯恩斯在论述领袖的作用时指出："领袖的作用是塑造更加美好的未来，也就是说去追求尽可能广泛的目标和尽可能高的道德水准。"④他进一步指出："对于领袖来说，最重要的一条是创立一个即使在创始者去世很长时间后仍能继续实行其道德观的机构：国家、社会运动、政党、官僚政治。"⑤可见，领袖人物的地位和作用不可替代。正因为如此，领袖人物的一举一动、一言一行都将成为新闻传播的头号重要新闻。而作为政治活动信息的富集地——会议活动，其中的领袖人物的言论、立场和态度，不仅影响着政治方向和社会进程，而且还将"决定什么是新闻"和"今天的新闻关键词"。在会议新闻传播中，领袖人物的传播主体地位更加突出，他们既是信息的提供者，同时也是信息的直接发布者。

（4）政治机构负责人

政治机构（包括政党、政府机构）的其他负责人作为传播主体，是因为一方面其属于体制内的政治精英范畴，代表政党、国家和政府行使政治和

---

① 海伍德. 政治的密码［M］. 吴勇，译. 北京：中国人民大学出版社，2016：16.

②③ 荆学民. 政治传播活动论［M］. 北京：中国社会科学出版社，2014：73.

④ 伯恩斯. 领袖论［M］. 刘李胜，等译. 北京：中国社会科学出版社，1996：527.

⑤ 伯恩斯. 领袖论［M］. 刘李胜，等译. 北京：中国社会科学出版社，1996：534.

行政权力,一方面又是政党、国家和政府机构的政治信息传播者。由于他们处于国家、政党、政府与公众之间,与公众保持着较为密切的联系,因此,他们既可以在相应的政治机构和权限之内行使权力,又必须始终关注公众的呼声和舆论诉求,并将其纳入政治机构议事和决策议程,变为决议决策和政策。正因为如此,他们既是政治信息的发布者,同时也是媒体和公众关注的焦点。

在会议新闻传播中,政治活动主体一般是作为直接的信息发布者或者新闻信息提供者的角色出现的。作为会议新闻的直接发布者,政治活动主体主要是借助于会议场域,通过媒体发布信息,比如新闻发布会、记者招待会等。新闻发布会和记者招待会作为会议新闻传播的一种特殊形式经常被采用,诸如广播电视和网络媒体的全程直播,报纸的新闻发布会完整内容的发布。政治活动者主体作为信源出现,主要通过提供政党、政府的会议文件、政治精英提供的解读信息,特别是领袖人物讲话中的一些精彩观点、思想、政治表态、宣示的政治主张,等等,这些通常都是会议新闻要传播的内容。

2. 机构信息发布者主体

机构信息发布者主体作为传播主体主要是指政党、政府的新闻发布机构及其新闻发言人,他们是国家、政党、政府的法定信息发布者。中国机构发布主体如国务院、外交部、国台办、国防部新闻办公室等,这些机构定期举行新闻发布会,就国际、国内公众关心的问题进行回应并阐述国家和组织机构的立场,它们是会议新闻信息的权威传播主体。

目前,中国的政治活动者主体的传播,从国际和国内的传播结构看,面向国际传播要好于面向国内传播,面向国内传播存在某种"缺席"现象,尤其是在重大的决议决策和政策主张针对国内公众的传播中,往往是"缺席"的,还没有建立起规范并且有效运行的新闻发布制度。越是基层政府,这种作用的体现越不好。基层政府的新闻发言人基本形同虚设,一年也搞不了几次像样的新闻发布活动。除了"两会"期间和重大公共突发事件,国家部委能够及时进行新闻发布以外,平时这样的发布活动很少。其实,各级政府部门根据政府出台的政策进行新闻发布、政策阐述和公众诉求的回应,既是政府应尽的职责,也是政府政治传播的需要。公众的社会诉求输入,需要政府及时的政治输出。政治输出不仅局限于政策输出,还需要进行大量的政治宣示、大政方针的阐释、重大政策的解释、公众诉求的回应等。政治输出的过程也是政治沟通的过程,顺畅、经常的沟通可以弥合许多分歧和矛盾。

转型期的中国,尤其需要针对国内公众诉求进行规范性的政治输出,这是媒介新闻传播所难以达到的传播效果。要完善和坚持这一制度,使其成为政府与社会公众固定的(固定时间、固定媒介)政治沟通平台,成为公众了解政府决议决策、政策主张的有效渠道。中央机关、国家部委、省市县政府要有自己的新闻发言人,并且要有专业的舆论引导专家,要由这些专业人士具体研究决议决策、政策主张符合新闻传播规律的媒介营销问题,以及公众诉求回应和政策阐述的策略,以受众乐于接受的方式将决议决策和公共政策营销给社会公众,建构并有效运行好这一制度,这对中国的政治传播将具有现实和深远意义。

(二)侧位主体——权威的信息说明及解读者传播主体

这些表达者作为政治信息补充传播主体,常常作为媒体的嘉宾出现在广播电视或者网络媒体的新闻传播中,为会议新闻提供相关的背景性信息和解读性信息。这些表达主体包括政府智库、高校和研究机构专家学者等。他们能够就执政集团的决议决策和政策提供一些见识、观点和解读,为公众建构一个清晰的政策和意见的"导引地图",帮助公众理解这些政治信息。同时也为新闻传播提供一些必要的背景信息,以此来丰富新闻传播内容,为新闻接收者提供"怎么想"的意见引导。侧位主体其实与政治活动者一同构成政治政策营销的角色。作为第三方传播主体,公众看中的是其客观的立场和有说服力的解读,公众更容易沿着他们的思路和视角看问题,按照他们对于问题的界定和框架来思考。把这些人士列入传播主体,除了他们能够为公众理解政策信息提供客观的解读外,还因为"在记者看来,他们的话能够帮助提升新闻报道的权威性与公信力"[1]。之所以把其置于会议新闻传播的侧位,是因为他们特殊的地位决定的。他们既不是国家、政党、政府及其机构体制内的组成部门,又不是政府法定的政治信息发布者,他们只是媒体邀请的嘉宾传播主体,在整个政治系统中处于辅助的地位。

目前,从中国传播实际出发,国家应该遴选好各类专家学者和智库成员,以第三方的客观身份,作为各级主流媒体的传播主体,使其成为国家政治主张、决议决策和政策的权威阐释者,引导公众理解好党委和政府输出的重大政治信息。

(三)下位主体——媒体职业新闻人传播主体

下位主体主要是指新闻记者和编辑人员。新闻记者不仅要依赖政治

---

① 麦克奈尔.政治传播学引论[M].殷祺,译.北京:新华出版社,2005:93.

活动者主体和背景信息提供者、新闻发言人提供相关事实信息,同时,也要注意会议场域内外活动的观察和发现,特别是对于一些特殊会议活动中的突发事件、重要人物的情态语和体态语等,这些要靠记者现场发现,而且这些信息往往是公众十分感兴趣的,同时也要对政治活动者主体的信息发布进行选择、提炼和背景补充,尤其是对那些目标受众感兴趣的信息进行核实、聚焦和传播。

三、会议新闻传播主体之间的关系

（一）上位主体与下位主体的关系

在媒介的三大控制力量即政府的力量、市场的力量和公众的力量中,政府的控制力量对媒介起着主导性的作用,虽然从新闻传播效果出发,媒介会关注目标受众的需求,但是在政治安全与公众需求上,上位主体始终会以政治安全为要,不会任由媒介随意传播。

正是由于这种控制力的存在,上位主体在会议新闻传播中始终居于支配地位,而下位主体则处于从属地位。阿特休尔认为,无论是在社会主义国家还是资本主义国家,"传播媒介都是工具,支持那些使他们得以出版的人"[①]。席勒认为,新闻传播媒介的控制与使用始终与政治权力联系在一起,因为"信息的专门使用权被认为是通向权力的通道。对于传播媒介的控制是取得政治权利的首要一步。位于现代组织机构中心的信息机构传播信息的方式永远不是随意的"[②]。任何政党和政府都不会放弃对信息的控制权力,始终对媒介进行直接或者间接的控制,以维护执政安全和有利的舆论环境。因此,执政党和政府作为传播的上位主体,对下位主体的新闻传播起着决定性的控制作用,尤其是在我国"党政双轨"媒体管理体制下,媒体导向管理是其首要的职责。我们要看到,"无论在何种情况下,政府都可以运用媒体来宣传政策、发动群众、发布信息,也可以通过媒体来检验新近制订的法律法规的效果,最为重要的是在公共领域内,为政府的工作创造一个有利的舆论环境"[③]。作为下位主体的媒介要明白的是,"有选择地发布信息的权力是政治权力的根本"[④]。尽管如此,下位主体对于上位主体也会实施反制,主要通过信息选择和叙事框架的设定来传播下位主

① 阿特休尔.权力的媒介[M].黄煜,裘志康,译.北京:华夏出版社,1998:128.

② 席勒.大众传播与美利坚帝国[M].刘晓红,译.上海:上海世纪出版集团,2006:29.

③ 伯顿.媒体与社会——批判的视角[M].史安斌,译.北京:清华大学出版社,2007:16.

④ 贝格蒂克安.媒体垄断[M].邓建国,等译.石家庄:河北教育出版社,2004:74.

体认为应该传播的信息,以此影响公众对于会议决议决策的认识。当然这种反制的能力和作用,相对于上位主体的控制能力要弱许多。

（二）侧位主体与其他两个主体的关系

侧位主体与上位和下位主体的关系较为复杂。侧位主体与上位主体既可以是受制关系,也可以是反制关系,他们的信息解读和意见可以是对决议决策和政策的正向阐述,也可以对决议决策和政策存在的问题提出不同看法。

在中国,一般情况下,侧位主体的解读与上位主体基本保持一致,尤其是政府智库的观点和意见的传播与上位主体的基调是一致的,因为政府的决策一般是建立在智库提供的论证方案基础上的。但是,其他专家学者的意见可能要超脱一些,他们一般从维护自身学术公信力,特别是从某领域学术权威的角度出发,表达的意见会比较客观和中立,这也是社会公众在会议新闻传播中比较关注的部分。侧位主体与下位主体一般处于合作关系,下位主体为侧位主体表达意见和建议提供了平台和机会,同时,侧位主体也为下位主体提供它们想要的解读和背景信息,以增强传播的权威性和公信力。侧位主体和下位主体的合作,往往也会对上位主体产生某种反制作用,下位主体通过侧位主体之口来表达他们想要表达的意见,对上位主体和公众实施影响。

四、传播主体的出场方式

（一）作为主角的上位主体出场

传播主体的出场方式一般可分为直接出场和间接出场两种形式。直接出场作为政治活动主体的上位主体,一般是作为新闻发布的主角出场的。常见的新闻发布会和记者招待会,上位主体通过回答记者的提问,直接表达政治主张、政治态度,回应国际国内的舆论诉求。"两会"期间国家部委举行的新闻发布会,特别是国务院总理的记者招待会,媒体一般采用直播的形式,无论是传统媒体还是"平台型媒体",或移动客户端都进行了全程完整传播,这种出场方式会为上位传播主体充分表达意见和政治主张提供开放的平台。即使记者招待会和新闻发布会的新闻传播,一般也是让政治活动主体走到新闻前台成为新闻传播的主角,直接将重要政治信息传播给社会公众。而新闻媒体只是为政治活动主体提供了一个传播的载体。间接出场一般是作为信源出现的,虽然是作为信源出现的,但却是构成会议新闻不可缺少的权威信息。

（二）作为配角的侧位主体出场

侧位主体虽然在表达形态上往往也直接走到新闻的前台,但绝不是居于主导位置的,主导位置永远是作为上位主体的政治活动者主体。侧位主体在上位主体举行的新闻发布会、记者招待会进行直接的政治信息表达中,一般是以解读和评论者的角色出现的,主要是对政治活动主体表达的重要政治主张、政治见解、政策立场和出台的政策进行评价和解读。同时提供相关背景信息,包括国际国内的政治、经济和社会形势分析,或者为政治活动者主体的政治主张和政策立场提供注释,帮助社会公众理解这些政治观点、政策主张、政治态度,或者提出与政治活动者相左的观点,表明自己的主张。前者在中国的媒体比较常见,后者则是西方媒体的主流。

（三）作为间接表达者的下位主体出场

下位主体的表达只能通过叙事框架、事实选择、信源引用等间接表达方式出场,即使是电视出镜记者的表达也是如此,但这并不完全排除下位主体新闻表达的直接性,这种情况,一般体现在记者会议现场观察发现的新闻事实的表达,如电视出镜记者会议现场的报道。

这样来区分传播主体在会议新闻中的传播角色,是为了让记者根据目标受众的定向需求来选择事实和传播主体。其实在一篇新闻中三个主体有时是同时出现的,只不过在新闻传播中的分工不同罢了,而且由三个主体表达的新闻其传播效果要好于单一主体的表达。

我们来比较两篇会议新闻:

【胡锦涛 APEC 峰会演讲建议从四方面努力造福亚太】①

【中新社河内十一月十八日电】中国国家主席胡锦涛今日出席亚太经合组织(APEC)第十四次领导人非正式会议并发表演讲。为谋求和谐共赢,造福亚太人民,他建议从四个方面进行努力。

第一,维护和平稳定。……

第二,促进共同发展。……

第三,实现合作共赢。……

第四,奉行开放包容。……

胡锦涛向世界宣示中国政府的四点政治主张,应当说体现了作为正在

---

① 丁晶波.胡锦涛 APEC 峰会演讲建议从四个方面努力造福亚太[EB/OL].[2019 - 07 - 01].
http://www.chinanews.com/gn/news/2006/11 - 18/823029.shtml.

崛起的负责任大国对于实现亚太地区国家和人民的福祉所贡献的中国方案。这四点主张,每一条都是对亚太地区国家对于中国种种质疑的善意回应,这些主张紧扣亚太地区国家发展实际。从西方新闻报道看,报道涉及了亚太地区个别国家对于中国崛起的种种疑虑,同时也注意到了亚太地区一些国家和专家学者的不同反应。中新社的报道只是简单地向世界告知了胡锦涛的四点主张,并没有介绍提出这些主张的国际背景及亚太地区的疑虑,也没有关注国际社会的反响。这样建构的新闻,很难说在引导国际社会舆论方面有什么好的效果。

从传播主体分析,这则消息是以上位主体的信息发布来建构新闻的,既没有侧位主体的信息解读,也没有下位主体的语境介绍,记者只是被动地接收信息、转述信息。除了告诉人们胡锦涛讲了四点主张外,为什么要提出这些主张,国际社会的背景与胡锦涛的主张之间究竟有什么样的关系,与会人员有什么反响和评价? 会场内外的气氛等相关信息都没有交代,这样的传播很难引起国际社会和国内公众的关注和反应。

我们再看一则会议新闻:

【"我们不能闭门开会":沙尘暴牵动总理心】①
"同志们,我们不能闭门开会。会场外,北京正出现严重的降尘天气。北京扬尘天气已经持续 10 多天了,这虽然有气候的因素,但也反映出环境问题的严重性。"

17 日,第六次全国环保大会在漫天的浮尘中召开。开幕式上,从黄色沙尘中走来的国务院总理温家宝的开场白振聋发聩。会场内肃静无声,代表们神色凝重。

从前一天晚上,我国北方地区出现自 2003 年以来最大范围的强浮尘天气,北京市未能幸免。此时此刻,北京成为土黄色的城市,空气中充斥着细细的沙尘,地面、房屋、汽车,甚至是每一片树叶都被黄色浮尘厚厚地覆盖。

"沙尘暴连续发生,对我们是一个警示。我们在这里开会,感到肩上的压力",温家宝语重心长地说,"十五"期间,我国经济发展的各项指标大多超额完成,但环境保护的指标没有完成,主要是两个指标:一个是二氧化硫排放量,一个是化学需氧量。2005 年全国二氧化硫排

---

① 徐京跃,顾瑞珍."我们不能闭门开会":沙尘暴牵动总理心[EB/OL].[2019 - 07 - 01].
http://www.cnr.cn/news/t20060419_504196092.html.

放量比2000年增加了27%,化学需氧量仅减少了2%,均未完成削减10%的控制目标。

温家宝提醒代表们:发达国家上百年工业化过程中分阶段出现的环境问题,在我国已经集中出现。生态破坏和环境污染,造成了巨大的经济损失,给人民生活和健康带来严重威胁,必须引起我们高度警醒。

温总理的讲话既不讳言沙尘暴问题的复杂和艰难,又显示出迎难而上、加大治理的勇气。

参加第六次全国环保大会的代表们为温总理的忧患与勇气所感动。

"温总理日理万机,却心系沙尘暴治理问题,更坚定了我们进一步做好环保工作的信心和决心。"刚刚上任的山西省环保局长刘向东,第一次来北京开环保大会就碰到了沙尘暴天气,漫天的风沙让他更感到了责任重大。他说,"沙尘暴再次给我们敲响警钟。作为首都的西北门户,我们一定要共同努力,早日把沙尘暴挡在北京城外"。

总理的真诚换来代表们的掌声。来自内蒙古的代表李万忠特地把总理讲话稿中"全面小康的经济目标,经过努力完全可以达到,而要达到小康社会对环境的要求难度很大"这句话用红色铅笔勾了出来。他说:"总理的讲话发人深省,令人反思,告诫我们:必须把保护环境这件事关人民群众切身利益的大事抓紧做好。"

这篇会议新闻虽然在信息结构上有一些缺陷(缺少了会议形成的具体决议决策信息),但还算是一篇有温度、有态度的新闻。从传播效果看,这篇会议新闻展现了实事求是应对环境问题的负责任的政府形象。政府不避讳由于高速发展带来的严重环境问题:"发达国家上百年工业化过程中分阶段出现的环境问题,在我国已经集中出现。生态破坏和环境污染,造成了巨大的经济损失,给人民生活和健康带来严重威胁,必须引起我们高度警醒。"同时也正面回应了公众的舆论诉求,传递了国家治理环境问题的紧迫感和坚定决心。

从传播主体角度分析,这是一篇多元表达主体建构的会议新闻,会议信息发布者(上位主体)与会场见证者(下位主体)和相关背景信息提供者(侧位主体)的信息传播交相辉映,相互补充,使本篇新闻主题鲜明,内容充实,富有特色。

这篇消息,除了温家宝、刘向东、李万忠等作为会议信息上位传播主体的信息表达外,还有背景信息和记者的见证性信息表达。如"从前一天晚上,我国北方地区出现自 2003 年以来最大范围的强浮尘天气",这是背景信息,其信源应是气象部门,如果没有这一背景性信息,就会使温总理在导语中的话"沙尘暴连续发生,对我们是一个警示。我们在这里开会,感到肩上的压力"没有了依据。"北京市未能幸免。此时此刻,北京成为土黄色的城市,空气中充斥着细细的沙尘,地面、房屋、汽车,甚至是每一片树叶都被黄色浮尘厚厚地覆盖。"此为记者见证性的信息表达。

> 17 日,第六次全国环保大会在漫天的浮尘中召开。开幕式上,从黄色沙尘中走来的国务院总理温家宝的开场白振聋发聩。会场内肃静无声,代表们神色凝重。
>
> 参加第六次全国环保大会的代表们为温总理的忧患与勇气所感动。
>
> 总理的真诚换来代表们的掌声。

以上是记者在场的见证性信息表达,如"第六次全国环保大会在漫天的浮尘中召开""会场内肃静无声",也有"肃静无声""神色凝重""掌声"等情态性信息。当然,情态信息的表达是由"代表们"发出的,也是记者观察发现的。

> 温总理的讲话既不讳言沙尘暴问题的复杂和艰难,又显示出迎难而上、加大治理的勇气。

以上是记者解读性的信息表达。

"从前一天晚上,我国北方地区出现自 2003 年以来最大范围的强浮尘天气。"这一背景信息是记者通过气象部门了解到的,也就是说这一信息是由上述发布者发布的。会议召开的背景、会议讨论的问题、与会者的反响与共鸣等信息完整,主题鲜明而突出。情、景、理交融,使社会公众和与会者看到了环境保护的紧迫现实,对于国务院推出治理环境问题的政策,具有很好的舆论铺垫和引导效果。

记者是否作为会议新闻表达者角色,有主动介入与被动接收之分。主动介入是指记者置身于会议活动现场,作为会议新闻直接表达者角色,对相关信息进行收集和发布,此时记者与会议信息表达者、相关背景信息提供者共同构成会议新闻的表达主体。这种介入是作为会议新闻传者的积极作为。而被动接收则完全把自己置于会议信息记录者角色，并不关心会议现场发生的情况，不注意观察会议现场的情态信息，有的甚至并不参加会议，拿了会议讲话材料就回去写新闻，这样的会议新闻的传播效果就可想而知了。

记者作为直接表达者并非不要新闻的客观性，而是要与政治行动者保持政治传播上的同步性和协调性，要理解政治行动者的政治传播意图，其政治表达所处的社会情境，只有这样组构的新闻才能紧密契合社会期待和符合政治行动者的政治传播意图。同时记者的新闻认知和表达，也要特别注意政治行动者言论、主张和态度的社会反响及其实践作为，便于对政治行动者进行必要的监督。

无论谁作为会议新闻表达者，从一定意义上讲，作为"中继站"的关键环节，都是记者有目的的信息和话语选择，这是一种符合新闻传播规律的识码、解码、编码的过程，在这一过程中，记者的意识形态倾向将得到呈现。记者的信息选择关系到会议新闻传播的效果。"在新闻叙事中，叙事人的身份、视角、聚焦、功能等并由此合成的'声音'，表现出的是叙事的立场、观念与态度。叙事人的真实身份，他眼里的世界的真实性，直接关乎新闻的准确、客观与公正，关乎新闻传媒的公信力和影响力，关乎新闻的生命和新闻事业的生命。"[①]因此，记者在新闻传播主体和信息的选择上，应遵循显著性、权威性、准确性、有效性、真实性的原则。显著性是指会议信息发布者层次越高、位置越显要，其发布的信息就越值得关注；权威性是指越是置于政策、决策、决议的核心圈或对政策、决策、决议越有影响的信息发布者，其发布的信息越权威；准确性是指对会议信息发布者和相关背景信息发布者的信息和话语应做准确地引用和转述，不得曲解和误解；有效性是指传者和信息的选择应考虑受众关注的焦点、现实情境、舆论热点，越接近和触及以上这些问题的信息越有效；真实性主要是要求记者在作为传者角色时，对所观察和记录的信息要准确，并且要发布真实的事实信息。

通过对各类传播主体的分析，我们清楚地看到：会议新闻生产背后的决定性力量始终是居于上位主体的政党、国家及其机构传播主体，媒介议程设置权始终掌握在上位主体手中，下位主体和侧位主体始终处于从属地位，为上位主体的信息传播服务。这样说，并不排除作为受传主体的社会系统及其公众的反作用对于上位主体和下位主体的影响。虽然上位主体在会议新闻传播中居于主导地位，但是作为受传主体——社会系统及其公

---

① 何纯.新闻叙事学[M].长沙:岳麓书社,2006:21.

众的媒介和新闻接触行为和偏好,对于上位主体和下位主体的传播具有反制力。也就是说,上位主体和下位主体的新闻建构和传播如果不考虑社会系统和公众的需求指向和信息选择偏好,那么作为受传主体的社会系统及其公众就会采取抵制或者媒介逃离的行动来反制上位主体和下位主体的信息传播。如果出现这样的情况,会议新闻的传播就是失效的。理想的状况是,上位主体和下位主体的信息传播要以满足社会系统及其公众需求为导向,建构起彼此相通的受传环境,实现上位主体的政治传播意图和社会系统及其公众定向需求的双重信息满足,达到上位主体、下位主体、侧位主体与目标受传主体信息传受上的协调和平衡。

五、双闭环中政治行动者传播主体的角色

在中国语境下,无论是政治活动中的传者与受者,还是新闻活动中的传者与受者,在不同信息交流循环过程中,政治行动者的政治传播者角色都不会发生根本改变,只不过其所采取的传播方式和策略会有所不同。

在政治活动和新闻活动中,政治系统、媒介系统和社会系统形成了循环往复的双重闭环,而闭环中起主导作用的永远是政治系统及其与社会系统的交互影响,媒介系统是实现双闭环的链接中介。

在政治活动的闭环中,政治系统的需求输入者是社会公众,政治系统是接受者,而决议决策和政策的生产者和政治输出者是政治系统,社会公众则是接受者。反过来,公众的评价和行动,又以支持或反对的行动输入给政府,这个闭环循环往复,不断运动,通过这种信息交换,求得系统的动态平衡。在这个闭环中,政治系统始终处于主导地位,媒介系统在这个过程中扮演的只是中介角色,即将公众诉求和政治系统的政治输出通过媒介传播出去,以影响政治系统和社会系统。社会系统的诉求通过媒介传播,以引起政治系统的注意,反映比较强烈和集中的诉求,政治系统一般会纳入政治议程,反映比较分散的诉求一般不会引起政治系统的注意。而政治系统的政治输出,通过媒介系统传播,可以引起公众的关注,尤其是利益相关群体的关注。对于政治系统的政治输出,社会系统可能认同与支持,也可能反对与抵制,支持与反对均来自自身利益损益程度的权衡,这就为舆论引导提供了空间。

在会议新闻传播中,政治系统、媒介系统和社会系统也形成了这样一个闭环。闭环以媒介系统为中介,也呈现出循环往复的过程。在政治议程设置和政治输出阶段,政治行动者是议程设置者和政治政策输出者。在媒介新闻传播阶段,政治行动者则是传播者主体,而在社会反馈阶段,又是以

社会诉求的接受者角色出现的,而且,角色变换是循环往复的。但无论怎样变换,政治传播者的角色没有发生根本转变,一旦发生根本改变,政治系统的政治社会化就会弱化甚至发生异化。正因为这种闭环的存在,政治行动者与公众和媒介才建构起了紧密的联系。

在会议新闻传播活动中,政治行动者需要强化主导者的角色意识。

1.议程设置的说明者

议程设置是由"议程"和"设置"两个要件构成的,"议程"是将要讨论的内容或问题,"设置"则是一种政治选择和排序,议程设置的本质是一种权力的体现。

议程设置在不同政治体制下,其议题来源和设置权力是不同的。中国同美国的决策机制就有明显的不同。中国政府决策议程的来源一般是社会公众的诉求,遵循的是"从群众中来,到群众中去"的政治原则,其目的是构建"了解民情、反映民意、集中民智、珍惜民力的决策机制"[①],体现的是政府决策的人民性和人民主体地位。因此,中国政府的决策更加强调透明和公众参与,更多地体现了人民的诉求和期待,其决策的合法性不言而喻。而美国的政治体制则是一种权力制衡的制度设计,因此,政府决策与议程设置是分离的。美国议程设置权力从体制设计上归属于国会,但由于每一个议员背后都有强势利益集团通过金钱在操控,因此,美国民众的诉求无论多么强烈都难以进入设置程序。比如,美国社会每年都有枪击事件发生,许多无辜民众被杀害,美国社会对于控枪的民意超过80%,即使如此,仍然抵不过美国步枪协会的力量。由此可见,美国政府的决策更多体现的是强势利益集团的意志。即使美国政府通过公关公司的政治营销手段,将其政策推销给美国公众,通过巧妙的政治修辞替换掉可能引起公众反感的政策词语,但是对其政策议程设置和决策的本质,美国民众是心中有数的,多数美国人将政府视为"我们的敌人"就可以理解了。

不同体制和决策机制虽然不同,但无论议程设置背后的主导力量是谁,最终将各种诉求转化为议程的只能是政治行动者。但是由于议程设置来源与权力不同,不是任何体制下的政治行动者都可以对其议程设置的合法性和合理性进行说明的。比如美国政府由于其议程设置是受强势利益集团左右的,是政治精英"暗箱操作"的结果,因此,美国政府从来不会主动进行说明,不仅如此,还想方设法通过提供有利于自己的信息来诱导媒

---

① 习近平.在庆祝全国人民代表大会成立60周年大会上的讲话[N].人民日报,2014 – 09 –
06(1).

体进行报道。一般情况下媒介会接受政府提供的经过把关过滤后的信息，但是，一旦政府决策损害媒体所属利益集团的利益，那么媒体是不会甘心做政府信息的"免费搬运工"的，从维护媒体资本的利益出发，将挖掘其他利益集团与政府合谋"暗箱操作"的黑幕作为其反击政府的利剑，同时，这样的"黑幕"信息也可以吸引公众的关注，为媒介赚取利润。

中国政府的议程设置，虽然也不完全排除利益集团的影响，但是党的领导是强有力的，相对而言，利益集团的影响力比较有限。作为代表全体人民根本利益的执政党，要确保长期执政，是不会容许任何利益集团侵害人民的利益的。因此，中国政府的议程设置是可以公开说明和解释的。

之所以强调议程设置说明，是因为在一般情况下，社会诉求转化为政治议程并不是一个直接的过程，也并不等于任何分散化、碎片化的社会个体，或者群体诉求都能转化为政治议程，这需要一个综合分析和调查研究的过程，比较成熟的议题才能列入决策程序。另外，有些政治议程是政治系统主动设置的，是其基于对国际国内政治、经济、外交、军事等形势变化做出正确判断的结果，而这些判断只有政治系统才可以做出，普通公众是没有能力的。因此，议程设置说明是十分必要的。通常，真正成为政治议程的是那些具有阶段性和全局性"影响政治秩序和社会秩序的问题"[1]，这样的问题可能包含分散化和碎片化的社会诉求的成分，也包括政治当局对于面临的国际国内形势的判断。

政府议程设置者既然是政治行动者，那么政治行动者就有责任对于议程设置做出说明。议程设置说明在获得政治合法性上具有不可低估的作用：一是说明可以让社会公众了解社会诉求转化为政府决策的程序，使程序合法性得到认同；二是说明可以让公众了解相关诉求的社会聚焦程度，展现公共舆论的指向性；三是说明可以让公众了解涉及国家重大政治、经济、外交、军事决策的依据，以获得广泛的社会支持。说明的过程也是政治信息传播的过程，更是意见沟通和决议决策的营销过程，议程设置说明对于寻求社会系统的认同与支持是不可或缺的环节。

2. 前在的沟通与引导者

在会议活动政治信息传播中，政治行动者是不能缺位的。必须看到，在双闭环中，政治行动者与社会公众已由间接沟通向直接沟通转变，这种转变是由数字媒介带来的。数字媒介将政府与公众直接贯通起来，而且公

---

① 苏颖. 作为国家与社会沟通方式的政治传播——当代中国政治发展路径下的探讨[M].
北京：中国社会科学出版社，2016：104.

众通过媒介的信息传播,对于决议决策和政策安排,或支持,或反对,可以第一时间做出反应,此时政治行动者的沟通和回应是最为有效的。

强调"前在"是说政治行动者对于公众的反应不能袖手旁观,不能躲在媒体的后边,单纯依靠媒体的间接回应。媒体的回应一般会有时间差,如果媒体错过了回应的时机,就容易出现复杂的舆论喧嚣,喧嚣的舆论一旦形成,就容易走向舆论的极化,还会引发线上线下的社会动员和行动。近些年来,国内许多地方政府涉及环境影响的项目决策,由于缺乏充分的论证、沟通和引导,都在线上线下民众的围攻下被迫下马。其实这也是地方政府决策前的议程设置说明不够,决策之后又有意回避民众意见所造成的后果。

新媒体时代执政者的执政方式要适应新媒体带来的社会变革,增强新媒体执政意识。新媒体环境下,政治行动者的精力除了线下活动外,更多的要在线上同网民和微信"圈民"保持直接的沟通状态,随时解答说明和阐释决议决策和政策安排,要努力成为新媒体的舆论领袖,要在与公众沟通中把握舆论走向,引导舆论理性、健康地向前发展。

其实,会议活动决议决策和政策安排一经向社会发布,政治行动者的精力就应该转向政治社会化和决策的社会认同与实施上,这也是"从群众中来,到群众中去"循环往复过程中的一个重要环节,同时,也是汇聚民智、完善决策的过程。会议新闻的政治传播,绝不是媒体发一个会议消息,或者举行一次新闻发布会就了事的,会议新闻政治传播的目的是获得社会的广泛认同与支持,增强执政合法性。因此,政治行动者"前在"的沟通与舆论引导是不可或缺的,这种沟通与引导同媒体的政治社会化结合在一起,才会收到理想的效果。

3. 政府行为的解释者

政府行为是公众了解和评价政府作为的一个标尺。刘晓燕在《政府对外传播》一书中提出了政府传播 = 政府行为 + 解释政府行为的框架。刘晓燕认为,"'政府行为'本身也是政府传播的重要组成部分。政府传播的本质体现在:传播主体与接受主体之间的信息互动与精神交往。即政府依赖各种媒介('媒介'也包括政府行为)对外传播政府信息、解释政府行为,以争取预期效果;公众通过获取'政府信息',分享政府施惠,实现精神满足,从而促进政府的国内公众关系和外交关系之和谐度的升值,以及公共行政目标和外交利益的顺利实现"[①]。

---

① 刘晓燕.政府对外传播[M].北京:中国大百科全书出版社,2010:4.

政府行为的解释其核心目的是为了获取社会认同。政府行为解释是由政府自身和他人(传统媒介、新媒体、智库、意见领袖等)构成的多元主体。他人解释起到的是政府行为的"放大器"和"扩音器"的作用,且具有两面性,正面的解释会放大政府行为的合法性,负面的解释则会产生相反的社会效果。因此,政府行为主体对于自身行为的及时解释在锚定舆论基调、化解社会疑虑、增加政治政策认同方面具有不可替代的作用。

会议活动的政府行为涉及政府的决议决策和政策安排,这些决议决策和政策安排与社会尤其是公众的利益群体的关系比较密切,因此,这些政府行为的正当性和合法性,社会将会给予普遍关注和审视,政府行为无论正当与否,都需要做出合理的解释。

从中国语境出发,在对政府行为的解释过程中,作为本体的会议新闻,更多的只是政府行为结果的信息公告,会议新闻很少涉及政府行为的解释。而作为会议新闻传播活动,政治行动者传播主体则应该走向前台。政治行动者的政治政策解释作为有机组成部分,构成了会议新闻传播活动的完整链条。媒介的政府行为解释,一般是由政府行为主体、智库、专家学者从政府行为正当性的角度来解释,目的是为了获得普遍的社会认同。美国媒体对于政府行为的解释更多的是负面框架,往往关注和揭示政府决策背后的"暗箱操作"。在多元的政府行为解释主体中,政府行为主体的解释较其他解释主体显得更为重要,行为主体的解释检验的是政府行为的合法性、公正性和权威性,解释受到社会认同,政府行为合法性影响力就会增强,社会支持就会形成,反之,则会形成难以想象的阻力。

行为主体的解释要根据政府行为与公众所形成的现实关系采取不同的解释策略。涉及重大战略决策、战略规划的解释,因其与现实和公众都有一定的距离,公众对其不一定十分关注。但是,任何涉及国家长远发展的战略决策和规划目标,倘若没有社会的广泛共识,也是难以得到顺利实施的。因此,对于战略决策和目标规划的解释,传播者既要从宏观上讲清政府的施政纲领、方针、政策和实现途径,让公众在总体上把握国家战略决策的方向,同时也要从公众的角度,讲清楚实现这些规划目标对于改善公众生活和实现人的全面发展所带来的效应,以增强公众对于预期目标的认同。涉及公众现实利益的政策,则需要实事求是地客观解释,既要对于政策的受益程度做出解释,也要向利益受损者给予客观公正的说明。因为任何政策都是对于现有政策的调整,以及不同利益群体的利益平衡,任何政府的政策都不可能使获益者始终获益,受损者始终受损,一个社会的公正和谐在于动态的利益公正分配,而不是富者愈富,而贫者愈贫。只有客观公正的说明,才能求得政策的社会普遍认同。

4. 政治政策的营销者

政治行动者是关键的政治政策营销者。任何政策都出自执政集团的决策,因此政治政策营销是执政集团政策过程中的一个十分关键的环节。倘若没有这个环节的有效运作,一些涉及公众利益调整的政策就不会得到顺利实施。

政策具有多种面向,既有"普惠性政策"①,也有"规制性政策"②,既有"构成性政策"③,也有"分配性政策"④,还有"再分配政策"⑤,等等。政策面向不同,其政策营销方式、对象和策略也不尽相同。"普惠性政策"由于能够给社会成员会带来普遍利好,因此,即使不用刻意营销,社会成员也自然会形成某种政策认同与支持。而其他政策,由于涉及目标群体的既有习惯或旧有观念的转变以及既得利益的约束或剥夺,因此执行的难度相对较大,尤其需要规制者与被规制者的充分合作才能顺利实行。而合作的基础则在于政策对象的政策理解与认同,要实现这一目标,有效的政策营销不可缺少。"从目的和功能上来讲,'政策营销'的意义在于宣导政策理念、化解政策抗争、示范或传达形象以改变政策对象的行为方式和思想信念,从而得到预期的政策结果。其主要功能是提供政策信息、化解政策曲解、促进公民意识培养,提升政府合法性等。"⑥政治行动者作为政策营销者,应该在政策产生之前、制定过程中和政策出台等各个关键环节进行主动的政策营销。政策产生之前的营销,主要是进行前期的利益相关者政策调研和相关政策舆论的铺垫,通过媒介舆论铺垫以增强政策的耐受性。制定过程中主要是听取各方面利益相关者的诉求和建议,制定完善相关政策,规避政策风险。政策出台后则主要是进行政策的说明、解释和劝服,以增进社会认同。会议新闻传播活动,应当关注政策制定的整个过程,尤其是对于各个关键环节的政策信息传播,搭建政策制定者与政策对象之间的沟通平台,让政策制定者直面政策对象,开辟政策认同的共识空间,引导政策理解,消除政策疑虑,化解政策对抗。

---

①②③④⑤　谭翀. 政策营销失灵——基于中国政策营销的应用[M]. 北京:中国社会科学出版社,2017:70.

⑥　谭翀. 政策营销失灵——基于中国政策营销的应用[M]. 北京:中国社会科学出版社,2017:71.

对于会议新闻传播主体的确认,明确不同主体的角色,正确处理不同主体之间的关系,对于实现会议新闻传播活动的有效运行具有重要价值。因为,会议新闻传播活动,不同于单纯的新闻本体传播,它需要根据目标受众的需求,采取不同传播策略与渠道的系统运筹与策划,以及持续的多元态的信息传播,才能有效地影响受众,实现政治社会化的目标。

第三章　会议新闻传播客体论

哲学上的客体是指主体以外的客观事物,是主体认识和实践的对象。也就是说,客体是主体存在的必要条件,没有客体也就不会有所谓的主体。新闻传播意义上的客体,是指新闻传播的受传者——受众。

本章要探讨的是会议新闻传播客体,即多元主体通过媒介渠道作用与影响的对象——公众受众。会议新闻是会议活动政治信息的传播。本书认为:会议的决议决策和政策作用的对象是社会公众,其目的是通过利益关系的调整,来规范、引导社会系统和谐有序地运行,公众既是决议决策和政策的实施客体,同时,也是会议新闻传播的天然受传客体。

正因为会议活动决议决策和政策作用的对象是公众,因此,会议新闻的传播客体与作为一般新闻传播客体的大众必然有着明显的不同。大众的新闻兴趣在于新奇、刺激,追求感观上的满足;而公众对于会议新闻的需求,则是对于自身利益的关切,通过新闻所传播的信息,消除不确定性的干扰,做出符合自身利益的决策和行动。

公众作为一个群体,具有政治参与和社会治理的自觉与能力,而作为分散状态的"大众"则不具有这种意识和素养,他们更像"坐在剧院后排的一位聋哑的观众"[①]。本章着重从大众、公众、受众的区别与属性入手,分析大众走向公众,公众走向受众的路径,进一步分析公众作为会议新闻传播客体的社会属性、形成条件和基本权利,进一步厘清政治行动者、媒介、受众之间的关系。

---

① 李普曼.幻影公众[M].林牧茵,译.上海:复旦大学出版社,2013:3.

第一节 "公众受众"的概念分析

麦奎尔在其《受众分析》一书中,从媒介作为信息载体的特征、内容的文化特性、传播和接受的不同目的,以及影响受众经验的社会环境等因素分析了受众形态,麦奎尔在分析中将受众划分为大众的受众、群体的受众、市场的受众和公众的受众。大众受众、群体受众、市场受众的概念并不陌生,国内外有关研究也比较常见,而从"公众的受众"角度研究受众形态则并不多见。麦奎尔认为:"作为群体或公众的受众是这样一个群类:在其被确定为受众之前,便已经独立存在了,(他们)彼此互动、有规范调控和'有边界'(boundedness),受众们拥有共同的特点、相对同质化、有稳定的构成,这些都表明那里的受众具有某种独立性的、类似群体的特性,在那里,受众们拥有共同的目标、兴趣和对事物的理解,有时受众群也会因某一特定的公共议题而形成。"①

麦奎尔在《受众分析》一书中将"公众的受众"与"大众的受众"和"市场的受众"做了明确的区分,同时也描述了"作为公众的受众"的基本特征和形成的条件。在麦奎尔看来,政党、宗教报刊和地方媒体作为公众的受众是其传播的受众主体。这种划分有其合理的成分,但也有不尽科学的地方。因为作为公众的受众并不单纯是由某一媒体性质决定的,而是由他们的公众身份以及对于公共事物的共同兴趣和参与程度决定的。借鉴麦奎尔的"作为公众的受众"概念来分析会议新闻的主体受众形态,对于准确定位受众群体、构建良好的传受关系,满足"作为公众的受众"的信息需求,增强会议新闻传播效果具有重要价值。

第二节 大众、公众与受众及其关系

大众(mass)、公众(public)、受众(audience)归属于不同领域的话语范畴。

---

① 麦奎尔.受众分析[M].刘燕南,译.北京:中国人民大学出版社,2006:37-41.

一、大众

作为社会学意义上的大众"是现代工业化社会的产物,反映了脱离家庭、血缘、土地等传统纽带,相互依赖却又彼此陌生的人们的生存状态"①。法兰克福学派认为,资本主义工业化制造了大众,"他们是一些没有理性批判的思维能力、易受操纵的乌合之众"②。麦奎尔也认为:"大众是一种典型的由分散、匿名的个体所组成的非常庞大的集合体……具有规模大、匿名和无根性等特点。"③即不同于有一定组织性的社会群体(group),也不同于松散的群集(crowd),以及有政治自觉意识的公众(public),他们"没有任何组织性,也没有稳定的结构、规则和领导者,与集群不同的是,大众缺乏为实现自身目的而行动的意愿和手段"④。在大众群体中,常常"存在心理传染(psychic contagion)效应,即符号以最真诚的、最不假思索、最狂热的方式得以广泛传播"⑤。大众的这些特性决定了他们对于政治的冷漠和无知,他们所关注的只是眼前的境况,但是对于改变自身境况又缺乏明确的政治主张和政治自觉,因此,他们常常处在政治的边缘,如果没有意见领袖的指引,他们基本不会形成有组织的群体和共同的行动。

二、公众

作为政治学意义上的公众是现代社会的产物,特别是当被视为民主政治制度的一个元素时更是如此。公众是公共领域活动的参与者。公共领域涉及公共议题、公共事务、公共政策等,凡是参与上述领域讨论和提出意见建议的就属于公众活动。因此,公众是由"群体中拥有意见或者期待拥有意见的人所组成"⑥,他们"自由参与公共议题的讨论,提出一些观点、意见、原则和建议,希望为改变现状而努力"⑦。哈贝马斯认为,公众是一群自由活动于公共领域的"有教养的阶层",他们可以自由地发表意见和观点。在杜威看来,公众是个人间通过对公共问题和解决方法的共识而形成

① 刘燕南,史利.国际受众研究[M].北京:中国传媒大学出版社,2011:22.
② 泰勒,等.媒介研究:文本、机构与受众[M].吴靖,黄佩,译.北京:北京大学出版社,2005:140.
③⑦ 麦奎尔.受众分析[M].刘燕南,译.北京:中国人民大学出版社,2006:8.
④ 麦奎尔.受众分析[M].刘燕南,译.北京:中国人民大学出版社,2006:9.
⑤⑥ 拉斯韦尔,卡普兰等.权力与社会——一项政治研究的框架[M].王菲易,译.上海:上海世纪出版集团,2012:50.

的作为社会单位的政治集合①。拉斯韦尔和卡普兰分析指出："为了成为公众中的一员,就有必要期待他能够对政策的形成施加影响。在某些问题上,一个人可能是没有决定性影响的;除非他不再预期在某个时间或某些问题上参与讨论,否则他仍是公众的一分子。参与的程度可能随着议题的变化而变化,即便公众并非如此。公众的指标包括诸如演讲、写作、游说、为政党和事业做出贡献。"②拉斯韦尔在这里对公众如何参与公共问题的讨论和参与的途径进行了详细论述。公众虽然在规模上比大众要小得多,但是其仍然是庞大的群体,而且分布比较广泛,他们能够围绕共同关心的问题,进行公开讨论,形成共同意志,公意也就成为代表共同体的最高意志。政治系统的社会输入与政治输出的动力都是社会公众,社会公众通过诉求输入将社会议程变为政府议程,政府通过政治输出来回应公众诉求,将政府议程变为公众议程,以获取公众对于政治系统所采取的政治行动的支持。

改革开放以来,中国社会发生了重大变化,最根本的变化是国家社会一体的"总体性社会"③向国家社会逐步分离的"分化性社会"转变,社会结构和阶层分化加速。在政治整合机制发挥作用的同时,社会整合机制也在不断发育和成熟,相对独立的民间社会组织开始形成。民主政治建设的进步促进了社会成员的民主意识和政治参与意识,具有民主和政治自觉意识的大众开始向公众转变,公众参与到国家社会治理的各个领域,并且成为国家治理,特别是社会治理的主体力量。中国的政治系统与社会系统同美国(美国的政治系统与社会系统是完全分离的)相比,虽然彼此相对独立,但是系统之间的关系却比较紧密,社会诉求输入的渠道也比较畅通。政治议程设置和政治输出与回应在相当程度上反映了社会公众的意见和呼声。特别是全国"两会"已经成为政治系统、社会系统和媒介系统高度互动对接的政治活动的场域,社会系统的诉求不仅可以通过人大代表和政协委员直接向大会提交议案和建议,而且媒介系统也可以通过热点问题调查与媒介议程设置,使社会诉求得以聚焦综合与呈现,引起政治系统的关注和重

---

① 杜威.新旧个人主义——杜威文选[M].孙有中,蓝尧林,裴雯,译.上海:上海社会科学院出版社,1975:245.

② 拉斯韦尔,卡普兰.权力与社会:一项政治研究的框架[M].王菲易,译.上海:上海世纪出版集团,2012:50.

③ "总体性社会"是指国家与社会一体的社会形态,这种形态下国家不仅垄断了国家的全部重要资源,而且对于社会生活实行全面的控制,个人的生老病死、学习、就业几乎全部由国家控制,国家之外,没有自治性的社会力量存在。

视,政治系统的政治输出也借助媒介系统向社会发布,公众成为政治系统和媒介系统双重需求满足的目标群体。

三、受众

作为传播学意义上的受众,则是社会环境和媒介共同制造的产物。正如麦奎尔分析的那样:"受众既是社会环境——这种社会环境导致相同的文化兴趣、理解力和信息需求——的产物,也是特定媒介供应模式的产物。"① 工业革命所引发的一系列社会变革,特别是广播电视业的发展迎来了大众传播时代。刘燕南认为,正是工业革命所带来的工商业发达和市场扩张、城镇化、教育的相对普及、交通运输和传播媒介的发达,提供了丰富的信息需求、市场售卖和受众注意力资源,以及获取和转化这些资源的途径,从而为大众传播的产生和发育培植了土壤。在媒介面前,受众也是大众和公众的集合,呈现着复杂的结构状态。现代意义上的受众,面对着"媒介化的""点到面的""拷贝式的"大众传播,他们的规模巨大,层次参差,构成复杂,身份隐匿,可以自由流动和选择,与传播者在时空上相分离,也无法与传播者直接互动。受众的这些特征,与大众传播的存在和影响具有密不可分的关系②。从"大众"与"受众"产生的时代背景和社会条件看,两者亦有许多相同之处,都是受到"工业化和都市化的发展、人们识字率的提高、交通运输的发达、信息传播的普及和社会的集中化程度等因素的影响"③。刘燕南认为,"大众传播、大众传播的受众、大众、大众受众四者之间的关联,恰恰是社会发展具有内在联系的又一体现"④。

第三节　公众受众的基本特征

"作为公众的受众"是现代民主政治与媒介结合的产物。公众的受众并不是公众 + 受众,或者受众 + 公众那样简单。

作为公众的受众,首先是公众,然后才是受众。公众具有较强的政治自觉、独立人格、理性精神、政治参与和监督批判意识。公众成为受众,是公众在与政治、与社会保持密切联系的媒介实现形式,也是保持特殊的政

---

① 麦奎尔.受众分析[M].刘燕南,译.北京:中国人民大学出版社,2006:2.
② 刘燕南,史利.国际受众研究[M].北京:中国传媒大学出版社,2011:19.
③④ 刘燕南,史利.国际受众研究[M].北京:中国传媒大学出版社,2011:21.

治敏感和参与国家治理的必备条件。因此,公众成为受众,是借助媒介政治参与的需要,并不单纯是一般大众的满足媒介娱乐的需要,从根本上讲是为了获取政治信息,保持与政治的密切联系。他们不仅是传播内容的接受者、传媒信息的使用者和消费者,而且也是信息传播者、传播效果的反馈者、传播活动的参与者和权力主体。他们与大众比较更具理性、更有参与意识,也是更具积极性的受众群体,他们更关注媒介信息,在社会活动中常常充当意见领袖的角色。

一、理性的受众

作为交往主体,理性的公众受众所需要的是开放、自由的传播环境,这样的传播环境可以为他们提供当前比较全面客观真实的情况。他们愿意自主并真诚地在互动沟通的过程中追求客观、真实,要求避免压迫性社会力量的介入造成"扭曲传播",所有参与传播的人都能自主地阐述观点,提出质疑,以形成有效的沟通。有效的沟通可以帮助他们放弃习惯、惯例和偏见,完全根据选择的目标来采取行动,在分享公共利益方面讨论个人行为和协作行为的价值。

在政治沟通中,虽然政治体制的规范对公众参与政治生活发挥调节作用,但是,公众参与政治的程度也会对需求起到刺激作用,同时这种公众参与也将给政治系统造成某种压力,促使其将公众的需求转化为政治议程并且产生政治政策输出。作为理性的公众,他们常常带着问题和主张参与传播,建设性地提出意见和建议,以影响政府的决策和政策,形成与政府和社会的良性互动与协作。我们在传播实践中,常常可以看到理性公众的身影,听到他们的声音。在网络传播中,无论是对于政治主张、政治理念和政策的评论,还是涉及外交、军事与国际合作,作为公众的受众,都积极参与其中表达看法,提出建议,而且这些看法和建议,有理有据,富有建设性。这样的声音在传统媒体也可以听到,比如在中央电视台的《中国舆论场》和凤凰卫视的《时事辩论会》等节目中,在一些涉及政治、外交和军事等重要话题上,拥有理性、客观、公正的话语权,可以为普通大众了解政治、经济、军事、外交等国策提供引导和帮助。

二、参与的受众

作为参与的受众,公众更加关心公共事务,关心公共政策,关心公共领域的活动和变化,特别关心公共政策对于社会利益的调节作用。在关注公共事务时,他们通常利用新传播技术主动嵌入传播,通过嵌入传播,来嵌入政治和社会治理,在传播互动中对公共事务和公共政策发表评论,阐述意见。因为他们相信传播扮演着重要的认识和影响角色,也十分尊重作为公众参与传播与社会治理的权利和义务。

正如拉斯韦尔在研究传播与公众的关系时所指出的那样,把一个特定的人或集团归入公众之前,需要考虑一个限定条件,即"与公共政策有关的要求提出后必须能被争论"①。拉斯韦尔这里的"争论",其实指的是对于公共政策的讨论,也就是说,公众能够自由地参与公共政策的讨论,充分表达对公共政策的各种意见和看法,这些不同的意见和看法虽然是站在不同利益群体立场上的表达,但是,却可以为政府的政策完善及其有效实施提供借鉴。意见和看法的表达,实质上是公众作为参与主体所行使的社会治理的权利。作为参与的公众受众,通过参与传播融入共同体社会生活之中,作为社会治理的重要成员,尤其是在社区治理中充当参与者和"好公民"的角色。

三、积极的受众

作为公众的受众,他们有着明确的媒介使用和信息需求的目的,在大众传媒面前,是具有主动性和能动性的媒介使用者,他们掌控自己的媒介使用行为,"积极认知和处理新信息和新经验"②,并不是消极的"受害者"和盲从的非理性动物。

作为积极的受众,他们常常围绕着共同关心的话题进行交流与讨论,并不是李普曼所说的那些消极的"坐在剧院后排的一位聋哑的观众"。作为积极的受众,公众主动寻求从事国家治理所需要的信息,对于公共政策投入一定的精力进行研究,以消除不确定性带给他们的困扰。同时,他们积极参与公共政策的讨论,提出意见和建议,对于社会存在的问题提出中肯的批评。

四、群体的受众

马克思曾经指出,人在本质上是各种社会关系的总和。受众并不是孤立的存在,而是分属于不同的社会群体,有着各异的家庭、职业、文化、专业背景和复杂的社会关系。

公众的受众是由相同的身份和职业形成的有着共同目标和利益价值

①　张国良.20世纪传播学经典文本[M].上海:复旦大学出版社,2003:208.

②　麦奎尔.受众分析[M].刘燕南,译.北京:中国人民大学出版社,2006:76.

取向的群体,是"个人间通过对公共问题和解决方法的共识而形成的作为社会单位的集合"①。群体的受众都有办法,也倾向于主动地、有意识地选择一个共同的目标,并为之努力。他们"分享共同体所珍视的目标"和"分享共同交流的意义"②。在社区和社会交往中他们常常充当意见领袖的角色,尤其是在公共事务、政策信息、政治观点的传播中,具有不可忽视的作用。作为传媒受众、信息消费者、参与者、社会公众等多重身份和角色,他们拥有"通过任何媒介寻求、接受、传递消息和思想"③的权利。

第四节　公众受众形成的条件

公众作为会议新闻的主体受众,是由公众作为政治参与和社会治理主体以及自身特征决定的。

普通的大众要成为合格的公众,需要通过与媒介和政治保持经常性的接触,需要从自我封闭的圈子里走出来,改变被动冷漠麻木的政治心态,强化国家主人翁意识,投入国家治理和社会治理的实践。而公众走向受众则需要保持与媒介的密切接触、传播参与和互动。公众走向受众,其实是公众的自觉行为,是公众正常履行公众参与社会治理所必备的要件,在这一过程中,媒介所起到的是渠道和平台的作用。

如何理解公众走向受众的途径和条件,角度不同,结论自然不同。是媒介建构了受众,还是公众重塑了媒体,西方学者对此呈现两种不同的观点。

有的认为是媒介建构了受众,从市场的角度看到的是公众与受众的分离,认为是市场造成了符号生产与受众的分离,受众与其他公众的分离,生产者与受众的结构性分离,这种分离是媒介根据受众的兴趣和市场盈利需要建构的④。其本质是媒介信息生产是为了满足广告客户对于受众群体的分类和定位,通过吸引和出卖受众的注意力获取媒介的利益。从媒介政治经济学的角度来阐释和描述受众,他们只能是消费者群体形象。加汉姆

---

① 单波.受众研究读本·译者序[M].北京:华夏出版社,2006:7.

② 转引自 BYBEE. Can democracy survive in the post-factual age?: a return to the lippmann-dewey debate about the politics of news[J]. Journalism & Mass Communication Monographs, 1999, 1(1):28-66.

③ 转引自刘燕南,史利.国际传播受众研究[M].北京:中国传媒大学出版社,2011:26.

④ 参见刘建明.当代西方新闻理论[M].北京:中国人民大学出版社,2015:133.

认为,"受众或者公众首先和首要地都是被生产者构思出来的,被受众研究和营销部门当作市场来评估……尽管广告客户和市场商人为了应对市场的分化,正在建构更加复杂的消费者图谱,但是我们还是看到这样一个事实:传媒消费模式仍然和收入水平紧密相关"①。也就是说,媒介紧盯的永远是消费者的口袋——消费能力。这样的媒介建构的只能是消费者,而不可能是公众的受众。

有的学者则看到公众与受众是合一的。强调媒介存在的唯一理由就是公众。对此,凯利指出:"新闻业只在与公众和公众生活的关系方面有意义。因此,新闻业的基本问题是重构公众,让公众回到它的原生态。"②所谓回归原生态的公众,即杜威强调的共同体成员,他们具有较强的政治自觉、独立人格、理性精神、政治参与和监督批判意识,他们是国家治理的主体。凯利认为:"从本体上讲,新闻业的神圣条件就是公众。没有这个条件,整个新闻业就没有意义。新闻业涉及的范围,一定是公众的范围;新闻业只要有主顾,这个主顾就一定是公众。"③刘建明也认为:"实际上,新闻媒体面对的是广大公众,大部分受众是由媒体从公众中塑造出来的。离开公众,任何媒体就像鲸鱼失去生存的辽阔海洋一样。"④这些观点都强调公众与媒介相互依存的关系,媒介不应该只是从满足广告客户的角度来通过娱乐化的手段吸引大众的眼球,而应该从公众作为国家治理主体对于媒介信息需求的角度来提供其所需要的政治信息,不然,媒介将会失去公众的关注。哈洛伦在分析受众对于媒介内容选择的影响时指出:"我们必须抛弃那种媒体对受众做了什么的思考习惯,取而代之的是考察受众对媒体会做什么。受众收受、选择以及拒绝媒介传播的内容促进了'使用与满足'模型的发展。这一观念突出了一个事实:不同的媒体受众对一个特定节目会有不同使用和诠释,这与传播者的本意可能大相径庭,随后则引起记者、编辑适应受众的口味编排内容。"⑤西方学者的两种不同观点揭示的是两种截然不同的受众建构观。本书赞同凯利和哈洛伦的公众受众的建构主张,只有如此,才能引导媒体提供满足公众参与社会治理所需要的一切

① GARNHAM N. Emancipation, the media and modernity: arguments about the media and social theory[M]. Oxford: Oxford University Press, 2000:123 – 126.
② CAREY J W. Communication as culture[M]. Boston: Unwin Hyman, 1989:198.
③ CAREY J W. Media, myths and narratives: television and the press[M]. Newbury Park: Sage, 1988:213.
④ 刘建明. 当代西方新闻理论[M]. 北京:中国人民大学出版社,2015:133.
⑤ 转引自刘建明. 当代西方新闻理论[M]. 北京:中国人民大学出版社,2015:134.

信息。

　　会议新闻传播是执政系统政治社会化的实现途径,也是公众融入政治生活的重要渠道。会议是执政集团维护其统治平稳运行,实现社会利益关系调整的重要政治活动。执政集团所做出的任何一项决议决策都将影响社会公众的利益,社会公众既是执政集团社会治理的依靠力量,又是国家政策的受施者和舆论诉求的回应对象,同时也是会议新闻所要传播和影响的主体受众。会议新闻的首要功能就是满足公众受众的信息需求,使其在参与社会治理中能够"看得清""搞得懂""辨明方向"①。

　　受众要"看得清""搞得懂""辨明方向",需要一定条件的满足。

一、传受关系的协调

　　麦奎尔在《受众分析》一书中分析认为:"虽然在一个有效的媒介市场上,我们可以假定传播内容与受众构成是相称相配的,但是即使人们的媒介动机更清晰、更明确,我们也不可能单单凭借内容来'解读'他们。存在大量的内在不确定性,无法消除。尽管如此,在错综复杂而貌似混乱的情形中,仍然存在一些稳定而有秩序的岛屿——在那里,人与媒介相伴共存,彼此和谐相处。然而,一般来说,这种境界是很难通过操控或宣传来达到的,它要么来自真实自然的社会需求,要么来自媒介创造性与公众品味的偶然巧合。"②麦奎尔在这里阐述了两层意思:一是公众的信息需求动机与媒介信息满足的关系,即使受众的动机再明确,如果媒介提供的内容与公众需求之间存在偏差,那么传受关系也不会"和谐";二是受众与媒介应是相伴共存,和谐相处的关系,媒介只有准确地把握"来自真实自然的社会需求",才能实现这一目标。

　　传与受构成了传播的完整环路,传播效果取决于传受关系的协调。会议新闻传播的目的是要影响社会公众对于决议决策和政策的认同,传播者需要提供满足受传者"定向需求"的信息,受传者也需要关注接收和理解这些信息。当然,这是最理想的传播状态,现实中常常由于"稳定而有秩序的岛屿"没有建构起来,传播者与接受者很难处于和谐的状态,因此,传受

----

① 李普曼认为,当今,普通公民之所以像坐在剧院后排的一位聋哑观众,是由于他们生活在一个看不清、搞不懂、不辨方向的世界里。他们不知道究竟发生了什么,谁在操控着一切,自己被带往何方。他们发现,聆听演讲、发表观点、前往投票,都不能让他获得驾驭这些事务的能力。李普曼其实揭示了大众的现实心态。而要让大众变为公众,则必须让他们对这些事务真正看得清、搞懂得,且为其明辨方向,这一切有赖于媒介为其提供相关情况。

② 麦奎尔.受众分析[M].刘燕南,译.北京:中国人民大学出版社,2006:106.

关系常常处于紧张之中。会议新闻的传播要达到传受关系的协调,一方面需要传播者对于会议议题和内容进行选择、分析和处理。一般来说,会议的议题和内容较多,哪些议题和内容需要报道,报道到什么程度,需要媒介和记者进行判断和选择。判断和选择的标准:议题和内容的重要程度、决议决策的政治影响程度、政策调整的社会波及程度、政治主张和政治观点以及政治宣示的政治影响力。重要程度高、政治和社会影响程度高的议题和内容就应该给予报道。另一方面要根据会议议题和讨论的内容所涉及的公众群体进行目标受众的确定,围绕目标受众定向信息需求,选择具有传播价值的信息进行深入解码、编码和传播。同时构建沟通交流和讨论的平台,引导公众参与讨论,对于受众提出的意见和建议,媒体要给予积极的互动回应,防止信息"短路"而造成传受之间的继发性的链条断裂。

二、定向需求的满足

与大众受众不同,公众受众对会议新闻的信息需求动机是明确的。他们了解会议新闻信息,不是出于单纯的"兴趣"和某种过街观景的闲适心态,而是为了满足某种利益"需求",更确切地说主要是为了减少不确定性对其造成的影响以及彰显政治参与的权利。

麦奎尔认为,受众之所以形成,是因为他们被不同的内容所吸引。对新闻的关注,不仅受感性的所谓"兴趣"的影响,而且也受到新闻与受众成员关系如何等评价的影响。另外,受众对新闻的关注,由他们在日常生活中所扮演的不同社会角色所决定,这也是根据此前产生的一系列复杂的兴趣与需求来建构的,而兴趣和需求又引导了人们的选择①。比如,农民和农村工作者以及涉农企业,对于农村工作会议,要比城市居民的关注程度高。他们通过媒介的会议新闻传播,来了解国家的政策走向,据此调整其生产和经营决策。媒介在建构新闻时,目标群体的信息需求将决定记者的信息选择。农村工作会议的新闻传播是满足农民的需要,还是满足涉农企业的需要,乃至满足两者的共同需要,是把传播的重点放在对于政府执行部门的政策执行的要求上,还是把传播的重点放在政策影响的受施群体对于政策的理解上,这些都需要根据目标受众的"定向需求"来进行信息选择。媒介在满足公众的信息需求上,要以"定向需求"为导向,在信息选择、信源使用、叙事框架建构等方面,都要符合目标受众的新闻需求与接受习惯。

---

① 麦奎尔.受众分析[M].刘燕南,译.北京:中国人民大学出版社,2006:99-100.

三、信息结构的合理

公众作为现代社会治理的参与者,需要执政集团充分的信息公开,以保障他们获得有效政治参与的所有信息。这也是一般大众走向公众的必备条件。

李普曼之所以把大众视为"坐在剧场后排的一位聋哑的观众"和"公共事务的旁观者"①是因为"没有任何报纸给他相应的背景报道,帮他把握这些"②。杜威认为:"任何阻碍与限制公开性的东西,都限制并扭曲公众的意见,且束缚、扭曲对社会事物的思考。若没有表达的自由,即便是社会研究的方法都不可能得到发展。"③公众作为会议新闻的主体受众,一方面要求政府的信息公开,提供满足公众政治参与的所有信息,另一方面要求媒介在信息选择时,要考虑公众的信息需求结构,给予立体的信息保障。除了要提供会议的新闻信息外,还要提供:①完整的会议文件,特别是政策性文件文本内容,以便公众全面了解和深入研读。②提供决议、决策的核心内容。③提供决议决策、政策出台的背景信息,并对决议决策的社会影响及趋势做出判断和评价。④提供决议决策的解读信息。⑤提供会议讨论的具有代表性观点和意见,尤其是不同和对立的观点和意见,以便公众进一步了解决议决策以及政策产生的过程,为公众理解和认同提供帮助。⑥票决情况。任何决议决策和政策都只是阶段性的利益关系的调整,不可能满足所有利益群体的要求,参与决策的成员所代表的利益阶层不同,不可能都投赞成票,因此,把票决情况提供给公众,是对公众知情权的尊重,也是民主政治建设的要求。人民网、新华网、参考消息网等在报道国际国内一些重要会议上,常常采用设置网络专页、专题和网络延伸连接等形式,提供比较全面的与会议有关的信息,供公众参阅。这种形式弥补了传统媒体的信息结构不够合理的弊端,特别是通过网络互动平台进行交流讨论,对于求得社会认同和社会动员起到了很好的作用。

四、交流平台的开放

哈贝马斯认为,公共领域是指一个理想的表达环境,在这个环境中公

---

① 李普曼.幻影公众[M].林牧茵,译.上海:复旦大学出版社,2013:72.

② 李普曼.幻影公众[M].林牧茵,译.上海:复旦大学出版社,2013:3.

③ 杜威.新旧个人主义——杜威文选[M].孙有中,蓝尧林,裴雯,译.上海:上海社会科学院出版社,1997:251.

民能够就公共利益而非策略性的或私人性的利益进行开放式的交流。

在一个利益主体多元化和利益诉求复杂化的社会情境下,任何单一信息都不可能给出一个令所有利益主体都满意的结论,我们要认识到:"真理和民主只存在于交流中,重要的不是我们能否精确地反映世界,而是我们是否通过交流达成关于外部世界的共识。"①在充分的交流中,各个利益主体会彼此了解、彼此理解,最终形成一个彼此都能够接受的意见。

媒介作为一种公共领域,应该创造条件来构建开放自由交流的平台,公众的传播参与使传受双方处于相对平等的关系,公众对于媒介传播的信息做出自己的评价和解读,同时发表自己的看法。这种参与在网络新媒体的传播环境下将成为日常的行为,这也为即时监测媒介的新闻传播效果提供了可能。我们常常看到的网络媒体新闻评论、微博专区,其实就是哈贝马斯所称的"政治公共领域"。会议新闻发布之后会吸引许多网络公众的关注,他们对政府决议决策和政策信息,以及政治行动者的言论进行评论,有赞同、有反对、有支持、有批评,这些意见和建议,为决策者完善决议决策和政策提供了参考。

公众受众的传播参与,既体现了传与受的传播关系,同时也体现了公众参与社会治理的自觉和对于参与权的尊重。正如欧文在其《公民参与政府决策:劳有所获吗?》一文中所指出的那样:"在公共治理的过程中,积极参与的好公民好过消极被动的公民,而且公民参与具有优化治理过程的作用。公民参与可以使公共政策更符合公民的现实政策偏好,可以使公民成为政府的体贴评估者,可以使政府获得更高的民众支持率,从而最终有利于建设一个存在更少分歧和更少斗争的易于管理和规制的和谐社会。"②奥平康弘在其《知的权利的》一文中也说:"就同一信息的演变而言,曾经是'受传者'的公民以知的权利的主体姿态出现;要求成为'传播者'的公民作为接近和使用信息交流媒介权利的主体而登场。"③作为公众的受众,在会议新闻传播过程中既扮演着"受"的角色,也扮演着"传"的角色。

公众的传播参与已经成为时代潮流,随着传播技术的进步,参与的广度和深度将得到不断拓展,形式也将不断丰富。作为公众的受众,不仅有

---

① 刘海龙.大众传播理论:范式与流派[M].北京:中国人民大学出版社,2008:60.

② 转引自马骏,牛美丽.公民参与[M].北京:中国人民大学出版社,2009:13.

③ 转引自胡正荣.传播学总论[M].佟心平,王远飞,译.北京:中国传媒大学出版社,1997:288.

热情参与大众媒体的传播活动,而且也有能力充分利用微博微信等"我的媒体",参与公共话题的讨论,阐述立场、观点和建议,成为国家治理体系中一支重要的参与力量。

第五节　公众受众的基本权利

公众的受众并不是自然产生的,无论是大众走向公众,还是公众向受众的转变,不仅需要提供一定的条件,而且还需要一定的权力的保障。

作为一个合格的公众受众,应该以一种"积极的受众"和"好公民"姿态出现在传播的公共领域。他们在履行社会治理的参与者义务的同时,作为会议新闻的主体受众,在传播参与中还需要被赋予基本权利,以顺利实现义务的履行。

《世界人权宣言》第 19 条明确了"人人有权通过任何媒介寻求、接受、传递消息和思想"的权利。美国学者巴伦在《对报纸的参与权力》一文中指出:"为了维护受众的表现自由,保障他们参与和使用传播媒介的权利,公民对传播媒介的参与权必须在宪法中得以确认。"①我国宪法中明确规定公民具有:言论、出版、集会、结社、游行、示威的自由。我国把保障人民的知情权、参与权、表达权和监督权作为民主政治建设的一项重要内容写进党的十七大、十八大和十九大政治报告。这些权利是会议新闻主体受众所应该充分享有的。

一、获取信息的权利

获取信息的权利亦可称为"知情权"。公众的知情、参与、认同是执政者获得合法性的前提。夸克在《合法性与政治》一书中指出:"一致性的重点存在于民主价值的内容和这种价值对于个人权利的强调中,自由和平等和由它们创造的信仰和权利体系是对认同的重要性的展示。"②

获取信息是作为公众的受众参与传播或参与社会治理的基本前提和权利。在善治的民主政治社会中,公民的知情参与已经成为共同治理的实现途径,"充分知情的积极公民可以成为相关政策领域的'公民专家',他们拥有针对具体问题的专业分析能力,可以发展出适合全局或者社区的问

---

①　转引自胡正荣.传播学总论[M].北京:中国传媒大学出版社,1997:288.

②　夸克.合法性与政治[M].佟心平,王远飞,译.北京:中央编译出版社,2002:3.

题解决方案"①。会议新闻的传播,充分的信息保障是公众知情参与的必备条件。充分的信息,不是指单纯的信息数量,关键的是信息的质量和信息结构的合理。信息的质量是指信息的准确、完整、有用有效,信息结构的合理是指满足公众参与社会治理所需要的多层次的信息。

目前,在我国各级各类媒体的会议新闻的信息传播中,基本是模式化、单一层次的信息公告样态,信息质量不高,信息结构失衡,无法满足公众知情参与的需求。模式化主要表现在:会议程序 + 讲话提纲。信息结构失衡主要表现在:决策类新闻,基本不提供背景信息、会议讨论、会议表决等信息,对会议决定了什么、会议出台了什么虽然有所披露,但是缺少实质内容的呈现。正如李希光所说:"在中国媒体上最让公众不满的是,越是重要的新闻、重要人物、重要讲话、重要外事会见、重要的颁奖大会,中国的媒体越是程式化、模板化和脸谱化。"②而且即使是以讲话为主体建构的新闻,也没有直接引语,更没有精彩的观点、政治主张和政治态度的提炼和呈现,满篇都是官话、套话、工作部署的话,没有有温度、有态度、有感情的话,公众看了味同嚼蜡。

造成这种情况的原因,主要是会议组织者僵化的信息控制和媒介系统刻板的传播模式惯性。打开中国媒体,越是重要的会议越是千篇一律,国家级媒体基本采用新华社通稿,凤凰卫视也基本采用新华社或者人民日报社的稿件,只不过在标题处理上有所不同罢了。省级媒体对于本级召开的会议,报道前也要经过宣传部门的审核把关,审核把关的目的是确保口径一致,不犯政治错误,其他诸如新闻价值则很少考虑。另一方面就是媒介刻板的传播模式惯性使然。这种惯性的形成,其实是媒介在政治系统管理惯性作用下的自然运行状态,这种状态下所生产的新闻自然依据政治系统所认可的模式来建构和传播新闻。这样的新闻除了对会议议程的提纲式信息传递外,公众很难获得需要了解和满足需求的内容。这就形成了一种悖论,一方面政治系统需要社会系统的政治认同与支持,另一方面媒介系统在政治系统控制下的信息传播却又难以满足公众的需求。

二、表达意见的权利

意见的自由表达是形成公众受众的必要条件和基本权利。马克思曾

---

① 夸克.合法性与政治[M].佟心平,王远飞,译.北京:中央编译出版社,2002:3.

② 李希光,孙静惟,王晶.新闻采访写作教程[M].北京:清华大学出版社,2011:5.

经深刻指出:"发表意见的自由是一切自由中最神圣的,因为它是一切的基础。"①表达权的核心和目的在于表达自由,因此,表达权亦可称为表达自由权。表达自由是各国公民在表达自己思想情感的活动中所追求的基本价值目标。表达自由权保护的实质内容重点在群体利益的表达和公民对重大政治、经济、社会、文化等公共问题发表见解与主张的权利②。

公众的受众在会议新闻传播过程中表达权利体现在:对于执政集团的决议决策和政策主张公开的自由讨论,表达自己的利益主张。公众的自由表达,一方面可以形成社会舆论,影响决策和完善政策,另一方面也可以在同执政者的互动沟通和讨论中达成基本的共识,起到舆论聚合作用,有利于政策的实施。公众意见的自由表达对于执政者的决策具有重要的参考价值,维护和保障公众自由表达权将会营造良好的社会政治氛围。从长远的民主政治建设看,公民行使自由表达权,也有利于培养积极的公民精神,有利于引导公众自觉投身社会公共治理的实践。

三、参与治理的权利

参与治理的权利是公众的基本政治权利。这些权利包括:参与选举、决策、管理和监督等。现代社会治理的本质是还权于民、官民共治,确立人民在国家治理中的主体地位。公共参与可以为公民治理的发展提供动力。正如欧文所说,"公民的积极参与可以使行政人员制定出更多反映大众偏好的并且可以获得民众广泛支持的公共政策。"③

公民参与社会治理,其核心是赋予公民充分的社会自治权力,它所追求的是即使政府不在场,或政府治理失效,社会政治生活也依然能够有序进行的目标。俞可平认为:"善治是政府与公民之间的积极而有成效的合作,这种合作成功与否的关键是参与政治管理的权力。公民必须具有足够的政治权力参与选举、决策、管理和监督,才能促使政府并与政府一道共同形成公共权威和公共秩序。"④公众参与国家的社会治理,可以"激发公民的主体意识,增强公民的社会责任,塑造公民的政治认同和社会团结。同时社会自治可以大大减轻政府社会管理负担,降低政府的行政成本,减轻政府维护社会稳定的巨大压力"⑤。因此,公众参与治理权利的维护和保

①　马克思恩格斯全集:第 11 卷[M].北京:人民出版社,1995:573.

②　邓瑜.媒介融合与表达自由[M].北京:中国传媒大学出版社,2011:16.

③　王巍,牛美丽.公民参与[M].北京:中国人民大学出版社,2009:13.

④　俞可平.权利政治与公益政治[M].北京:社会科学文献出版社,2005:150.

⑤　俞可平.更加重视社会自治[J].人民论坛,2011(6):8－9.

障,是现代民主政治建设和现代社会治理体系的题中应有之意。

会议新闻传播,在维护和保障公众参与治理上,主要体现在:一是媒体议程设置要聚焦公共政策问题和具体的社会治理问题;二是构建公众参与治理的意见交流平台,引导公众参与讨论;三是吸引公众参与政策和法规建设;四是积极引导公众投身社会自治。应当说,随着传播技术的发展和信息渠道的多元化,特别是公众民主参与意识的增强,公众已经走到社会治理的前台,成为社会治理的重要参与者,媒体在维护保障公正的参与治理权利过程中,要创造一切有利于公众参与的媒介环境和舆论环境,营造官民共治和社会与政府协同治理的良好局面。

四、监督施政的权利

监督施政是公众的基本政治权利。有效的监督,可以防止政府有意做错事、做坏事。有效的监督,也可以解决中央政府决策的落实问题,尤其是通过公众的监督,可以防止或及时揭露中层政府管理与基层政府实施之间结成所谓的"政绩共同体",保证政府对于中央政府和公众负责。政府对于公众负责,不仅仅意味着在选举投票时要向选民负责,当选的政府在两届选举之间也应该向公众负责。

公众监督要求政府的行政必须透明,即要求"政府机关的所有活动,从立法、执法、提供资讯、社会服务,以及政府所掌握的个人信息等,除了必须保密以及涉及个人隐私的部分外,都有义务向社会公众开放。其中包括政府组织的公开,即政府机构的组建及设立程序的公开。政府决策的公开,即政府所有的规定、决定必须公之于众,而且制定的过程必须接受公众、企业的参与和监督"[1]。即使政府在某些事件上可以实行保密,但是它必须告诉公众保密的理由是什么,而政府提出的这些理由必须在社会中是可以公开谈论的。正如徐贲指出的那样:"政府有权对某些事情保密,但它无权对它保密行为的理由实行保密。"[2]民众要求政治和公共事务的公开透明,最终还是要防止官员或权势人物用"行政保密"或"国家机密"为借口假公济私、拥权自肥,损害民众、社会和国家利益。只有公开和透明的政治才能防止权力的秘密化,防止政府权力对社会和人民进行秘密手段的统治、压迫和残害[3]。公众需要了解政府的行动和意图,对于没有真正代表公众利

---

[1]　转引自赵雅丹.信息分享结构与透明政府建设[M].上海:上海社会科学院出版社,2012:2.

[2]　徐贲.政治是每个人的副业[M].北京:东方出版社,2013:74.

[3]　徐贲.政治是每个人的副业[M].北京:东方出版社,2013:75.

益的官员有权提出弹劾。

政府的透明需要借助媒体的信息传播，媒体在会议新闻传播中，要满足公众对政府监督权利的行使。媒体在会议新闻传播中要确保传播的信息准确、客观、真实，对于决策、决议的过程和政策产生的背景以及政策调整的相关核心信息都要提供给社会公众，媒体记者要代表公众参加政府的会议，跟踪政府的整个行政决策过程，注意发现一些有意隐瞒并侵害公众利益的行政行为，要关注政府官员在一些会议上就有关公众关注的核心问题的表态和意见，要将这些表态和意见原原本本地传播给公众，便于政府接受公众的监督。

大众受众与公众受众所产生的时代背景基本相同，其根本区别在于大众与公众在身份认同和政治自觉上的差异。大众向公众的过渡需要具备形成公众的一切条件，而大众受众向公众受众转型也是如此。会议新闻的受众之所以定位在公众上，是因为公众作为理性、积极的公民，对公共事务和国家治理固有的自觉参与意识，对于政治信息具有天然的敏感性以及积极的政治参与的建设性，而这些又是执政集团决议决策所应该了解和关注的决策依据和舆论气候。公众是国家治理和公共事务治理的主体，他们在现实生活中充当意见领袖角色，对社区民众具有一定的影响力，他们是社会自治的主体力量，这在转型的中国社会中是极其宝贵的力量，执政者应当把他们作为国家治理体系中的有生力量来对待。

从一定意义上讲，受众是媒介化的产物，媒介形态建构了受众形态。同时，受众也在一定意义上形塑着媒介形态，有什么样的受众就会有与之相适应的媒介传播形态。

随着媒介技术的发展和受众媒介接触习惯的改变，媒介形态和受众形态也将发生根本性的改变，媒介形态不仅向着数字化转变，而且受众形态也将随着对于社交媒介依赖的增强，而日益呈现出：微粒社会的圈民互动者、利益共同体的维护者、政治参与的权利主张者以及政府行为监督者的角色重构，其核心将是政治人角色的确认。因为，新媒体的迅速发展以及新媒介技术赋权所带来的信息获取及其话语能力的提升，公众作为政治参与主体的身份将更为明确，其维护自身合法权益与监督政府作为的合法性动力不会削弱，相反会更强，而且这一态势将越来越明显，这也将对政治系统的政治政策回应能力以及媒介决议决策和政策信息传播的有效性提出挑战。

第六节　受众媒介接触偏好与会议新闻整体评价

前文分析了公众受众的特征,以及对于政治信息所秉持的态度——满足政治参与与社会治理的需求,同寻求娱乐和刺激的大众受众的信息消费兴趣有着明显的差异。这一结论在现实中是否如此,还需要通过受众的媒介接触及其信息选择偏好和对会议新闻的整体评价来回答。

一、受众的媒介接触行为及其演变

受众媒介接触行为反映了受众的媒介依赖偏好,也反映了媒介形态创新所带来的受众变化。每一种媒介的存在或者消亡都是由受众决定的,同时,新的媒介形态也制造了新的受众。

在漫长的媒介发展史上,每一种媒介都是适应社会发展需要而诞生的,在新的媒介诞生的同时,原有的媒介并没有即刻退出历史舞台,它在适应新的媒介生态竞争中,锁定属于自己的受众群。随着受众群体的裂变与分流,虽然一些传统媒介在介质形态上逐渐淡出主流媒介行列,但是在与新的传播技术融合中,又获得了新的形态和新的生存空间。媒介发展变化的实践证明:媒介地位的变化和市场规模的消长,都是由受众媒介接触和使用行为决定的。

互联网进入中国 30 多年来,我国网络新媒体发展速度惊人,媒介生态呈现出此消彼长、波澜壮阔的竞争景观。截止到 2014 年末,"世界 30 亿网民中有 6 亿多在中国,网民人数居世界第一位,移动互联网用户也位居世界第一位"①。同时,微信用户已达 6 亿,全国 34 家省级电视台、162 家报纸设立了公众号,128 家党报独立推出了移动客户端产品②。2014 年 6 月,中国手机上网比例首次超过 PC 端上网比例,手机网民规模超过八成③。随着媒介形态的变化,受众的媒介接触行为也随之发生改变。

从受众接触的媒介结构变化看,据中国人民大学新闻与社会发展研究中心"中国受众媒介'接触使用'状态定量研究"抽样调查显示,2010 年受

---

① 唐绪军.中国新媒体发展报告:2015[M].北京:社会科学文献出版社,2015:5.
② 唐绪军.中国新媒体发展报告:2015[M].北京:社会科学文献出版社,2015:9.
③ 腾讯传媒研究院.众媒时代——文字、图像与声音的新世界秩序[M].北京:中信出版社,2016:4-5.

众日均生活必须活动时间为 737 分钟,其中,工作(学习)时间 230 分钟,家务时间 143 分钟,闲暇时间 364 分钟,在闲暇时间中日均媒介接触时间为 292 分钟。受众一天中在自己家中停留的时间最长,占一天 24 小时的 72. 27% ,达 1040. 7 分钟①。受众的媒介接触结构,与 2000 年居民媒介接触情况②相比,电视仍然是受众在日常家庭中接触最多的媒介。有96.92% 的受众收看电视,2000 年是 93. 50% ;收听广播的占 82. 29% ,2000 年是 47. 80% 。从调查数据看,电视接触率基本持平,广播收听率则有大幅增长,增长幅度近 50. 00% 。在传统媒体中市场占比变化较大的是报纸,2010 年报纸受众占 53. 00% ,而 2000 年是 64. 20% ,下降 11. 20% ;网络受众占 42. 00% ,而 2000 年是 11. 00% ,增幅达 31. 00% ;手机受众是 11. 00% ,而2000 年为 0. 80% 。这一情况随着移动互联网特别是 4G 技术的普及,发生了翻天覆地的变化,"截至 2014 年手机互联网网民达到 5. 57 亿,网民中利用手机上网人群达 85. 8%"③。

从受众媒介接触黏性看,据 2010 年调查,"电视、广播和互联网瓜分了超过 80% 的受众日均媒介接触时长,是人们生活中嵌入度最高的三个媒介,三者日均接触时长呈'等比序列'排列,电视的接触时长接近广播的两倍,而网络的接触则近于电视的两倍,而且这种格局保持相对稳定"④。电视和广播的受众覆盖面广、黏度高,而报纸受众的覆盖面虽然不低,但其黏度不高。网络的受众覆盖面和黏度均低于电视和广播,但高于报纸。这种情况随着微博、微信等社交媒体的推出而发生改变,手机受众黏度迅速提高,2014 年 46. 80% 的用户使用移动端的时间不低于 3 小时⑤。2014 年上半年微信用户使用比例达到 65. 00% ,超过 56. 00% 的用户每周使用微信在两次以上,其中 31. 40% 的用户每天使用微信⑥。

从受众获取新闻的媒介渠道选择看,据靖鸣等 2014 年用户手机使用行为网络调查显示,受众获取新闻的媒介占比为:报纸 24. 49% ,广播13. 31% ,电视 42. 68% ,电脑网络 88. 64% ,手机互联网 73. 48% ;QQ 和微信社交媒体使用占 80. 81% ,传统媒体电子版使用占 8. 84% ,新闻客户端

①④　喻国明,等.中国人的媒介接触:时间维度与空间界面——基于"时间—空间"多维研究范式的定量考察[M].北京:人民日报出版社,2012:28.

②　喻国明.网络崛起时代:北京人媒介接触行为的结构性变化及其特点——来自 2000 年北京居民媒介接触行为的抽样调查报告[J].国际新闻界,2001(1):47 – 50.

③　唐绪军.中国新媒体发展报告:2015[M].北京:社会科学文献出版社,2015:2.

⑤　陈鑫胤.2016 年媒体趋势:修炼从量变到质变的道路[J].中国传媒科技,2016(1):17 – 20.

⑥　唐绪军.中国新媒体发展报告:2015[M].北京:社会科学文献出版社,2015:44.

软件使用占 16.9%①。2015 年 1 月,全球 50 个最受欢迎的新闻网站中,有 39 个网站的移动端流量大于 PC 端②。从受众依赖程度分析,每日从传统媒体多次获取新闻的有 23.37%,而每日多次通过新闻客户端获取新闻的则高达 59.79%③。2014 年 1 月,人民网研究院援引 DCCI 互联网数据中心于 2013 年底发布的数据,新闻资讯类应用在移动端的渗透率高达 96.70%④。

从受众自然及社会身份获取新闻结构分析,孙望艳在 2014 年的抽样调查显示,18 到 29 岁的受众群体多数使用手机客户端获取新闻,55 岁以上受众群体多数利用电视、广播、报纸获取新闻;手机新闻客户端的受众群体中本科文化程度的占 51.58%,中学生占 30.70%,国家机关和事业单位的工作人员占 28.50%⑤。电视仍然是农村受众获取新闻信息的最主要渠道,占调查对象 80.20%⑥。

以上分析可以得出这样的结论:在新旧媒介竞争的生态环境下,受众群体媒介接触呈梯度转移分化状态,大体上是从传统媒体向网络媒体转移,再由网络媒体向移动媒体转移。从获取新闻看,也呈这样的分化转移态势,即由传统媒体向新闻门户网站转移,再由新闻门户网站向移动社交媒体转移。从年龄和社会身份看,55 岁以上的受众群体和农村受众群体对于电视的依赖更强,主要是这部分受众群体的媒介接触习惯和媒介接触条件所限。针对 50 岁以下受众而言,门户新闻网站、移动客户端的媒介有效受众覆盖率和媒介黏性越来越强。

二、受众媒介接触与新闻使用趋向

受众在新闻接收上,电视、网络和移动客户端是主要渠道。但是随着移动客户端的普及,受众的媒介接触聚合趋势也越来越明显。2011 年,城

---

① 靖鸣,马丹晨.受众媒介接触行为的变革与反思——以用户手机使用行为的实证研究为例[J].新闻与写作,2014(12):31-36.

② 腾讯传媒研究院.众媒时代——文字、图像与声音的新世界秩序[M].北京:中信出版社,2016:4-5.

③ 宫承波,王欢栾,天天.新闻客户端受众媒介使用习惯探究——基于以北京地区大学生为目标群体的调查[J].青年记者,2014(9):11-14.

④ 贾金玺.纸媒新闻客户端发展困境与突围路径——基于五款新闻客户端产品的比较分析[J].中国出版,2014(24):3-7.

⑤ 孙望艳.手机新闻客户端"使用与满足"研究[D].天津:天津师范大学,2014.

⑥ 陈莹.农村受众对大众媒介的接触与使用行为研究[J].东北师范大学学报(哲学社会科学版),2013(6):269-271.

市居民的媒介接触聚合趋势出现,日接触 4 种以上媒介的城市居民比例为 40%,到 2015 年这一比例下滑至 30%,而且这一趋势在年轻群体中("80后""90 后")更为突出。

据李晏的媒介到达率研究显示,2015 年,传统媒体无论是平面媒体,还是广播电视都呈下滑趋势,其中平面媒体的下滑幅度最大,报纸日到达率下降到 37.5%,相比 2014 年,减少了 8 个百分点。电视日到达率为 75.3%,较 2014 年下降了 3.5 个百分点;广播日达到率为 14.6%,相比 2014 年下降 0.9 个百分点。研究显示,这种趋势还会持续,但是受众对电视的信任依然是电视媒体的重要资产,电视的可信度和好感度仍然位居首位。值得注意的是近 50.0% 的电视受众通常会在看电视的同时使用"第二屏幕",这一比例在中青年人群中的比例达到 54.0%[①]。《新媒体蓝皮书:中国新媒体发展报告(2016)》调查数据显示,截至 2015 年末,中国手机网民规模达到 6.20 亿,91.0% 的网民通过手机上网。93.5% 的人平时通过手机获取新闻信息,在使用频率上,77.4% 的受访者几乎每天通过手机获取新闻信息,17.8% 的人一周多次通过手机获取新闻信息,手机已经成为重要的新闻信息获取平台[②]。在移动互联网持续稳定发展的同时,以移动互联网为依托和平台的上网活动迅速填充着人们的碎片化时间[③]。移动互联网的快速发展,带来媒介生态和受众媒介接触行为的变化,传统电子媒体和平面媒体市场日趋萎缩,移动终端的媒介融合所释放出来的活力和受众黏性以及媒介接受度不断提高。

另外,西方国家受众新闻获取渠道选择,也随着移动端的快速崛起出现明显变化。2015 年皮尤发布的《2015 新闻媒体现状》指出:"随着移动端崛起对于社交网络的促进,信息流动进入全新的时代。在过去的一段时间内,几乎一半以上的网络用户从 Facebook 获取政治和政府新闻。"[④]《在 Twitter 和 Facebook 上崛起的新闻》报告指出,将 Twitter 和 Facebook 作为新闻获取来源的用户比例均为 63%,比 2013 的 52% 和 47% 分别增长了 11%

① 崔保国.中国传媒产业发展报告:2016[M].北京:社会科学文献出版社,2016:206 - 208.

② 唐绪军.新媒体蓝皮书:中国新媒体发展报告(2016)[M].北京:社会科学文献出版社,2016:140 - 141.

③ 崔保国.中国传媒产业发展报告:2016[M].北京:社会科学文献出版社,2016:205.

④ 腾讯传媒研究院.众媒时代——文字、图像与声音的新世界秩序[M].北京:中信出版社,2016:37.

和16%①。同时,不同平台用户获取新闻内容的偏好也有所不同。从 Twitter 上获取突发新闻的用户比例是从 Facebook 上跟进突发的近 2 倍(59% vs 31%),Twitter 用户相对比 Facebook 用户更愿意浏览四类信息:政府与政治新闻(72% vs 61%)、国际时事(63% vs 51%)、商业新闻(55% vs 42%)、体育新闻(70% vs 55%)②。这体现了媒介定位特色对于受众媒介依赖黏性的引导作用。

三、会议新闻受众接收渠道选择偏好

2016 年绥化市受众媒介接触与新闻接收偏好调查显示,受众在会议新闻接收媒介渠道选择上,呈现出电视、移动客户端、政务信息网、网络、报纸、广播梯次减弱的趋向。其分别占 65.45%、63.47%、50.00%、45.00%、13.12%、12.27%。

从数据看,电视依然居于首位,移动客户端和网络媒体紧随其后,报纸和广播受众最少。在回答"您喜欢从哪些媒介收看会议新闻"问题时,电视媒体排在前 3 位的分别是 CCTV－1、CCTV－13、黑龙江电视台新闻综合频道,分别占 69.55%、34.55%、24.55%。报纸前 3 位的是《人民日报》《黑龙江日报》《绥化日报》,分别占 40.00%、32.00%、15.90%;广播前 3 位的是中央人民广播电台、黑龙江广播电台、绥化人民广播电台,分别占 47.73%、19.09%、10.91%。从传统媒体选择偏好看,各级传统权威主流媒体仍然是受众获悉会议新闻的主渠道。网络媒体前 3 位的是:新浪新闻网、腾讯新闻网、搜狐新闻网,分别占 32.73%、31.68% 和 26.82%。除此之外,选择《人民日报》网络版、《黑龙江日报》网络版、网易新闻网的分别占 22.73%、22.27% 和 21.82%,《绥化日报》网络版仅占 6.82%。可见,受众对于商业新闻网络媒体依赖略高于传统媒体的网络版,说明网络用户通过商业新闻网络媒体获悉会议新闻,是一种附带的新闻接触行为,即收看其他新闻信息同时进行了会议新闻接触。移动新闻客户端前 3 位的分别是:微信、QQ、腾讯新闻客户端,分别占 60.00%、46.00% 和 28.00%,除此之外,CCTV－13 和凤凰资讯新闻客户端分别占 22.27% 和 10.00%,黑龙江电视台新闻客户端和绥化电视台新闻客户端仅占 7.27% 和 1.36%。这一

---

① 腾讯传媒研究院.众媒时代——文字、图像与声音的新世界秩序[M].北京:中信出版社,2016:37.

② 腾讯传媒研究院.众媒时代——文字、图像与声音的新世界秩序[M].北京:中信出版社,2016:39－40.

现象表明,由于微信和 QQ 等社交媒体的黏性较强,因此,腾讯新闻便成为微信、QQ 用户获悉会议新闻的主渠道。另外,传统媒体的新闻客户端并没有引起用户的广泛注意,个中原因还需要深入研究。

在回答"对于政府新闻信息您通常习惯从什么媒介渠道了解"问题时,前 3 位的分别是:新媒体(新闻网、移动新闻客户端)62.27%、政务信息网站 50.00%、传统媒体 45.00%。值得注意的是,作为"脱媒"的政务信息网开始成为公众获悉政府信息的主要渠道,占 50.00% 的比例,政务信息已经成为公众生活不可或缺的信息来源,这一现象说明作为公众的受众政治参与意识的增强以及对于自身利益的关切。同时,也从另一侧面提醒各级政府,应该加强政府信息平台建设,加大政务信息的公开力度,使其成为与公众沟通交流的常态化渠道。

在回答"您喜欢哪些媒体的会议新闻报道?"时,传统媒体居前 3 位的分别是:中央电视台 65.91%、中央人民广播电台 20.91%、黑龙江电视台新闻联播 17.27%,绥化电视台新闻联播仅占 5.91%。网络媒体(包括传统媒体网络版)居前 3 位的是腾讯新闻网 22.73%、《人民日报》网络版 21.82% 和新浪新闻网 17.73%。《黑龙江日报》网络版和《绥化日报》网络版分别是 11.82% 和 14.09%。从这一数据看,在公众的媒介接触中,地方性媒体优势并不明显,同时对于网络媒体的依赖程度也不是很高,而社交媒体却异军突起,微信和 QQ 分别占 44.09% 和 29.55%。微信和 QQ 之所以作为会议新闻信息的接收渠道,主要是微信和 QQ 直接绑定腾讯新闻,用户只要打开微信和 QQ 就可以获得腾讯的新闻推送。但是,通过腾讯新闻获悉的只有国家和省级层面的会议新闻,而没有市县层面的会议新闻,这也提醒地方传统媒体,要想受众关注地方媒体传播的会议新闻,借助有影响力和受众黏性较强的平台型媒介渠道将是一种必要的选择。

四、受众接收会议新闻信息效用需求选择

在回答"您希望从日常会议新闻报道中了解哪些问题,对于报道是否满意"时,国家级媒体排在前 3 位的分别是:国家领导人就国际社会对中国的政治、军事、经济、外交的政治态度和政治宣示(65.00%),党中央和国务院重大决议决策信息(58.18%),与我们的学习生活密切相关的决议决策(55.00%)。省级媒体排在前 3 位的是:地方党委政府(省市县)的决议决策(55.00%)、政策信息(41.35%)、与我们的学习生活密切相关的决策内容(36.82%)。市级媒体排在前 3 位的分别是:政策信息传播(34.55%)、地方党委政府的决议决策的信息传播(34.09%)、地方党委政府领

导就涉及当地政治经济社会发展问题的主张和态度的信息传播（30.00%）。县级媒体排在前3位的分别是：地方党委政府的决议决策的信息传播（27.73%）、政策信息传播（25.00%）、地方党委政府领导就涉及当地政治经济社会发展问题的主张和态度的信息传播（22.73%）。

通过分析可以获得这样的结论，在国家层面，公众关心国家领导人在国际社会公开场合的政治主张、政治宣示和政治态度等高层次的信息，这与公众关注中国的国际影响力和中国重新回归世界舞台中心位置的期待是分不开的。同时，公众也关注与自身利益密切相关的微观层面信息，这是直接影响其生活、生存和发展的信息。在省、市、县地方层面，更加关注政策信息以及地方党委政府的决议决策信息，获得这些信息能够帮助公众了解地方党委政府的政治政策走向，对于公众自身利益具有一定的影响。这些数据显示，作为公众的受众的政治参与和社会治理的意识在不断增强。

五、受众对我国会议新闻传播信息的整体评价

在回答"您对当前我国会议新闻传播信息的整体评价"问题时，整体评价呈国家、省、市、县逐级递减的态势。认为"信息有用"的，国家级媒体、省级媒体、市县级媒体分别占83.64%、66.82%、53.64%；认为"信息没用"的呈逐级递增的态势，国家级媒体、省级媒体、市县级媒体分别是6.82%、15.91%、20.45%。同时，在回答"透过会议新闻信息，您认为当前我国召开的会议哪一级更有价值"也呈现正向梯度递减、反向梯度递增的态势。认为"应该开，有价值"的，国家会议、省级会议、市级会议、县级会议，分别是84.55%、63.64%、51.09%、41.91%；认为"不应该开，无价值"的分别是1.82%、5.98%、16.78%、26.23%。从上述两个问题获得的数据分析，国家级媒体在传播中央政治局会议、国务院常务会议活动的信息上，还是令公众比较满意的，虽然报道略显"程序化、僵硬化、综合化"，但基本把握住了会议决议决策的重要内容，且会议决议、决策和政策信息与公众的生存发展密切相关，因此，公众透过媒体传播的信息，认为国家召开的会议应该开、有价值。而公众对于省市县媒体报道的会议新闻则呈渐次递减的评价。公众对于会议新闻的评价，一定程度上隐含着对于各级政府会议活动的评价以及政府行政作为的差序评价。这也进一步证明，作为公众受众的政治理性和独立的政治分析与判断能力，同时，也客观反映了公众对于基层政府的政治作为的社会评价。

六、受众渠道选择偏好对于会议新闻传播的启示

（一）会议新闻的媒介接触和评价呈倒三角，公众需求因无法满足而产生空间接近性背离

这种背离体现在两个方面：一是媒介依赖的空间接近性背离，二是政府信任和评价的空间接近性背离。按照媒介接近性理论所阐释的，与公众空间接近性越高的媒体和传播的信息，受众的媒介依赖度和信息信任度应该越高。原因是无论是地方政府的会议决策，还是媒介的新闻报道，与当地受众的信息需求关联应十分紧密。但是，现实情况恰恰相反。抽样调查显示，国家级主流媒体的会议新闻呈现的政治信息受众选择率高于地方媒体（省、市、县）。说明中央政府国家治理大政方针和重大政策的制定的权威性不可替代，而且这些决议决策和政策均涉及公众的切身利益，信息具有重要的社会知悉意义和传播价值，因此，受众对于国家级主流媒体会议新闻的认可度高于地方媒体，媒介认可呈梯度下行曲线，县级媒体的会议新闻认同度最低。

按照新闻接近性原理，距离受众最近的媒体，受众应该最关注，因为地方媒体传播的信息与当地受众的关联度应该最高。但调查结果与这一判断也正好相反，呈倒三角格局，这与公众对于中国各级政府的评价差序梯度递减规律基本相符。这一方面反映出地方政府的行政政策资源上的不足，一定程度上影响了其政策效能释放，地方政府对于公众的政策需求回应乏力；另一方面也反映出地方媒体会议新闻政治信息选择和传播上的问题，即缺少满足目标受众定向需求的信息供给。对此，执政系统不可小视，它反映了中国目前的政治信任度的现状，越是与公众接近的政府和媒体，与公众的心理距离却越远，这种状况不改变，将不利于基层政权的政治稳定和地方政府公信力的维持。

（二）媒介曝光度具有两面性，空洞的新闻传播造成公众对于地方政府的评价梯度递减

在中国，政府层级越高，公众的信任度越高，公众对政府效能的评价也越高，呈递增态势。而美国政府刚好相反，美国公众对于政府的信任度和效能评价呈递减态势。美国公众对州政府信任度高于联邦政府。

据奈等的研究显示：美国公众"对政府的信任度已经下降了。1964年有3/4的美国公众说他们相信联邦政府绝大多数的时候在做正确的事情，而现在只有1/4的美国人承认自己持这种观点。对州政府来说，状况仅仅稍好些，持这种观点的人占35%，1995年的一次调查测验显示，公众对联

邦政府的信任度为15%,对州政府的信任度为23%,对地方政府的信任度为31%。"①奈等在分析政府信任度降低的原因时指出:"不信任政府的最主要原因是政府低效、浪费和开支不当。"②中国各级政府的情况正好相反,无论政府效能,还是资金使用的浪费程度,公众的正向评价都比较高,尤其是党的十八大之后,中央的一系列反腐和改革举措的实施,使各级政府的清廉指数和政府效能进一步提高,"创新、协调、绿色、开放、共享"发展理念指导下的经济转型升级,使群众的获得感明显增强,因此,公众的评价指数呈上升态势。这一方面说明,中央决策深度契合了公众的舆论诉求,另一方面也与国家级媒介传播的有效性有关。媒介传播在改革、发展、反腐主题上保持了持续性和相当的集中度。每一次中央政治局会议和国务院政务会议的议题和媒介报道,基本呈现了推进改革、绿色发展、持续反腐政策的连续性,且呈现步步深入的态势,而且每一次会议都聚焦一些公众关注的重点议题和问题,媒介报道使公众感受到中央在推进这些涉及国家长远发展与民众利益问题上的积极作为。

政治传播实践告诉我们,政府和官员一定的媒体曝光度对于保持与公众的媒介联系是必要的。一方面可以让社会公众了解政府和官员在干什么,提高政府行政的透明度,便于公众的监督,另一方面有效的媒介传播对于政府的决议决策和政策的实施,能够起到设定社会议程、社会动员、增进社会共识的功能。但是媒介曝光度也具有两面性,无实质意义的政治活动信息的过度曝光,反而会带来相反的传播效果,容易导致公众的负向认知评价,甚至产生反感情绪。从地方媒介会议新闻报道看,议题呈现着被动性特点,多是学习传达中央和上级党委政府会议精神的议题,贯彻意见通常是上级文件的复制,即使有一些本地的东西,通常也比较空洞。涉及改革发展的议题,即使研究出台了一些政策规范性文件,媒体也只是公告政策文件名称,而没有核心政策信息的透露,而且这些政策基本上也是上级政策的翻版,缺少解决当地实际问题的意见措施,地方政府缺乏主动回应公众诉求的议程设置。因此,公众通过媒体看不到地方党委、政府对于解决改革发展和民生问题的决策性和政策性的具体意见,这也是公众对于地方党委、政府召开的会议持消极评价的一个重要原因。

这些都说明,会议新闻的传播绝不是一个简单的一般信息的传播问题,它承载着公众对于政府的期待和执政合法性评价以及政府形象的塑造问题。这一现象对中国媒体的会议新闻传播提出挑战:公众的选择决定媒

---

①② 奈,泽利科,金.人们为什么不信任政府[M].朱芳芳,译.北京:商务印书馆,2015:5.

介接触和评价,媒介接触和评价反过来决定公众对于政府的评价,会议新闻传播评价降低的核心是信息空洞化,公众的需求难以得到满足。尤其是地方媒介的会议新闻传播的空洞化问题需要尽快改变,不然,公众的媒介背离对于地方政府的施政和社会治理将极其不利。

另据对不同受众群体调查,在会议新闻的媒介选择偏好上,对于《参考消息》的选择呈现上升态势(主要通过移动客户端阅读信息),尤其是在高文化层、大学教师中的受众比例较高,占受调查对象的48%。文化程度较高(大学以上)的受众看过国内新闻报道,还会通过移动客户端和网络看《参考消息》上国外媒体的报道,目的是透过国外媒体报道了解背景信息。同时,国外媒体的会议新闻报道通过框架选择,会引导受众"怎么想",其导向功能较强。相比较而言,国内媒体的框架选择比较单一,通常采用信息公告式的传播,解读、劝服、关联等传播形态则很少运用,信息选择和信息建构缺乏技巧,抓不住受众的眼球。另外,中国媒体的会议新闻通常采用全景式报道,这种报道方式,虽然可以让受众较为宏观和全面地了解会议活动信息,但由于违背新闻传播规律和受众信息接收规律,无论是在受众即时信息知觉注意反应,还是长时记忆方面都缺乏有效的心理表征。

(三)移动客户端媒介融合的加速度,媒介生态位重叠和营养宽度收窄,会议新闻不同的媒介传播定位,需要根据黏附在媒介上的受众的信息需求进行定向化处理

目前,媒介融合随着移动媒介技术的快速发展,其融合的广度和深度都呈现出前所未有的格局。传统媒体纷纷开设移动客户端,一屏融多屏,一媒融多媒的格局已经形成,不仅传统媒体融入移动新媒体,而且传统网络媒体融入移动客户端的步伐也在加快。

但是,传统媒体通过新媒体技术的自我融合,从受众媒介接触偏好调查看,无论是移动客户端还是网络 PC 端的受众媒介接触并不如预期那样好,受众的点击率和触屏率并不高,这与传统媒体采取内容简单的媒介平移,难以适应新媒体受众阅读和接收习惯不无关系。

应当看到,传媒发展已经呈现出了新的范式革命,单独自我融合即将被"平台型媒体"的跨媒介融合的新范式所取代。"平台型媒体打造了一个吸引和掌握着海量流量的开放平台。"①"平台型媒体"不仅拥有海量的"流量群",而且,还拥有品种齐全的信息"流量包",如同一个大型的信息

① 喻国明,丁汉青.传媒发展的范式革命:传统报业的困境与进路[M].北京:人民日报出版社,2016:191.

超级市场,吸引着不同类型的用户群,用户只要进入这个信息的超级市场就会获得其所需要的一切信息。"平台型媒体"依托的是大量各类(传统媒体、自媒体)媒体所提供的内容,这些媒体成为它的信息供应商,新闻资讯用户利用移动客户端获得"平台"上的各种符号形态的新闻资讯,满足其不同的信息需求。

"平台型媒体"融合最大的好处是新闻信息会增大"流量群"关注的可能,只要所提供信息的目标受众明确,并满足其定向需求,就会锁定其注意力。根据调查,目前,除了电视还拥有大量的受众群以外,其他传统媒体受众向移动客户端分流的速度在加快,移动客户端已经成为人们获取新闻信息的重要渠道。正因为如此,一些先行媒体开始将新闻信息提供给"平台型媒体",借助其庞大的"流量群"扩大自己的影响力。

受众的媒介渠道选择,一方面说明受众因技术创新带来的媒介接触偏好在发生变化,另一方面也说明,随着公众政治参与意识的增强,公众对于媒介政治信息传播的选择与评价也在发生变化,无论媒介传播技术如何变化,有一点不会发生根本改变——定向的信息需求偏好。作为公众的受众,不断强化的政治参与与社会治理意识,将决定其对于政治信息需求的优先选项,以及通过政治信息的获取来审视和评价执政系统的政治作为。而这些变化的背后,其实反映了政治系统、社会系统和媒介系统在信息权力上的博弈状态。

第四章　会议新闻传播博弈论

会议新闻传播是政治系统、媒介系统和社会系统共同作用的结果。在会议新闻传播活动中,政治系统、媒介系统与社会系统彼此独立又相互依存,系统之间围绕着信息权力进行博弈,且都有其独特的运行逻辑和博弈策略。揭示系统之间的运行逻辑和博弈策略对于深刻理解会议新闻传播过程中的信息权力,以及相互之间的支配与制衡关系具有重要价值,这将为深刻理解会议新闻传播权力主体及会议新闻传播形态变化提供一个洞见的"窗口"。

第一节　系统之间的运行逻辑与制衡关系

在人类传播活动中,始终伴随着政治系统、媒介系统与社会系统的博弈与制衡,而且这种博弈与制衡在不同体制下的国家都是如此,只不过博弈所表现的形态与张力有所不同罢了。

博弈论关注组织中的决策制定,其结果依赖于两个或更多的自主局中人的博弈行为,其中一个局中人可能是自然本身,但没有一个单独的决策制定者能够完全控制决策的结果①。在博弈中存在完全信息博弈和不完全信息博弈。在完全信息博弈中,局中人彼此了解各方所选择的策略和可能的收益情况,并就此采取相对应的博弈策略;在不完全信息博弈中,局中人只知道博弈的规则和他们自己的偏好,但却不知道其他局中人的行动和收益,只有通过预测其他局中人可能采取的行动才能进行自己的行动策略选择②。

在策略博弈过程中,存在三种情况,即局中人的利益是否完全一致,是

---

① 凯利.决策中的博弈论[M].李志斌,殷献民,译.北京:北京大学出版社,2007:1.

② 凯利.决策中的博弈论[M].李志斌,殷献民,译.北京:北京大学出版社,2007:5 - 6.

否完全冲突,或者部分一致,部分冲突。局中人的利益完全一致,就是合作策略博弈,其博弈结果是皆大欢喜;局中人利益完全冲突,则必然处于你死我活的竞争之中,其结果或是全输,或者全赢,是一种零和博弈的赢者通吃;局中人的利益既不完全一致也不完全冲突的博弈,乃是混合动机策略博弈,此类博弈最能体现社会的相互作用和相互依赖决策制定的错综复杂的局面,其博弈的结果既不是全输,也不是全赢,而是双方努力寻求共赢区,尽量减少冲突所带来的损失①。

在会议新闻传播中,系统之间博弈其实是围绕着信息的开放与封闭和信息的获得与满足来进行的。会议新闻所传播的政治信息是会议活动各个利益群体博弈的结果。就政治系统而言,会议新闻所传播的和能够传播的只能是政治系统经过把关和权衡后的信息,把关和权衡的基本前提,就是有利于执政和政治政策的社会认同;而就社会系统而言,其关注会议新闻的动机则是出于对其核心利益的关切,即利益诉求是否得到政府的政治政策回应,哪些问题得到了回应,哪些问题没有得到回应,没有得到回应的诉求政治系统是出于什么样的考虑,这些问题政府是否给予了说明解释,等等。

其实,这种博弈的实质是政治系统与社会系统的信息权力问题,更进一步说是政府与公众的关系问题。政府的决策信息向社会开放,让公众获得他所关心和需要的信息,公众将据此进行利益(宏观的国家利益和微观的个人利益)损益情况的判断,并就此做出或赞同支持,或反对抵制的决策和行动。政府的决策信息封闭,尤其是在一些涉及公众切身利益的决策上,如果公众不知情,那么一旦他们认为这些决策将会对其切身利益造成损害时,必然会采取比较激进的措施进行抵制,造成政府的决策失效。比如,自2007年以来,中国厦门、大连、宁波、成都、昆明等地连续发生的民众集体街头抵制"PX"化工项目事件就是例证。事件之所以发生,主要原因是决策者在涉及环境安全发展项目的决策上,并没有让公众参与进来进行协商和讨论,而是关起门来决策。这种决策不仅存在明显的程序违法,而且也违背了以人民为中心的执政理念,其结果必然是公众起来走上街头抗议。在公众的抵制下,这些项目纷纷"下马"。这是一种令人痛心的双输结局:一方面地方政府的执政威信和执政能力受到损失和质疑;另一方面这些项目(其实项目的安全性可以得到保障)的放弃,也使当地群众的就业和收入受到直接影响。

---

① 凯利.决策中的博弈论[M].李志斌,殷献民,译.北京:北京大学出版社,2007:6-7.

在会议新闻传播博弈中不同体制下的媒介系统,其博弈能力和策略选择各有不同,因此,其所扮演的角色也比较复杂。

在西方尤其是美国的媒介系统所代表的始终是资本的利益。目前,美国的六家资本集团控制了美国 90% 的媒体①。因此,美国的媒介系统既不是政府的合作者,也不是公众利益的维护者,其所选择传播的只能是那些能够最大限度地吸引公众眼球的信息,即班尼特在《新闻:幻象的政治》一书中指出的"个人化、戏剧化、碎片化和权威—失序"的信息。只有符合这些特征的信息,才能为媒体所关注和报道。这样的信息除了能够俘获公众的眼球换取媒介利益外,对于政府和公众均谈不上什么利益。这是一种零和博弈,媒介在博弈中是最大的赢家。这是一个方面。另外一个方面,美国的媒介系统,也并不总是采取零和博弈策略,只要政府的决策不涉及和侵害其所在的资本集团的利益,媒介一般也会采取合作的策略,尤其是在对美国的敌对国家或组织的传播中,这种合作表现得还是比较积极的。

在中国的会议新闻传播中,三个系统的博弈张力并不是很强。政治系统、媒介系统与社会系统的合作博弈是其主要形态,即在合作中博弈,在博弈中合作,最终实现共同利益的最大化。这种局面的形成是由我们的政体所决定的。中国共产党作为执政党,党的利益与人民的利益是高度一致的,并不存在除了人民利益以外的特殊利益(虽然不排除个别官员的腐败行为对于公众利益的侵害,但这些并不是执政党所允许的)。党和政府的决策始终是建立在"从群众中来,到群众中去",充分尊重群众意愿,不断吸取群众智慧基础上做出的,并自觉接受群众的监督,因此,决策信息只要不涉及国家安全,是应该和能够向社会公众公开的。同时,政治系统的决议决策和政策,永远都离不开媒介系统有效的政治社会化以及社会系统的政治认同和弥散性支持,如果形成不了政治认同与弥散性支持,那么任何决策和政策都将难以实施,尤其是在公众政治参与意识日益彰显的情境下更是如此。中国的会议新闻博弈主要是围绕着信息管理与需求的博弈,直接的博弈是公众与媒介的博弈,间接的是公众与政府的博弈,而且,后一种博弈是前一种博弈的结果所引发的。

一、政治系统与媒介系统的关系

政治系统与媒介系统始终是一种主与从的支配与被支配的关系。在

---

① 蒋建国,许珍. 美国利益集团对媒体话语权的影响与控制 [EB/OL]. [2019 – 07 – 01]. http://www.haijiangzx.com/2018/0604/1976727.shtml.

政治传播中媒介系统始终处于渠道和工具的角色。

在这一对关系中,政治逻辑始终是一种富有强制性的权力逻辑,是统治阶级试图通过传播活动控制社会意向及一切可能的手段①。政治逻辑对于媒介逻辑的支配主要体现在:从政治与媒介的逻辑关系看,虽然在政治传播中政治与媒介都依循各自的轨迹运行,但是正如地球始终要围绕太阳旋转一样,媒介逻辑必须服务、服从于统治地位的政治逻辑,尤其是在执政党控制下的媒介系统,政治传播必然受制于政治权力的意图,政治逻辑始终处于主导地位并支配着媒介逻辑,而且这种支配关系古今中外概莫能外。

在中国古代,政治系统赋予媒介系统以"辅佑政事"与"延揽民意"两项功能②。有史料证实,中国在进入夏朝后(公元前21世纪)就有了比较频繁的新闻传播活动。自此之后,史官记事、言官言说,到露布宣众、邸报传播,构成了古代中国的媒介体系,这一媒介体系主要围绕向社会发布政令和搜集民意两项任务,以此起到"辅佑政事"和"延揽民意"的功能。"这两项社会功能的诞生既是并不稳定的社会和政治共同体存续下来的需要,也体现出新闻传播活动本质上的政治属性。"③其实,这两种功能对于政治系统而言是相辅相成的。作为一种政治工具,一方面政治系统的统治需要媒介系统的"辅佑",即将政治系统的政治主张、政令法规向社会进行广泛的散布,让社会系统周知并遵守,便于实施有效的统治;另一方面政治系统也需要通过媒介系统了解和掌握社会系统对于朝廷统治的反映,这些反映对于统治阶级具有舆论风向标的作用,以此来调整其统治政策。

尽管如此,媒介系统对于政治系统也并不始终是一种政治依附关系,其也会通过忠实于自己的理想和使命来秉笔直书、直言上谏,对于统治者实施反制。史官忠实于历史事实,无论统治者做了好事还是坏事,都要真实记载,绝不歪曲历史,粉饰政治,即使是危害加身也要"执简事,奉讳恶"④,秉笔直书;言官则会秉持自己的政治理想和职业操守,对于统治者的错误决策,敢于直言上谏,陈述利害。古代作为媒介系统的史官和言官通过秉笔直书和直言上谏对于统治者实施监督制衡,同时文人也会通过歌谣、诗词、神话小说等文学作品讽谏政治,使统治者的行为有所忌惮。西方

---

① 荆学民,祖昊.政治传播中政治、媒介、资本的三种逻辑及其博弈[J].社会科学战线,2016 (9):151-157.

②③ 赵云泽.作为政治的传播——中国新闻传播解释史[M].北京:中国人民大学出版社,2017:1.

④ 王文锦.礼记释解[M].北京:中华书局,2001:185.

的媒介系统是作为第四权力主体存在的,虽然它仍然不能完全摆脱政治系统的操纵和控制,但是对于政治系统仍然具有较强的解构与反制能力,它可以通过揭露政治系统的种种决策黑幕,将政治系统置于舆论的漩涡,甚至可以导致政府更迭、总统下台。

媒介逻辑是媒介在政治、技术和文化层面社会化表征的总和,它意味着社会主体或社会共同体在政治传播中本着反对统治阶层社会控制的目的,对媒介一些政治属性、技术属性和文化属性的定位及运行①。正如上文所述,媒介逻辑在与政治逻辑的博弈中,也并不是无所作为,它可以通过嵌入政治传播对政治逻辑进行某种程度的解构。特别是随着新传播技术的赋权,出现了媒介与政治博弈的力量逆转,即媒介地位、功能的相对提升与政治支配力的相对减弱。这种情况表现在:一是媒介由"宣传工具"到"舆论平台"功能的转变,使媒介的议程设置能力日渐增强,媒介有能力左右和影响社会舆论。二是媒介作为一种反馈机制,可以让政治系统通过媒介反馈,及时感受到社会肌肤的温度和"民意"的向度,以此来调整自己的政策。三是随着媒介解构政治能力的增强,公众的政治信息解码能力也在不断增强。"人们借助媒介批判、质疑公共政策、政治秩序、政治话语、意识形态以及权力的合法性已经成为'媒介化时代'政治传播的常态。"②

尽管如此,也不能盲目夸大媒介解构政治的作用,必须看到,政治逻辑对于媒介始终具有"管制"和"反冲"的能力。荆学民认为,在政治与媒介的逻辑博弈中,媒介逻辑虽然把自身与政治的关系从单向的暴力统治、制度限制、所有权垄断等约束中解放出来,使"政治"被迫向自身"妥协"。但是,政治逻辑在"象征领域"仍然可以"反冲"媒介化,以继续实现政治权力的控制③。在政治传播中,政治系统常常借助政治话语、政治修辞和政治符号,将理论影响力转化为语言支配力,并渗透进公众的日常生活领域,通过政治的这种渗透,来塑造社会生活的"政治灵魂",从而使泛在的大众形成统一的政治话语、政治意志和政治行动。在这种情况下,媒介的作用就会被完全架空,媒介的政治解构也就会宣告失败④。因此,媒介逻辑会随时遭到政治逻辑或明或暗、或强或弱的反冲与钳制。在政治逻辑与媒介逻辑的博弈中,无论是哪种政治体制下的国家,控制与反控制、解构与反解构始终存在着,而且这种博弈将长期存在。

---

① 王文锦.礼记释解[M].北京:中华书局,2001:185.
②③④ 荆学民,祖昊.政治传播中的政治、媒介、资本的三种逻辑及其博弈[J].社会科学战线,2016(9):151-157.

在会议新闻传播中,政治逻辑始终居于主导地位,它支配着媒介逻辑的运行。无论是以美国为代表的西方资本主义国家,还是以中国为代表的东方社会主义国家都是如此。美国虽然宣称新闻自由,但是美国政府通过舆论修辞、提供决策背景信息和有利于政府政策的信息资料等来操纵媒介。美国虽然没有舆论引导的概念,但政府更重视通过舆论修辞来设置议程,进而影响"意见市场"上的舆论。"对于西方政府公权力和其他社会力量而言,舆论引导的基本途径则是舆论修辞。"①舆论修辞是指为获得最大多数公众支持而精心设定的话语策略,包括对舆论调查数据的选择性使用与选择性解释、舆论调查的"问题措辞效应"、舆论参考群体的选择以及把复杂问题提炼成简单易记的口号,等等②。

舆论修辞的目的是为媒介和社会设定议程和舆论框架,通过设定议程引导媒体和社会思考什么,通过舆论框架设定来引导社会怎样思考,即引导公众注意问题的某些侧面,而忽略其他侧面,使公众的反应向着政府预期的方向发展。在一些重大决策和政策出台前后,美国白宫新闻办公室都要请"舆论管理专家""政治化妆师"等进行舆论调查与评估,并就向媒体提供的信息进行精心策划,有时还为媒体提供适合其口味的新闻稿件,等等。这些经过层层过滤包装的信息通过媒体报道,就成为美国民众了解美国政府决策的权威信息。比如,美国政府决定发动伊拉克战争的依据是其"拥有大规模杀伤性武器",而发动利比亚战争则是其"与恐怖组织有密切联系",其实这只不过是美国政府欺骗国际舆论与美国公众的政治修辞而已。战争结束后,虽然并没有证据证明伊拉克拥有大规模杀伤性武器,利比亚与恐怖组织也没有任何联系,但是,发动战争前,由于美国政府通过向媒体不断提供所谓权威信息(虚假情报)和舆论修辞(大规模杀伤性武器、与恐怖组织联系),不断制造民众的恐怖和仇恨心理,不仅欺骗了媒体,也欺骗了美国民意。美国政府操控媒介的结果,就是政府"提供恰当的分析框架和相关事实,而大众媒介的作用则主要进行渠道发布并确保政府的议程不会受到严重的挑战"③。尽管战争之后媒体和公众都大呼上当,但这早已成了无法挽回的结果。美国媒体在常规情况下,也会采用政府所提供的信息,不然就会被政府权威信息边缘化。任何一个媒体都不想被政府边

---

① 纪忠慧. 美国舆论管理研究[M]. 北京:新华出版社,2016:10.
② 参见纪忠慧. 美国舆论管理研究[M]. 北京:新华出版社,2016:10.
③ 赫尔曼,乔姆斯基. 制造共识:大众传媒的政治经济学[M]. 邵红松,译. 北京:北京大学出版社,2011:124.

缘化,因为,一旦被长期边缘化,媒体的社会影响力就无从谈起。一些权威媒体除了采用政府提供的信息外,还特别关注民主共和两党的代表性议员在会议上的较量情况,以构建冲突性框架来吸引公众的关注。

二、政治系统与社会系统的关系

针对社会系统来说,政治系统与媒介系统都是其子系统,但又具有独立性。作为社会系统的大脑和心脏,政治系统可以支配社会系统的运行,而作为社会系统的耳目喉舌,媒介系统则可以眼观六路耳听八方,为社会系统提供情报信息,以消除不确定性带来的困扰。

任何传播都有其内在规律和机制支配传播活动的运行。会议新闻传播也不例外,因为,透过会议新闻政治信息的选择与传播,我们可以了解系统之间的运行机制和博弈逻辑。政治传播是由"制度性"和"能动性"构成的统一体,作为政治传播的一种机制,协调和支配着政治传播体系的运行。

除了前边分析的政治与传播的关系,政治与社会在政治传播中也是一种能动的有机体。"其中,作为传者或主体的国家或政府或政党,借助媒体控制支配社会意识,让政治传播的'能动性'符合政治制度、政治秩序、意识形态等统治阶层利益要求,这是政治传播'制度性'的一面;同时国家或政府或政党以外的社会共同体,通过理性反思、自由表达、交往互动等途径介入政治传播反馈进程,表达自身的政治诉求并争取独立自主的空间,这是政治传播机制'能动性'的一面。'制度性'与'能动性'的共同作用,使政治传播机制成为围绕国家——社会权力关系、政治秩序、合法性等问题展开博弈的场域。"①

政治系统在面对社会诉求时的一个基本的价值判断,就是其正当性与合理性,即诉求不能导致社会分裂和动荡。伊斯顿认为:"一个社会尽可以声称它是怎样的自由,它还是要对由社会成员提出的各种需求施加影响,因为这些需求可能造成社会的分裂。社会的宽容精神并不容许不加限制地追求任何一种目的,只要这种追求只是用来满足需要,来不断地维护存在于想象中或假想的必然性中的一种信仰。某一种行为的前提——它的基本价值和目的只有在不致引起持续不已的骚乱的条件下才是被认可的。"②这体现了作为制度性的约限力量在决定是否将社会诉求纳入决策

---

① 荆学民,祖昊.政治传播中政治、媒介、资本的三种逻辑及其博弈[J].社会科学战线,2016
(9):151 – 157.

② 伊斯顿.政治生活的系统分析[M].王浦劬,译.北京:人民出版社,2012:99.

程序的基本政治判断。除此之外,政治系统应该充分考虑社会诉求对于政治系统的影响,充分考虑社会系统能动性对于政治系统的压力与挑战,不然,政治系统的任何决议、决策都将受到社会系统的能动性抵抗。

需要强调指出的是,任何政体下执政集团的"制度性"力量虽然强大,但都不能轻视或摆脱社会共同体的"能动性"力量而自行其是,它必须通过吸纳社会共同体的合理诉求、意见、建议,形成具有广泛社会共识的政治输出,使其决议决策和政策主张具有合法性,从而获得社会支持,这是一条政治和社会的铁律,违背了这一规律就会付出政治和社会的代价。

政治系统的会议活动是政治系统"制度性"和社会系统"能动性"的政治和利益的博弈过程。社会系统的诉求输入能否转换为政治系统的政治议程并形成决议、决策和政策,不仅体现政治系统与社会系统议程设置权力关系的建构,同时也检验政治系统获取社会系统支持与认同的能力。

不同体制下的政治系统与社会系统的权力关系是不同的。美国的政治系统与社会系统彼此独立,也是彼此隔绝的。正如前边所分析的那样,虽然其标榜"人民主权""自由平等",但是普通公众的诉求很难转化为政府议程,议程设置权力始终掌握在强势利益集团手中,在管理国家上"人民主权"常常被搁置一边,正因为如此,其决议决策要获得社会系统的认同与支持是比较困难的。因此,其更加重视对于媒体的操控和舆论修辞的运用,通过包装后的信息来操控媒体,通过舆论修辞来欺骗美国公众支持政府的决策。中国的政治系统与社会系统的联系是比较紧密的,联系渠道也是比较畅通的,既有重大决策的自上而下反复听取民意、汇聚民智的过程,也有日常通过"脱媒窗口"、大众媒介和信访、上书等途径由下至上的民意输入和意义、建议搜集的过程。从本质上讲,中国政治系统的议程设置权力来自于人民,政府的决策代表的是人民的利益,因此,获取社会系统的认同与支持一般来讲是顺理成章的。

第二节　系统之间的博弈策略选择

会议新闻政治传播功能的实现,需要政治系统、媒介系统和社会系统互动协调并保持适度的张力,如果处理不好,任何一方都可能影响彼此功能的实现。

政治系统由政党、政府、政治领袖人物及其权威机构等构成,是决议、决策和政策议程的最终设置者、政治输出者和政策实施者,也是会议新闻的信源以及信息的控制者。媒介系统则是指传统媒体、脱媒以及新媒介系统,是政治信息传播的主渠道和信息发布平台,同时,媒介系统也是连接政治系统与社会系统的"中介物"。社会系统在这里主要是指国际、国内社会组织及公众群体,是会议新闻的受传者和政府政策的受施者。政治系统、媒介系统、社会系统各自独立,又相互依存,它们都有自己的运行逻辑,而且常常处于利益博弈之中。

　　社会系统的利益诉求既可以直接向政治系统输入,也可以通过媒介系统间接向政治系统输入。反过来,政治系统根据社会系统和媒介系统的诉求输入,视诉求强度和解决问题的条件,或纳入议程,或暂缓讨论。纳入议程的诉求会产生政治和政策输出,这种输出既可以直接向社会系统输出,也可以通过媒介系统间接输出。社会系统通过政治系统的政治政策输出来评价政治系统,或给予正向的支持和认同,或给予负向的抵制和反对,并且形成新的反馈性诉求。媒介系统无论是对于社会诉求的输入,通过新闻舆论来影响政治系统,还是政治系统的政治政策输出,通过新闻建构来引导社会系统,其都扮演着中介的角色。即使是中介角色,媒介对于政治系统的舆论影响和社会系统舆论引导的作用都是不可低估的。

　　三个系统之间是一种动态循环的平衡关系,并构成了两个相对稳定的闭环:外闭环——社会系统直接诉求输入与政治系统直接政治输出,外闭环是由政治系统设置的直接通道(政务网、信访、调研、听证、上书、座谈征求意见等形式)实现的;内闭环——社会系统通过媒介系统间接的诉求输入与政治系统通过媒介系统间接的政治输出实现的。具体关系见图4-1。

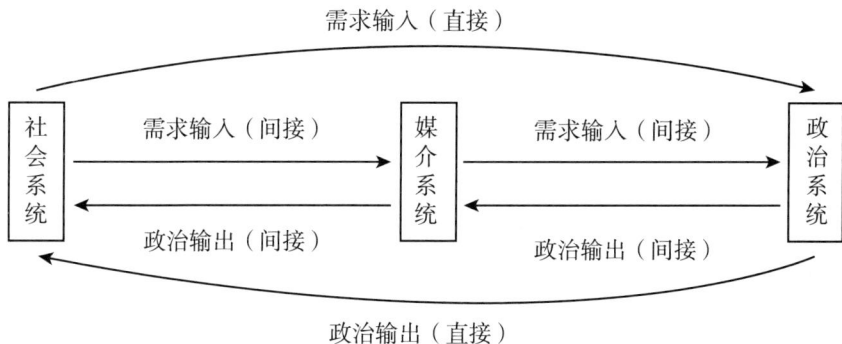

图4-1　双闭环系统关系图示

一、政治系统的博弈策略——信息的开放与控制

开放有利的信息,控制不利的信息,是任何政治体制下的政治系统信息控制的基本原则。

政治系统作为重要的信源控制和传播主体,对于会议新闻功能的实现起着主导作用。政治系统信息传播的逻辑是要维护政权安全和获得执政的合法性,其作用的发挥直接影响媒介系统的信息获取、信息选择、媒介的议程设置以及媒介传播效果,等等。在会议新闻的传播中,无论是哪种体制下的政治系统,这只"有形之手"的控制力量都占据着主导地位。

(一)信源控制

麦克切斯尼在《富媒体穷民主——不确定时代的传播政治》中这样描述我们所处的时代:"我们这个时代是建立在大量自相矛盾的事物基础上的。一方面,通讯和信息技术的进步让人眼花缭乱,通讯与经济和文化缠绕在一起,我们已经进入了信息时代……另一方面,政治疏离是我们这个时代的又一种趋势,公民的传统政治参与观念已经变得非常淡薄,他们对社会和政治事务的基本理解力也在下降。"[①]

麦克切斯尼这里说的虽然是美国社会的情况,但也揭示了全球政治共同存在的问题。公民政治淡薄背后的原因之一,就是公众对于媒介传播的政治信息的厌倦,而厌倦的背后则是对于媒介传播的不满。美国政府虽然注重为媒介提供应有尽有的信息,但是,媒介为了防止上当受骗,通常采取谨慎和质疑的态度。媒介并不关注政策信息本身对于公众的影响,而是着重挖掘精英和小集团的决策内幕,以及决策背后的政策操纵者。这样的信息虽然可以吸引眼球,满足公众"偷窥"和"好奇"心理,但是,由于不能满足公众了解决议、决策和政策对于其利益的影响而使公众心生不满。中国媒体虽然注重公布会议的决议、决策和政策议程信息,但是,由于内容和话语选择呈现的多是工作部署和工作要求类信息,远离公众对于了解决议决策和政策信息的核心利益关切,尤其是未满足公众对于影响其生活、生存和发展的信息需求,也难免造成公众对于会议新闻的逃离。公众如果不能准确全面地了解政治系统的决议、决策和政策信息所带来的影响,单纯靠一些"决策黑幕"信息或者僵硬空洞的信息公告来获取信息,那么,会议新闻对于消除他们不确定性的困扰就没有任何帮助,他们也就不再关注、关

---

① 麦克切斯尼.富媒体 穷民主——不确定时代的传播政治[M].谢岳,译.北京:新华出版社,2004:7.

心媒介系统所传播的这些信息了。

应当说,公众的政治需求能否得到政府的重视,是否纳入了政府议程并且变为政治政策输出,是公众关注政府会议活动的根本动力所在。如果政府的会议活动,特别是那些公众关注的有关其利益诉求的政治政策输出得不到及时的回应,公众就会产生对政府的不满。长期处在政治信息虚空的环境里,自然就会产生对于政治的疏离情感,公民的政治参与也就无从谈起。

满足公众的知情权,建设透明政府,是构建执政合法性的重要条件,也是民主政治建设题中应有之义。"政治信息构成了任何与民主过程运作相关的知识。"①公开的政治信息是民主政治必不可少的条件,而透明的政治信息又是公众政治参与的可靠前提。舒德森认为,透明政府的行为应该是全程透明的,而不仅仅是某一个阶段的透明。在决策暂定之后、行动开始之前,在立法开始之前,在立法过程中或法律制定之后,在行政机构据此采取最终行动之前,信息都可以被公开。此种透明在监督政府行为方面发挥的作用,不是让公众参与最初的决策制定,而是让其在决策已定但尚未执行、结果尚可改变的那个关口产生影响。舒德森进一步指出,在决策过程的最后,还有一种形式的透明,可称为"通过可见性"。一般来说,政府在颁布规定之后,政府机构在对事务(例如政府发包)做出裁定或制订指导方案后,就应该发布公告说明其行为②。决策的全程透明,有助于社会公众全面了解政府的行为过程、决策的现实依据、决策的政策指向、决策可能出现的后果,等等。将这些及时告诉公众,一方面可以监督政府的行为,另一方面还可以汇聚民意和民智,防止出现错误的决策,并且让公众同政府一道实施社会治理。

就会议新闻传播而言,政治系统既是政策的制定者,又是政策的唯一输出者和实施者,同时也是会议新闻的唯一信源。前者需要政治系统就政治决策和政策输出做出说明和解释,通过说明解释求得社会更广泛的了解和认同,因为没有广泛的社会认同,任何政策都不会取得预期的利益调整效果。后者则需要政治系统公开所掌握的一切应该公开的信息,因为作为会议活动的组织者,不仅掌握会议公开的信息,还掌握没有公开的信息。

---

① 宾伯.信息与美国民主:技术在政治权力演化中的作用[M].刘刚,等译.北京:科学出版社,2011:10.

② 舒德森.知情权的兴起:美国政治与透明文化(1945—1975)[M].郑一卉,译.北京:北京大学出版社,2018:14–15.

即使是在会议上公开的信息,是否披露、披露到什么程度,披露的信息公众是否需要,即使需要是否能够满足其需求,如果会议公开的信息满足不了公众的需求,需要公开哪些未经会议公开的信息,那么这些信息能否公开、公开的口径和尺度如何把握……这些都需要政治系统来一一确定,如果不明确,将影响媒介的信息获取与选择,同时,由于信息不足,也会影响政治沟通的效果和社会动员功能的实现。其实,信息公开并不是坏事,它可以为执政系统赢得合法性。因为执政系统的任何"决策(都)希望从公众那里得到认可并获得合法性,那么最重要的便是将这些制度及创新暴露于公众的目光之下。当人们普遍对许多公共机构和官员的动机心存疑虑时,公共性能够在民主创新中建立公共信任和信心"①。刘建明也认为:"政府把一切应当告诉人民的事务向人民通报,是权力层相信人民的表现,也是权力机构服从人民意志的标志。凡是封锁自己声音的政府,就等于把舆论市场让给其他力量,把自己冷置起来,从而政治控制能力异常虚弱,控制范围异常狭窄。如果一个政府狭隘地控制信息,那么它也会狭隘地操纵政治。"②

公众一般会通过政治系统的信息提供来审视和评价政府的诚实程度和执政的合法性。西方一些国家在信息提供上通常采取两种策略——信息开放与信息限制。

对于有利于政府的信息提供采取积极的开放策略,提供的信息可谓周到全面、应有尽有。其目的只有一个,那就是让媒体尽可能使用政府提供的信息来建构有利于政府的舆论,不给其他力量制造舆论的机会。美国政府绝非一味地在事件(包括突发事件)发生后被动地回答记者的提问,而是在事件发生前就自觉自愿(有意识)地向媒体透露消息(哪怕是坏消息),提供新闻线索,让自己的声音得以进入媒体,从而及时、有效地引导媒体的关注和报道③。美国政府认为,控制新闻的最好办法就是给新闻频道提供数不胜数的"事实"或可以被认为是官方信息的内容④。为此,政府往往主动为新闻界提供全套信息服务,根据不同媒体的性质向记者散发不同的新闻资料(news release),包括新闻事实资料(fact sheet)、背景资料(back-

---

① 史密斯. 协商民主制度化:民主创新与协商体系[J]. 浙江大学学报,2018(2):5–18.

② 刘建明. 穿越舆论隧道——社会力学的若干定律[M]. 北京:中共中央党校出版社,2000:216.

③ 参见 COHEN B C. The press and foreign policy[M]. New Jersey:Princeton University Press,1963:169.

④ 赫尔曼,乔姆斯基. 制造共识:大众传媒的政治经济学[M]. 邵红松,译. 北京:北京大学出版社,2011:19.

grounder)、官方事务记录或报告(proceedings)、剪报(clippings)、专家名单(a list of experts)、问题列表(questions)及媒体报道建议稿(media advisory)，甚至于不惜为方便媒体而自己承担具体工作，比如事先提供政策文件的底稿，事先用媒体常用的语言写就新闻稿(press release)供媒体使用，还考虑稿件的照片取景，照顾记者们的截稿时间，等等①。其实，这是一种积极的媒体操纵。这种无微不至的信息服务，其核心目的只有一个，那就是通过信息提供来贯彻政府的"宣传"意图，劝服记者将政府最倾向的政策给予最友好的新闻报道，其中的关键是对利害攸关的信息取舍的诱导。如果不考虑资本的利益，媒体一般会采用政府提供的信息，因为作为公权力的象征，来自政府的消息总是最具权威性的，也是公众最渴望获知的。从一定意义上说，媒体对于政府的信息是高度依赖的，尤其是对于政府垄断的信息，诸如外交信息和军事信息，披露的时机、程度、口径都需要政府进行精心的策划。

对于不利于政府的信息则采取限制策略。正如帕雷兹在《美国政治中的媒体：内容与影响》一书中所介绍的，美国政府对于不利于自己的信息，通常会采取法律豁免、诽谤罪起诉和内容管制等一系列措施加以限制。美国虽然有《信息自由法案》(FOIA)，但该法案也列出了一些豁免条款，其中包括涉及国家安全而受到保护的文件、执法记录案卷、政府机构工作文件，以及一些涉及重要隐私的信息。政府机构一般会以豁免条款为由拒绝向媒体和公众提供相关信息。"记者获取和报道的能力，受到法律和法庭判决不同程度的妨碍，法律和法庭所扮演的角色有时是促进和保护了记者获取信息的能力，但常常则是带来负面效果。比如，记者没有从公开渠道获取文件和报告的权利，他们一旦这样做了，就可能面临起诉。"②

中国的信源控制，主要有两个方面，一是导向管理，一是信息管理。导向管理，主要是遵循"正面宣传为主"的方针，对于可能引起社会波动的信息，政治系统和媒介系统一般都会采取有限披露的策略，以强化政府"权威—秩序"的传播框架，给社会以信心。信息管理，主要是考虑到国际国内特殊的社会情境，在重大决议决策和政策信息的公布时机、披露程度、信息口径等方面进行管理，以保证舆论的统一。正因为如此，中国媒体的会议新闻报道，一般只提供"是什么"的决策信息，很少提供"为什么"的背景信

---

①　李智.国际政治传播：控制与效果[M].北京：北京大学出版社，2007：77.

②　帕雷兹.美国政治中的媒体：内容和影响[M].宋韵雅，王璐菲，译.南京：南京大学出版社，2010：94.

息。这样的信息对于公众而言,既是需要的,又是有缺失的,而缺失的信息恰恰是公众产生理解和形成政治认同所不可或缺的。

总体讲,中国各级媒体在宣传基调、舆论导向把握上基本不存在偏离的问题,现在主要是如何增强会议新闻对于公众的吸引力,增强会议新闻的传播效果,增强党和政府重大决议决策和政策的社会认同和有效实施的问题,这不仅是媒介系统的问题,也是摆在政治系统面前的一个十分重要的课题。

就维护公众知情参与的权利而言,政府的信息控制要有一个最低限度,既要考虑保密原则,又要考虑政治传播效果。尤其是要认识到,在相关核心信息缺失的情况下公众对于政府政策认同将产生不利的影响。同时,也要认识到,政治信息尤其是决议决策和政策信息的封闭或者控制,在无处不在的新媒体时代,既不合时宜,又会适得其反,不利于执政合法性的认同。对此,政治系统与媒介系统应该有一个协同认知——从新闻的角度传播政治与从政治的角度传播新闻。

政治系统要学会从新闻的角度来传播政治,使政治信息成为公众乐于接受的新闻;媒介系统也要学会从政治的角度来传播新闻,使新闻成为揭示政治活动价值和意义的窗口,这是实现政治传播有效性的唯一选择。

政治系统从新闻角度来传播政治,重要的是要遵循新闻规律来策划传播政治信息。一方面政治系统的信息提供始终不要忘记社会需求输入对于政治系统政治输出的期待。决议、决策和政策的信息提供,要做到全面和准确,特别是对于社会公众的核心利益诉求的政治回应,要力求针对性和客观性的统一。因为任何政策都是兼顾各个利益主体核心利益诉求的结果,不可能满足所有需求,所以诉求回应既要契合需求,又要客观分析,提供决策背景和论证过程以及不同利益主体的利益主张,让公众全面了解决策过程,增进不同利益群体对于政策的理解。另一方面要精心设计"新闻关键词",要将受众的核心利益诉求与政治政策信息指向进行对接,在准确对接的基础上,提炼出"新闻关键词"。"新闻关键词"对于获取公众注意力,具有十分有效的刺激作用。尤其是要根据不同媒体特点提供相关的事实和信息,允许不同新闻媒体根据各自市场定位和特点来选择信息、建构新闻,以满足不同目标受众群体的信息需求。

媒介系统从政治的角度来建构新闻,重要的也是要审视新闻的政治输出效应,是否有助于政治社会化的实现,是否有利于检验政府执政的合法性,是否适应公众对于政府的政治期待,是否契合了公众对于核心利益信息的需求。需要指出的是,在媒介建构新闻过程中,不能忽视社会和公众的变化对于政治传播的影响。正如班尼特分析的那样："在今天这个时代，公众生活在一个热闹非凡的媒体世界，在他们的关注排行榜上，政治远远落后于娱乐、时尚、体育、天气以及购物。"①因此"对于试图调动起公众积极性的传播专家来说，媒体和社会都在变，想要获得公众的注意力越来越难，想要把信息传递给公众也越来越难。从社会变化的角度而言，人们的生活越来越个人化，参加的小团体或者与其他人共同的经历越来越少，很难形成或者强化舆论。而随着可以满足个人需要的个性化信息渠道越来越多，媒体形态的变化不仅反映了社会的碎片化倾向，也强化了这种倾向。由于这种变化，想把信息传递给个人越来越不易，也越来越昂贵"②。正因为如此，政治系统和媒介系统需要思考的是，如何从受众兴趣和需求的角度，有效地将政治信息传递给目标公众，并且使其更加乐于接受。

从公众对于会议新闻的定向需求看，无论是哪一种传播形态，都需要提供与其利益关联密切的核心信息，都需要提供必要的背景信息、解读信息，让公众减少信息接收和理解上的难度，尤其是要精心设计和提炼好"新闻关键词"，让公众一眼就能锁定新闻。唯有如此，才能强化公众的新闻关注。同时，作为民主监督的重要途径，媒介的政治信息公开，将也有助于促进决议、决策和政策的执行。

（二）审核把关

新闻审核其实是一种新闻控制和传播权力的体现。任何政治制度下的政府对于新闻传播都不会是放任自流的，都要采取一些审核把关措施，以便于形成有利于执政集团的媒介舆论。

归纳起来，审核把关主要采取四种办法：前置审核、后置审核、前置审核与后置审核结合和自我审核。前置审核是指政府事前就新闻口径、报道基调、新闻关键词、新闻事实等通过新闻吹风会的形式向媒体发布，使媒体在报道中有所遵循，以保证报道口径的基本统一，而事实选择和报道方式则由媒体根据各自的特点而定，这样既起到了新闻把关的目的，同时又有效解决了"千人一面"模板化报道问题。前置审核对于媒介而言，是比较积极和柔性的，媒体也较容易接受和配合。后置审核则是指政府审核部门对于新闻媒体的新闻文本的审核把关。后置审核对于媒介而言则显得比较被动和刚性，一经审定就不允许媒体进行任何改动。前置审核与后置审核结合则是两种审核的综合运用。这种审核主要是在一些敏感的政治话

---

①②　班尼特.新闻:幻象的政治[M].杨晓红,王家全,译.北京:中国人民大学出版社,2018:
　　100.

题或者重大决议决策的新闻报道上,既向媒体进行会前吹风,又进行新闻文本的审核把关。而媒介的自我审核则是媒介的一种自觉行为,其所追求的是与国家舆论导向口径的一致,从而避免触碰导向管理"红线"而受到惩罚。

前置审核的办法,美国等西方国家经常采用。这是由美国政府与媒体的关系决定的。美国的媒体是独立的系统,一般情况下不受政府控制。美国政府影响媒体只能是在新闻文本形成前,即尽最大努力向媒体兜售自己观点和政策信息,而如何进行信息选择、如何进行报道则是媒体的事情。我国重要的会议新闻一般都采取后几种审核把关形式。审核把关一般由各级宣传部门或者会议活动的组织者负责。审核的重点放在舆论导向和重要内容的把关上,对于会议新闻的传播形态和方式一般不十分关注,也很少要求。因此,会议新闻"千报一面""千台一调"的模板化问题比较突出。另外,媒介的自我审核在我国各级主流媒体比较普遍。媒介自我审核所遵循的一般也是党委宣传部门的宣传要求。这些审核,从积极的角度讲,确保了媒体的舆论导向的统一,有利于确立一种"权威—秩序"的社会信任,但同时,由于各级、各类媒介的"模板化"传播,也容易造成受众媒介政治信息的逃离。

信息需求理论认为,人们获取信息都是有一定目的的,或是为了消除不确定性对于人们的困扰,或是为了信息交流,或是为了参与话题的讨论。如果会议新闻建构只是为了会议信息的公告,一个综合新闻报道便了事,那么公众想就所关心的问题进行深入了解就会比较困难,这样的似有却无的信息提供是难以谈得上满足需求和传播效果的。之所以出现这种情况,一个重要的方面,是政治系统并没有提供满足目标受众定向需求的核心信息,媒介也没有对信息进行必要的选择、挖掘和采访搜集。另外,单纯以"会议认为""会议强调""会议指出"或者"某某认为""某某指出""某某强调"的过渡方式来传播信息,由于缺乏鲜明的"关键词"提示,也很难引起公众对于会议所讨论问题的关注。出现这样的传播困境,责任并不完全在媒体,政治系统也负有一定的责任。政治系统以为会议新闻传播只要政治上不出现问题,宣传口径上保持一致就是最好的效果,其实,这种认识是不全面的。好的传播效果,既要确保导向上不出问题,又要在传播方式、信息选择、框架选择上吸引受众和影响受众,只有如此,才能实现政治社会化的理想效果。

二、媒介系统的博弈策略——政治的解构与反制

政治社会化需要媒介系统政治信息的持久、立体、深入地传播。媒介系统作为一种相对独立的力量,能否有效地协调政治系统与社会系统的信息传播与需求的价值取向,将决定传播功能能否实现。

随着媒介技术的迅猛发展,媒介已经全面渗透社会各个领域。在这种渗透中,整个社会乃至社会制度都日益受到媒介的影响。在这种情况下,"大众媒体从单纯反映政治和维护政治权力的功能中脱胎换骨,开始履行提供客观公正的政治信息、影响政治议程、促进政治沟通、构建公共领域、进行舆论监督等社会责任"①。可见,媒介除了要依附于政治逻辑运行以外,仍然具有解构和反制政治逻辑的冲动与空间。

不同体制下的媒介系统虽然信息传播的自由度不同,但是都毫无例外地受到来自政治系统的控制和规约,即使是标榜言论自由的美国也不会放任媒介系统的自由行为,尤其是在战争、反恐等特殊时期,媒体管制更是如此。美国政府知道"媒体是仅有的几种可以向其挑战的力量……政府已经认识到:信息意味着权力,控制信息(至少在一定程度上)对获得公众对其政策和指令的支持十分必要"②。而媒体则坚持认为,媒体应该是独立的,媒体不应该照搬政治家所说的话,从而避免把自己"变成政党的免费搬运工"③。媒体要调查核实官员所说的话,"必须为了读者和民主利益而报道社会的阴暗面,搞政治交易的人同新闻记者之间的冲突不可避免的"④。正因为如此,一方面,媒介与政府形成了一种控制与反控制的关系。西方新闻理论认为,信息的自由流通不应该受到任何力量的干预与限制。因此,媒介系统面对政府的管制仍然会寻求一种博弈策略,对于政府的控制实施反控制。在西方,媒介系统虽然也会考虑政治价值取向,但是新闻专业主义价值和商业价值的追求将更多影响其信息选择和传播。媒介系统不仅要考虑意识形态因素,而且还必须考虑媒介的传播效果,以及有限媒介资源的经济效益实现。另一方面,政治系统的信息控制与媒介系统自由权利的追求也形成了一定的博弈张力。在现代社会中,新闻自由是宪法赋予公民的民主权利,是公民言论和出版自由在新闻活动中的体现。媒体构成了传播信息的场域,"它既传播来自政治组织的信息,也传播来自公民的信息,当然这些信息都是经由媒体工作者们编辑、加工后的信息。尽管政

①　荆学民,祖昊.政治传播中政治、媒介、资本的三种逻辑及其博弈[J].社会科学战线,2016 (9):151-157.

②　DENNIS E E, MERRILL J C. Media debates: greet issues for the digital age[M]. Belmont: Wadsworth publishing Co. ,2005:23.

③④　MEYN H. Massenmedien in der bundesrepublik Deutschland[M]. Berlin: Collo-quium, 1996/1994:59.

治组织会通过立法、媒体通过行业自律等途径要求媒体报道的'客观性'，但是，媒体对政治事件'事实'的叙述又充满了价值判断、主观臆断和偏见"①。这种"价值判断、主观臆断和偏见"对政治信息的解构将会形成对公众的舆论影响和对政治系统的舆论干扰，特别是"大众传播媒介掌握了大范围受众表达思想的话语权，能通过对某些信息的强调与广泛传播影响公共舆论"②。正因为如此，大众媒介便成为一种控制社会意志的力量，一定程度上也构成了对于政治系统的反控制。

在会议新闻传播中，媒介系统这种反制表现为两种博弈策略的运用，即直接博弈策略和间接博弈策略。直接博弈策略是指媒介的会议新闻传播与政治系统媒介议程设置的直接博弈。间接博弈策略则是指媒介通过围魏救赵式的策略来挤压政治议程，此种策略不易察觉，却比较有效。

直接博弈策略的运用：一是采取照抄照转的积极的消极传播策略。这种传播策略表面上看是一种与政治系统保持一致的积极合作行为，但是从传播效果上看，却是消极的。受众对于这样的传播不感兴趣，因此也就起不到政治社会化的目的。这种传播常常将会议议程作为新闻传播的内容，如同开中药铺一样，"会议认为""会议强调""会议指出"面面俱到，不仅见不到新闻，重要的政治主张、政治观点、核心的政策信息也被层层的信息泡沫所掩埋。缺乏明确的政治和政策指向，且远离目标公众的定向需求，必将导致公众远离会议新闻，进而疏离和淡漠政治，这也是会议新闻难以转为公众议程的重要原因。

二是采取消极的积极传播策略，即用娱乐化的手法来轻蔑政治和当权者，使受众不再把来自政府及其官员的信息当回事③。戏谑的新闻建构或者选择政治人物的废话、粗话、疯话、狂话和戏言作为传播内容，或者对于政策采取一种轻蔑、戏谑的态度进行传播，让公众感受到的永远是政府及其领导人的疯狂、愚蠢和无能。另外，就是一些政治脱口秀节目为了吸引受众，常常采取戏谑和大不敬的态度对待政府和政治人物，有时也对政党、意识形态和政治信仰进行讽刺和戏谑。戏谑的政治立场是同政党、政府及其政治领袖人物的政治政策主张直接唱对台戏，其目的只有一个，就是通过戏谑的传播形式来否定政府的政策，以一种另类的话语吸引公众的眼

---

① 苏颖. 作为国家与社会——沟通方式的政治传播[M]. 北京：中国社会科学出版社，2016：59.

② 荆学民. 当代中国政治传播研究巡检[M]. 北京：中国社会科学院出版社，2014：70.

③ 刘建明. 当代西方新闻理论[M]. 北京：中国人民大学出版社，2015：209.

球。正如刘建明指出的那样："媒体对政府及其政治的戏谑态度,使政府的新闻管理遭到轻浮的回击,降低了国家政治行为在民众心中的地位。"①这种传播策略导致的结果必然是公众对于政府及其官员的失望情绪和政府权威的丧失。

三是失衡的框架选择使政治遭到一定程度的扭曲和弱化。目前,世界媒介系统对于会议活动信息的处理,呈现两种截然不同的框架形态:一是美国媒介的冲突和娱乐化的框架选择,他们认为"对媒体来说,吸引眼球要比凸显政治色彩更为重要"②。因此,其新闻常常呈现"个人化(把所有重大的社会、经济、政治问题简单化、表面化,从个人体验、人生悲剧以及成败输赢的层面进行报道)、戏剧化(新闻重危机而轻常态,重现在而轻过去和未来,关注中心人物之间的冲突或关系)、碎片化(新闻中的信息非常零碎,很难形成一副整体的画卷)、权威—失序"(新闻的着眼点不再是值得信任的权威机构保证平息混乱、恢复秩序,而是将笔墨集中于政治人物的无能和冷漠,让公众看到的是一个失序混乱的世界)③的建构形态,从而偏离政治信息本身所包含的意义和价值。这种建构"新闻中报道的活动范围是有限的——政府官员之间的冲突和不和(特别是总统和国会之间在经济或对外政策方面的分歧)、暴力和非暴力的抗议(大多是反政府的活动)……政府关于医疗改革、能源或税收变化的政策也为媒体提供了报道资料,这些报道经常强调政治操纵导致了政策决定,而非政策的实质和可能的影响"④。因此,这种传播对于美国公众了解美国政府的议程设置和政治输出虽然有所帮助,却不能满足公众对于了解决策和政策信息所产生影响的核心需求。长期浸泡于这种信息的公众,必然产生对政府的不满和对政治的反感。另一种是中国媒介系统的公告式的框架选择,常常使新闻呈现"程序化(以会议程序为新闻建构原则,只注重议程程序交代,不注重核心信息的披露)、模式化(信息的公告式传播)、综合化(若干议题的综合呈现)、权威—秩序(新闻所呈现的是全能政府的绝对权威,公众参与的信息则披露不够)"的宣传形态,也使新闻建构偏离受众对于决议决策核心信息定向需求的满足,造成政治参与效能感的弱化,从而导致受众失去对于

①　刘建明.当代西方新闻理论[M].北京:中国人民大学出版社,2015:209.

②　班尼特.新闻:幻象的政治[M].杨晓红,王家全,译.北京:中国人民大学出版社,2018:48.

③　班尼特.新闻:幻象的政治[M].杨晓红,王家全,译.北京:中国人民大学出版社,2018:55-59.

④　戈瑞伯尔.大众传媒与美国政治[M].张萍,译.南京:南京大学出版社,2011:111.

政治信息的兴趣。无论是政治信息的"个人化、娱乐化、碎片化、权威—失序"传播模式，还是"模式化、程序化、综合化、权威—秩序"的传播形态，都不利于会议新闻的有效传播。前者的传播虽然比较鲜活，但是由于记者只关注"发言中最戏剧性的部分"①，过度追求冲突和戏剧元素对于公众的吸引，难免使新闻陷入政治上的偏见、现实的扭曲和政治的混乱及情绪化；而后者的传播虽然信息全面（提纲化的全面），克服了碎片化的偏见，但是由于其僵硬的面孔和空洞化的内容宣传，特别是不充分的公众政治参与的信息披露，必然弱化决议决策和政策的社会认同，同时，也必将影响政治信息的传通效果。

四是大量采用消极主题来解构政治。媒介依赖坏新闻来增强新闻的吸引力，或者有意强调和突显某些内容（政策的负向信息），或者有意回避或者弱化某些内容（政策的正向信息）。这种传播策略直接造成媒介舆论对于执政集团的政治解构与舆论对抗。正如帕雷兹所说："消极主题占主导的政治影响可能在于强化或提升人们对美国现任政府官员无法解决国家困难的不满和绝望。"②

五是挖掘政府决策背后的政策操纵者，披露"暗箱操作"的黑幕。此时媒介所代表的其实是其所属的利益集团，尤其是在政府政策使其所属的利益集团的利益受到侵害的情况下，媒介的"扒粪"功能就会显现出来。这种传播策略的结果，不仅会形成对于政府的舆论压力，还会造成社会不同利益群体的对立，进而造成整个社会的撕裂。

第一种情况，中国媒体中比较普遍，其他几种情况西方媒体，尤其是在美国媒体中比较常见。

间接博弈策略的运用：①同时异空政治议程的竞争性挤压。这种策略主要是大众媒体惯用的策略。电视媒体在新闻频道之外，一般都开办有娱乐、电影、电视剧、综艺节目频道。从自身利益考虑，由于这些频道会给媒体带来丰厚的利润，媒体大多将这些收视率高的节目安排在与新闻频道的新闻节目（新闻联播和新闻重播以及晚间新闻）重叠的黄金时段，这样就形成了与新闻节目的同时异空的注意力竞争。在娱乐节目的强力诱惑下，更多的受众会离开新闻频道，将注意力投放到娱乐、电影、电视剧和综艺频道，这在客观上造成了公众的政治远离和政治淡漠。报纸则采取市场细分

---

① 甘斯.什么在决定新闻[M].石琳，李红涛，译.北京：北京大学出版社，2009：114.

② 帕雷兹.美国政治中的媒体：内容和影响[M].宋韵雅，王璐菲，译.南京：南京大学出版社，2010：184.

化的策略,在不同版面依据不同受众的阅读兴趣,开办不同栏目,吸引不同目标受众的关注,这样政治议程就会被其他栏目所挤压,客观上起到"围魏救赵"的传播效果。②同时空竞争性议程对于政治议程的挤压。同时空的竞争性议程挤压策略,在新旧媒体的议程设置上都有表现。所谓竞争性议程是指对于受众具有话题吸引力的议程。这些议程通常体现着星、性、腥和娱乐、冲突、腐败等具有话题性的议程内容。媒体实施这种策略主要是采取在同一个时段、栏目、网络页面,将政治议程与竞争性议程同时空设置,基于这种设置,一般会形成较强的议程竞争,竞争性议程对政治议程容易形成强势挤压。就政治议程转为公众议程而言,由于竞争性议程的存在,会形成以下几种情况:如果政治议程具有强大的竞争力,一般会形成 A 型单峰正向热点议程设置效果;如果政治议程与其他竞争性议程同时具有竞争力,也可以形成 M 型双峰正向议程设置效果,即政治议程与另一个竞争性议程形成双峰并峙的设置效应;如果政治议程竞争力较弱,而其他竞争性议程竞争力又比较强,那么就会形成 M 型单峰负向的议程设置效果,即两个竞争性议程淹没一个政治议程,而且这种议程设置情况在新旧媒体的新闻报道中比较常见(在第八章中有具体数据分析)。

媒介的这些反制策略,已经产生了一定的社会影响(如社会公众的会议新闻疏离与这些反制有一定的关系),而且正在给政治系统的政治社会化带来一定程度的挑战。

三、社会系统的博弈策略——两只手的权力制衡

社会系统,一方面构成了政治系统和媒介系统的社会环境,另一方面也是政治系统和媒介系统要影响和回应的对象。社会系统政治信息的认知程度,决定着政治系统和媒介系统政治信息传播的效果。

作为利益共同体的社会公众,在会议新闻传播中的角色是双重的:一个是新闻的受传者,另一个则是政策的受施者。作为新闻受传者的信息选择永远是其兴趣与需求的报偿,而作为政策的受施者的信息选择则永远是其利益的关切与维护。

作为媒介争夺的对象,受众通过"无形之手"来行使自己的权力,即靠注意力的投放来选择媒介和接触新闻。这种"无形之手"的力量是强大的,或者接收、接受,或者拒绝、远离,这是任何政治系统和媒介系统都无法控制的。它不会听命于任何违背其接收意愿力量的指挥而自愿放弃手中的权力。获取受众的注意力,仅靠传播者一厢情愿的单向信息灌输是难以实现的。受众的注意力是受兴趣与需求牵引的自愿投放,是拦不下,也拉

不住的,即使是通过强大的刺激将受众的注意力暂时吸引过来了,如果受众第一眼看不到他所需要的内容,那么他同样会快速离去。因此,会议新闻传播需要将传者主导的思维模式和供给型传播策略转变为受众主导的思维模式和需求型传播策略。新闻建构要符合受众的新闻接收习惯和规律,要有满足目标受众定向需求的信息提供以及唤醒、激发受众接收新闻兴趣的新闻组构手段。缺乏这些要素的科学选择和设计,会议新闻要想俘获受众注意力是很难办到的。

作为政策的受施者,社会公众又是通过"有形之手"来行使"支持"或"反对"权力的。政策受施者作为一种明确的社会利益主体,对于政治系统的决议决策和政策是否能够得到认同,能够表达出比较明确的行动或者意见反馈。认同则会以支持的行动来表示配合;抵制则会采取各种形式的行动进行干扰,如钻政策的空子、通过媒体发表反对意见,甚至上街抗议,等等。

受众作为一种隐形的信息共同体,需要媒介系统根据受众群体性质和特征来调整传播策略,以适应公众的信息需求。而作为一种显性的社会力量,则要求政治系统的政治政策输出要注意把握公众的社会心理和核心利益关切,讲求政治政策营销策略。公众通过会议新闻关注政治系统的政治政策输出,既是对其先前利益诉求回应情况的审视,也是对决议决策和政策影响其生活、生存和发展程度的判断。政治系统决议决策和政策与公众诉求输入对接程度和满意程度将决定公众对其支持和评价的向度。同时,政治系统的政治主张、政治立场、政治态度与公众既有政治立场、情感、价值观的契合程度和激活程度也将决定公众的政治认同度,而执政系统的执政合法性与政治政策合法性又是建立在公众的普遍认同与支持上的,任何公众不认同、不支持的政策都将难以实施,这也是社会系统制衡执政系统的博弈力量之所在。

公众的信息需求逻辑永远是其兴趣和需求的满足,以及与其既有立场、观点和情感的契合。公众对于其传播权力的行使是通过新闻的接触行为和政治政策的评价和行动向度(正向或负向、支持或抵制)体现的。其实,在新闻生产与传播过程中,社会系统的影响无处不在。社会系统决定是否接收新闻和以什么样的心态理解新闻。在政治信息的传播中,公众的这一权力应当受到尊重。政治系统和媒介系统在政治输出的信息符合度与新闻建构上要有受众意识,要以满足目标受众的定向需求作为生产和传播新闻的原则,不然,就不会有传播效果可言,政治系统的政治社会化的目的也将难以实现。会议新闻传播的政治主张、政策意见和决议决策获得了公众的认同,说明这些主张、意见和政策契合了公众既有的立场、利益和情感,反之,则会走向反面。正如宾伯分析的那样:"当面对既能强化同时又破坏先验信念均衡信息的时候,市民倾向于认为与其先验信念相一致的信息比那些与先验信息不一致的信息更强更有力。"①

另一方面,公众的认知激活来源于公众的需求动力。也就是说,公众是否关注媒介传播的信息,是由公众定向需求动机决定的。定向需求是目标受众内在的核心需求,涉及其生活、生存与发展的核心利益关切,公众了解和把握这些信息,主要是为了消除不确定性所带来的困扰,以便采取相应的改变和行动。因此,会议新闻所传播的信息能否引起公众的关注,取决于传播内容与目标受众定向需求的协调程度。

传播实践证明,公众对于媒介传播的信息常常采取选择性的关注、接收、理解和接受的策略,并不是简单的"刺激—反应"模式中的消极受众,对于与其关系不大,或者不需要的信息不会予以关注,更不要说接收和理解。因此,公众认知需求是否得到满足、满足的程度将决定媒介信息传播效果。如果所传播的信息公众采取排斥或者回避的态度,政治系统的政治沟通、社会动员和舆论引导的目的就将难以达成。

第三节　系统之间彼此博弈认同的基点选择

在会议新闻传播过程中,政治系统、媒介系统与社会系统博弈的本质是信息权力问题,即信息拥有权和信息需求权的平衡。

对于信息拥有者而言,信息的控制与透明是以对自己有利为原则;对于信息需求者而言,信息的获取与满足也同样以此为判断的准则。正是因为两者都以对自己有利为宗旨,因此其博弈在所难免。但是,这两者之间并不是零和博弈,而是一种彼此相依的合作博弈,少了任何一方的配合,谁都无法实现其预期的目标。对于政治系统而言,如果失去媒介系统的信息传播和社会系统的认同与支持,任何决策和政策的社会化和顺利实施就将失去社会基础,而一个健康、有序、公正的社会系统运行,如果没有政治系统的有效管理和政策调节也将陷入混乱。因此,在会议新闻政治信息的透明与需求之间寻求和达成彼此认同与合作的基点就显得十分必要。

---

① 宾伯.信息与美国民主——技术在政治权力演化中的作用[M].刘钢,等译.北京:科学出版社,2011:297.

一、三个系统博弈认同基点的政治考量

任何政治系统都是社会系统的存在物,作为社会系统的大脑由其支配和规范运行。但是这个大脑能否支配社会系统的有效运行,则取决于政治系统对于社会系统诉求的有效回应与管理。无论是西方资本主义国家,还是东方的社会主义国家,政治系统的政治回应与政治输出都是为了寻求社会系统的广泛认同与支持,这是其获得执政合法性的前提。因此,政治系统的决议、决策和政策安排,政治行动者的政治主张、政治观点和政治态度都是围绕着社会系统的诉求来进行的。从这个意义上讲,会议新闻政治信息传播的根本目的是回应社会诉求、调整利益关系,协调管理和规范社会的有序有效运行。

回应社会诉求,既涉及调整和维护公众利益方面的政策诉求,也涉及政府有效应对各种侵害社会肌体行为的管理诉求,还涉及了解和把握国家治理和军事、外交等方面的信息诉求。这些诉求反映了社会公众和社会组织瞭望环境、洞悉形势、决策行动的信息需求和参与治理的政治要求,这也是公众获悉会议新闻的根本目的所在。因此,政治系统、媒介系统与社会系统信息平衡的博弈基点也自然蕴含其中,即:"政府要说的应说的"和"公众欲知的应知的"协调统一上。"说"与"知"是一对矛盾的统一体。"说"的不一定是要"知"的,但又必须"说",而且要"说"好;而"知"的未必是想"说"的,但又不能不"说",要说得恰到好处,使其"知"其所"知"。必须在"说"与"知"上尽量减少系统之间的信息隔阂与权力摩擦。尤其是涉及需要社会系统付出代价的决策,更需要政府把话说清楚、说明白,不能含糊其辞,更不能回避矛盾。

"政府要说的"是政治系统进行社会动员与政治宣示的内容,这些未必都是公众所欲知的,但这些又是政府必须说的信息,因为这些信息涉及社会公众对于政府决策的认同与支持,以形成正向的政治响应,其重点在于有效的政治引导,否则,任何决策都将因为无法获得广泛的社会支持而失败。"政府应说的"是政治系统要满足公众对于决议决策影响其生活、生存与发展所涉及信息的了解需求,而且提供得越具体、越直接、越有针对性越好,这涉及公众消除政策环境不确定性所带来的困扰,以便于其进行有效的社会决策与行动。

"公众欲知的"是那些公众感兴趣的政治信息。尤其是那些涉及国家的政治、军事、外交领域的重大决策,特别是一些举世瞩目的重大政治、外交和军事事件以及应对国际社会挑战的决策信息,往往这些信息能够激发

公众的国家意识和民族情感。公众对于这些信息的需求,是作为公民对于国家利益和安全的关心,同时也符合作为受众的信息需求兴趣,因为这些信息往往呈现着冲突与博弈。

"公众应知的"是决议决策因利益调整对其生活、生存与发展带来影响的信息需求。特别是政府决策需要公众配合并做出牺牲的信息,不能采取回避的态度,必须实事求是地向公众说清楚、说明白,将决策背景、决策意图、决策将影响的领域和程度都要交给公众,让公众了解与理解。

"政府要说的应说的"与"公众欲知的应知的"在某种程度上是重合的,也是一致的,而矛盾的核心在于政府"说"的程度与公众"知"的满意程度,"说"的程度与满意程度不统一、不协调,轻者会造成公众的政治信息疏离,重者会带来公众对政府的不满与对政治政策的抵抗。

二、博弈协调认同基点的逻辑基础

政治系统的政治回应与政策输出的根本目的是为了获得社会系统的认同与支持。这种认同与支持既涉及对于政党、政府、政治领袖的认同与支持,也涉及对于政治制度、社会制度和法律法规的认同与支持。对前者的认同与支持是社会系统对于政治系统权威的信任与服从,对后者的认同与支持则是对于制度的维护与法规的遵守。对于上述所涉及对象的认同与支持,是执政系统政治合法性与执政合法性的社会基础,离开了这一基础,任何执政力量都无法成为合法的执政者,而获得这些认同与支持则来自于政治系统对于社会诉求的态度、回应与政策输出的人心向背。

伊斯顿将制度规则和权威当局作为公众对于政治系统支持的对象。他认为:"制度规则是所有系统中对政治活动的一系列制约。它可以被拆分为三个部分:价值(目标和原则)、规范和权威结构。价值起到对授权指导日常政策事物予以广泛限制的作用,同时又不至于触犯共同体重要成员们的深厚感情。规范能使需求在提出和贯彻的过程中将人们所期望和接受的程序具体化。权威结构制定正式的和非正式的模式,权力正是在这些模式中得以分配和组织,从而使政策的制定和落实权威化。权威结构也就是权威得以分配和使用的角色和权威之间的关系。"[1]目标、规范和权威结构限制了政治行为,但又使政治行为合法化,并以这种方式为我们提供了倾向于成为政治互动内容的东西[2]。伊斯顿将权威当局定义为权威角色

① 伊斯顿.政治生活的系统分析[M].王浦劬,译.北京:人民出版社,2012:179.

② 伊斯顿.政治生活的系统分析[M].王浦劬,译.北京:人民出版社,2012:179-180.

的承担者,即国家首脑、内阁僚属、议员等。伊斯顿认为,这些权威角色"必须涉足一个政治系统的日常事务,大多数的系统成员都承认他们对这些日常事务负有责任。在大多数时间内,他们的行为将被认为是合法的而得以认可,只要他们是在他们的角色所限的范围内行事,他们就必须使大多数系统成员认可他们的行为"①。其实,权威当局就是指行使国家管理职责的各级政府及权威机构。

在政治系统与社会系统的互动中,社会系统是通过权威承担者的政治行动来判断政治系统的作为与合法性的,也就是说,在民主国家,权威当局的合法性是获得社会系统支持的重要前提。

在政治系统与社会系统和媒介系统的博弈中,政治系统与其他两个系统并不处于同等的地位。政治系统相对于社会系统的松散性与媒介系统的工具性,始终处于博弈的有利位置。这是就一般情况下的判断。但是,当政治系统的决议决策严重偏离或者损害了社会系统的整体利益,那么社会系统就会迅速由分散的个体形成高度凝聚的整体——利益共同体,向政治系统施加强有力的政治压力。更为重要的是,任何决议决策和政策倘若没有媒介系统有效的社会化,没有社会系统广泛的理解、认同与支持,都是难以顺利实施的。因此,"平等沟通"就成为政治系统与社会系统谋求博弈协调认同基点的逻辑基础。

"平等沟通"是指政府与社会平等的双向互动交流。"平等沟通"的前提是"平等"。"平等"强调的是政府与公众和社会组织之间的平等协商关系,是政治系统对待公众的态度。没有平等的态度和顺畅的协商关系,政治系统就不会真心诚意地与公众进行沟通,更不会悉心听取公众的意见和建议。可以肯定的是,政治系统如果缺乏与公众有效的沟通,就难以获得公众的政策建议与意见,而缺乏民意基础的任何政策意见都将难以获得公众广泛的认同与支持。

现代国家与社会的关系是一种平等的关系。西方国家最初的体制设计就是将国家、司法、社会与媒体彼此独立的一种制度体系。在这一制度体系中,国家是以管理和统治为主要目的的纯粹的"政治领域",包括立法、行政和司法组织。国家区别于其他社会机构和力量的前提是它与社会其他机构和力量的分离。这种分离包括国家与宗教组织、国家与个人身份的分离。正是因为这种分离,才需要国家作为社会规则的制定者和执行者,而不涉及其他。这也意味着代表国家行使管理与统治的政府将成为国

---

① 伊斯顿.政治生活的系统分析[M].王浦劬,译.北京:人民出版社,2012:199.

家整体秩序的唯一守护者。在西方的国家与社会关系中,社会是作为一种"私人领域"的独立力量而存在的,涉及家庭生活、亲友关系及个人财产的处理。私人领域强调个人的私有权利,而且私有权利是不可侵犯的。西方社会始终对国家保持着一种警惕意识,普遍主张"有限政府""最小国家""公民的敌人",以防止国家对于个人权利的侵犯。正因为如此,社会才强调对于国家及其管理者的权力进行限制与有力的监督。

其次是沟通。沟通是建立在平等关系基础上的互动行为,如果国家与社会不是平等的关系,那么也就不存在沟通的问题了。威权政治一般不会听取公众的意见,只有统治者意见的贯彻,社会是严格置于被控制与绝对统治下的。而"平等沟通"所体现的是现代国家与公民的关系。核心是国家与社会的契约关系,社会将自身的权利通过契约关系转度给国家,国家为公众提供法律、政策、秩序、安全等方面的保护。因为双方是一种契约关系,因此契约双方的关系是平等的,任何一方试图毁约都要受到相应惩罚,社会系统对于政府及其官员的惩罚就是公众手中的选票。

中国的政治制度设计是人民民主政体,执政党是人民利益的忠实代表者。王绍光将其称之为"代表型民主",因为执政党始终遵循着"从群众中来到群众中去"的决策机制,执政党同人民的关系是公仆与主人的关系。正因为如此,执政党与人民的平等沟通就是一种常规的执政方式。越是涉及最广大人民群众根本利益的决策和政策,执政党与人民的平等沟通就越是紧密,通过沟通使"从群众中来,到群众中去"的过程不断循环,直到找到大多数群众都认同的政策意见为止。执政党明白,任何不是建立在汇聚群众智慧与意见基础上的政策,尤其没有得到大多数群众认同的意见和政策都是难以实施的。在"代表型民主"体制下,平等沟通应该是一种常态,而不是一种特例,更不应该是一种虚情假意的政治姿态。其实政治沟通的过程,也是不断汲取群众智慧,消解分歧、寻求共识的过程。

在国家与社会的沟通过程中还存在另外一种力量,即媒介的力量。媒介是作为一种公共领域而存在的,它承担着政治系统与社会系统的沟通功能。正如麦克奈尔所说:"公共领域,从本质上来说,由社会中的传播机构组成的。事实和观点在这些机构中流通,通过这些,普遍的知识被建立,而这是集体政治行动的基础;或者说,自十八世纪以来的大众媒体已经成为这个社会共享经验的主要来源与聚集地。"①在媒介这一公共领域里,信息

---

① 苏颖.作为国家与社会沟通方式的政治传播——当代中国政治发展路径下的探讨[M].北京:中国社会科学出版社,2016:57.

是开放的,政府可以传播信息,公众也可以传播信息。政府可以说它想说的,媒介和公众也可以说它们自己要说的,并且有权对政府说的内容进行评论和评价。平等沟通的关键是政治系统要学会倾听,让公众的意见得到充分的表达,只有如此,才能获得真实的而不是虚假的意见,在此基础上制定的政策才符合民意和社会实际。如果是这样,那么"政府想说的"与"公众欲知的"的协调和"政府要说的"与"公众应知的"的统一就会更加容易,同时也会形成彼此和谐的互动沟通关系,政治政策认同也将成为可能。

三、会议新闻博弈认同基点的实现途径

政治系统作为决策制定者和政治政策的输出者在建构认同基点上是主动方,应有所作为。这种作为可以弥合与媒介系统,特别是与社会系统之间的信息隔阂,促进形成政治信息传与受的和谐关系。之所以存在系统之间的博弈,是因为存在着各自不同的利益诉求。反映在会议新闻传播上,其博弈的核心还是在涉及公众利益关切的政治政策意见上"政府要说的应说的"与"公众欲知的应知的"的协调与认同的统一。

而这一切的关键在于政治系统的开放透明的政治心态和有效的政治政策营销策略的运用,通过开放透明和有效的营销,使公众对政治政策信息的关心获得最大程度的满足。

(一)将"政府要说的"与"公众欲知的"协调起来

政府要说的,是政府需要社会公众了解和理解的内容。这些内容包括国家发展的战略目标、远期规划、主要任务、法律法规,以及政治行动者的政治观点、政治主张、政治态度,等等。这些内容普通的公众一般不会特别关注,他们会觉得这些信息与他们的现实生活关系不大。但是从政府的角度,又必须让更多的公众了解和理解这些信息。尤其是当短期目标的实现并不能很好地凝聚公众力量,需要描绘更加宏阔愿景来提供可预期的强大动力的时候,这种"应说的"内容,就显得尤其重要,不然的话就难以形成有利的社会动员氛围。

必须看到,媒介系统的新闻传播与政治系统的会议传播,是两种完全不同的传播形态,媒介环境和受众信息接收心理、注意力曲线也是不同的。媒介传播的信息受众可以关注,也可以不关注,媒介与受众的关系并不是强制性的信息灌输关系,其注意力曲线常常处于波动状态;而会议活动作为一种组织传播形态则刚好相反,其传播对象是组织系统内部的成员。会议活动所传播的信息是组织对于其成员的工作要求,是其成员开展工作必

须了解和遵循的。正因为如此,组织与成员的关系是一种强制性的信息传受关系,其注意力曲线一般会呈现比较稳定的形态。因此,媒介的会议新闻传播要转变角色和心态,即媒介是新闻传播者,而不是会议传播者,虽然两者有一定的联系,但是作为新闻传播者的媒介应该把会议作为新闻的来源,而不是会议本身。

传播媒介的会议活动政治信息,需要将政治信息进行新闻化处理,从公众需求的角度来进行信息选择和解读,力求将"政府要说的"与"公众欲知的"协调起来。协调的契合点是政府所开展的工作与公众生活及其生活环境改善的相关性,以及赋予公众配合与监督的权利与义务的获得性认知。如果政治系统和媒介不关注这些,只一味地传播政府要做什么,却不交代决策的背景以及与公众的联系,那么信息的社会知悉意义和价值就要大打折扣。而公众不予关注,任何政治系统和媒介所传播的信息都必将是徒劳的。

(二)将"政府应说的"与"公众应知的"统一起来

"政府应说的"与"公众应知的"并不是一回事。"政府应说的"是公众对于政府信息开放的要求,有些信息政府出于自身利益的考虑,不愿意向公众公开,但是这些又是公众需要知道的。需要强调的是,在信息渠道日益开放的条件下,并不是政府不说,信息就能封闭起来、达到密不透风的程度。如果公众通过其他途径获悉了这些政府有意隐瞒的信息,那么这时政府再想去说,已经失去了说话的前提——公众信任,政府说的任何话都可能遭到质疑。

近年来,一些地方政府涉及环境项目的决策在公众的围攻下纷纷被迫"下马"就是最好的证明。正因为如此,政府应该正视信息透明问题,将公众需要政府说的尽量说清楚,而且要说得恰到好处,使公众知其所知,缩短与"公众应知的"距离。考虑到形势发展变化的不确定性,有些信息并不一定要一次说尽,但随着情势的发展,应随时向公众公布其需要知道的信息。无论怎样,有一条原则需要明确,就是政府说的要做到准确、真实,不能说假的和错误的信息,防止政府陷入信任危机的泥潭。除此之外,还须注意涉及公众利益方面的信息,尤其是那些因为政策调整对于部分群体带来的益损性信息,以及新的制度规则对于公众的约限性信息,等等,这些都是不能不说的内容,而且是必须说好的。"应说的"要让公众可以理解,为了获得对于政府的谅解,"应知的"应尽可能得到满足。

作为政府与公众沟通的平台,媒介的信息选择应遵循对接与融通的原则,尽最大努力将"政府要说的"与"公众欲知的"协调起来,将"政府应说的"与"公众应知的"统一起来;而且从公众需求的角度,媒介要对信息进行挖掘与求证,以防止政府的信息错漏,保障信息的公开透明,满足公众对于信息的定向需求。

第五章　会议新闻传播内容论

麦奎尔认为:"要判断大众传播如何发挥作用,最容易获得的证据来自于它所传播的内容。"①会议新闻所传播的内容主要是指政治系统会议活动的政治信息。这些政治信息,无论是决议决策,还是政策安排,乃至政治行动者宣示的政治主张、表明的政治态度,都是为了影响公众,以获得国际和国内社会的广泛认同。在会议新闻传播中,合理的修辞对于政治信息的有效传播起着重要作用。

第一节　政治信息——会议新闻传播的核心内容

一、政治信息及其形态分析

施拉姆认为:"凡是能减少情况不确定性的东西都叫信息。人们在大多数传播活动中寻求的信息就是传播活动的内容,其功能是有助于构造或组织环境,即与传播活动有关的环境。因而可以说,信息使决策容易进行。"②维纳认为,信息是人类在适应外部世界并且使这种适应作用于外部世界的过程中与外部世界进行交换的内容和名称。日本梅棹忠男则认为,信息是人与人之间被传递的全部符号系列③。简而言之,信息是构成传播的"质料"。

政治信息是构成政治传播的"质料"。人们对于政治传播"质料"的认识不同,含义及其分类也自然有所不同。

---

① 麦奎尔.麦奎尔大众传播理论[M].崔保国,李琨,译.北京:清华大学出版社,2010:277.

② 施拉姆,波特.传播学概论[M].何道宽,译.北京:中国人民大学出版社,2010:40-41.

③ 李美娣.信息生态系统的剖析[J].情报杂志,1998(4):3-5.

荆学民认为：“政治信息是政治传播的核心内容。”①"这里的'政治信息'意味着从'政治'中解构出来的本质因素，即这种信息只能是'政治'的，'扩散和接受'意味着从'传播'中解构出来的本质要素。"②政治信息只能是政治文明中能够传播和需要传播的，并不包括政治的全部③。荆学民将政治信息分为表层结构的意识形态、中层结构的政治价值和深层结构的政治文明④。意识形态、政治价值和政治文明的可传播性在于其"有用性"⑤。景跃进认为，政治信息是指以中介形式和各种政治关系相互作用以及运动过程的表征，它反映了人类社会生活中政治活动的内容、形式、特点和规律，以及人们对以国家政权为核心的政治制度、政治实践的要求和态度⑥。他将政治信息分为表现政治理论、学说、思想、观念和意识等观念形态的信息，反映国家机器及其运转状况等实体形态的信息，通过一定的态度及行为表现出各种政治心理状态等潜在形态和不断运动变化的政治斗争、政治变革及政治行动等流动形态的信息⑦。李文冰认为，政治信息是人类在社会政治生活中所产生、获取、利用、传播、保存的信息总和⑧。李文冰对政治信息的划分包括社会政治团体、执政者为进行政治统治而推行的观念形态的信息、制度形态的信息和具体政治行为的信息，也包括普通社会成员在社会政治生活中所表现的政治心理、政治参与等方面的信息⑨。柴非认为，政治信息是"价值的权威性分配"的信息，其形态包括社会成员对政治系统的要求性和支持性信息、政治系统向社会成员提供的决策输出信息，以及信息在两者之间转化的过程⑩。苏联科学院院士阿法纳西耶夫则将社会政治领域的现象、事实和事件等都纳入政治信息形态之中。他认为，在社会信息系统中，居于中心地位的是政治信息。政治信息所反映的首先是社会政治生活领域的现象、事实和事件的有关消息的总和。而政治信息的最高、最普遍和最系统化的表现是政治思想⑪。俞可平

---

① ② ③　荆学民.政治传播活动论[M].北京:中国社会科学出版社,2014:93.

④　荆学民.政治传播活动论[M].北京:中国社会科学出版社,2014:95.

⑤　荆学民.中国政治传播策论[M].北京:中国传媒大学出版社,2017:129 – 136.

⑥　景跃进.政治学原理[M].北京:中国人民大学出版社,2011:217.

⑦　景跃进.政治学原理[M].北京:中国人民大学出版社,2011:268.

⑧⑨　李文冰.政治信息沟通对传媒的诉求[M].浙江广播电视高等学校学报,2004(3):90 – 91,48.

⑩　李元书.政治体系中的信息沟通——政治传播学的分析视角[M].郑州:河南人民出版,2005:98 – 99.

⑪　阿法纳西耶夫,金初高.论政治信息及其传播工具[J].中国广播电视学刊,1989(6):66 – 70,60.

则将政治信息划分为群众和政府当局的政治动向、政策法令、政治思想和政治文化等①。

以上关于政治信息形态的研究，有的比较玄虚，有的则比较具象，有的形态范畴比较宽泛，有的则规限得比较明确。荆学民从结构形态入手来剖析政治信息，其意图是要说明政治信息的属性和价值构成元素。俞可平、李文冰、景跃进、柴非和阿法纳西耶夫则是从来源的角度来规限政治信息，只不过对于来源的认知和划分不同罢了。同时，俞可平、李文冰和柴非将社会成员、社会团体与政府当局所产生的与政治有关的信息都纳入了政治信息的范畴。

综合以上研究，政治信息形态大体上可以归纳为：

（1）属于意识形态范畴的政治理论、政治学说和政治思想等观念形态的信息；

（2）属于国家制度、政策法令及其运转状况等实体形态的信息；

（3）属于政治动向、政治斗争、政治变革和政治行动等动态的信息；

（4）属于政治系统与社会诉求输入与政治政策输出相互转化形态的信息；

（5）属于政治领域的现象、事实和事件等表象形态的信息，等等。

这些研究虽然角度不同、概念和含义表述各异，但是基本上涵盖了政治信息的全部内容，对于会议新闻内容的研究提供了重要的参考价值。

二、政治信息价值的认知维度

从认识论的角度，认识作为主体对客体的反映，一般都包含事实和价值，两者既有区别又有联系。

陈红星认为："事实认识是以感性的或理性的抽象思维形式反映客体的本质及其规律的，对事物的本质及其一般规律进行真假以及是否准确、系统、全面的判断；价值认识则以意志、情感、理想、文化观念、历史传统等形式对客体进行好坏、善恶、优劣、应该追求或抛弃等评价。"②可见，事实的认识活动在于准确把握"外在物"③，即客观世界的存在状态，是对于客观事物的自然属性的认识，认识的目的是为了揭示客观事物与客观规律之

---

①　俞可平.政治沟通与民主政治建设[J].社会主义研究,1988(2):19-22.

②　陈红星.事实认识、价值认识与现代决策[J].陕西师范大学学报,1988(1):97-104.

③　蒙塔古.认识的途径[M].吴士栋,译.北京:商务印书馆,2012:5.

间的关系;而价值的认识活动在于把握"内在物"①,即主客体之间的关系,是对于客观事物的价值属性的认识,其认识的目的是揭示客观事物的价值与主体需要之间的关系。事实认识是价值认识的源头,价值认识则是主体对于事实认识的尺度,两者在实践基础上相互渗透和转化,体现了人与客观世界的对立统一关系。

对于政治信息的认识,也要符合人们对于客观事物的事实和价值的认识规律。"政治信息的事实是在政治实践过程中作为认识和实践对象的客观存在的事物、过程、关系、属性的总称。"②主体对于政治事实的认识,在于对政治信息本身的属性、本质和规律的把握。而对于价值的认识,则在于政治信息对主体需要的价值尺度的认知,即政治信息对于主体需要价值的满足程度。对于政治信息是什么的认识,无论从哪个角度,中外学者都论述得比较全面和具体,我们无须再花费笔墨来论证,但是对于政治信息所具有的政治价值的特殊性则需要进行深入的探讨。

荆学民在分析政治信息的政治价值时,将政治价值进行了经验价值、规范价值和终极价值的级态划分。他认为:

> 经验级态的政治价值具有功利主义的色彩,它通常表现为以满足感官欲望为尺度的价值评价态度。凡是能满足人的感性层面的政治需求就是有政治价值的。在这里政治价值形而上的意义被经验的物质性取代了。规范级态的政治价值则是一种依附理性命令建立起来的社会性、规约性极强的价值系统。规范级态的政治价值虽然消除了经验级态价值层面的价值差别性与不可靠性,但规范级态政治价值的确立,并不是自律性的价值确立,而是一种外在的他律性的规约甚至强制。规范级态政治价值的实现必须通过"命令"的形式。与诉诸经验感性的经验级态的政治价值不同,也与诉诸理性规范的规范级态的政治价值不同,终极级态的政治价值要诉诸人的超验的、超理性的政治信仰。而且,经验级态的政治价值和规范级态的政治价值,其作用和意义也只有在终极级态政治价值的感召和牵引下才具有现实性。③

---

① 蒙塔古.认识的途径[M].吴士栋,译.北京:商务印书馆,2012:5.

② 陈相光,李辉.政治信息认知偏差分析[J].河南师范大学学报(哲学社会科学版),2011(1):37-40.

③ 参见荆学民.政治传播活动论[M].北京:中国社会科学出版社,2014:107.

荆学民对于政治信息价值的划分具有认识论意义。

其实,人们对于客观事物的认识过程,一般都是由感性认识到理性认识的跃升过程,其认识价值过程也是由感性的经验价值到理性的规范价值和终极信仰价值的跃升过程,这个过程是由需求的不断满足而向前延伸的。人们对政治信息的认识同样如此。政治信息所包含的政治价值的认识一般也是沿着感性认识到理性认识的路径延伸和升华的,没有感性认识人们就不会产生理性认识的需要,理性认识是感性认识的延伸与升华。如果人们对于政治信息的政治价值只停留在感性认识阶段,那么政治的终极价值就会被"矮化"或"异化",人们就会迷失政治方向。但是,如果没有政治价值对于自身利益"有用性"满足的揭示,政治信仰就会空洞而失去感召力。同样,没有规范级态的政治价值的规约,社会就会失序,因为并不是在任何时候、任何情况下人们的自律和自觉意识都是靠得住的。因此,会议新闻的政治信息传播要将经验级态、规范级态和终极级态的政治价值的揭示统一起来,即以经验级态的政治信息的现实价值为基础,揭示规范级态信息的他律性价值以及终极级态信息对于人的理想追求和行为的现实意义。

会议新闻传播政治信息的目的,是要满足公众对于涉及影响其生存发展信息的定向需求,让公众认识会议活动所产生的决议决策和政策以及政治行动者的政治主张、政治观点,维护公众利益和国家发展的价值所在。这种价值认识是政治价值与新闻价值的统一。政治价值只回答政治信息的政治属性,而新闻价值则是政治价值所蕴含的新闻属性的揭示,新闻属性是会议新闻之所以称之为新闻的本质要求。因此,对于政治信息的价值认识的维度不仅包括政治信息政治价值的经验、规范和终极级态的价值维度,也包括政治信息新闻价值的认识维度,两者应该是协调统一的,不然就不能称其为政治的新闻传播。

针对新闻媒介而言,新闻价值是政治信息政治价值的"可传播性",不可传播的政治信息一般也不具有新闻性。"可传播"是会议新闻传播的政治信息对于公众的知悉意义,即现代新闻价值所强调的"获益性和有用性",是公众决策并采取改变和行动的客观参照和依据。这种参照和依据体现了决议决策和政策信息和政治理念、政治主张的政治价值和新闻价值的统一。正确处理政治价值与新闻价值的关系,成为会议新闻建构将"政府要说的应说的"与"公众欲知的应知的"统一起来的重要价值考量。

政治信息的政治价值是分层的,政治信息的新闻价值也是分层的。政治价值的分层体现了认知主体对于客体由表及里的认识跃升,新闻价值的分层则体现了认识主体对于政治信息的一般价值、职业价值评价和公众需求价值的统一。"可传播"是会议新闻对于政治信息政治价值和新闻价值在公众需求价值上的统一过程，如果公众不需要，那么任何一厢情愿的传播的价值都将难以实现，无论传播者对于政治信息的政治价值和新闻价值的评价有多高，它们都会在公众漠视中失去价值。

公众价值需求逻辑永远是信息对其的"有用性和获益性"，这种"有用性和获益性"体现着政治价值的经验级态的"功用"、规范级态的"约限"和终极级态的"信仰"价值需求的动态递进式满足。"功用"价值是人们第一位的信息需求，决定人们是否接受信息所传递的价值。"约限"价值是人们为了适应社会环境和社会规范、正确处理自身与社会关系的信息需求。而"信仰"价值则是人们精神层面的需求，这种需求是建立在共同体共同价值认知基础上的，体现一个民族的最高价值追求。

按照马斯洛的需求理论，人的需求呈现由低到高不断产生和满足的递进关系。在人的生存问题没有解决的情况下，任何失去满足其解决生存问题的"功用"信息，都不会让人产生任何关注愿意，要想让公众对于"信仰"价值产生意识和追求，只能是"功用"与"信仰"价值协调统一。也就是说，在"功用"价值需求满足的前提下唤醒和揭示其蕴含的"信仰"价值意义才能产生积极的效果，而不是相反。"信仰"离开实现的土壤是没有生命力的。当年，中国革命将"打土豪，分田地"的口号与建设新中国的目标统一起来，才有唤起农奴千百万同心干，最后夺取政权的大好局面出现。因此，会议新闻的传播要十分注意做好结合的文章，即将政治信息的"功用"价值与"信仰"价值统一起来，要让公众在享受信息带给其"功用"的同时，认识到"信仰"价值对于构建人类命运共同体的重要性。

三、会议新闻内容及其分类

会议新闻内容主要是反映政治系统会议活动的信息，揭示政治信息对于维护公众利益及国家发展的政治价值。这些信息涉及政治系统运行状态的决议决策和政策信息以及政治行动者政治主张、政治观念、政治态度的观念形态信息，也涉及政治事件、政治变动等流动形态的信息。

会议活动包括决议决策、政治磋商、研讨交流和政治宣示等，这些活动的信息是构成会议新闻的基本要素，但不是充要要素，也就是说，这些活动信息不可能全部作为新闻内容进行传播。会议新闻内容是社会公众需要了解和政治系统需要传播的信息。政治主张、政治观念、政治态度是政治行动者对于国际社会舆论和国内公众诉求的政治回应，具有鲜明的宣示性特点。而政治事件和政治变动则是政治系统内部和外部复杂斗争产生的。

会议新闻传播的政治信息,根据不同形态可以分为决策类、宣示类、规约类、仪式类和事件类等具有新闻价值的信息。

(一)决策类信息

决策类信息是指政治系统体现意识形态实践的决议决策活动形态的信息。包括会议的决议决策事项、人事任免、政策安排和处理解决重大矛盾问题等信息。这类政治实践信息同观念形态信息共同构建了信息的意识形态的双重价值体系。决议决策的政治实践信息具有权威性特点,是属于国家运行状态的信息。决议决策是政治系统及其权威机构的一种常态的政治活动,这类活动既是政治系统对于社会系统诉求输入的议程设置和政治输出,也是政治系统的一种自主的利益群体的利益关系的调整和资源的"权威性分配"行为,还是政治系统对于社会运行状况和形势的分析判断与决策。传播这些信息主要是为了让公众了解和掌握政治系统的运行状况以及知晓政府在哪些问题上做出了决议决策,这些决议决策和利益调整及资源的"权威性分配"是否公正合理,是否体现了政治系统政治实践与意识形态信仰的统一。公众了解这些信息便于政治参与和对政府施政行为的监督。

(二)宣示类信息

宣示类信息是指政治系统和政治行动者针对国际国内舆论和社会诉求提出的政治主张、政治意见以及表明的政治态度等信息。这类信息属于观念形态的信息,其所表达的是意识形态信仰。任何一个政治行动者所发表的政治观点、政治态度和政治意见无不带有政治共同体意识形态的烙印,无不体现统治集团的意志。因此,会议新闻所传播的此类信息,必然是意识形态"坚硬的外壳"①包裹的政治信息。政治行动者无论是对外的政治宣示,还是对内的政治输出都是一种意识形态的宣示,表达的是社会政治理想和信仰。会议新闻的宣示类信息的传播要明确体现政治行动者的意识形态的倾向。传播这些信息主要是让社会公众了解政治行动者的政治倾向、政治理念,一方面可以展示其政治作为,另一方面也有助于公众对于政治系统的政治实践是否符合其所倡导的政治信仰——意识形态的一致性进行审视与评价。

(三)规约类信息

规约类信息是指会议活动审议出台的政策、法律法规等信息。这类信

---

①　荆学民.政治传播活动论[M].北京:中国社会科学出版社,2014:96.

息与决议决策类信息同样是意识形态信仰的政治实践的反映。按照景跃进的划分属于实体形态的信息。虽然其也是政治系统的决议决策活动信息,但是将其单独列出来是强调此类信息在会议新闻中的独特功能。规约类信息在规范社会行为和调整社会群体的利益关系上具有其他信息不可替代的作用。如果说宣示类信息展示的是政治行动者意识形态倾向的话,那么规约类信息所呈现的就是政治系统与社会系统协商互动所形成的共同的规范和意志。因此,会议新闻一般会以会议出台的政策、法规和重要文件为重点内容来建构新闻,其目的一方面是为了满足公众的社会行动的指导需求;另一方面也是为了政治社会化的需要,为政治系统颁布的政策、法规的顺利实施创造有利的社会环境。

(四)仪式类信息

仪式类信息是指会议活动中的政治仪式、会议规格和政治符号等信息。政治仪式是一种特殊的政治宣示,属于作为意识形态的观念形态的信息范畴。政治仪式反映的是执政系统的意识形态的政治倾向,仪式展现的是鲜明的政治信仰。会议规格所表达的是执政系统的政治态度,政治符号呈现的则是政治形象和政治象征意义。将仪式类信息列入新闻内容,主要是因为一些会议仪式具有重要的宣示作用和激励意义,也就是说具有特殊意义。一般性的会议没有必要强调和呈现仪式信息。

胡百精在论述仪式及其功能时指出,仪式一般呈现不同于日常生活的场景、情境,以承载主题,并反映此主题之下人与人、人与物的关系,即仪式化场域。从根本上讲,仪式最大的效用在其"转渡"。它连接历史、当下和未来,同时让人们从平庸、琐碎的日常生活中摆脱出来。它激活古老的信念,也暗示值得憧憬的明天,而最需要的则是马上行动①。布尔迪厄也认为,仪式"使人能在社会世界的意义上达成共识,从根本上说,这一共识助推了社会秩序的再生产"②。会议的特殊政治仪式蕴含着宣示、象征、激励的意义和价值,会议新闻对于这样的仪式信息应该给予关注和呈现。

(五)事件类信息

事件类信息是指与会议活动有关的政治事件、政治变动等信息。这些信息包括抗议、政治人物的突然举动和会场异常状况等。这些信息一般与

---

① 胡百精.公共关系学[M].北京:中国人民大学出版社,2008:67-68.

② 库尔德利.媒介、社会与世界:社会理论与数字媒介实践[M].何道宽,译.上海:复旦大学出版社,2014:71.

会议活动具有直接相关性,传播这些信息是为了满足公众的知情权。

会议新闻就其本质属性而言是一种政治传播。就其所传播的内容看,无论是政治行动者的政治主张、政治观念、政治态度,还是执政集团做出的决议决策,出台的政策、法规、文件,包括政治仪式、政治符号所释放的政治意涵,无不具有政治信息的显著特征。无疑,政治信息是会议新闻传播的核心内容。

第二节　需求满足——会议新闻内容的选择原则

任何新闻内容都是选择的结果,选择的原则是传受双方的需求满足。传播者(包括政治行动者)是要满足发布和影响受传者接受其信息的需求,而受传者则是接收信息以消除不确定性带来的困扰以及与其利益关联的定向需求信息的满足。

需求,是有机体感到某种"匮乏"而力求获得某种满足的心理表征,是内外环境的客观要求在头脑中的反应。也就是说需求是以"匮乏感"来驱动人的行为的心理表征。

一、信息需求曲线

经济学有一条反映消费者消费行为的"恩格尔曲线",它显示的是价格与需求量之间的关系。这一曲线表明,在其他条件相同时,价格提高则需求数量减少,价格降低则需求数量增加,也就是说,这条曲线波动变化是由价格决定的①。

那么,受众对于会议新闻的需求是否也存在这样一条信息需求曲线呢?传播实践证明,这条曲线是存在的,这条曲线是受"不确定性和关联程度"牵引的。信息的"需求曲线"所反映的是公众内在不确定性和信息关联性对于需求的影响状态,不确定性程度越高、越紧迫,同时与其切身利益关联度越大,则对于信息需求的动机和动力也越大,对于信息结构满足程度的需求也越大,反之,则越小②。同时,也会出现另外一种情况,即两条

①　恩格尔曲线[EB/OL].[2019 - 07 - 01].https://baike. so. com/doc/6186352 - 6399603. html.

②　人们常常有这样的经历:当你面对一个陌生的词语,或者对于一项与自身利益密切相关的政策时,为了弄清楚词义和政策含义,你总要通过不同的途径去寻找相关信息,以消除不确定性带来的困扰。此时,你的信息需求以及需求满足的欲望是比较强烈的。

信息需求曲线交叉的情况,此种情况说明不确定性和相关程度与需求相当,此时的需求满足更为确切。政治信息需求曲线见图 5 - 1。

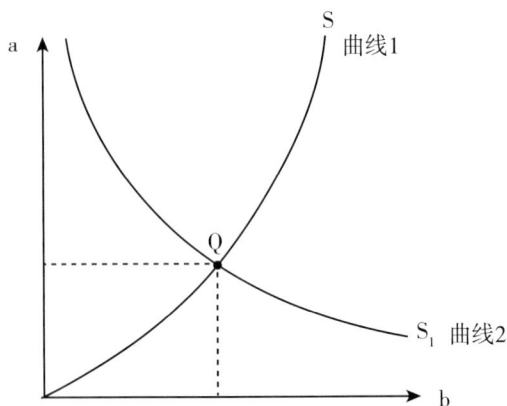

a:代表不确定性、相关程度

b:代表需求

S:代表不确定性、相关程度高的信息需求状态

S₁:代表相反的信息需求状态

Q:代表两者相当时的信息需求状态

图 5 - 1 信息需求曲线

按照马斯洛的需求层级理论,人的需求与其所处的环境状态呈梯次递进规律,即低一层的需求满足后,会刺激高一层的需求,人的最高需求是人的自我实现。因此,无论人处于哪一种阶段,都会涉及生活、生存与发展的需求,而满足人的这些需求的信息也要求其呈现出与人的需求相适应的状态。如果将人的需求状态看作是"光谱"的话,那么越是靠近需求端的信息就越是媒介应该满足的目标受众的定向需求。这条信息需求曲线始终随着需求光谱的指引而前后移动。

原辉的政府信息公开课题研究表明,公众对政府信息公开的 9 项内容关注度,顺序从高到低分别是:危机事件 82%,科技教育就业 72%,政策法规 52%,发展规划 48.7%,处罚依据 42.7%,办事指南 34%,政府工作动态 32.7%,行政审批 30%,机构职能 22.3%[①]。可见,信息种类不同,公众对信息的关注度也不同。与公众切身利益联系越紧密并且越直观的公共信息,公众的关注度越高。原辉的研究显示:之所以公众对危机事件的关注度最高,是因为它所带来的影响和不确定性高,中间 4 项是与公众生活、

---

① 原辉."公共性"视野下的政府信息公开研究[M].济南:山东大学出版社,2007:58.

生存、发展密切相关的内容，而后4项则是一些关系不十分紧密的内容，公众的关注度相对较低。同时，研究也显示，在其他条件相同时，越是与受传者"定向需求"相关的信息，其满足的程度相应也会越高。当然，信息需求曲线的移动还会受到其他一些变量因素的影响，比如信息清晰度、信息的生动度、信息披露程度、信息接收难易程度等。这些变量因素将在后边具体探讨。

二、会议新闻信息需求满足的原则

动机与人格理论认为，人是有需要的动物，而且是一种不断产生需求的动物。人的需要取决于他已经得到了什么、还缺少什么，只有尚未满足的需要才能影响其决策和行为。因此，所谓满足需求就是满足尚未满足的需求。社会需求是这样，信息需求也是这样。满足信息需求是"不确定性和相关程度"作用于受传者的程度决定的。正如前边所分析的那样，"不确定性和相关程度"越高、越紧迫，则对于信息需求的动机和动力越大，对于信息结构的满足需求也越大，反之，则越小。

传播实践证明，信息需求满足是传播者（多元传播主体）、信息、媒介和受传者相互作用和协调平衡的结果。传播者在信息选择时首先要研究受传者是"谁"，他的需求尤其是定向需求是什么？同时，要研究通过什么渠道传播，才能让受传者关注和接收到信息。受传者的主动关注和信息接收也是实现需求满足的前提，受传者只有主动获取有效信息，才可以消除不确定性带来的困扰。倘若受传者关注不到，或者抗拒接收，任何信息都难以达到传播的目的。

满足需求既是传播者的传播目标，也是受传者的接收目标。满足需求应作为会议新闻信息选择的基本原则。

会议新闻的传播，从一定意义上讲，是政治系统对社会诉求的政治政策回应。因此，媒介系统在会议活动的政治信息的选择中，要准确把握社会系统的需求与政府决议决策和政策输出之间的关系，找准需求输入与政府政策输出的契合点，只有准确捕捉这种契合点，新闻的说明和劝服才能收到效果。会议新闻的信息传播的规限——政治系统和媒介系统"应该传播的"和"需要满足的"。这应该成为信息爆炸情境下的一条基本定律，违背了这个定律，任何传播都难以产生好的效果。

三、满足需求与传受关系的平衡

信息传受平衡是指传播者传播的信息与受传者所需求的信息，在数量和质量上处于匹配的状态。一个人的注意力资源是有限的,因此,信息的质量要比信息的数量更为重要。高质量的信息是指能够满足目标受众定向需求的核心信息。但是,在传播实践中,这样的状态只有在传播者准确把握受传者的信息需求的情况下才有可能实现。

（一）单一需求结构的传受平衡

单一需求结构是指受传者对于单一动机的信息需求的满足状态。单一需求与事实信息的满足比较容易,因为单一需求结构是一种浅层次的需求,只需要提供"是什么""发生了什么"的信息,即可得到满足。会议新闻的单一信息及其目标受众的满足,一般体现在政治系统相关决策信息的发布告知上,诸如干部任免、机构设置和表彰奖励等,这些信息一般与公众的切身利益关系并不十分紧密,因此,只需要一条新闻就能够满足公众的知情需求。单一结构信息需求,无须复杂的多层次信息结构来满足。受众对于这样的信息一般处于无意识接收状态,也就是说,可接收,也可以不接收,在传播时采取刺激的方式足以引起受传者注意,受传者就会产生关注和接收。其实,媒介每天都生产大量的单一结构的新闻快餐。

（二）多层次需求结构的传受平衡

多层次需求结构的传受平衡是指传播者在信息结构和受传者需求结构之间处于一种相适应的信息交互与满足的状态。

消除政治、政策不确定性的信息需求是受传者对于会议新闻的内在需求。这种需求由于与受传者的切身利益密切相关,需要传播者给予多层次的信息满足。凡是涉及重大政治变革和重大政策调整,都需要传播者精心选择和结构信息,特别是要与受传者需求结构进行准确对接,以解决单篇新闻的信息碎片化与公众多层次信息需求之间的矛盾。在实际传播中,对于重大的决策不仅需要发布决议决策的结果性公告消息,告诉公众"是什么",还需要对于政治变革和政策调整进行深入的系统分析和解读,让公众知道"为什么",同时,还要有言论引导。在此基础上,搭建公共信息交流的平台,引导公众参与讨论,以形成政治共识,为推动政治变革和政策的社会实施创造条件。只有如此,才能实现媒介传播与公众接收的信息需求平衡,任何达不到传受平衡的新闻传播,都不可能是有效的传播。

（三）信息透明与信息控制的平衡

前文在分析会议新闻内容时,归纳了五种内容形态:决策类、宣示类、规约类、仪式类和事件类等。这些都是会议新闻需要传播的内容,特别是前三类内容,这些内容是与公众生活、生存和发展密切相关的信息。在现实传播中,社会系统需要政府的信息越透明越好。

　　信息公开制度是针对权力主体而言的,一般涉及两个方面,即信息的公开与控制。汤啸天认为,信息公开是指政府权力主体依照法定程序向公众和特定的公民提供有关信息的行为。信息控制则是权力主体对于信息的控制行为。信息控制权是指主体对自身拥有而外界稀缺的信息的支配权和对有害信息的抵御权。对于一个国家而言,信息控制权是国家主权在现代条件下的具体体现。广义的信息控制权,是指主体对其具有管辖权的信息有权采取保护措施,以保证信息的秘密性、真实性、完整性。狭义的信息控制权,是指主权国家防止信息网络中的本国数据被窃取、篡改、毁坏和抵御外来有害信息对本国的侵蚀、破坏的权利①。这里的控制其实是两个方面,一是政府本身的信息控制,一是对于外部信息输入的控制。本书所要探讨的是政府本身的信息控制。

　　会议新闻的信息控制其实是权力主体对于会议活动有关政治信息的控制。

　　从国内看,这种信息控制主体的确立是政治系统和媒介系统共同作用的结果。政治系统一般对于不利于政府施政,或者容易造成政府与公众对立的信息采取控制的态度,有时政府权力部门还有意控制那些能够带来某种利益的政策信息,以便为其寻租创造条件。前一种情况的控制是不明智的,也是难以达到目的的。越是不利于施政,或容易造成对立的信息,越是应该向公众进行说明和解释,只有如此,才能获得公众的理解和谅解,如果采取回避和封闭的态度,一旦在实际执行中遇到公众的抵制,再想去说就会陷入被动。后一种情况在政府部门的实际运转中比较常见,而要消除权力寻租,只能靠信息透明,让权力在阳光下运作。因此,政府信息的发布与控制应该平衡,平衡的原则只能是遵循"除了必须保密以及涉及个人隐私的部分除外"的原则,将政府掌握的所有信息,及时向公众公开。俞可平认为:"每一个公民都有权获得与自己的利益相关的政府政策的信息,以便公民能够有效地参与公共决策过程,并且对公共管理过程实施有效的监督。"②政府的透明度愈高,善治的程度也愈高。

　　信息公开与控制应统一于满足公众获得的信息需求平衡上。这涉及政治系统对于社会系统诉求回应质量的评价,也涉及社会系统对于政治系统政治输出的支持问题。执政系统的信息控制过严,公众只知其讨论了什么,却不知道其解决了什么,只知做出了决策、出台了政策,却不知这些决

---

① 汤啸天.信息控制权初论[J].政治与法律,2000(4):19-23.

② 俞可平.治理与善治[M].北京:社会科学文献出版社,2000:9.

策和政策的利益指向在哪里,政策与我有什么关联,我的诉求是否得到回应,等等。倘若通过媒介系统传播的信息不能满足这些需求,那么公众对于执政系统决议决策和政策的认同就要受到影响,执政系统的政治动员效果也将大打折扣。而如果媒介系统对于会议活动信息的传播不能满足公众的需求,那么媒介的公信力、影响力也将大打折扣,公众就会逃离这样的媒介,寻求可以满足其需求的其他传播渠道。这种情况,在全球化传播时代将是一种常态,特别是像新华社、《人民日报》、中央电视台等主流媒体,一旦不能满足公众的信息需求,那么公众就会通过境外媒体去寻求信息帮助,长此以往,国内主流媒体的公信力就要受到挑战。

第三节　政治修辞——会议新闻内容的话语表达

一、政治符号与政治修辞

(一)政治符号修辞

会议新闻就其本质而言是政治系统的政治修辞的权威表达。这种表达所建构的是社会系统与政治系统的有机联系,呈现着社会诉求输入与政治输出之间的密切关系。

政治系统通过政治符号和修辞来输出决议决策和政策,以影响社会公众接受其政治输出的内容,反过来,社会公众通过政治符号和修辞来评价决议决策和政策输出在多大程度上代表并满足了其利益诉求。会议新闻则是通过政治符号和修辞来传递政治信息的过程,公众对于会议新闻政治信息的接受(喜欢或者不喜欢)程度,其实是传播者运用政治符号和修辞建构或组装政治信息的能力问题。

张晓峰等认为:"人类思想的传递,需要凭借一定的物质载体,这个载体就是符号。"[①]在传播的层面上,斯特里纳蒂则将符号视为"意义的各种系统,人们——个体的或群体的人们——用信号(姿态、广告、语言本身、食物、服装、音乐,以及其他许多够格的东西)来交流或试图交流的手段"[②]。美国符号学家皮尔斯认为,符号涉及表征体、表征对象和对表征的诠释。

---

① 张晓峰,赵鸿燕.政治传播研究:理论、载体、形态、符号[M].北京:中国传媒大学出版社,2011:203.

② 斯特里纳蒂.通俗文化导论[M].周宪,许钧,译.北京:商务印书馆,2001:99.

他将符号分为图像、标志和象征三类。皮尔斯认为，图像与其所代表的对象非常相似；标志则与其对象有着直接的联系，常常作为原因或结果出现；象征与对象则既不相似也没有联系。象征符号的象征意义一般是透过具体形象的特定意义赋予的。在皮尔斯的划分中，虽然没有明确将图腾和仪式作为一种符号，但是其图像、标志和象征本身也隐含了图腾和仪式的符号意义。

符号与政治的连接是人类符号世界的一个重要部分。政治符号是政治信息的携带者，是意义表述、情感表达和价值展现的重要形式。因为"政治的符号使政治的生活富于意义"①。杜奎英认为，政治符号是政治权力凝聚的象征，它构成了社会信念和鲜明的标志。它可以激发群众的情感，是实现政治目的有效工具。杜奎英认为国旗、国歌、英雄偶像、贵族荣衔、皇家尊号，以至于加冕就职庆典，都属于西方的重要政治符号。可见，政治符号是实现政治权力的工具和手段，是政治生活的延伸。政治符号由文字符号、口语符号、体语符号和"人化自然"符号等系统构成。政治符号在促进政治整合、政治沟通、政治记忆、政治认同、政治动员上具有重要作用。

政治符号修辞则是政治主体为达到一定政治目的，运用政治符号进行说服，以劝服公众认同和接受政治符号所呈现的特殊意义。政治符号修辞服务于一定的文化和阶级统治，并贯穿于政治传播的全过程，它是政治权力得以发生实际影响的重要条件。政治行动者在政治传播中，运用政治符号修辞以获取最佳表达效果，揭示政治符号的意义。在政治权力的运作过程中，运用政治符号修辞是实施政治统治的普遍现象，并发挥着诸多政治功能。特别是在实现政治权力合法化、进行政治动员、建构政治现实、实施政治统治、反映政治文明及其发展进程中具有不可替代的作用。

在会议新闻传播过程中，政治符号修辞与政治信息共同构建了会议新闻的传播内容。一些纪念性会议的会场上悬挂的国旗、标语口号和政治人物画像以及播放的歌曲音乐，作为一种政治符号，与政治人物和会议活动仪式共同构成了会议活动的政治符号修辞。这一修辞不仅是营造一种庄严的政治氛围，而且也是一种郑重的政治宣示。这一具有特殊政治含义的符号修辞，与政治人物会议上所表达的政治思想、政治主张、政治理念以及政治宣示共同构成了会议新闻要传播的信息，这些信息对于凝聚社会力量、激发民族情感具有重要价值。

---

① 祝基滢.政治传播学［M］.台北：三民书局股份有限公司，1995：23.

（二）政治仪式修辞

仪式就是"一种社会规范的、重复性的象征行为"①。仪式按照高度结构化的程序，在特定的时空中进行展演，以引导人们的情绪、形成认知。政治仪式是政治系统维系其政治生命的手段，它存在于政治生活的方方面面。"从国家政党的大会到总统的就职典礼，从国会委员的听证会到足球场上观众大声唱国歌，仪式遍布于现代政治生活中。"②会议活动中的仪式，一般都具有特殊的政治含义，它"承担了社会—政治秩序的生成、再造、反复确认、强化的基本性任务，从而达成维持现存权力关系、整合社会的目的"③。

在会议新闻传播中，政治仪式是与新闻事实结合在一起的，它们互为表里，相得益彰。一般性工作会议的会议新闻传播，无须特别强调和呈现政治仪式，而代表大会、纪念性会议和庆典会议则必须呈现法定的政治仪式，其政治仪式的宣示意义、象征意义、凝聚意义、激励意义是不可替代的。比如，抗日战争胜利 70 周年纪念大会，党和国家领导人同参加会议的社会各界代表统一着黑色服装，胸戴白花，向抗日英雄敬献花篮、默哀。这种庄严的仪式是一种凝重的力量表达，就其现实意义上讲，它所激发的是举国上下不忘国耻、振兴中华的巨大情感力量，同时也是对安倍晋三大搞日本军国主义复活行为的严重警告。

会议新闻政治仪式的呈现要体现仪式的庄严和象征价值，要善于将个人、社会与国家联系在一起，借由仪式个人的主体经验与社会和国家力量产生互动，通过社会和国家力量进行自身精神的筑塑。同时，也要善于将过去和现在以及现在和未来关联在一起，在这种联系和建构中，既传承历史，又面向未来，通过仪式构建我们的现实感和我们对周围世界的理解，以及对于未来的期待。

（三）政治象征修辞

象征为政治仪式赋予了独特的内容。"政治通过象征来表达。"④科泽认为，象征具有三种重要的特性：意义的凝聚性（condensation）、多义性（multivocality）和模糊性（ambiguity）。"凝聚性是指单个的象征代表和整

---

① 科泽.仪式、政治与权力[M].王海洲，译.南京：江苏人民出版社，2016：11.
② 科泽.仪式、政治与权力[M].王海洲，译.南京：江苏人民出版社，2016：1.
③ 马敏.政治仪式：对帝制中国政治的解读[J].社会科学论坛，2003（4）：18 – 22.
④ 科泽.仪式、政治与权力[M].王海洲，译.南京：江苏人民出版社，2016：3.

合了丰富的多重意义。"①象征无论是在语言意义上,还是形象意义上都包含了各种观念。与象征在仪式中的意义凝聚性紧密相关的是其多义性,即同一种象征有多种不同的意义,不同的人会以不同方式理解同一象征。科泽认为,在缺乏共识的情形下运用仪式构建政治团结时,这种特性就显得尤为重要。同时,多义性的存在也难免使象征具有模糊性。正因为如此,象征意义的复杂性和不确定性也正是其力量的源泉②。科泽指出,从某种意义上讲,象征的内涵具有历史和政治上的稳定性,虽然人们能够透过象征的镜头观察世界,但是也并不意味着人类或者文化能够随心所欲地创造出各种象征系统③。象征含义及其意义具有相对稳定性。

在会议新闻报道中,政治象征符号一般在纪念性会议和法定代表会议上的呈现比较常见,而且象征符号是会议活动的有机组成部分,对于会议活动起着精神凝聚和政治宣示作用。比如,会场悬挂的领袖画像、历史人物、旗帜、会徽等。政治通过象征来表达,象征通过政治来彰显。会议新闻在呈现象征符号时,一般与会议主题和特定的会议仪式紧密相连,这种呈现是对新闻主题的深化。但是,象征物的呈现要与新闻事实相得益彰,不能为渲染氛围而进行单纯的象征符号的展示。有时,纪念一个历史人物,其时代的政治象征意义就表达了纪念者的政治主张和立场。比如,纪念孙中山 150 周年诞辰大会。孙中山先生是"驱除鞑虏、振兴中华"的精神象征,这种精神象征在中国人民中具有广泛的认知基础。纪念孙中山 150 周年诞辰大会旨在表明:振兴中华,实现祖国统一的力量是任何势力都不可阻挡的。孙中山的政治象征意义具有民族聚合的时代价值。

二、新闻修辞与政治修辞

新闻修辞与政治修辞是两种不同的修辞概念。两者的修辞主体、修辞对象和修辞目的完全不同。新闻修辞是新闻传播者从新闻传播效果出发,通过选择、凸显和强化新闻事实有效影响受众所采取的修辞策略。新闻修辞讲求的是用事实说话,是传播者挖掘、选择、呈现事实的艺术,也就是说,新闻修辞如果离开新闻事实这一说话基础,无论修辞多么精彩,都不会是新闻。按照刘建明的观点,传播者对于新闻事实的选择是对于事实的"涵化"过程,而新闻表达则是话语"涵化"过程。所谓"新闻涵化"就是记者通过事实选择、凸显和话语表达所暗示的新闻观点。同一个事实,不同记者

①② 科泽.仪式、政治与权力[M].王海洲,译.南京:江苏人民出版社,2016:15.

③ 科泽.仪式、政治与权力[M].王海洲,译.南京:江苏人民出版社,2016:5.

会呈现完全不同的表达角度和框架。新闻修辞其实就是一种新闻"涵化"过程。"使用什么语言,运用哪个概念和词汇,是涵化新闻的重要手段。巧妙地运用特殊的词语润色新闻内容,叫新闻的话语涵化。在不同国家、不同制度下,人们对同一事务特别是政治事务,往往以不同的词语给事实打上意识形态的烙印。"①而记者新闻涵化的目的是让新闻受众"沉浸在特定的语境中,不知不觉地接受记者的意图"②。

政治修辞则是政治行动者为了维护政治系统的政治合法性,运用政治话语和劝服手段,影响政治共同体内部成员和社会公众的修辞行为。政治修辞是建立在维护执政集团执政合法性基础上的,其劝服的对象不仅包括政治共同体内部成员,还包括社会公众(国际、国内公众)。政治修辞一般所呈现的是执政集团的政治主张、政治态度、政治情感和政策意见等,政治修辞讲求政治语言的选择、组织和安排,通过政治语言的选择、组织和安排达到政治说服的最佳效果。

在会议新闻传播中,新闻修辞与政治修辞是一种彼此依存、相互表里的关系。会议活动中政治行动者的政治修辞是为了影响政治共同体成员和社会公众接受执政集团的政治主张、政策安排,以实现执政集团的政治目标。虽然会议活动的受传者是与会的行政机构成员,社会公众并不在场,但是会议活动所形成的有关决议决策和政策的受施者却是社会公众。会议活动的政治修辞其实是通过政党和行政政治修辞动员并作用于行政机构成员使其形成统一意志的过程,也是建构决策—执行—公众的政治关系的过程。政治行动者在会议活动中的政治修辞为会议新闻的政治信息选择、凸显、强化提供了事实"涵化"的材料,反过来,新闻修辞为政治修辞的新闻表达与传播提供了媒介途径。会议新闻的政治修辞是以新闻事实(政治信息)的面目出现在会议新闻中的,其受众是社会公众,新闻政治修辞通过新闻"涵化"手段,让社会公众在特定语境的沉浸过程中,接受新闻所表达的政治行动者的政治主张、政治观点和政策意见。而这只是传播者的一种愿望,能否成功,取决于一个关键的因素,即是否能够建构起政治信息与受传者需求的紧密关联。这种关联或者是利益的关联,或者是情感的关联,或者是群体的关联,这种关联可增强政治信息的接受和认同的意愿。

三、会议新闻的政治修辞

修辞理论经历了规劝说、认同说和认知说三个发展阶段,以修辞为基

---

①② 刘建明.当代新闻学原理[M].北京:清华大学出版社,2003:156.

础的政治修辞在理论上也经历了这三个发展阶段。

然而,政治修辞的理论范式不同于一般修辞理论,政治修辞更加强调政治行动者运用修辞手段影响和劝服公众以实现某种政治目的的修辞行为。胡亚云在总结西方修辞理论的基础上,将政治修辞概括为情景修辞、运动修辞、制度修辞、首脑修辞与反修辞等五个范式①。这种概括体现了政治行动者在政治活动中的修辞策略的运用,特别是政治行动者在错综复杂的政治场域,面对不同的政治活动主体所采取的修辞策略,具有明确的政治对象、政治主题和政治目的。

政治修辞历来是政治统治的工具,是增强公众政治认同的手段。政治实践证明,无论是哪种政治统治,光靠暴力手段是行不通的,只有依靠政治认同的力量才能获得长期执政的合法性。而要获得公众的政治认同,政治行动者就须借助一定的修辞手段彰显其政治主张、政治理念的先进性和合法性,建构社会在文化和意识形态上的同一性。

(一)会议活动的政治修辞

会议活动的目的不同,会议活动形式也不同,相应政治修辞策略的运用也不尽相同。会议活动中比较常见的修辞分为劝服修辞、首脑修辞、政党修辞、制度修辞和行政修辞。

所谓劝服修辞是指政治主体为求得政治认同而采取分析、比较、说明、解释和引导等手段进行说服的修辞行为,其目的是求得政治共同体内部或共同体之间的意见认同。所谓政党修辞是指政治主体运用政党的政治主张、政治理念来彰显政治作为的修辞行为,其目的是凝聚和统一政治共同体的思想,激发政治理想和激情。制度修辞是指以政治制度为基础进行的政治机构内部或政治机构之间的政治修辞行为。"制度修辞在政治机构中执行着统一、定向、解决争端、执行政策等五项功能。"②所谓行政修辞是指政治主体运用强调、部署、命令等语言推进计划或政策落实的修辞行为,其目的是组织调动行政资源以实现行政目标。所谓首脑修辞是指国家元首依据一定的国家制度、国家利益和国际义务阐述的政治立场、政治主张、政治理念等修辞行为。首脑代表国家和政党,因此,其修辞通常是政党修辞、制度修辞和领袖修辞的统一体。

就决策和磋商(会晤)等会议活动而言,或者由于活动主体所代表的

---

① 胡亚云.论政治修辞与政治传播[J].河南社会科学,2001(5):9-12.

② 张晓峰,赵鸿燕.政治传播研究:理论、载体、形态、符号[M].北京:中国传媒大学出版社,2011:190.

利益主体不同,或者活动主体的价值观和意识形态有所差异,或者是活动主体对于议程和问题的认识各异,常常表现为一种政治博弈的特点。无论是国际会议和国家首脑之间的会晤磋商,还是国家各个层面的决策会议,都不同程度地存在这种博弈,尤其是国际会议和问题磋商更是如此。由于政治制度设计的不同,各国的会议活动特点也有所不同。比如,美国国会举行的会议,由于政治主体代表的利益集团不同,政治主体之间的博弈表现得也比较激烈,许多问题在共和党与民主党之间很难达成一致。我国由于采取会前协商的形式,特别注意听取社会公众的意见,因此,会议活动的利益博弈特征并不明显,但就相关问题进行的说明、解释也是不可或缺的。就这类会议活动而言,主体之间的政治修辞一般体现出协商、劝服、引导的特点,修辞类型通常为劝服修辞、政党修辞、首脑修辞和制度修辞。而决策后的工作部署类会议活动,由于是执政集团的政治意志的贯彻,其对象是政治系统内部执行部门及其成员,其修辞常常表现出权威、命令、执行的修辞特点。修辞类别通常为政党修辞、制度修辞和行政修辞。

(二)会议新闻的修辞类型

会议新闻的政治修辞是针对社会公众的修辞行为,是将首脑修辞、政党修辞、制度修辞和行政修辞转化为新闻修辞的过程。

新闻修辞是传播者通过选择、强化和凸显具有说服力的新闻事实来影响受传者的修辞行为。它"通过运用提示新闻特征的各种相关性或显著性的方式来实现强调具体内容的目的"①,"新闻修辞不仅限于使用常见的修辞手法,相反,它还包括为增加新闻报道的真实性、合理性、正确性、精确性和可信度而使用的策略性手段"②。迪克认为:"从意识形态来说,新闻含蓄地推销着社会精英占主导地位的信念和观点。"③会议新闻政治修辞则是指通过选择、强化和突显政治行动者的政治主张、政策观点、决策意见来影响社会公众的修辞行为。会议新闻修辞从新闻传播的目的和满足目标受众定向需求出发,需要将会议活动的政治修辞新闻化,即要将会议活动的政治修辞变成新闻修辞,这种转化要求以新闻的视角来观照会议活动的政治修辞,通过突显政治行动者鲜明的政治主张和明确的决议决策及政策意见,与公众利益构建一种关联,从而达到影响社会公众的目的。

会议新闻的政治修辞呈现,虽然是会议活动政治行动者的政治修辞的

---

① 迪克.作为话语的新闻[M].曾庆香,译.北京:华夏出版社,2003:87.

② 迪克.作为话语的新闻[M].曾庆香,译.北京:华夏出版社,2003:96.

③ 迪克.作为话语的新闻[M].曾庆香,译.北京:华夏出版社,2003:85 - 86.

客观反映,但是这种反映并非是修辞的全貌,它所反映的是最能体现政治行动者的核心政治倾向和主张的部分,也就是说是传播者选择的结果,它也是会议活动传播价值和受传者需求价值相统一的内容。根据传播功能和修辞主体划分,会议新闻政治修辞可分为劝服型新闻修辞、首脑型新闻修辞、政党型新闻修辞、行政型新闻修辞和制度型新闻修辞等。

1. 劝服型新闻修辞

劝服型新闻修辞是传播者通过政治信息的选择、强化、凸显来引导影响公众,使其接受和认同决议决策、政策意见和政治行动者的政治主张的修辞行为。劝服型新闻修辞讲求说服的策略性,即要针对劝服对象的不同心理和需求,选择不同的事实角度,采取不同的修辞手段,以引导、转化、改变受传者的立场和态度,增强其政治认同。史密斯根据说服的定义,将政治说服概括为六类:过程式,即把说服看作改变人们政治信仰、政治理念和政治态度的过程;效果式,认为有了效果才可称为说服;意图式,认为说服是有意影响说服对象的行为;反应式,认为发出的政治信息无论有意还是无意都能产生说服效果;注入式,认为政治说服是一个单向传播的过程;交互式,认为政治说服是双方信息交流的结果①。史密斯的说服分类是从说服的形式和效果这一角度来划分的。分类中的"反应式"说服,认为只要传播就会有效果,这有些异想天开,但其他分类有一定道理。会议新闻的政治修辞反映的是政治系统及其行动者目的明确的修辞行为,媒体和记者只不过是对政治行动者的修辞的一种符合新闻规律的选择和呈现。

政治行动者的劝服对象和目的不同,会议新闻的劝服修辞也会呈现不同的修辞策略,比如,恐惧式劝服修辞、比较式劝服修辞、说明式劝服修辞、解释式劝服修辞和诱至式劝服修辞,等等。这些劝服修辞形态是通过设置不同的情景来劝服被说服对象接受传播者的意见,以达到劝服目的的过程。这些说服修辞形态将在后边会议新闻形态论中做具体分析。

2. 首脑型新闻修辞

首脑型新闻修辞是媒体经常呈现的修辞方式。从媒体所呈现的首脑新闻修辞来看,无论是西方媒体,还是中国媒体其效果都并不理想。西方媒体的首脑新闻修辞,由于媒介资本逻辑的支配,会议新闻常常选择首脑的惊人话语(疯话、粗话、狂话)和涉及个人隐私的话语。选择这些话语的唯一目的就是吸引公众的注意力,从而获得经济利益。媒体选择这样的修辞话语,对于公众了解和把握首脑在军政外交上的政治主张,不仅帮助甚

---

① 参见陈力丹.引导舆论的基本方式——说服[J].新闻知识,1997(9):11-13.

微,还会在媒体的戏谑中失去首脑的国格和人格,因为媒体所戏谑的不仅是首脑本人,还有国家形象。中国媒体对于首脑政治修辞的呈现虽然比较规范,但缺乏首脑鲜明的个人风格。在媒体的新闻报道中,虽然也进行某种选择,但是由于这种选择一般立足于首脑政治话语的系统性和完整性,因此,也难免使一些最能体现首脑风格的精彩、鲜明、重要的政治修辞被淹没掉了,传播效果也会受到一些影响。

根据修辞情境、场合和对象的不同,特别是根据首脑修辞目的的不同,媒体应该选择那些最能体现首脑风格、情感、主张、态度和政策意见的政治话语进行传播。会议新闻首脑修辞的传播尤其如此。例如,1982 年 9 月 24 日邓小平在会见英国首相撒切尔夫人谈到 1997 年如期收回香港主权的问题时,邓小平说:"中国在这个问题上没有回旋余地。坦率地讲,主权问题不是一个可以讨论的问题。现在时机已经成熟,应该明确肯定:一九九七年中国将收回香港。就是说,中国要收回的不仅是新界,而且包括香港岛、九龙。"①邓小平的态度非常明确,立场坚如磐石,体现了中国政府在维护国家主权问题上不容动摇的政治态度。邓小平坚定的政治立场,彻底粉碎了英国政府 1997 年之后,企图继续行使对于香港管理权的如意算盘,对香港回归祖国起到了关键性的作用。中国媒体在报道时并没有凸显邓小平这一政治修辞,而是将这一最能体现邓小平鲜明的政治态度的话语淹没在会晤的过程信息中了,传播的效果并不如直接呈现的好。

3. 政党型新闻修辞

政党型新闻修辞是指体现政党政治主张、政治理念、政治纲领、政治宗旨为内容的修辞行为。政党修辞一般通过文件、章程、会议等载体表达。政党型新闻修辞具有严肃性、权威性、方向性和激励性的特点。政党型新闻修辞除了会议和文件权威表达外,个人表达一般通过政党领袖、各级党的机构权威代表来表达。有时,在一些国际场合和重要会议的演讲,由于其代表的是国家,政党领袖通常将首脑修辞、政党修辞和制度修辞综合起来运用。政党领袖的修辞表达,不仅代表政党,而且还代表国家阐述政治主张和立场,体现国家意志和制度文明。因此,选择政党型新闻修辞要十分注意政党的原则立场和政治主张的鲜明性,尤其是在国际场合的政党首脑的政治修辞更要准确鲜明。

4. 行政型新闻修辞

行政型新闻修辞是体现国家权威的修辞行为,行政修辞一般体现行政

---

① 邓小平.邓小平文选(第三卷)[M].北京:人民出版社,1993:12.

政策、命令、执行的修辞特点。行政修辞针对的对象,对内一般是行政机构及其成员,对外就国家治理而言,主要是指对社会公众的修辞行为。对内修辞一般是工作协商和部署要求,对外修辞则是政策、命令发布,其具有权威性的特点。行政修辞体现的是国家及其权威机构的政治意志。行政新闻修辞要根据政策和命令内容及其受施对象,选择对该对象产生重要影响的修辞内容来传播。新闻所呈现的并不是完整的政策和命令全文,而是目标受众需要了解的内容,特别是涉及影响目标公众生活和发展的内容。政策和命令全文是行政修辞,而不是行政型新闻修辞。行政型新闻修辞呈现的是新闻事实及其与公众的联系,即体现行政政策、命令中对于社会公众产生直接影响的内容,这些内容具有社会知悉意义和传播价值。同时,行政型新闻修辞在传播政策、法规过程中,应该就公众关心的问题进行必要的解释与说明。

5. 制度型新闻修辞

制度型新闻修辞体现的是国家政治制度形态。"从广义范围理解,政治制度主要包括国体和政体,体现着国家的阶级内容和政权形式。从狭义范围理解,政治制度就是指国家的政治体制,是不同时期统治阶级的统治政策和采取的方式。"[①]媒体上的制度修辞通常是指狭义上的国家政治体制的统治政策和方式的修辞行为。不同的政治体制具有不同统治政策和方式,其修辞特征也是不同的,制度修辞的目的是为了维护制度的合法性。例如,美国采取的是联邦制和行政、立法、司法三权鼎力的制度安排,为确保权力分立,制度设计更加强调相互牵制与制衡。由于这种制度设计,总统无论是在高级官员的任命,还是在立法、拨款和税收等方面的提议,经常被国会所否决,反过来,总统也可以否决国会提出的法案。因此,媒体上的新闻所呈现的美国制度常常是"否决"和"冲突"的修辞形态。

(三)会议新闻政治修辞的功能

会议活动的政治修辞较之一般语言修辞行为具有某种特殊的功能。一般的语言修辞可以起到人际沟通、构建关系、传递情感的作用。由于修辞主体(政治行动者)、修辞对象(政治共同体成员)和修辞目的(统一思想、形成决策)的不同,会议活动的政治修辞功能一般体现在强化决策权威、贯彻政治意志和形成政治认同等方面。

政治认同的核心是对于占统治地位的主流意识形态的社会认同。主流意识形态是执政党所倡导的政治理想和信仰。正如荆学民所指出的那

---

①　柏桦.中国政治制度史[M].北京:中国人民大学出版社,2011:1－2.

样,"意识形态天然地包含由特定政治理想所驱动的信仰宗旨。意识形态作为'占统治地位'的思想意识,其实质必然是这个社会的一种广义的政治思想,直接表征社会的政治思想,成为某种政治话语及其政治行为的思想预设……意识形态常常是作为社会主体阶级权利的合法性论证"①。而且"任何社会都必须提供一些手段来塑造它的成员,并且把他们改造得适合其生存条件"②。在对意识形态的功能和作用的认识上,阿尔都塞将其称为一种"国家机器"。他认为,国家机器分为两类,"镇压的国家机器,包括政府、军队、警察、法庭、监狱等,以及意识形态国家机器,包括教堂、学校、家庭、法律体系、政党、贸易联盟和交流网络"③。在阿尔都塞看来,国家凭借暴力手段使镇压的国家机器发挥作用,凭借教化使意识形态的国家机器发挥作用。任何一个执政集团都是靠倡导主流意识形态来教化和塑造社会公众的,通过教化和塑造来强化社会的政治认同。新闻报道属于意识形态中"交流网络"的组成部分。

会议新闻是对于会议活动政治修辞的直接反映。政党和政府的会议活动,无论是决议决策还是政策安排,乃至政治行动者的政治主张、政治宣示、政治回应,无不体现执政党的政治理想和政治信仰,会议新闻所传播的政治信息必然是体现主流意识形态的政治修辞。会议新闻通过对于会议活动政治修辞的选择、凸显、强化,可以让社会公众聚焦、沉浸于执政集团的决议决策和政策信息,尤其是可以促进公众对于政治行动者政治主张、政治回应的某种认同。

会议新闻政治修辞的另一个功能,就是实现政治说服。会议新闻政治修辞是对于会议活动政治修辞的新闻化过程,通常采取社会公众容易理解的修辞方式来呈现和传播抽象的政治信息,其目的是实现政治说服。在政治说服过程中,通过采用说明修辞、解释修辞、故事修辞、对比修辞等修辞手段对政治信息进行解构,通过解构使规约话语、法理话语和公文话语脱去坚硬的外壳,呈现出带有温度、有感情的信息形态,有利于引导社会公众更好地理解决议决策和政策信息的政治和利益指向,弄清自身的利益损益所在,从而实现执政集团所预期的说服效果。

维护执政合法性是会议新闻政治修辞的一个重要的功能。合法性一般是指执政集团获得公众认同的统治正当性。维护合法性的根本在于引

---

① 荆学民.政治传播活动论[M].北京:中国社会科学出版社,2014:99.

② 汤普森.意识形态理论研究[M].郭世平,等译.北京:社会科学文献出版社,2013:95.

③ 汤普森.意识形态理论研究[M].郭世平,等译.北京:社会科学文献出版社,2013:97.

导社会公众对于政治主张、政策安排正当性的社会认同。正如韦伯所说："任何统治都企图唤起并维持对它的'合法性'的信仰。"①在韦伯看来，这种唤醒除了诉诸物质、情感或观念要素以外，"更深层次的要素就是——对正当性的信仰"②。合法性所关心的是社会群体对于政权的心理认同，并在此基础上使之有效运行。古代政治统治的合法性来自于"君权神授"和世袭继承，现代政治的合法性除了选举和法理因素以外，更多的则来自于社会公众对于执政集团政治理念、政治作为的认同。政治理念如果代表了最大多数社会成员的利益，政治作为获得了最大多数社会公众的拥护和支持，那么执政的合法性就会得到普遍的认同，就会形成对于政权正当性的支持。

在中国语境下，会议活动做出的决议决策和政策安排、政治行动者宣示的政治主张、表明的政治态度、进行的政治回应，表面上看体现的是执政集团的意志，但其意志背后的力量仍然是最广大人民群众的信任、认同与支持。合法性不是一劳永逸、一成不变的，它会随着执政环境、面临的任务和社会诉求的变化，不断经受着考验和挑战。执政集团只有永远保持一种先进性和对于人民的忠诚，才会经受住时代的检验。会议新闻政治修辞的一个重要功能，就是通过政治主张、决议决策和政策安排的传播让最广大社会公众产生理解与认同，从而产生对于执政系统政治合法性的信仰。

另外，通过新闻传播，媒介为执政集团与社会公众搭建了一个联系的平台，社会公众通过媒介的传播来审视政治集团的决议决策和政策安排是否符合最广大人民群众的新期待，是否代表了最广大人民群众的根本利益，是否体现了时代发展的前进方向，是否维护了社会公平正义原则。而媒介的职责就是要将社会期待与政治输出在执政集团与社会公众之间建构起紧密联系的纽带，让社会公众参与到国家治理的政治实践中来，通过国家治理的政治实践，公众的主人翁意识得到增强，在政治参与中不断增强国家认同、政治认同和执政合法性的认同。

---

① 韦伯.经济与社会［M］.阎克文,译.北京:商务印书馆,1997:239.

② 韦伯.经济与社会［M］.阎克文,译.北京:上海世纪出版集团,2010:319.

第六章　会议新闻传播形态论

第一节　政治宣传与会议新闻传播形态

一、政治宣传形态及其历史演变

宣传，最初是一个中性概念，是指"散布或撒播一种思想"。两次世界大战期间，交战国之间将宣传手段作为军事打击、经济支撑之外第三件武器，进行了各种形式的"宣传战"和"心理战"，一方面对敌国进行"造谣、欺骗、污名"，另一方面对本国民众进行"煽动、蒙蔽和操纵"，其主要目的是要瓦解敌人斗志，操纵本国民意，为战争服务。因此，宣传便被披上了一件人见人恶的烂衫，"成为战后醒悟时期的一个替罪羊"[①]。

战后，西方国家尤其是美国从政府到学界虽然都避而不谈"宣传"一词，但是历届美国总统及其政府却都没有停止运用宣传手段向世界输出其意识形态，通过操纵舆论进行颜色革命，颠覆他国政权，也没有停止运用宣传策略来欺骗并操纵媒介和社会公众，实现其不可告人的政治目的。美国新闻界虽然也不提宣传一词，但是也没有停止对于宣传的研究和宣传手段对于新闻的渗透。这也进一步证实了宣传的价值所在，因为，"任何观点和范式都不过是整体改良世界的臆想，但这并不意味着可以轻视排斥它们的价值"[②]。

从西方看，宣传一词，其词语与意义及其运用始终是变与不变的统一体。变的是词语的形态，即用传播、公关、营销等词语取代了宣传，但是宣传的灵魂和核心手段、技巧并没有发生本质性的变化。其变化的结果就是，传播、公关和营销让宣传洗去了身上脏兮兮的污垢，以光鲜的面貌堂而

---

①　罗杰斯. 传播学史——一种传记式的方法[M]. 殷晓蓉, 译. 上海: 上海译文出版社, 2018: 220.

②　胡百精. 公共关系学[M]. 北京: 中国人民大学出版社, 2008: 52.

皇之地走进政治、经济、文化、外交以及社会公众,成为人们乐于接受和追捧的对象。

宣传还是宣传,宣传只是作为一种工具,无论是其正向功能的社会激发,还是负向功能对于社会的侵害,其实均是由操持者决定的。操持者用于煽动、欺骗和操纵公众,那么宣传就成为操控民意的帮凶;如果操持者将其用于引导、教育和唤醒公众觉悟,增进政府与社会互动理解,那么就会形成有利于社会凝聚的正向力量。因此,应该以客观的角度来理解和认识宣传的本质意义,没有必要纠结于词语身上不同使用者所赋予的特殊含义与价值而退避三舍。当然,并不是说我们对于宣传负面影响不去警惕,而是要站在客观的角度来认识和评价宣传的价值。

第一次世界大战结束后,英美的一些记者、作家和学者开始反思这场宣传战及其给社会带来的后果和伤害。一些学者在反思中,开启了传播学、舆论学、公关学的研究。拉斯韦尔1927年出版的《世界大战中的宣传技巧》一书,被认为是开启传播学研究的奠基之作,而李普曼1922年出版的《公众舆论》则开启了舆论学研究的先河。前者站在客观的角度,而不是意识形态的角度来探讨宣传对于政治行动者的价值及其对社会的影响。拉斯韦尔在书中将宣传比喻为"新的社会发动机"[1]和锻造社会的一把"新型锤子和铁砧"[2]。拉斯韦尔指出:"一个能够识字、阅读、受过教育的世界愿意在争论与新闻的基础上兴旺发达。"[3]因此,在"一个分化的世界,个人想法比以前有更广阔的施展空间,这就需要比以前付出更艰巨的努力来实现合作与团结,而这一来源的最新解释就是宣传"[4]。宣传的运作机制就是揭示社会行为的秘密原动力。"如果大众想摆脱铁链,就必须接受银链。如果他们不能热爱、尊敬与服从,就别指望逃脱诱惑"[5]。拉斯韦尔认为,对于宣传者而言最明智的方法就是培养把自己想象成宣传对象的习惯,以挖掘所有可能引起公众注意的途径[6]。拉斯韦尔的著作,是通过对于宣传规律的揭示,为传播者提供一种有效的宣传实践指导。而李普曼的《公众舆论》则提醒传播者:公众所面对的是一个由媒体、意见领袖以及利益团体所营造的拟态环境,这些力量为公众的头脑植入不同的认识世界的地图。正因为如此,公众极有可能被操控,一旦操控成功,公众舆论就会形成一股不可阻挡的滚滚洪流,"情感就是一道熔岩流,它会抓住并吞没它所碰到的

---

①②③④⑤⑥ 拉斯韦尔.世界大战中的宣传技巧[M].张洁,田青,译.北京:中国人民大学出版社,2003:177.

一切"①。公众舆论的震荡波不仅可以影响整个社会,而且也可以迫使政府改变其决策和政策。李普曼在书中具体分析了公众舆论形成的规律和条件以及赢得公众舆论支持的途径。1923年伯内斯的《舆论的结晶》则被称为《公众舆论》的姊妹篇,其侧重探讨的是公共关系如何影响公众舆论的问题。伯内斯认为"通过告知和说服,以整合公众的意见和行为,协调社会关系,形塑社会认同"②,"告知即让各方意见在观点的市场上相遇,真理存乎于意见交换之中,是'各种欲望斗争和妥协的产物'。说服即建立组织与公众关系之间的'双行道',强调相互理解和彼此调整,以'说服和建议来取代暴力威胁和恐吓'。整合关系即平衡私人利益与公共利益,而这也正是公关的道德根基所在,其评判标准在于是否实现了'共同的善'"③。

继拉斯韦尔和伯内斯之后,传播学和公关学也进入了系统研究的黄金期,而且,彼此的研究方向、范式日趋融合。尤其是世界大战期间,交战国成功的宣传战和心理战,有效地瓦解了敌人斗志,实现了对本国民意的操控。一些学者认为,宣传是无可抗拒的魔弹,而大众则是见弹即倒的群氓,于是就认为宣传具有魔弹般的强效果。但是,随着信息渠道的多元化,公众已经走出封闭的信息环境。人们发现,信息与公众之间并不是一条单行道,而是一张错综复杂的信息网,单纯靠一个渠道传递一个声音的时代已经过去。而且随着世界大战的结束,从被欺骗和被操纵的痛苦中走出来的公众,对于政治当局的话语自然形成了一种警觉与抵制意识,政府的政治观点、政策主张很难赢得公众的普遍共识。政府的决议决策和政策主张如何能够获得公众的认同与支持,就成为一个现实的政治和学术问题。

20世纪初的美国学术界开始由宣传学向传播学转向,政治宣传向政治沟通、政治营销转向。这两个转向,一方面与美国进入消费社会后中产阶级的崛起有关,其独立人格、政治理性、参与意识的增强,使其获得了自主的政治空间,对于来自政府的决策信息保持着警觉和批判意识,其不再是"坐在剧院后排的聋哑的观众",而是权力的主体,同时,也不再是政治操纵可以轻易欺骗的群体,因此,政府的主张要获得认同也比较困难。另一方面,作为一个学术问题,自然也获得学术界的关注。在由宣传学向传播学的转向中相继出现了拉扎斯菲尔德、霍夫兰、施拉姆、麦奎尔、麦库姆

---

① 李普曼.公众舆论[M].阎克文,译.上海:上海人民出版社,2002:125.
②③ 伯内斯.舆论的结晶[M].胡百精,董晨宇,等译.北京:中国传媒大学出版社,2014:总序.

斯、纽曼、伯格纳等一大批有影响力的传播学者,传播学也因此进入繁荣期,有限效果理论、使用与满足理论、第三人效果理论、劝服理论、沉默螺旋理论、议程设置理论、涵化理论等相继问世,成为魔弹论失去光鲜后的理论新发现。在由宣传学向政治学转向中,政治传播学获得了独立的学术地位,尤其是公关学、营销学被引入政治传播,政治沟通与政治营销就成为政治传播的研究对象和实践手段,在西方的总统选举和政策营销中发挥了重要作用。

政治宣传、政治沟通和政治营销构成了政治传播的基本形态。

政治宣传是最古老的传播形态。中国古代的筑鼎铭文、政事露布和朝廷邸报等都是古代朝廷的政治宣传形态。作为一种手段,"政治宣传是指一定的阶级、政党或社会集团为达到特定的政治目的,有意识地阐明和传播某种意识形态观念,以期对人们的价值观、世界观和思想行为产生一定的影响,使之朝自己期望的方向发展的一种社会活动"[1]。政治宣传的主体是政府、政党,客体是社会组织和公众。政治宣传的主要手段是单向的自上而下的信息灌输,目的是通过高频率、大密度的信息灌输让公众接受其政治主张、政治观念和政策。传统的政治宣传由于宣传的灌输形态和刚性的语感,学术界一般都将其定义为"硬宣传"[2]。在"硬宣传"中,宣传者处于支配地位,很少考虑受众的接收心理和信息需求,依靠高强度的信息灌输向公众进行不断的轰炸,这种单向的信息灌输,由于缺乏有效的需求对接,因此,容易产生传受之间的心理隔阂,其效果并不理想,而且还会引发公众的抵触与对立。正因为如此,政治宣传者(政党政府)认识到居高临下的单向宣传难以通达并深入公众的心理,于是开始探讨新的宣传途径。尤其是在社会力量日益强大,并且形成了议程设置上的权力争夺的情况下,政府如果不放低身段,与社会力量进行沟通,则政策议程很难获得公众的普遍认同与支持。在这样的情境下,通过政治恳谈、走访调查、在线沟通等形式的政治沟通便成为政府新的宣传形态。

政治沟通是现代政治的产物。杜威认为,政治沟通是"赋予政治过程以结构和意义之信息和情报的流动。政治沟通不只是精英对其民众发送信息,而且还包括全社会氛围内以任何方式——不论是对公共舆论的影

---

① 张晓峰,赵鸿燕.政治传播研究:理论、载体、形态、符号[M].北京:中国传媒大学出版社,2011:166.

② 瑟斯曼.西方如何"营销"民主[M].忠华,译.北京:中信出版社,2015:2.

响、对公民的政治社会化或是利益动员——影响政治的整个非正式沟通过程"①。从杜威对政治沟通的解释中可以发现,政治沟通超越了政治宣传主客二元对立状态,将政治精英和公众放在平等的沟通主体地位,其目的是通过公众的政治参与,促进政党政府与公众之间的信息流动,通过信息沟通建立基本的政治共识。政治沟通是一种双向平行的信息互动方式。通过互动交流,彼此了解各自的立场和主张,力求找到彼此的认同基点,从而获得基本一致的意见。政治沟通的过程其实也是寻求政治、政策认同与支持的过程,而且由于政府采取与社会系统平等沟通的比较柔性的姿态,公众一般不会以逃避或抵触的心理相对待。同时,由于政治沟通是政府的主动作为,公众的意见与建议也容易让决策者了解,因此,政治沟通在一些需要社会公众支持的问题上经常被采用。但是,沟通并不是在所有问题上都能产生效果,政治沟通只是少数人对少数人的政治行为,在涉及更多人利益的问题上,尤其是在重大的政策阐释和政治动员的问题上,政治沟通就显得有些力不从心。正是在这样的背景下,一种新的政治传播形态——政治营销诞生了,作为对于政治宣传的扬弃,政治营销与政治沟通的彼此配合,共同构成了当代政治传播的有效方式。

面临政治、经济、文化交织在一起的更为激烈的政治竞争环境,政治营销采取了更为主动的进攻性策略,所有被政治沟通抛弃掉的政治宣传优势,都在政治营销中"复活"。从外部形态上看,政治营销几乎就是政治宣传在现代政治运行中的翻版,但从内在逻辑关系上看,政治营销则是政治宣传在"否定之否定"后的"升华性"回归②。

从西方实践操作看,政治营销与政治宣传和政治沟通所不同的是其职业化公关公司主体的出现,客体同样是社会组织和公众。政治营销是将商品营销的方法运用到政治领域,特别是总统选举。营销公司将总统候选人及其政治主张作为营销的产品,将公众当作"政策消费者",其目的是为客户赢得广阔的市场,让消费者心甘情愿地为政策付费(支持)。为达此目的,营销公司便综合运用营销策略,将政治候选人的政策主张作为政治产品与社会公众手中的选票进行交换,并通过媒介将政策进行新闻包装,通过劝服、说明、引导等手段让公众接受并相信候选人的主张和政策。政治营销虽然看不到政府的身影,但时时处处体现着政党和政府的意图。

---

① 米勒,波格丹诺.布莱克维尔政治学百科全书[M].邓正来,译.北京:中国政法大学出版社,1987:547.
② 荆学民.政治传播简明原理[M].北京:中国传媒大学出版社,2015:274.

政治营销的本质是政党政府的"形象"和"口碑"管理,好的政府形象和口碑是政府赢得民心、获得执政合法性的前提。好政府的决议决策和政策,再加上营销公司的巧妙促销,公众一般都会心甘情愿地为此提供报偿——认同与支持。政治沟通和政治营销属于"软宣传"①。"软宣传"在宣传对象选择上,并不是泛在的大众,而是讲求市场区隔,即针对特定的目标受众进行精准的劝服与信息投放。在渠道选择上,一般不会单纯依靠大众媒体,而是根据目标受众媒介接触偏好进行不同的媒介选择。与此同时,根据政治社会化的需要,还通过组织报告会、记者招待会等方式向媒体提供特定目标受众所需的信息。在宣传的目的上,并不单纯以改变受众的态度、信仰和行为为宗旨,而是为了保持组织的正当性,以使其能够继续生存下去为目的。在宣传可信度上,并不是靠宣传者自己宣称其可信性,而是通过职业传播机构,运用专业主义的手法,使统计数字和事实等"客观真实"为其服务②。

政治营销产生于西方。我国学术界近年来也开始关注政治营销的研究,并引进和翻译了一些国外学者的学术成果,同时,国内学者也出版了一些政治营销学等方面的著作,系统介绍了西方政治营销理论和营销实践。值得关注的是,近年来一些主流媒体也探索性地运用政治营销策略进行了相关政策营销实践,引起了公众的关注,并取得了较好的效果。

梳理这些研究成果发现,所有这些研究其实都是对于政治宣传扬弃中的创新、拓展与延伸,只不过这种研究不再以传播者为研究对象,而是转向受传者,通过对受传者的研究来探讨传播效果的各种可能和传播模型。

二、会议新闻传播中政治沟通与政治营销的渗透

会议新闻传播说到底也是一种政治宣传的形式,只不过这种宣传,需要运用新闻传播学与政治传播学原理进行适应目标受众定向需求的信息选择和新闻建构,而满足目标受众的定向需求,其实就是政治营销所追求的理想效应。

会议新闻传播从政治政策的社会认同与实施的角度讲,单纯的自上而下的单声道的政治宣传并不能收到理想效果,还需要借鉴并运用政治沟通与政治营销策略。政治沟通与政治营销是政治宣传形态的"升华"与延

---

① 瑟斯曼.西方如何"营销"民主[M].忠华,译.北京:中信出版社,2015:2.
② 参见刘海龙.宣传:观念、话语及其正当化[M].胡百精,赵铿冰,杨奕,译.北京:中国大百科全书出版社,2013:318-319.

伸，是政治宣传由"硬宣传"向"软宣传"的转换，这种转换将提升会议新闻传播的受众接受度。

（一）政治沟通渗透的结果是对话新闻的出现

随着西方18、19世纪社会运动和思想运动的蓬勃发展，公民政治参与意识迅速觉醒，他们要做自己的主人，"不再是坐在剧院后排的聋哑看客"，对于政府的政治欺骗和大型垄断企业的胡作非为十分不满。尤其是在涉及公共政策、公共利益问题上，社会公众展示了坚定的立场和维权能力，不再任凭政治精英的摆布，"少部分人决定多数人命运"的精英政治受到挑战。

伯内斯在描述那一时期社会情境时指出："1865—1900年一个产业迅速扩张和社会剧烈变革，是个人主义和强盗资本家的竞争精神横行的时代。农民、改革家和工人联合起来抨击现状，他们对权力滥用和财富垄断的愤怒达到了极点。作为残酷竞争的产物，技术和其他领域的变革以一种无法消化的速度发展着……劳资纠纷经常演化为暴力冲突。对人和物的掠夺乃是这个时代的脚本。"①正是这一不可调和的矛盾，促使公众的觉醒和奋起抗争，加之新闻界的介入，尤其是"扒粪记者"的无情揭露，引发了美国政治和社会的一系列变革。"在扒粪运动影响下，'公众该死'的时代让位于'公众该告知'的时代和漂白时代"②，同时，政治人物也认识到："强权有时可以暂时稳定事态，但舆论才是最终的决定性力量，除了那些回应舆论的力量之外，没有什么是战无不胜或稳居霸权的。"③在这样的背景下，公共关系业得以迅速发展，"公共关系顾问"成为政府企业与公众沟通的纽带。但"公共关系不是领袖操纵公众和舆论的单行道，而是一条双行道。领袖和公众借由互相整合，并在私立和公益相契合的基础上制定行动的目标和任务"④。任何单方面的行动都可能导致目标和任务的失败。其实，对双行道的强调是要让双方都能够听到彼此的声音，尤其是政府要注意倾听公众的声音，并做出负责任的回应。而且，只有双方达成趋向一致

① 伯内斯.制造认同——伯内斯的公共关系学教材[M].胡百精，赵铿冰，杨奕，译.北京：中国传媒大学出版社，2018：41.
② 伯内斯.制造认同——伯内斯的公共关系学教材[M].胡百精，赵铿冰，杨奕，译.北京：中国传媒大学出版社，2018：42.
③ 伯内斯.制造认同——伯内斯的公共关系学教材[M].胡百精，赵铿冰，杨奕，译.北京：中国传媒大学出版社，2018：56.
④ 伯内斯.制造认同——伯内斯的公共关系学教材[M].胡百精，赵铿冰，杨奕，译.北京：中国传媒大学出版社，2018：68.

的意见,政策才能得以顺利实施。西方公关业的健康发展有效整合了社会意见,使政府与公众彼此的立场和意见得到了相互沟通与理解。

随着传播技术的发展,新闻观念也出现了一些变化。适应公众政治参与意识的觉醒,传者主导的"独白"式新闻已经不适应民主政治条件下公众知情、参与的需要。新闻不再是信息的"传递和告知",而应该是政治对话的载体。在这样的背景下,对话新闻走上历史舞台。王阳认为:"对话新闻的'对话性'是一种更加鲜明的传播活动特征,既包括民主化、自由性、平等性等理念特征,还包括交互的、参与的、共在的实践特征。对话性构成了对话新闻的主要内涵。对话新闻时代,传统的职业化的新闻生产传播实践表现出了新特点,大众传播时代的单向度、控制型的传播模式已处在崩溃的边缘,技术的赋权与公民意识的觉醒,共同促成了主体间性、共利互惠的新闻传播局面,传统新闻生产中的权威控制、权力意志被大大削弱,公众的新闻知情权、参与权、表达权行使空间被大大释放……媒体为不同参与主体的对话提供一个虚拟对话的平台或场域,在这个场域中,在法律和伦理的范围内,每个主体均可以自由提供自己的看法、事实信息或转述其他人的评价。"①

新闻观念的转变,也促进了新闻界的新闻实践。"20 世纪 60 年代美国的新新闻运动与 20 世纪末的公共新闻运动"②成为对话新闻的实践形态。目前,我国对话新闻尚处于理论探索和新闻实验阶段。

(二)政治营销的渗透则使劝服、回应和说明新闻兴起

在凯里看来:"民主化浪潮在二战后的蓬勃兴起促进了一种新型社会权力关系的形成,政治家必须采用劝说和说服的方式,借助营销的理念和工具,才能赢得广大民众的支持。"③政治营销的核心是政治的互动与交换。传统政治营销理论认为,政治领域同商品市场一样,也同样需要遵循市场交换的规则。政治行为体出售政治商品,选民用手中的选票购买政治承诺,本质上,双方交易的只是一种政治期权,能否兑现,要看当选人能否有效说服国会通过其政策意见。"在代议民主体制下,选民用选票'购买'政治家的政见,政治家则用政治主张和许诺换取选民的信任,从而在政治市场理念指导下,政治制度、政策过程的规则都是众多社会行为体进行互

---

① ②　王阳.现代对话新闻观念的起源与发展——一项观念史的研究[J].视听,2018(1):123 - 126.

③　纽曼.营销总统——选战中的政治营销[M].张哲馨,译.上海:上海人民出版社,2007:1.

动交易的结果。"①市场营销大师科特勒就从交易的观点来看待政治营销,他认为政治营销是指透过交易过程以满足需要(needs)及欲望(wants)的政治活动②。

但是,随着研究的深入,一些学者发现,政治营销并不仅限于选举环节,而应贯穿选举、施政、兑现承诺的整个过程,如果只有选举环节成功,而后续两个环节失败,那么政治期权同样会失效。一旦政治行为者的施政不能兑现承诺,那么选民还会用选票将其赶下台。因为政治交换并不完全等同于商品交换中的买与卖的关系,它涉及三方的政治互动,即选民与政治行为者的选举互动,政治行为者之间的议会互动和政府与公民之间的政府互动③。选举互动交换的是政治行为者的政治承诺与选民的选票支持,议会互动表现为被选代表之间的较量,即是否有能力说服议会将承诺变为政策,而政府互动则发生在政府与公民之间,即候选人如何将先前的政治承诺通过政策实施来兑现的问题④。在奥姆罗德等看来,"在竞选政治营销中,候选人是在竞选期间内进行的冲刺。而政府和执政党的政治营销必须是永久地、不间断地进行。如果说竞选政治营销是向选民展示未来蓝图,那么后者则涉及现实和将来的选民切身利益,从而成为更复杂、更深层的政治关系"⑤。也就是说,政治营销是一个包括选举、施政、兑现承诺的完整过程。亨内伯格等也认为:"政治营销是寻求建立、维持和提升长期选民关系,为社会和政党谋求利益,如此一来,所涉及的个体政治行为体和组织的目标得到汇合。这一过程往往通过共同的交换和承诺的实现来完成"⑥。在布劳看来,"社会交换可以反映任何指向由社会引起的目标行为"⑦,在社会交换中,或者是追求"价值合理",或者追求"工具合理",其目的都是明确的。布劳认为,人们并非只有特殊利益一种追求(工具合理),还有对于义务、荣誉、价值观的追求,这种追求的目标是终极价值(价值合

① 奥姆罗德,亨内伯格,奥肖内西.政治是如何营销的[M].赵可金,陈维,高欣,译.上海:上海人民出版社,2018:4.
② 转引自赵可金,孙鸿.政治营销学导论[M].上海:复旦大学出版社,2008:34.
③ 奥姆罗德,亨内伯格,奥肖内西.政治是如何营销的[M].赵可金,陈维,高欣,译.上海:上海人民出版社,2018:16.
④ 奥姆罗德,亨内伯格,奥肖内西.政治是如何营销的[M].赵可金,陈维,高欣,译.上海:上海人民出版社,2018:导读17.
⑤ 奥姆罗德,亨内伯格,奥肖内西.政治是如何营销的[M].赵可金,陈维,高欣,译.上海:上海人民出版社,2018:导读18.
⑥ 转引自赵可金,孙鸿.政治营销学导论[M].上海:复旦大学出版社,2008:35.
⑦ 布劳.社会生活中的交换与权力[M].李国武,译.北京:商务印书馆,2012:41.

理），而不是直接的报酬①。正因为人们所追求的目标不同，因此才为政治政策营销提供了可能的施展空间。公正合理始终是人类追求的价值目标，建立在公正合理原则基础上的政策，即使是利益损益者，在劝服和说明解释中，也会放弃顽固的抵触情绪，因为他们知道，一味地抵触体现公正合理的政策调节是不会获得社会认同的。

政治营销作为一种多元态的营销过程，涉及政治产品营销、政治关系营销和政治形象营销。政治产品包括政治人物（总统、政党领袖）、政策主张、政治理念等，政治产品营销的重点在于政治产品与市场需求的准确对接。政治关系营销涉及政治系统内部以及政治系统与公众的关系，这种关系建立在诉求—承诺—兑现—支持基础之上，关系越紧密、越顺畅，那么赢得的支持就会越持久，关系营销的重点在于承诺的兑现。正如奥姆罗德所指出的那样："政治关系营销的核心元素是对承诺的实现（这一点对于政党可不是一般的困难），以及与此相关的——信任。政党或是候选人必须建立（赢取）一个值得信赖的形象，作为政治关系营销的基础……政治关系营销不仅要与事件有关，还要与价值观有关。"②政治形象营销涉及政治人物的品格、执政系统的意识形态价值追求与政治实践的统一等。政治产品、政治关系和政治形象的营销是彼此联系、不可分割的有机整体，每一个环节的营销效果都影响其他营销环节的成败，这一切都关乎政治系统执政合法性的获取以及执政的成败。

在政治营销过程中，媒体的力量不容小觑，媒体不仅在竞选期间"通过采用先进的市场细分技术，记者们可以集中精力对关键选民群体的关注和感受进行报道……媒体还通过大量的民意调查，力图对选民的想法和投票行为做出精确预测与合理解释"③，同时，在候选人当选之后对于其政治承诺与社会期待也能做出准确对接，媒体不断地将当选者最初的政治承诺与选民的期待在媒体上进行反复强调，以此形成对于政治人物的政治压力，驱使其实现自己的承诺。美国媒介经常报道总统与国会的政策冲突与较量，总统的政策营销与国会的对抗构成了美国的政治景观。同时，美国媒体也会根据总统就相关政策的说明解释，来构建劝服和说明新闻，让公众了解总统的政治主张，客观上也起到了政治政策营销的目的。在这样的情

---

① 布劳.社会生活中的交换与权力[M].李国武，译.北京：商务印书馆，2012：41.

② 奥姆罗德，亨内伯格，奥肖内西.政治是如何营销的[M].赵可金，陈维，高欣，译.上海：上海人民出版社，2018：137–139.

③ 纽曼.营销总统——选战中的政治营销[M].张哲馨，译.上海：上海人民出版社，2007：23.

况下,劝服新闻、回应新闻和说明新闻便迅速兴起。

我国政治营销的学术研究和政治实践才刚刚起步,尤其是政治系统和媒介系统对于政治营销认识与实践都不是很自觉。大部分研究认为中国不是选举政治,因此不需要政治营销。其实这种观念是落后和错误的。从世界各国的政治实践看,营销的理念和方法已经超越企业管理的学科界限并延伸至更广泛的领域和地域,因此"任何一个组织不是考虑要不要营销,而是必须面对营销"的问题①。政治营销已经成为执政系统赢得支持的重要手段。有学者认为,西方政治选举中的政治营销存在与民主关系和市场关系的二律背反现象②,这种现象在西方确实是存在的。西方的选举政治已经变成了金钱政治,公众成了利益交易的对象和选举政治的工具。在中国语境下,政治营销并不是单纯的买与卖的市场交换关系,其具有公共性和他益性的特征,其核心是通过政治营销来唤醒并启迪公众公正合理的利益认知。同时,也吸引公众的政治政策参与,使其成为社会治理的主体。但是,从我国会议新闻传播的现状看,新闻界的传播观念并没有明显转变,仍然停留在单声道的信息公告上,双向互动的营销观念还没有确立起来,仍然习惯于传者主导的"强制灌输"式新闻传播,受众主导的满足目标受众定向需求的营销新闻,诸如劝服新闻、回应新闻和说明新闻并没有普遍建构起来,而这应该成为我国会议新闻改革突破的重点所在。

我们要看到的是,随着社会转型的加速,各个利益群体的迅速崛起,对于政策议程设置权的争夺也在加剧,改革和政策调整在既得利益集团与新兴利益主体之间存在着复杂的矛盾,改革和政策调整的难度在加大。由于政策只是作为一个阶段性的利益调整手段,不可能解决所有问题,也不可能满足所有人的利益,因此要让社会成员接受和认同政策,单纯强调政策的必要性,或者凭借政府的强制手段推行政策,并不能让公众信服,尤其是因政策调整受到一定损失的群体。在社会矛盾和利益主张分歧加剧的情境下,如何获得各个利益群体对于改革和政策调整的支持,既是一个现实的政治课题,也是一个必须破解的政治难题。就政策传播而言,任何政策都涉及不同利益群体的利益分配,互动交换是利益相关者双方或者多方的事情,而传播也必须建立在多方利益主体的价值认知基础之上,需要针对

---

① 谭䶮.政策营销失灵研究——基于中国政策营销的应用[M].北京:中国社会科学出版社,2017:1.

② 荆学民.政治传播活动论[M].北京:中国社会科学出版社,2014:279.

不同政策对象进行劝服、回应和说明。劝服、回应、说明的过程也是政治沟通和政治政策营销的过程,在沟通与营销过程中求得理解和谅解,防止由于政策和利益认知上的冲突,造成公众与政策的对抗。

正如前边所分析的那样,中国不同于西方的选举政治,虽然不需要进行选举前的政治营销,但是决策前的政治政策营销以及决策与执行环节的政治政策营销仍然不可或缺。中国奉行"从群众中来,到群众中去"的决策方式和"以人民为中心"的执政理念,反映了执政党和政府为谁执政的政治皈依。执政系统做出的决议决策和政策安排其实是执政党、政府与人民互动的结果,人民有呼,政府有应,以此做出符合人民意愿的决议决策和政策安排。但政治政策并不能自动变为公众的自觉行动,政策是否可行,最终还要接受人民的检验与评价,而这一切只有通过有效的政治营销才能为社会公众所了解和理解。本书认为,中国的政治营销应该贯穿政治系统执政活动的全过程。诸如决策之前的调查研究、改革试点、典型经验的媒介营销和政策气球的提前释放,决策过程中就相关重要问题的政治政策协商,不同利益群体的政策主张,尤其是社会公众政策建议的媒介讨论,决策之后的政治政策促销等,这些环节的营销哪一个都不能失败,一旦营销失败都可能造成政策的社会失败①。

第二节　媒介传播形态与政治营销策略的运用

会议新闻营销的是决议决策和政策以及政治行动者的政治主张、政治理念等,是在政治政策利益与公众的信任和支持之间的互动与交换。就政治活动过程看,会议新闻传播属于政治政策动员环节,这个环节既需要一定的促销行动,也需要进行有效的劝服、说明和回应式的营销传播。从目前国内外的会议新闻媒介传播形态看,单向的强制灌输式的信息推销已渐趋疲弱态势,以互动交换为手段的新闻营销正在兴起。

一、线性传播——传统的单向灌输与"魔弹"效应的宣传幻象

线性传播又称单向传播,是指传统大众媒介由信源到信宿的单向直线

---

① 谭翀在《政策营销失灵研究——基于中国政策营销的应用》一书中的研究发现,政策失灵在政策启动、政策执行、政策反馈等各个环节都存在,而且任何一个环节出现失灵,都将影响其他环节,其具有明确的关联性反应。

式的信息传递。传者主导的"强制灌输"并不讲求信息的营销,其目的是信息广泛散播,至于受众是否接触、接受,并不在其关注的范畴。这种传播属于传播者的盲式"独白"和"自说自话"。线性传播由于强调传播者的支配地位以及主观的宣传意志的贯彻和信息灌输,企图通过大剂量的宣传灌输实现宣传者的意图。这在传播渠道单一、信息匮乏的时代是行得通的,但是,随着新的媒介技术的出现和传播渠道的多元化以及信息的日益丰富,这种线性的传播已经失去了功能。

线性传播模式诞生于 20 世纪初,是传统的报纸、广播、电视等大众传播媒介经常采用的传播样态。20 世纪 50 年代,香农曾提出了由信源到信宿的直线性单向传播模式。这一模式假设,信源的意图支配着传播过程。讯息的流动如同一条直线,即信源直接流向信宿,传播过程的主要产物是对信息接收者产生的某种效果。而信息接收者对信源产生影响的可能性却被忽略了[①]。直线式传播认为,只要传播就能产生效果,其没有考虑到受众反馈和受众构成的复杂性,以为受众是整齐划一的,是一群没有差别、没有头脑的乌合之众,面对传播的信息无论需要与否都会"中弹即倒"。这种传播观念是建立在传播渠道单一且信息比较匮乏的前提下的宣传幻想。由于这种一厢情愿的传播观念,尤其是随着媒介渠道的多样化,其"魔弹"效应并没有出现,而且其传播效果又具有很大的不确定性,因此,提出后不久就被现代传播理论取代了。

线性传播由于是传者主导的传播形态,因此,新闻的注意、接收、理解、接受、改变和行动,全赖受传者对于新闻所持的态度。受传者对于新闻信息或接收或逃避,或理解接受或抵触对抗,始终处于不确定的状态。受传者对信息解码的认知取向与传播者信息编码倾向的复合度,很大程度上也取决于受传者的信息解码心理和解码能力。传播心理学表明,受众面对丰富的信息一般采取选择性策略,对于感兴趣或者与自身利益关联度高的信息会给予一定的关注,接受和理解的愿望也较大,反之,关注度和理解愿望就低,而是否采取行动则完全取决于受传者对于信息影响程度的理解以及二级传播中人际交流所形成的意见引导。也就是说单向式传播的效果是由受传者主导的,传播者影响力处于不确定的状态。

大众传播时代的会议新闻常常采用这种线性的传播形态,正因为这种传播缺乏受众意识,新闻建构只考虑应该传播什么,却基本不考虑受众需

---

① 巴兰,戴维斯. 大众传播理论:基础、争鸣与未来[M]. 曹书乐,译. 北京:清华大学出版社,2014:206.

要什么,因此,受众通常会以逃离、回避的态度来给予回应,其传播因为失去了受众的关注而失效。麦奎尔在分析这一现象时指出:"传播失败的一个共同原因,在于传播者那一头不能认识到发出的讯息与接收的信息并不总是相同的。"①这也在提醒传播者,大众传媒要获得公众的关注,必须改变传者主导的传播模式,要研究不同受众的需求偏好,尤其要研究目标受众的定向需求是什么,在此基础上选择和组织多元且结构合理的信息,以满足不同受众的特殊需求,除此之外是没有捷径可走的。今天的大众传播中,随着传统媒体与平台型媒体和移动客户端等新媒体全方位融合,这种单向的传播形态正在发生改变。

二、互动交换——对接目标受众定向需求的营销传播

会议新闻传播过程中的互动交换,是基于政治系统与社会系统诉求输入与政治政策输出基础上的延续。在诉求输入与政治政策输出过程中,互动交换的核心是利益(政治与经济),而在会议新闻传播过程中的互动与交换,则是承诺兑现与认同支持。而能否达成所愿,则需要通过媒介,借助于营销策略,劝服、说明和回应公众的疑虑,实现其对于政治政策的理解、认同与支持。需要明确的是,会议新闻的互动交换绝不能只是一次的信息公告,而是需要针对不同利益群体的主张进行不同的说明、劝服和回应的过程。互动交换的不仅仅是利益,更为重要的是对于终极价值和国家体制的认同与支持。

(一)组合态传播——受众需求与信息交换的聚合式满足

组合态传播是建立在目标受众定向需求基础上的信息营销方式,它更重视受传者的利益,更加注重受传者需求结构对于信息的立体满足。信息组合式结构是根据目标受众定向需求多元化的信息集成,它追求的是目标受众对于信息结构性满足的需要,体现的是信息结构的完整性、立体性和多层次性,是通过立体式的多元态的组合信息,来满足目标受众递次的信息需求。组合态传播克服了线性传播受众需求的盲目性以及信息的整齐划一的模板态,使信息传播向目标受众定向需求靠拢。

营销的核心是互动与交换。会议新闻的营销传播也需要与受众进行互动与交换。这种互动交换,一方面是在政治系统与社会系统之间展开的,其互动与交换的是诉求与承诺,以及政策与支持;另一方面是在媒介与受众之间的互动与交换,其互动与交换的是注意力投放与需求满足。后者

互动与交换的基础在于前者互动与交换的状况,如果前者的互动与交换不畅,即诉求与政策的交换没有达成,那么,也就不存在后者的互动与交换了。如果前者的互动与交换成功,那么后者互动与交换则在于对受众欲望和需求的把握,以及信息产品价值与需求价值交换的准确对接。组合态传播由一条营销主线来贯穿——目标受众的定向需求,并不是一个杂乱无章的信息大拼盘。

组合态传播在传统媒体和网络新媒体中都有运用,主要运用于一些重要会议的新闻传播上。例如,一些世界瞩目的国际会议和全国"两会"的新闻传播。全国"两会"的会前热点问题的社会调查,会中围绕着公众关心的话题,集中版面和时段的相关信息的集中呈现与不同信息形态的建构(政府工作报告全文、专家学者解读信息、热点问题的专题讨论、部长通道的相关问题的阐释等),不仅体现了媒介的传播策略,而且也是媒介在满足不同层次公众的不同信息需求的营销策略。在这种组合态的媒介传播中,报纸的深度和质量,尤其是思想、观点的引领优势,广播电视媒体借助专家学者与会议活动同步的互动协商式传播,通过媒介将政治行动者、专家学者与公众连接起来,在专家学者的解读过程中,将公众的需求与政治行动者的回应以一种互动协商式的营销传播对接起来,促进了公众对于政府决议决策和政策主张的理解。新媒体的组合态的传播,通常比较灵活,一般通过设置主题网页、互动式专题,或者论坛等形式进行传播。

会议新闻的组合态传播,一般采用会议新闻、新闻解读、新闻评论、现场直播加同步评论的集成组合式的立体传播方式,可以满足受传者不同层次的信息需求。

组合态传播有利于传播者灵活而有针对性地传播政治信息,它虽然也不排除传播者的传播意图,但是,这种意图的贯彻是在基本把握了不同层次的目标受众需求的前提下的策略实施。为了追求传播的政治社会化效果,传播者会时刻关注公众的舆论诉求,在政治行动者与社会公众之间构建一种联系,只不过这种联系是通过媒介和专家学者这一中介来完成的。这种传播与政治行动者和公众直接互动传播相比,由于媒体和专家学者站在比较客观超脱的角度,其传播的自由度和公信力相对较高。受传者对信息的接受程度和信任程度,取决于由谁来进行传播,也就是说信源的权威性和可信性将决定受传者的信息接受程度。权威性解读淡化了政治行动者的劝服意向,受传者更容易接受,而解读却暗含着政治行动者的说服倾向。霍弗兰50年代主持的"耶鲁沟通研究项目"所进行的50余项实验也表明,在说服受众支持传播者的观点方面,可信性高的信源更容易改变受众的态度。同时,由于组合态传播属于多元立体式的信息传播,不仅能够告诉公众"是什么",而且还能满足"为什么"的信息需求,特别是媒体就政策信息、执政理念、政治主张、政治决议的新闻解读和评论,对于政治社会化具有积极的引导作用。

组合态传播要求媒体开辟专版、专栏、专页、专题,特别是对于一些重要会议的新闻传播,不仅需要媒介版面的空间安排,而且还需要一定的时间安排,这种时空重构是随着信息需求的不断递进而展开的。受众一般呈现的信息需求顺序是:"是什么"——会议决议决策了哪些重大问题,出台了哪些政策,领导人宣示了什么政治主张、政治观点,表明了哪些政治态度,等等;"为什么"——为什么要做出这些重大决议决策,出台的政策利益调整的重点指向在哪里,将影响哪些人,如何理解出台的政策,如何理解政治行动者在特定情境下的政治主张,等等;"怎么着"——将来会怎么样,发展趋势是什么,这一发展趋势对于国家、社会和公众将产生什么影响,等等。2016 年杭州 G20 峰会的新闻报道,无论是广播电视媒体,还是报纸媒体,乃至新媒体,都采取了组合态的立体报道方式,全面呈现了中国政府的政策主张和中国方案、各国领导人在共同关心问题上的态度和观点、峰会的丰硕成果、未来世界政治经济发展趋势以及国际社会的评价,等等。中外媒体的报道不仅不惜版面,而且少见地进行了长时间持续报道,产生了良好的传播效果。

组合态传播虽然克服了线性态传播不看受众需求的信息单一化和模板化弊端,但是由于组合态传播仍然是一种预设性的线性传播,以受众可能需求的判断作为信息组合的前提,因此,其满足目标受众定向需求的准确性尚显不足。

(二)互动态传播——双向互动平衡话语场的建构

话语场,其实是一种话语权力场,互动态传播建构就是传与受的双向互动平衡的话语空间。

互动态传播的逻辑建基于传受之间的平等关系——对话与协商。是借助新媒体优势实现媒介、政治行动者与公众对话互动的传播方式,其目的是建构政治系统与社会系统的双向互动平衡的话语场,实现"促进了解、消弭冲突、达成共识"[1]。

1. 构建双向互动平衡话语场的理论来源与现实考量

在双向互动对话中,公众实现了"利益相关者"的角色转变。公众作

---

[1]　胡百精.公共关系学[M].北京:中国人民大学出版社,2008:114.

为"利益相关者"的身份确认,使公众摆脱了被"宣传驯化"的被动境地,获得了平等的对话身份。也就是说,只有当公众获得了"利益相关者"的身份时,他们才能获得对话资格,少数人与多数人、组织与公众、主体与客体的平等对话也才具有真正的可能性①。

第二次世界大战结束之后,欧美国家公民社会获得较快发展,公民的政治参与意识觉醒,期待与政府进行对话,将命运掌握在自己的手里。特别是在20世纪70年代末至90年代初,"冷战"已成强弩之末,开放、平等成为时代最强烈的鸣响②。在这样的背景下,公众乃组织生存与发展的利益相关者的观念逐渐形成。20世纪80年代,经济学者弗里曼最早提出"利益相关者"的概念。"1996年时任英国工党领袖布莱尔呼吁建立'利益相关者资本主义'为特征的经济体系,以取代传统的'股东资本主义'。"③"利益相关者"观念内在地涵纳了契约精神和关系要旨,即作为在企业中拥有一种或多种权益,能够影响企业行动、决策、政策、做法和目标的个人或群体,利益相关者不是置于企业系统之外,而恰恰是他们与企业构建了一个共生系统④。将企业的利益相关者延伸到政治系统,那么利益相关者就是与执政系统的决议决策利益相关的群体,他们与执政系统构成了一个共生系统。执政系统的决议决策和政策安排是为了调整社会利益群体之间的利益关系,从而获得社会的认同与支持,而社会群体则通过执政系统的利益关系的调整来获得自身的利益。在这一关系中,无论是执政系统还是社会利益群体都是利益相关者,哪一方都不是第三者。

当代中国,随着改革开放的深入,特别是社会主义市场经济体制的进一步完善,社会结构和社会阶层也发生了深刻变化,社会群体呈现出利益多元化的状态,而且随着公众政治参与意识的增强,公众的国家治理主体地位得以确立。在新的时代,为民执政的理念更加深入人心,执政党将人民放在执政的首要位置,人民自然成为社会治理和国家发展的参与者和建设者。执政党注意倾听群众的呼声和诉求,并将其作为决议决策的重要依据,因此,对话互动便成为一种执政的常态。

利益相关者的核心是利益,即与现实利益相关的群体。从现实看,利益相关者也不是整齐划一的,根据不同的利益性质,利益相关者也会呈现不同的特质。胡百精在其《公共关系学》中将利益相关者进行了关系与立

---

① 胡百精.公共关系学[M].北京:中国人民大学出版社,2008:106.

② 胡百精.公共关系学[M].北京:中国人民大学出版社,2008:103.

③④ 胡百精.公共关系学[M].北京:中国人民大学出版社,2008:105.

场两个维度的划分。从关系维度看,就关系的紧密度可以分为核心公众、一般公众和边缘公众,就关系的稳定性又可分为临时公众、周期公众和稳定公众,就关系的动态性还可分为非公众、潜在公众、知晓公众和行动公众。从立场的维度看,利益相关者又可细分为顺意公众、逆意公众、中立公众(公众立场)和受欢迎的公众、不受欢迎公众以及普通可争取公众(组织立场)①。对利益相关者进行区隔,其目的是为了准确把握利益群体的特点,进行精确的信息投放和有针对性的对话劝服。从执政系统的决议决策和政策安排与不同利益群体的益损程度看,也呈现出以上一些公众的细分特点。

利益相关者公众观的确立是对于传统宣传范式的"知情—驯化"公众观和"顽固—能动"公众观的超越,这一公众观促生了双向开放与均衡范式——双向均衡理论的出现②。

双向均衡理论是格鲁尼格在继承卡特勒普、森特和布鲁姆提出的"双向""开放"等概念基础上所构建的"双向均衡模式"。该模式认为,组织与公众之间应该相互开放,在平等的前提下促进了解、消弭冲突、达成共识③。这一模式强调组织与公众的平等、互信和尊重。

双向均衡理论的创建意在对于宣传与劝服范式进行超越,正是由于这种理想化的设计,其理论提出不久便招致了其他学者的激烈批评。批评者认为"双向"和"均衡"两者兼备的公关模式无异于是一种乌托邦幻象,在现实社会是不存在的,因为企业天然处于有利位置,其并不存在协商的动机与愿望,更谈不上什么对等与均衡,而否定宣传与说服范式,更是不可理解。

格鲁尼格接受了这些质疑和批评,在理论上进行了完善,并形成了卓越公关理论。他在这一理论中提出了"作为双向实践的新均衡模式"。新均衡模式包括:复合动机(承认了宣传与说服在有些情况下比双向均衡沟通更有效果)、双赢区(面对组织与公众的利益冲突,透过协商与合作,仍然可以找到共同的着力点,辟出双赢区)、对话与合作(虽然组织拥有更多资源和意见市场,但是公众的权力在日益强大,他们由抱怨走向行动,可以通过舆论和法律的手段汇聚成强大的力量,其力量会超过组织面对个体时的强势。因此,对话、合作不再是一种理想主义的世界观,而是一种"必须

---

① ② 胡百精.公共关系学[M].北京:中国人民大学出版社,2018:91.
③ 转引自胡百精.公共关系学[M].北京:中国人民大学出版社,2008:112 – 114.

如此"的实践选择)①。应当说,完善后的理论模式具有一定的说服力和解释力,是值得借鉴的。

本书提出的双向互动平衡的话语场,借鉴了格鲁尼格完善后的"新均衡模式"的一些合理成分。构建双向互动平衡的话语场,一方面旨在促进政治系统、媒介系统与社会系统的意见融合,增进政治政策的理解与共识,因为对话协商已经成为新时代协商民主和参与治理的有效手段;另一方面传统的单向宣传灌输的效应日渐式微,传统媒体在与新媒体融合中正在突破单向封闭的传播窘境,构建起传受互动的传播形态。前者建构的是双向互动平衡的政治话语场,后者则是建构双向互动平衡的传播话语场。本节重点探讨双向互动平衡的传播话语场。

所谓双向强调的是在传播话语场上传与受的平等关系,其重点在于双向,即不仅政府要说什么很重要,公众要说什么同样重要,政府只有听取了公众的意见之后,才能进行有效的沟通。这样,才能真正实现公众诉求与政治行动者回应的动态平衡,在双向对话过程中达成趋向一致的意见——开辟双赢区,实现共赢。传播话语场的对话主体是政府与公众。媒介提供对话的平台,将政治系统的政治政策主张与公众诉求进行对接,将利益群体的诉求作为政策出台和调整的政治背景,公众可以就此发表意见和建议,政治系统进行有效的政治回应。无论是公众议程转为政治议程,还是政治议程转为公众议程,其实都是一种协商对话的过程。在这个过程中,是媒体促进了对话的实现,同时,也促进了政治系统与社会系统之间、社会系统各个利益群体之间的了解、理解和谅解。会议新闻传播的是政治系统的政治政策安排,这种安排的正当性、合理性与合法性只有通过双向协商对话才能获得更加广泛的社会认同,利益的益损群体也才能在对话中获得彼此的理解。

所说互动是指对话的动态过程。事实上任何政治政策协商都是执政系统与社会系统对话互动的过程。对话协商的目的是求得达成原则性的共识,进而形成基于原则共识下的政策意见。任何政策都是为了调整社会群体之间的利益关系。由于各个利益群体的利益损益状况不同,政策调整必然是一个动态的利益平衡过程,任何政策都不可能处于一个长期的静止状态,若此,系统就会陷入失衡和崩溃。政治系统只有不断地与环境进行信息交换,以调试系统与环境的关系,才能使系统与外部环境保持一种动态的平衡。会议新闻传播所反映的就是这种政策的平衡过程。一方面通

---

① 参见胡百精. 公共关系学[M]. 北京:中国人民大学出版社,2018:87 – 108.

过传播让社会系统了解政策调整的时代和政治背景,各个利益群体的诉求及其利益存在的差异,从而获得可预期的政策调整的社会基础;另一方面通过政策信息的传播,将利益群体的诉求与政策进行有效对接,从而获得政策的社会理解与支持,这也是对话新闻建构的要旨所在。

同时,互动也隐含某种不确定性。对话沟通的双方在互动中都可以发表意见,谁的意见更具建设性、更加符合客观实际,谁的意见就有可能成为主导性的意见,并不一定是政治系统的意见始终处于绝对的主导位置,社会系统的建设性意见如果对于完善决策和政策具有重要的参考价值,政治系统就应该尊重并及时予以吸收,否则,也容易导致系统的失衡。事实上,作为一个以人民为中心的执政党——中国共产党及其国家体系同美国等西方国家政党最本质的区别就在于其始终注意倾听人民的呼声,尊重并吸取人民的意见和建议来不断地改进工作和完善政策。政治系统的决议决策和政策,其受施主体是社会公众,如果公众对于决议决策和政策安排不理解、不支持,那么再好的政治意图和政策安排都将难以实施,而双向互动的过程就是政治政策营销的过程,也是不同意见汇聚和彼此相互融合并求得理解和统一的过程,这个过程不能忽略。

所说的平衡,既不是"均衡"所强调的意见平分秋色,也不是利益的五五分成,而是让各个利益主体在对话沟通中相互了解,在尊重彼此的立场、观点和意见的基础上,向最大公约数靠近。这种传播形态是一种政治系统与社会系统以及利益群体之间的互动对话,其共识产生于彼此的意见沟通交换的基础上,使各种利益主体在一种平等参与的基础上,增进彼此的了解,从而促进互信与共识的形成。

2. 双向互动平衡话语场的传播策略实现

以构建双向互动平衡话语场为目的的互动态传播,在会议新闻传播中一般采取三种策略。

一是媒介与政治行动者通过记者招待会、记者见面会进行对话,这种对话的前提是媒介要带着公众所关心的问题,即诉求进行对话,不然,这种对话就失去了意义。公众所关心的问题,在政治系统会议决策前是一种诉求输入,在会议决策后则是一种政治政策的输出。因此说,在记者招待会上媒介在与政治行动者的对话中所关心和提出的问题应该是公众诉求的政治政策回应。记者招待会既是一种政治话语场,也是一种媒介话语场。在这个话语场上,政治行动者与媒介、政治行动者与公众应该是平等的对话关系。一方面政治行动者就公众关心的问题进行直接回应,满足公众的定向需求;另一方面政治行动者也就此机会来阐释和营销政治政策,以获得广泛的社会认同与支持。双向互动平衡话语场的建构所追求的是政治系统与社会系统的话语平衡，即公众关注的问题与政治行动者回应上的基本平衡。如果出现话语失衡，尤其是这种失衡表现在公众一方时，就会造成公众的不满，也就难以在一些重要问题上达成一致。媒介代表公众追问和获取政治行动者在一些重要问题上的回应，所要达到的其实就是一种信息与话语权的平衡。虽然，对话是媒介与政治行动者之间进行的，但是，就其所关注的问题本身和获得直接回应的效应看，与公众却有着直接的联系，从这个意义上说，对话也是在政治行动者与公众之间进行的。

媒介系统通过媒介传播将这种话语场引向社会，变成一种开放的公共话语场，此时的对话就由媒介话语场转变为政治话语场。公众借助媒体通过留言与评论与政治行动者进行对话，或表示赞同，或表示质疑，政治行动者则通过这种对话来了解社会系统对于政治政策决议决策的反映，政治行动者就此进行反复的政治政策阐释与说明，通过这种不断的对话，可以实现某种意见的融合与统一，这对于政治政策的社会化具有重要价值。

在对话互动传播中，公众可以全面了解政治人物和政治系统的政治观点、政策主张和政治态度，政治系统也可以了解社会系统及公众的意见和建议，同时，通过围绕共同关心的问题进行对话交流可以开辟一个理想的区域——共识区。在意见纷争比较复杂的问题上，这种对话和意见融合共识就显得尤其重要，不然的话，任何政治政策输出和实施都将受到社会或明或暗的抵制。

互动态传播的效果取决于记者的问题设计和政治行动者回应与公众的满意程度以及政治信息的披露对于公众定向需求的满足程度。记者的问题设计与社会公众议程符合度高，政治传播者的回应与公众的定向需求满足度高，那么政治传播的正向效果就高，反之则低。

二是媒介将政治行动者与公众进行连接展开直接对话。人民网自2003年开始，每年在"两会"报道过程中，通过会前的"两会"热点调查、"两会来了，我请书记省长捎句话"、"我托书记省长带个话"和会中的"我有问题问总理"、"两会V态度"等互动平台将政治行动者与公众置于媒介所建构的互动对话平台上。其实，这也是在营造一种双向互动的话语场，无论是"捎句话"，还是"问总理"，都是媒介所营造的话语场。"捎句话""问总理"的问题，一般都是公众关心的重大问题，这些问题与公众的切身利益密切相关，也是公众需要得到回应的。从2003年到2018年间公众所关注的十大热点问题的变化看，随着国家对一些问题治理成效的社会感知度的变化，热点问题也发生了一些明显变化。有的问题由于治理效果社会感知度不高,公众会持续予以关注,有的问题由于治理效果感知度比较高,则会变为次要的问题,这反映了社会公众参与国家治理的主动性。感知度与认同度是彼此紧密相连的,治理效果感知度高的问题,其治理的认同度就高。虽然这些问题并没有彻底解决,如果公众对于政府的政治作为是认同的,那么就会表现出对政府解决这些问题的信心与支持,同时,也会主动配合政府解决这些问题。

从政府议程看,公众关心的热点问题纳入了政治议程,这说明政府治理与公众利益的一致性,实现了公众诉求通过媒介渠道的诉求输入与政治政策输出的紧密对接,以此拉近了各级政府与公众的距离,增强了公众的政治效能感,也有效促进了公众的政治参与。从现实效果看,媒介构建了一个有效的双向互动平衡的话语场,无论是社会诉求的媒介聚焦,还是政治系统就社会诉求的政治议程设置与政治政策回应,都是在这个话语场上进行的互动对话。这种对话虽然在形式上看是间接的,但是,就话题与话语的呼应看,应该是直接的。政府的回应一般是通过会议活动形成的决议、政策来实现的,或者是政治行动者借助记者招待会进行的直接回应和政治政策的说明阐释。媒介在会议活动政治信息传播中,要时刻关注政府的政治政策输出及其在回应公众诉求时的准确对接,只有如此,双向互动平衡对话才能进行下去。

三是媒介与公众直接对话互动。近年来,在"两会"报道过程中,互动传播成为传统媒体突破自身局限的成功尝试。2017 年全国"两会"期间,《人民日报》新闻客户端推出《两会喊你加入群聊》H5,一天点击量超过600 万次,仅在客户端上的用户留言就超过了 9 万条。H5 将网友提问、留言与总理和部长就相关问题在不同场合的回应解答链接起来,营造了虚拟的朋友圈,实现了互动交流。中央电视台新闻中心官方微博@ 央视新闻主持的话题"微博看两会"阅读量为 36.8 亿次,讨论量为 151.6 万条[①]。另外,国务院新闻客户端还开设了"你的 2017 政府工作报告关键词"栏目,引导公众进行阅读和互动,公众就关心的问题输入一个关键词,就可获得政府工作报告的相关内容,这种互动形态可以满足公众不同层次的定向需求。

可见,以上传播策略,都是在努力构建双向互动平衡的话语场,虽然这种话语场同理想状态相比还有一定的距离,但是,话语场建构的方向是应

---

① 曹隶斯.新媒体时代下时政报道的新模式——以 2017 年全国两会报道中 H5 新闻为例[J].新闻论坛,2017(2):51－53.

该坚持的。值得肯定的是,以受众需求为导向的"两会"新闻传播迈出了坚实的改革步伐,为其他会议新闻改革提供了思路。

(三)延展态传播——议程的风向测试与政治政策的社会促销

延展态传播是指政治行动者与媒体配合就有关重大政治和政策议程进行的舆论铺垫和舆论引导,一般采取会前延展和会后延展两种形态。延展态传播的目的在于主动设置议程和舆论的聚合与引导。从政治营销的角度来分析,前展态属于决策前的政治营销活动,或是政策试点经验的媒介披露,或是传播政治人物就解决相关问题的政治表态,其目的是通过释放政策气球来引起社会关注,测试舆论风向,并就此做出政策调整。而后展态则是政策的一种社会促销活动。

前展态传播通常由政府有关部门或者一些专家学者就即将出台的重大政策进行披露,或就国家领导人新近发表的重要言论、政治主张进行解读,或在推介改革试点经验的同时,就即将召开的会议讨论研究的重大问题释放一些信息、阐述一些意见,以吸引公众注意并参与讨论。这样做的好处是通过积极的舆论铺垫进行社会舆论的测试,汇聚公众意见和建议,为政策修改完善提供参考,同时,也为决议、决策和政策的正式出台创造有利的舆论环境。换言之,会前延展式传播是配合政府决策和政策进行的舆论铺垫,起到舆论预热和测试的功能,实质是政府议程的会前设置,为正式进入会议议程奠定舆论基础。

比如,2013 年 12 月 10 日中央经济工作会议召开,12 月 6 日的《经济参考报》刊登了一条《会议前瞻:价改税改有望获重大突破》的消息,报道透露改革将是 2014 年经济工作的重点,其中最有希望获得重大突破的是公共产品价格改革,资源税、消费税以及"营改增"的扩围也将同步进行。此外,行政体制改革、财税改革、金融改革和国企改革等重大改革均会稳步推进,国家和地方的资产负债表编制工作有望继续展开,国企改革方案也有望推出①。应当说,这条信息的含金量是比较高的,引起了社会广泛关注,同时,也为中央经济工作会议的改革议题提前做了舆论预热。

会后的延展传播则是指围绕会议做出的重大决策和政策的社会化过程,是会议活动传播的社会延伸。会后延展传播的目的是通过有效的政治政策营销,进行社会动员、社会意见整合,增进决议决策和政策的社会认同。

对于重大的决议决策和政策,为了强化社会感知和信息"涵化"效应,

---

① 会议前瞻:价改税改有望获重大突破[N].经济参考报,2013 – 12 – 06(1).

主题式的政治政策促销是需要的。这种促销传播的特点在于主题聚焦、信息聚焦、需求聚焦和时空聚焦,通过形成高强度、长时间、大版面(时段)、大含量、双向互动的传播,吸引公众关注,使其在定向信息的不断浸淫中,逐渐接受和理解政策。主题式的促销传播要注意避免泛众化的单向强制灌输,虽然是促销,仍然需要进行市场区隔、目标锁定、产品定位和策略组合①。以满足目标受众定向需求为宗旨,进行精心的促销战略策划,即要明确让目标受众了解什么、相信什么、做什么,同目标受众交流什么;谁来传播信息,由谁来解读和支持政策;通过哪些富有创意的表达方式来传播信息;通过什么渠道来接触和覆盖目标受众;等等。只有把这些问题搞清楚了,才能进行具体的促销传播战略的实施。另外,还要搭建互动交流的平台以实现主题式促销传播,互动交流可以起到消弭分歧,求同存异,增进理解的效果。

除此之外,后展态传播,应关注政治政策承诺兑现的营销传播,这涉及政治系统的政治作为和公众的政治评价。人代会所提出的政治主张和政策建议,作为一种政治承诺公众会十分关注。媒介的后展态新闻传播,应当聚焦兑现的政治承诺的营销传播,尤其要关注人代会后政府常务会议陆续出台的具体政策,这些政策其实就是在兑现人代会上做出的政治承诺。公众关注的热点问题和重大的利益关切,虽然在总理政府工作报告中做出了政治宣示和原则性的政策安排,但是如何能够将政治宣示和原则性的政策意见转化为具体的实际政策得以实施,这是人代会和公众关注的热点和兴奋点所在,此时公众关注的重心已由会前的诉求输入变为政治政策的输出兑现上,这也是政府获得社会系统支持的实现途径。如果只有社会诉求输入而没有政府的决议决策和具体的政策输出,那么就会产生政府与社会关系的断裂。因此,媒介的会后延展报道应该将注意力放在政府具体的政治和政策兑现输出上。

会后延展传播不同于会中报道。会后报道需要媒介聚焦会议形成的决议决策和政策的解读,一般通过开设专版、专栏、专题、专门网页等形式进行连续集中的传播。会后延展传播的重点一般放在重大决议决策的具体政策输出和政策促销上。政策促销要找准政策的发力点和政策杠杆所形成的正向效应,通过正向效应的释放引导公众形成政策共识。

会前和会后的延展态传播依次展开、互为补充,满足的是公众获知、理解、接受、改变和行动的渐次递进的信息需求。会前延展态传播在中西方

---

①　赵可金,孙鸿.政治营销学导论[M].上海:复旦大学出版社,2008:102.

的新闻传播实践中经常采用,会后延展则是中国媒体经常采用的传播策略,而且这种传播是实现政治社会化的有效手段,特别是在政治议程转换为公众议程上将起到催化作用。

从以上分析看,会议新闻传播组合态、互动态、延展态传播效果较好。这三种传播形态,政治信息开放度虽然也有一定的限制,但总体上比单向式传播的信息结构要丰富得多,而且政治传播者与媒介及社会互动较为直接,信息提供有效度和需求复合度相对较大。

第三节　文本传播形态与政治营销方式的植入

一、政治营销与文本传播对接的可能

本书认为,会议新闻传播属于政府与公众的互动,即将政治系统的政治主张和政策向社会和公众进行营销的过程,目的是实现政治政策的社会化,获得公众的认同与支持。按照政治过程划分,这个过程属于政治政策动员环节。

谭翀从"'强制—诱导'和'低回应性—高回应性'两个维度将政策动员模式分为'强制灌输模式''政策促销模式''回应发布模式'和'政策营销模式'"①。"'强制灌输模式'是指在强制力保障下,通过意识形态灌输手段来进行政治社会化,形塑民众的价值取向和道德认同"②,其构建的是一种"灌输—接受"或"我说你听"的强制关系。"'政策促销模式'通过'物质'或'精神'方面的'利益交换'来影响政策对象的价值判断和认知决策"③,该模式强制程度较低,但仍然属于单向的"促销思维"。"'回应性发布模式'注重发布政策的'准确性'和'权威性'。同时,该模式比较强调对"民众诉求回应的'程序性''及时性''公开性''客观性'"④,信息的向度也从"单向",变成了"双向"。"'政策营销模式'则强调运用营销技巧来识别、预判、民众的需求,通过'诱导'来创造政府和决策对象之间的共识,并最终实现公共政策和社会需求的'互配',具有'诱导性'和'高回应

① 谭翀.政策营销失灵研究——基于中国政策营销的应用[M].北京:中国社会科学出版社,2017:56.
②③④ 谭翀.政策营销失灵研究——基于中国政策营销的应用[M].北京:中国社会科学出版社,2017:57.

性'的双重特点"①。"政策营销"不同于"政策促销",政策营销所关注和强调的是政策的全过程营销,不仅是在政策形成后的"政策促销",而且要在政策形成之前就充分了解、倾听民众的需求和建议,在政府与民众的互动中形成政策意见。实践证明,任何公共政策关起门搞暗箱操作是行不通的,没有听取并汇聚民众的智慧和建议所形成的政策,都不会是一个好的政策,而且这样的政策也不会获得民众的认同与支持。

在会议新闻传播中,政治营销策略的植入对政治政策动员具有重要的参考价值。会议新闻要深度影响公众,使其产生某种政治认同、理解并形成对于政策支持,并不是一件容易的事情。任何政策都关系到不同利益主体之间的利益调整,利益主张不同,政策调整对象不同,政策获益者与政策损益者在情感、诉求和价值取向等多方面都可能对于政策的理解产生影响。正因为如此,才需要针对不同利益群体进行目标明确的政治政策营销,以解决单纯的政策信息公告与目标受众需求相匹配的问题。政治营销讲求市场区隔、对象锁定,政治定位和战略组合。这些策略同样适用于会议新闻传播。按照政治营销的观点,劝服和利益的互动交换,使目标受众在认清自身利益的基础上,形成对于政治政策的理解、认同与支持,是会议新闻传播的目的所在。

在会议新闻传播中,目前世界上有两种比较典型的新闻建构形态,一是美国的"权威—失序"新闻建构形态,这种形态所传播的信息是政府的无能、政治的混乱,其传播效果就是公众对于政府的失望;另一种是中国媒体的"权威—秩序"的新闻建构形态,这种形态所传播的是政府全能权威和对社会的绝对控制力,其传播效果是公众对于政府的信心和依赖。其实,这两种新闻建构形态都不符合政治现实,都不利于构建政府与公众正常的政治关系。美国媒体的"权威—失序"的新闻建构,不用说,其已经造成了不良的社会影响。中国媒介的"权威—秩序"的新闻建构,虽然可以确立政府的权威和公众对于政府的信心,但是,也容易造成公众对于全责政府"保姆式"的依赖,不利于促进公民社会的形成以及建立以公民参与为主体的社会治理机制。尤其是新闻中缺少了公众参与的背景信息,将不利于体现"从群众中来,到群众中去"的决策机制,也容易影响公众对于政策合法性的认知。

鉴于这种情况,本书认为,应该探索建构一种"权威—参与"型的新闻

---

① 谭翀.政策营销失灵研究——基于中国政策营销的应用[M].北京:中国社会科学出版社,2017:57-58.

形态。"权威—参与"型的新闻建构,在传播政策新闻方面尤其不可忽视。"权威—参与"型的新闻建构,一方面体现政治系统决议决策贯彻群众路线的政治合法性权威,这也是我国决策的政治常态;另一方面容易培养公众的参与意识,增强政治参与的"政治效能感",有利于国家治理体系的建设;再一方面,建立在"权威—参与"框架下的决议决策也更容易进行政策营销。"权威—参与"型的新闻体现的是公众参与政策制定的过程。因此,在新闻建构过程中,应该策略地交代好公众参与的背景信息和主流的代表性意见和建议,这是在会议新闻传播中进行政治政策营销所不可或缺的。

"权威—参与"型的新闻建构,无论在决策前政策调研环节的代表性公众政策诉求传播,或是在政策制定过程中政策意见征询环节的公众的政策建议,还是在政策出台后的公众的意见反馈等环节都可以采用。决策前公众代表性政策诉求的媒介传播,对于吸引公众政策关注、广泛汇聚民智具有引导价值;政策制定过程中意见征询环节的公众建议的媒介传播,对于引导社会的政策讨论、寻求最大公约数具有重要意义;政策出台后的公众意见反馈的意见传播,对于完善政策、有针对性地进行政策营销具有参考价值。政策新闻建构应是多样态、多面性、多层次的,而不应该只是政策信息的简单公告,这不利于政策的社会认同与施行。我国一些地方政策传播失败的教训一再证明,政策制定前深入细致的社会调研,汇聚民智过程,制定过程中广泛深入的社会讨论和政策出台后成功的政策营销的各个环节都是不可忽视的,如果忽视了这些政策同公众见面的环节,政策的社会认同与支持将很难形成。

目前,国内会议新闻传播形态,多为单一的程序态和公告态的传播,更多的是"权威—秩序"式的信息强制推销,新闻建构看不到群众政策参与的影子,同时,信息提供与目标受众定向需求匹配错位。新闻传播不分对象,千篇一律,新闻传播效果难如人意。这里需要指出的是,并不是要一味地否定"权威—秩序"新闻的价值,"权威—秩序"的信息传播在社会动员,尤其是在强化公众的国家认同,树立政府权威,维护社会稳定,增强社会信心等方面具有重要价值,而是说要改造"权威—秩序"建构的框架,恰当地介绍公众(包括智库和专家学者)的政策参与背景和代表性的意见建议,以使政策制定的程序更具有合法性,政策的社会基础更加牢固。同时,"强制灌输"作为一种政治政策动员手段,虽然其在政治推动、社会渗透和意识形态塑造等方面具有一定特殊价值,只是我们不能不分信息内容、受众特征和目标受众多元化的定向需求对于新闻传播多样化的需要,而单纯地靠公告式信息"强制灌输"来传播,要学会运用政治营销策略,让决议决策和政策为社会公众所乐于接受与理解。

根据新闻的属性(本体属性和获得属性)来划分,本书将会议新闻文本形态分为本体态和功能态两种建构形态。本体态是作为新闻事实的平面建构形态,注重回答"是什么"的问题,主要目的是信息的发布与告知,属于传者主导的"强制灌输模式";而功能态则是由新闻的获得性属性决定的,其追求的是以满足公众"为什么"的新闻价值和功能的立体呈现,通过营销策略的运用,来揭示新闻意义和价值,并赋予公众应有的信息权利,在双向互动交流中实现信息传通。

二、会议新闻政治营销的建构形态

(一)本体态新闻的反思——"是什么"单向信息的"强制推销"

本体态是指着重回答"是什么""发生了什么"的信息告知式的新闻建构形态,其并不注重营销策略的运用。这种形态主要是传者主导的信息发布,面对的是泛在的社会大众,并没有目标受众的影子,更谈不上满足目标受众定向需求的信息匹配,这种"沉迷于老式的、机械的、由中心向边缘扩展的单向模式,再也不适合我们当今的世界"[①]。

从中国媒体的会议新闻文本建构形态看,一般有程序态、公告态和提纲态等新闻形态。

1.程序态传播——无效的信息传播

程序态会议新闻是效果比较差的信息传播形态,这种传播由于缺乏实质性内容的呈现而为公众所诟病。这种新闻除了能够起到会议公告牌的作用外,基本不会有任何传播效果可言。程序态传播采用的基本是会议名称+会议议程的模板结构,除了告诉公众开了什么会、会议议程是什么、什么人参加了会议之外再无实质性信息的传播。由于这种传播态缺乏明确的目标受众定位,因此,信息选择基本是缺乏实质内容的程序传播,正因为存在许多信息"空洞",对于目标受众的信息需求缺乏契合,因此人们对于这种传播方式比较反感。

2.公告态传播——微效的信息发布

公告态会议新闻是以平面的信息发布为主的新闻建构形态。与程序态会议新闻所不同的是,公告态新闻着重在信息发布上,即会议决定了什么、通过了什么、否决了什么、调整任命了哪些岗位的职务等。虽然这种新闻形态可以满足公众关于"是什么"的信息需求,但是,决议决策如何理

---

① 麦克卢汉.理解媒介——论人的延伸[M].何道宽,译.南京:译林出版社,2011:51.

解,为什么要做出这样的决定,通过这样的政策调整对于社会各个利益群体将产生什么影响,为什么要否决这项议题,否决的理由是什么,为什么此时要调整这些岗位的干部,是正常的干部调整还是有其他特殊的原因等,这些"为什么"的立体信息不得而知,因此也是有缺失的新闻传播。

(1)政策结果公告。政策结果公告是指会议新闻对于会议通过的重要政策内容的简洁信息公告。从国内新闻看,一般只公告内容,不做政策出台的背景介绍,不进行具体的政策解读分析。这种新闻形态只关注政策结果,即已经形成的政策意见,而受众能否接收、接收了如何理解、怎样理解、理解到什么程度,等等,这些问题传播者基本都不予考虑,完全交由受众自己去处理,因此,这样的政策传播效果同样不够理想。

如:

> ▲会议确定,一是简化审批手续,便利"走出去"。将境外投资外汇管理由事前到有关部门登记,改为汇兑资金时在银行直接办理。取消境内企业、商业银行在境外发行人民币债券的地域限制。简化境外上市、并购、设立银行分支机构等核准手续。二是拓宽融资渠道,助力"走出去"。对大型成套设备出口融资应保尽保,鼓励商业银行加大对重大装备设计、制造等全产业链的金融支持。推进外汇储备多元化运用,发挥政策性银行等金融机构作用,吸收社会资本参与,采取债权、基金等形式,为"走出去"企业提供长期外汇资金支持。三是健全政策体系,服务"走出去"。完善人民币跨境支付和清算体系。稳步放开短期出口信用保险市场,增加经营主体。创新出口信用保险产品,大力发展海外投资险,合理降低保险费率,扩大政策性保险覆盖面。做好信息、法律、领事等服务,加强协调,防止恶性竞争,强化风险防范,护航中国企业、中国装备走向世界。①

以上政策决议结果的信息公告,也可以理解为是这一议题的结论性的决策意见。这一决策意见虽然体现了决策的政策回应,即解决"走出去"企业所遇到的政策限制,但结论性信息缺少具体的操作性政策内容。对于

---

① 中国政府网.李克强主持召开国务院常务会议 部署加大金融支持企业走出去力度 推动稳增长调结构促升级 决定进一步盘活财政存量资金 更好服务经济社会发展 确定保障和改善残疾人民生的措施 共享发展成果同奔小康生活[EB/OL].[2019-07-01].http://www.gov.cn/zhuanti/2014-12/24/content_2796397.htm.

目标受众来讲,信息是似有似无的。作为新闻传播者应该将这些操作性的政策信息提供给目标受众,而不是让目标受众自己去悟。按照政治营销原理,决议决策和政策信息的营销,首先要明确互动与交换的核心利益是什么,在此基础上确定市场区隔、对象锁定、政治定位和战略组合。从这条新闻看,是政府对于走出去企业诉求的回应,交换的是政府的政策承诺与走出去企业的利益保障,其营销的产品是政策。市场区隔和对象锁定是已经走出去和想要走出去的企业,政治定位应该是放宽一切能够放宽的政策,支持企业既能走出去,又能走得好。对于政府而言则是获得中国经济的稳定发展。但从会议新闻传播的信息看,只涉及决策的原则性意见,但对这些政策如何操作实施并没有介绍。而这些又恰恰是目标受众所需要的。

比如,可以这样建构这条新闻:

▲中国企业走出去更便捷了! 国务院决定,简化境外投资汇兑资金手续,企业可在银行直接办理。取消境内企业、商业银行在境外发行人民币债券的地域限制。大型成套设备出口融资将得到担保,鼓励商业银行对重大装备设计、制造等全产业链的金融支持。

中国政府此举意在鼓励中国企业走出去,开拓国际市场。

(接下来具体介绍政策核心内容,并交代每一个决策的背景信息)……

这样建构新闻,决议决策的核心指向更加明确,政府的决策意图与"走出去"企业的诉求也会得到直接回应。

(2)决策成果公告。决策成果公告是指会议新闻聚焦会议做出的决议决策成果,以简洁的修辞形式呈现核心新闻事实。如果媒体的新闻建构只公告"是什么",不愿意做"为什么"的背景分析,那么这样的新闻建构由于缺乏决策背景和决策动机的解释,就会使社会产生质疑。

比如:

▲联大第一委员会刚刚以 156 票赞成、3 票反对和 17 票弃权的表决结果通过了题为"再次下决心采取联合行动彻底消除核武器"的决议草案。

中国、朝鲜、俄罗斯投了反对票。美国、英国、法国等 17 国投了弃权票。①

---

① 共同社.联大通过消除核武器决议草案中俄朝投反对票[N].参考消息,2015 – 11 –09(2).

中国、俄罗斯、朝鲜等三个国家为什么投了反对票？新闻并没有做出说明。其实,三国之所以投了反对票,并不是这些国家对于消除核武器表示反对,而是对决议中涉及日本提出的有关"广岛、长崎核爆炸70周年和邀请各国领导人和青年访问上述两城市"的政治动机提出质疑。因为这日本政府策划的政治阴谋,是日本试图通过纪念活动,把自己塑造成受害者,从而淡化其侵略者的罪行,为日本日后翻案提供合法证据。作为日本侵略的受害国,如果赞同这一提案,那么也就等于间接承认了日本军国主义对于亚洲各国侵略的正当性。因此,新闻报道在公告决策结果时应该交代背景信息,不然的话,国际社会就容易错误地理解中国等三国否决这一提案的真实意图。这样的新闻传播不利于塑造中国作为维护世界和平的负责任大国的国际形象。

(3)协商结论公告。协商结论形态的新闻建构是指对会议就有关问题的协商结论的信息发布,这类公告由于也是只报道协商的结论性的意见,不做背景分析,因此其政治传播效果也难如人意。其实,就一些国际关心的重要问题磋商,是解决国际冲突和矛盾的常规做法。协商的结果将影响国际社会对于解决这些问题的看法和信心。重大问题磋商的会议新闻传播,传播的信息不仅应该传播磋商的成果,而且应该传播磋商的背景和国际社会对这些问题的看法等相关信息。如果是国际事务磋商,那么传播对象是国际社会公众,其政治定位应该是磋商结果对于国际社会的贡献。为了突出这一政治定位,这类传播也应该交代相关背景信息,不应只是简单的磋商结果的公告。

▲······

美国国防部指出,两位防长的对话表明,双方在多数问题上的意见是相近或一致的。五角大楼领导人对俄防长说:"必须既战胜'伊斯兰国'组织,又确保叙利亚的政治过渡。"俄国防部发言人也声称,俄美"对中东局势的"立场一致或相近。①

▲ ······

习近平2日在北京与法国总统奥朗德举行会谈。在两国元首会谈后共同发表的《中法元首气候变化联合声明》中,"双方支持每五年以全面的方式盘点实现经议定长期目标的总体进展"。在这一条款上获得北京支持是奥朗德此次访华的主要目的。

---

① 俄罗斯观点报.奥巴马愿同普京并肩作战[N].参考消息,2015 - 09 - 19(3).

奥朗德表示,声明的达成是在治理全球气候变暖问题上迈出的
"历史性"一步。

双方一致认为,"确定一个清晰、可信的发达国家实现到 2020 年
每年动员 1000 亿美元目标的路径至关重要"。中国重申所宣布的拿
出 200 亿元人民币建立"中国气候变化南南合作基金",支持其他发展
中国家应对气候变化。①

以上是磋商结论公告形态新闻的例子。前者是美俄两国就叙利亚问
题达成的意见。应当说,由于美俄在叙利亚问题上的角力,两国政府的立
场和意见对于解决叙利亚危机具有重要影响,因此,两国形成解决叙利亚
问题的意见,对于解决叙利亚危机具有建设性,也是国际社会所关注的。
但是,从新闻所透露的信息看,并没有达成国际社会所期待的且明确的一
致意见。其实,两国对于恐怖组织的界定也有着原则性分歧。俄罗斯主张
将一切恐怖组织包括极端的反政府组织(美国扶持的反政府组织)都列入
打击之列,而美国政府则认为,叙利亚政府如果不承认反政府武装的政治
合法性,那么进行政治过渡是不可能的。其实美俄的原则分歧并没有解
决,新闻并没有揭示双方意见的真正含义所在。

后一条新闻是中法两国元首就治理全球气候变暖问题达成的协商成
果。新闻只公告了会晤成果:

"确定一个清晰、可信的发达国家实现到 2020 年每年动员 1000
亿美元目标的路径至关重要"。中国重申所宣布的拿出 200 亿元人民
币建立"中国气候变化南南合作基金",支持其他发展中国家应对气
候变化。②

中法两国达成的意见确实对于解决全球气候变暖具有"历史性"的贡
献。但是,新闻并没有透露美国等其他发达国家在此问题上所持的立场和
态度,因此,中法两国元首的协商共识和取得成果的"历史性"贡献就没有
更好地显现出来。其实,法国总统是在与美国等其他发达国家协商未果的
情况下才来到中国并寻求中国政府支持的。中国政府不仅支持这一提议,
而且愿意拿出 200 亿元人民币建立南南合作基金。这充分说明中国政府

①②　中法领导人达成协议 助全球减排迈大步[EB/OL].[2019 – 11 – 04]. http://ht5. com/
newsarticle-132087. html.

是一个负责任的并勇于承担国际义务的发展中大国,并且中国政府是在用实际行动践行"人类命运共同体"的政治主张。可以说,中国政府是说到做到的。由于新闻缺少这些重要背景信息的交代(美国等其他大国的态度;中国为什么拿出200亿元建立南南合作基金,这些基金主要用于什么项目;等等),中国政府这一行动的"历史性"贡献的国际影响就没有很好地彰显出来。

3. 提纲态传播——空洞的信息传播

提纲态传播,其实是组织传播常常采取的传播形态,将组织传播的信息样态搬到新闻传播上,其传播的不是新闻,而是工作要求或工作部署,如同会议精神的传达提纲。这种传播形态的建构,其传播对象是组织机构及其成员,传播内容主要是政治系统对政治机构的工作部署和要求。由于其信息选择并不是社会公众所需要的,因此,此种传播形态并不是严格意义上的新闻,而是针对政治机构及其成员的会议精神传达。其实,工作部署和工作要求也不是不可以传播,只是作为新闻建构,其事实选择应该是社会公众应该获悉的内容,即回应公众诉求、政府解决问题的态度和具体的措施、办法,以及需要公众了解的与公众相关的内容,而不是针对执行机构的工作要求。

(二)功能态新闻建构的探讨——让受传者获得"为什么"的政治政策营销

就新闻传播而言,全媒体时代的传播形态发生了颠覆式的革命。传播对象的泛众化已经被目标受众所取代。这种转变使新闻内容选择必然由传者主导向受者需求主导转变,传播方式也必然由单向的信息发布向适应不同目标受众需求的多功能多元态新闻建构转变。

会议新闻的传播也是如此,会议新闻的传播形态是由政治系统的会议活动与社会系统诉求互动所形成的政治信息形态决定的。也就是说,是由政治系统回应社会系统诉求的议程设置和政治政策输出决定的。政治和政策输出的对象不同,输出和回应的信息选择和传播方式以及要达到的目的也不尽相同。会议新闻的建构则需要将政治系统的政治政策输出与社会系统目标受众"定向需求"相统一,在传与受的需求统一中实现新闻传播功能的延伸。

在会议新闻传播中,根据市场区隔进行目标受众锁定,采取适应不同目标受众需求的政治营销策略,是提高传通效果的有效手段。

功能态新闻一般由解读态、回应态、劝服态、关联态等形态构成,而这些形态正是政治营销策略在会议新闻中的具体运用。

1. 解读态的营销新闻建构

解读，其实是基于传播对象"难以学习"①困惑的信息解码行为，其目的是让信息接收者更好地理解信息。在政治信息传播中，不同场景、不同对象对于信息的理解也是不同的。政治信息对于政治机构的人来说，不需要解码就可以理解，而对于普通社会公众而言，化难为易的解读则是理解的必要前提。解读态新闻营销的是目标受众所关心的政治政策的核心信息，即将公众的期待与政策回应进行对接，并将政策调整的核心信息解读出来，通过解读让公众了解和把握政策的利益指向，从而产生认同与支持。

在权威者解读与公众自我解读的权力问题上，一些学者主张应该把解读权还给公众。他们认为传播什么信息是传播者的事情，而如何理解则是受传者的权力，传播者没有强迫受传者按照传播者的意思去理解的权力。普尔曼主张："一个真正民主的社会，应该让其社会的每一个成员对自己面前的各种文本（如书籍、绘画作品、电视节目等）拥有自己的解读。"②这种主张表面上看是在强调并尊重公众的信息权力，但是，却没有看到这样一个现实，即社会成员间认知能力差异的存在。即使社会成员都处于同一的认知水平上，其信息掌握程度、专业信息处理能力等也会存在一定差异。受此影响，如何能够保证所有社会成员都能做出正确的理解？没有正确的信息理解，公众的社会行动怎么能够做出正确的决策呢？因此，那种不分对象，以为每一个社会成员都能对于信息做出正确解读的观点，只能是一种乌托邦的幻象，同时，把解读信息的责任完全推给受众也是不负责任的。

会议新闻的政策解读过程，其实也是一种社会沟通的过程，在沟通中进行信息交流，在信息交流中进行政策解读，通过解读让受众比较准确地理解政治政策信息，在理解的基础上产生认同与共识。比如，个人所得税起征点政策的调整，从政策酝酿，政策制定，到政策出台，社会上的各种意见都有，比较集中的意见是呼吁起征点 10 000 元，但是政策调整的起征点则是 5000 元。政策正式出台后，产生了许多不同的声音，多数舆论是对于5000 元个税起征点政策的不理解。为什么没有听取大多数人 10 000 元个税起征点的意见，特别是工薪阶层在医疗、住房、养老、孩子上学等方面的

---

① 扎勒.公共舆论［M］.陈心想，方建锋，徐法寅，等译.北京：中国人民大学出版社，2013：144.

② 转引自叶俊.新宣传的历史溯源、概念重构与关系治理［J］.国际新闻界，2019（3）：42－54.

负担又比较重,国家这样制定政策是不是没有考虑这些家庭负担问题呢?其实,国家在制定政策时是有所考虑的,并就上述负担列为专项附加扣除。即凡是有上述情况的,在个税征收时是要扣除的。但是,媒体在政策宣传和解读时,只是单纯讲起征点提高到 5000 元,需交纳多少税上,没有对政策做全面的解读,尤其没有关注专项附加扣除政策对于个人收益的影响。媒体以为这样解读就会让公众理解进而产生对于政策的支持。事实上,这样的传播并没有平息社会舆论,反而激起了更为激烈的争论,尤其是一二线城市的工薪阶层对此的意见更大。这种情况的发生是由于媒介政策解读不全面造成的,另外,将专项附加扣除纳入个人所得税,也体现了政策的公正原则,即负担重者获益多,负担少者获益少。如果把这些都讲清楚了,那么,就会减少很多负面的社会舆论。政策解读其实就是一种政策营销。一方面传播者的新闻解读要对于政策文本的本源态信息进行全面、准确解码,即需要把决议决策和政策的信息意义解构出来,为新闻组构和叙事框架选择提供基础,另一方面这种解码要求传播者进行市场区隔和目标受众锁定,即这个信息要传给"谁",是"谁"需要的,"谁"的哪些因素将影响新闻的理解,再一方面就是准确把握公众的核心需求,进行有针对性的政策解读和营销,等等。也就是说,要站在目标受众立场上寻求信息意义的建构,只有这样才能获得受众在新闻意义认同上的同步性。

解读态传播是在"是什么"的基础上,着重回答"为什么"的新闻建构形态。会议新闻传播中,需要新闻记者将会议决议、决策和政策信息通过设立"事实 + 背景 + 趋势"或者"人的故事 + 政策信息"的解读框架形态进行传播。前者对于公众加深理解重大政治决策将带来的历史意义具有引导价值,后者则为公众了解具体政策影响其生活的程度提供帮助。解读态新闻尤其是在国家重大决策、重大政策、重大决议的传播上,对于引起受传者的注意、理解、认同,实现政治动员、政治沟通、舆论引导的传播功能至关重要。在媒体上常看到的如数字解读《城镇新增就业 900 万人,一个并不轻松的数字》(新华网 03 - 05 17:36:37)、立场解读《胡锦涛重申:绝不允许把台湾从中国分割出去》(新华网北京 1 月 1 日电)、观点解读《赖斯:中国经济需结构性改革》(中央社华盛顿 3 月 9 日)和《"好"在"快"前凸显中国经济发展新理念》(新华网北京 12 月 3 日电)、政策解读《布什呼吁在移民问题上做出妥协》(美国《纽约时报》网站 5 月 16 日报道),等等,以上新闻都是解读态的新闻建构,凸显重要的且为国际社会和国内公众普遍关注问题的传播,通过解读让公众了解这些问题背后的意义,这样的传播要比"某某主持国务院常务会议"的公告式传播更容易引起公众的关注,也更契合目标公众的信息需求。新闻解读也可以聚焦一个重要问题(观点、数据、政策),透彻分析问题的前因后果,这样比面面俱到的信息罗列的传播效果要好,这种传播能够给受传者一个明确的引导。也可以通过一个或几个代表性人物的故事,来解读相关政策,这种解读会让相关利益群体更好地理解政策所带来的影响。

解读态传播有等值、增值和减值之分①。等值解读是对复杂信息进行关键词或主题式的梳理,虽然对新闻信息并没有进行系统分析,只给受众一个归纳式的信息提示,但是由于是在复杂的信息梳理基础上的呈现,因此,这种解读可以聚焦一些热点或重要问题,同时给关心这些问题的公众提供一个清晰的信息引导"地图",为其获取背景信息提供便利。比如每年全国"两会",对总理报告所进行的"关键词"提示性报道等就属于等值解读。增值解读则是对政治主张、政策信息的释义和背景信息的补充,形成一个完整的信息图谱,使新闻信息的指向更明确,更清晰,更易理解,受众依据解读后的信息可以进行利益损益分析,并进行选择性的行动决策,这类信息解读通常是通过新闻分析来呈现。减值解读是对信息核心要点把握不准,所进行的解码偏离信息的核心指向,从而造成受众对于信息的误读。

解读态传播的核心是准确的信息解码和清晰深刻的意见阐释,能够给人提供具有启示性、趋势性和建设性的思想和观点引领。

新闻的意义和价值最终要体现在受众的再解码上。受众的新闻解码是传播者的事实解码和新闻建构基础上的再解码,因此,这种解码也是与传播者新闻建构的互动过程,其解码形式一般体现为同向解码、差异解码和反向解码三种形态。同向解码是指受传者新闻解码与传播者在事实解码和新闻建构上的同向性(一致性),这种解码对于属性议题的传播比较有效。一些属性议题由于受传者不甚了解,因此,传播者的事实解码和新闻建构对于受传者就会产生积极影响,受传者的新闻解读就会按照传播者的新闻建构指向去理解,也容易与传播者保持一致。对于传播者而言,这是比较理想的状态。我们前边分析增值解读所介绍的就属于这种状态。要获得这样的效果,需要传播者站在受传者的立场上来选择事实,并且做出符合客观规律的事实解读,只有如此,才能使传播的新闻与受传者同心同向。差异解读是指传者的新闻建构与受众新闻解码认知上存在明显的差异。这种差异一般表现在受传者与传播者在新闻事实及其意义建构与

---

① 李春雨,李澍.会议新闻传播效果的四个 W 考量[J].新闻传播,2007(1):11-15.

理解上的差异。差异产生的原因,既有传播者与受传者在新闻事实认知上不同的原因,也有受传者个人意识形态和价值观念上的原因,后者的因素可能更加明显,而且差异解读的现象比较普遍。正如弗林特分析的那样,新闻"影响力的本质、量度和方向都是由接受方决定的。它取决于读者的知识、脾气、理想、哲学、生活环境,以及其他许多条件"①。反向解读是指受传者的解读与传播者的新闻意义建构截然相反的现象,即莫利所说的"对抗解读"。这种现象一般出现在对于显性议题的传播与解读上。由于社会生活的复杂性,受众对显性议题,诸如物价、就业以及腐败等问题感受比较具体和深刻,如果传播者所传播的新闻信息及其结论与受众感受明显不同,那么受传者对于传播者的结论就不会认同,甚至会产生反感。受传者的这些新闻解读特征对传播者解读事实和建构新闻具有参照意义。

同时,也在提醒传播者,新闻解读的重点应该放在一些属性议题的信息上,同时,新闻解读应该避免解读的信息陷入模棱两可的窘境。另外,对于一些显性议题,即公众日常比较了解和关注的问题,其解读应该放在背后原因的揭示,以及政府将如何采取措施解决这些问题上来,避免在一些表象问题上的认知冲突。如果媒体上传播的事实经常与公众感知的事实冲突,媒体又不加以说明和解释,那么这种冲突对抗就会长期存在,公众对于媒介的宣传就会产生质疑,并且保持一种警觉,他们会认为媒介传播的事实都是虚假的,是不可信赖的,公众必然会选择逃离。

2. 回应态的营销新闻建构

回应态会议新闻是根据政治行动者回应社会诉求的政治和政策输出所建构的新闻。回应态新闻营销互动与交换的是政治政策承诺与社会支持。因此,回应态新闻营销讲求诉求与回应的直接对接。回应主体、客体、内容都是明确的,因此,回应新闻的建构要特别强调针对性,回应的议题、对象、方式都要做到心中有数,只有如此才能使新闻建构符合受传者的需求,诉求与回应才能实现有效对接。

从形式上划分,可分为直接回应和间接回应,从内容划分可分为政治回应和政策回应。

直接回应一般是政治行动者通过媒介、记者招待会,或者针对某一国际组织或个人的指责、疑义所进行的直接政治输出,其回应对象明确,意见表达有力,目的是为了匡正舆论,申明立场;或者就某些社会诉求所进行的政治宣示和政策阐释,目的是为了消除疑虑和强化认同。对于直接回应的

---

① 转引自刘建明.当代西方新闻理论[M].北京:中国人民大学出版社,2015:128.

会议新闻建构的信息选择,应该锁定这些直接回应的核心信息上,并且要突出明确的政治主张和观点,同时,要交代新闻背景,即回应的对象、事件等信息,便于公众了解这些回应的意义。

间接回应一般是出于外交或者政治考虑,政治行动者借助一定的会议场合或者议题对于相关国家、政治机构或者政治人物的言论所进行的不做明确指称性的回应,这种回应虽然是间接的,但是回应的立场、原则和对象却是直接和明确的。政治行动者的回应言论虽然没有直接点名道姓,但记者要交代相应的背景,不然,就会让公众有一种不知所云的感觉。

政治回应是指政治系统针对国际和国内舆论和社会诉求的一种政治输出。政治输出可以是政治系统的决议决策,也可以是政治行动者的政治主张、政治立场和政治态度。决议决策和政治主张的回应一般是针对一个阶段社会热点和难点问题所进行的。政治回应的主体一般是政治行动者,是政治行动者代表政党或政府回应。也就是说,政治行动者个人的政治回应反映的是政治系统的意见。回应者个体的政治风格通过回应的立场、态度、倾向得以呈现。一个权威政治人物的政治回应在社会公众中的影响力往往具有指标性意义,他既可以代表国家,也可以代表政党,还可以代表执政集团,有时仅代表政治行动者个人的意见。有时直接回应与间接回应是同时使用的。

政策回应则是政治系统回应社会利益诉求的政策输出。政策回应的核心是根据利益群体的诉求,进行有针对性的政策输出。将政策的利好信息告诉政策获益者,也要将政策的损益性信息告诉损益者,形成政策的公开讨论,使不同利益群体的意见进行交锋,不同利益群体可由此深入了解政策出台的背景、要调整解决的重点问题以及政策的正向价值与意义。

政治回应和政策回应在传播实践中不能截然分开,有时政治回应离不开政策支撑,政策回应也需要政治引导。无论采取何种输出形式,有一点是明确的,那就是回应的目的始终是为了获得社会认同与支持,哪种回应更加有利,更易于理解和认同,就采取哪种方式。

比如,针对国内企业营商环境不佳,企业证照多而杂,影响企业激发创新活力的问题,李克强在国务院常务会议上强调:"不仅要把该合的各类证照合并,还要进一步梳理涉企证照事项,对没有法律法规依据、非按法定程序设定的一律砍掉!"①这是李克强对于企业界的强烈诉求所表达的政治

① 李克强:涉企证照该合的要合该砍的一律砍掉[EB/OL].[2020-04-27]. http://www. gov.cn/guowuyuan/2017-04/27/content_5189350.htm.

态度。同时,国务院常务会议决定:"全面推行多证合一,将涉及市场主体登记、备案等有关事项和各类证照进一步整合到营业执照上……使'一证一码'营业执照成为企业的唯一'身份证'。"①这是国务院的政策输出,是中央政府针对企业界诉求的直接回应。而这一政策的核心是要限权,即限制政府的审批权限,换取的是企业的轻装上阵,促进我国经济保持平稳运行。

媒介无论对于政治行动者的政治回应,还是政府的政策回应的新闻传播,都应该突出回应的针对性,将诉求与回应直接对接,并且做好背景交代,这样的传播才能吸引目标受众的注意力,信息传播才有效。因此,媒介在新闻建构过程中,要弄清政治和政策回应的历史背景和目标受众的"定向需求"所在,选准政治回应和政策回应的核心立场、观点和核心政策信息来组构新闻。在组构新闻过程中,不仅要选择核心事实信息,而且要适当交代背景信息,准确解读政策含义,力求使传播者与受传者在新闻理解上同向,减少误读和误解的现象发生。

3. 劝服态的营销新闻建构

劝服是政治营销的重要策略。劝服是针对政治对象的互动与交换行为。之所以要进行劝服,是因为政治政策并不完全是政治政策对象所期待的,有些甚至是有违其意愿的,但是就政治政策的整体价值和社会长远利益而言对其又是十分有利的,因此必须针对这部分利益群体进行政治政策的劝服营销。

劝服理论认为,"说服情境中的一个关键因素是传播中的'建议意见'"②。这一因素被视为提出关键问题、给出全新答案的复合刺激。"当个人面对某个问题时,他关心和偏好的是传播中出现的新答案,而非在经历传播之前自己所持有的答案。"③"说服传播的主要影响在于刺激个人思考他的原始观点和传播中建议的新观点。"④而打动受传者接受其主张涉及许多要素。一是谁来说,即信源。如果劝服者是可信的、有威望的,那么打动和说服的可能性就会很高,反之,则会很低。二是对谁说,即目标受众。如果说服的对象是明确的,说服又能打动其内心,并且能够唤醒其内

① 王小涵:国务院常务会议确定进一步推进"多证合一"和削减工商登记前置审批等[EB/OL].[2020-04-28].http://www.chinabidding.org.cn/NewsDetails_nid_8687.html.?

②③ 霍夫兰,贾尼斯,凯利.传播与劝服——关于态度转变的心理学研究[M].张建中,李雪晴,曾苑,等译.北京:中国人民大学出版社,2015:8.

④ 霍夫兰,贾尼斯,凯利.传播与劝服——关于态度转变的心理学研究[M].张建中,李雪晴,曾苑,等译.北京:中国人民大学出版社,2015:9.

在的情感,那么说服其改变态度和采取行动的可能性就会很大,反之,则会很小。三是说什么,即内容。如果劝服的主题明确,内容又是满足目标受众"定向需求"并契合其内在情感,那么就会引起受传者的注意,促使其接收和接受,反之,就不会引起公众的任何反应。四是怎么说,即刺激的方式。如果说服的方式与受传者的接收心理和信息接触偏好相一致,那么,受传者就会关注并接触这些信息,反之,就会选择逃离。

在劝服与媒介效果研究中,麦奎尔曾提出媒介效果传播/劝服矩阵模式。这一模式简单地描述了劝服过程中信息输入(自变量)与结果输出(因变量)之间的关系。输入矩阵端是以拉斯韦尔的5W为基础的,分别列出信息源、讯息、接收者、渠道和情境5个要素。输出矩阵端则包括接触、注意、兴趣、理解、获得、信服、记忆、恢复、决策、行动、强化、巩固等12个要素。输入/输出矩阵中的诸要素共同构成了劝服传播中传与受、信息接收与反应等复杂关系,而且无论是输入矩阵中要素的缺一不可,还是输出矩阵的要素之间的相互依赖与变化都将决定劝服的效果。

在劝服路径研究中,霍夫兰提出了中心路径和外围路径两种劝服选择。中心路径是指面对相对复杂且需要受传者付出一定努力才能认知的信息所采取的劝服策略。面对复杂的信息,人们一般需要利用以前的经验和知识去仔细审视接收的信息以判定其核心价值所在。但在传播实践中,并"不是所有从媒介接收到的讯息都足以引起人们的重视和思考,也不是在每种情形下人们都有充裕的时间和机会来审视这些讯息"[1]。只有当人们接收信息的动机比较强烈,而且有能力理解这些信息时,才会采用中心路径去接收信息。也就是说,只有信息与接收者利益关联紧密且对其决策和采取行动具有重要参考价值时,他才愿意投入一定精力去细致研究和评估这些讯息。在中心路径中,人们为了寻求答案,完善认知,在形成自己意见的过程中,会积极参考新意见中的合理成分,并将其纳入整体的认知结构中。正因为这些意见被清楚地表达并纳入个人的认知结构中,"所以它们相对易于从记忆中提取、能在时间上一直延续、能预测行为并且在受到强大的对立信息的挑战时仍能坚守立场"[2]。而外围路径与中心路径正好相反,是指不需要对媒介或其他信息源提供的信息费力评估就会发生态度

---

①　布莱恩特,兹尔曼.媒介效果:理论与研究前沿[M].石义彬,彭彪,译.北京:华夏出版社,2009:125-126.

②　布莱恩特,兹尔曼.媒介效果:理论与研究前沿[M].石义彬,彭彪,译.北京:华夏出版社,2009:127.

改变的情况。外围路径模式认为,对人们来说,运用大量的脑力活动去思考他们接触的所有传播内容是其所无法承受的,也是不可能实现的。但是,这种路径的实现需要一个前提条件,即媒介和其他信源提供的信息是明确的,且具有权威性和公信力,人们对于信源是信服的,反之,则起不到这样的效果。佩蒂认为,当一个人处理信息的动机和能力较弱时,劝服性议题可以通过外围路径发挥作用,劝服情境中的一些简单线索会引起一系列的态度改变。讯息的提供者可以促成一种相对简单的推论或经验,如"专家是对的",人们可以运用这些推论或经验来评判讯息。同样,接触过讯息的其他人的反应也可以成为一种有效暗示①。

政治系统的决议决策和政策都是针对当下社会的主要矛盾做出的政治和政策安排。任何一项政策都不会使每个群体及其成员同等获益。一项政策"既会产生获益者,也会产生受损者"②。正因为如此,任何一项决议决策和政策主张,都不可能获得所有社会群体的理解、认同和支持。这就需要采取积极的政治政策营销策略,对决议决策和政策进行说明和解释,让赞同者强化认同立场,让观望、疑虑,甚至反对的人软化立场,以扩大社会认同,减少政策实施的阻力。因此,采用外围路径的劝服,尤其是专家学者的权威劝服的效果会更好。

然而,在国内的会议新闻传播中,很少见到劝服态的新闻建构。由于缺乏及时深入的说明解释,一些决议决策和政策在部分公众的质疑和观望中遭遇阻力,受到影响。政治行动者劝服和解释说明的受传主体永远是那些对于决议决策和政策持某种质疑、观望和抵制态度的群体。因此,会议新闻的劝服态应该是传播活动中的常见形态,而不应该是特殊的个别形态。

一般来讲,劝服态会议新闻建构基于两个来源:一是根据政治系统主动形成的决议决策和政策的说明解释;二是根据社会公众的疑虑寻求专家学者的权威说明解释。前者是政治系统的直接政治政策营销,是政治系统从决议决策和政策的必要性、针对性和公正性的角度来说明其政治和政策立场,同时,对于决议决策和政策内容也需要进行必要的说明和政策阐释,其目的是为了获得社会系统的理解和支持;后者则是专家学者站在客观的立场上的政治和政策解读,一般是从社会公众的角度来解读决议决策和政策信息,尤其

---

① 布莱恩特,兹尔曼.媒介效果:理论与研究前沿[M].石义彬,彭彪,译.北京:华夏出版社,2009:127.

② 黑格,哈罗普.比较政府与政治导论[M].张小劲,丁韶彬,李姿姿,译.北京:中国人民大学出版社,2007:6.

是决议决策和政策对于不同社会群体影响的说明解释。公众一般比较重视专家学者的说明解释,如果政治行动者和专家学者的说明解释是一致的,那么公众就会强化对于决议决策和政策的支持,如果两者意见不一致,尤其是政治行动者的意见不够权威,打动不了公众,那么公众会更加倾向于专家学者的意见。这也符合劝服信源要件对于劝服效果影响规律的揭示。

纵观世界媒体的会议新闻传播,劝服传播策略的运用手法比较常见。传播的信息、目的和传播对象不同,所采用的劝服手法也不尽相同。根据会议活动所形成的决议决策和政策主张以及回应社会系统(国际、国内)的政治输出的目的和对象不同,会议新闻劝服形态主要包括情感劝服、恐惧劝服、诱至劝服、比较劝服、动员劝服、说明劝服等。

(1)情感劝服态新闻

情感劝服态新闻建构是传播者选择易于唤醒受传者内心情感共鸣的政治话语所建构的传播形态。研究表明:"'情感'能够强化受众的动机,鼓励受众尝试新观点,或者促使受众思考传播内容的含义。"[①]情感劝服态新闻建构的核心是要建构情感共同体,使传受情感融为一体,相互感应、唤醒和激发。

情感唤醒一般不需要受传者采用中心路径来解读信息,因为这样的信息比较直接,靠的是契合公众情感的话语力量撞击受众的心灵,使其产生情感共鸣,并以强烈的愿望推动受传者采取行动。唤醒公众的情感,会为决议决策和政策的施行提供强大的力量。因为政治家们都懂得"公众情感就是一切。有了公众的情感,无往不胜;反之,一事无成。形塑公众情感的人往往比政策制定者或决策者走得更远,他可以判断法令或决议是否可行"[②]。而且,"只有当人们在情绪上激发起了兴趣并关注他们面对的选择时,他们才会描述他们将如何解决这些问题,而且他们也会时常重新利用情绪来'下结论'"[③]。

会议新闻的情感劝服,其实是执政者面对社会公众的劝服行为,目的是通过唤醒公众的情感共鸣,为决议决策和政策的施行获得广泛的社会共识与支持,而新闻传播则是对政治行动者的劝服修辞的选择与呈现。

---

① 霍夫兰,贾尼斯,凯利.传播与劝服——关于态度转变的心理学研究[M].张建中,李雪晴,曾苑,等译.北京:中国人民大学出版社,2015:49.

② HIEBERT R E. Courtier to the crowd:the story of Ivy Lee and the development of public relations[M]. Ames:Iowa State University Press,1966:198.

③ 韦斯藤.政治头脑[M].杨毅,译.北京:中国人民大学出版社,2013:15.

▲……

对于西方制裁俄罗斯,普京表示,遏制政策并非昨天做出的。西方针对俄罗斯已经"多年、几十年、如果不是几百年的话"在执行这种政策。他说,每当有人认为俄罗斯过于强大、自主,那么所有这些工具就会马上启动。

普京说:"对某些欧洲国家来说,民族自豪感或早已被遗忘……但对俄罗斯而言,主权是必不可少的条件。"他表示:"我们必须独立自主,否则就会在世界上消失。"①

……

面对西方的经济制裁,既要让俄罗斯人民认清西方制裁的本质,坚定同政府一道抗拒制裁的信心,同时,也需要指出俄罗斯在西方制裁下的出路。面对西方制裁的压力和反对党不同的声音,只有唤起俄罗斯人民的民族主义政治情感,才能凝聚起强大的力量战胜美国的制裁。因此,普京采取民族主义的政治修辞手法,一方面指出了西方制裁俄罗斯的本质——遏制俄罗斯的发展"强大"(这个立论可以树立起自豪感),同时也指出了出路所在,即独立自主的发展道路。面对西方的制裁,普京显示出坚定的政治立场,以此来唤醒俄罗斯民众的"主权意识"和"独立自主"的政治认同感。由于普京在俄罗斯具有强大的政治影响力,其充满民族英雄主义情怀的劝服可以让俄罗斯人民产生政治信赖,因此,媒介选择了普京富有民族主义情感的政治呼吁和动员,其情感劝服的目的是易于达到的。

(2)恐惧劝服态新闻

恐惧劝服态新闻是将受传者置于某种危险情境,在说明一个观点时融入恐惧诉求以劝服人们接受其主张的新闻建构形态。这种劝服需要受传者投入一定的精力来评估这些信息的价值。中心路径选择是比较适当的,因为面对恐惧信息,尤其是自身利益可能受到损害时,人们会立即警觉,并对接收到的信息进行认真评估,之后才能做出是否采取行动和改变的决策。

劝服理论假定,"恐惧诉求促使受众接受传播者结论,但其前提条件是:①在传播过程中,情绪紧张应该得到唤起,并达到足够强度,构成一种驱动状态;②当情绪紧张减弱后,受众应该对传播中所宣称的信念或者态

---

① 普京:任何国家都无法取得对俄罗斯军事优势[EB/OL].[2014 - 12 - 05]. https://news. qq. com/a/20141205/022941. htm.

度进行沉默预演"①。恐惧诉求的目的是让受传者在激发情绪反应的同时,接受传播者的建议。但是,恐惧诉求并不是越强烈越好,一旦过头,就会走向反面。贾尼斯等的实验也证明这一点:"在宣传一种主张时轻微的恐惧比强烈的恐惧更能得到比较好的效果,这是由于过度的恐惧会引发心理上的抑制反应,强烈的恐惧信息也会抑制人们对信息的注意与理解,因而也就削弱了信息对人们的影响力。"②在劝服情境中,劝服只是一种手段,真正起作用的还是劝服的话语内容。

▲ ……

　　"如果我们不采取行动,将使得我们的国家与经济容易受到攻击。如果采取行动,就能继续保护这些为全球人类带来无限契机的科技。"奥巴马说。③

　　……

以上是奥巴马说服美国国会接受其推行的网络安全政策的劝服。恐惧劝服新闻建构的核心是准确把握一种容易被忽略的客观情境,让人们了解恐惧的客观存在,同时,注意选择能够避免危险发生的政策建议。恐惧劝服新闻建构的目的是为了让被劝服对象和社会公众认同政治行动者对于危机情境的判断,为推行某种政策提供舆论支持。

（3）诱至劝服态新闻

诱至劝服态新闻是利用人们趋利避害的心理,通过设置诱惑性情境来说服受传者接受其主张的新闻形态。诱至劝服关键在于信息对于目标受众的激励性与受传者利害关系的理性选择。与恐怖诉求不同,目标激励的公正性与利害关联的诱惑性越强,劝服效果就会越好。约翰·R.扎勒在研究人们接收信息态度变化时也发现:"接收诱至变化的讯息的概率同一个人的整体政治意识有着正相关关系。"④也就是说,接收的讯息与其整体意识形态越是接近,那么诱至改变的概率就会增加,反之就会减弱。

例如:

---

①② 霍夫兰,贾尼斯,凯利.传播与劝服——关于态度转变的心理学研究[M].张建中,李雪晴,曾苑,等译.北京:中国人民大学出版社,2015:68.

③ 彭博社.奥巴马称美国经济已痊愈该消除收入差距[N].参考消息,2015－01－21(4).

④ 扎勒.公共舆论[M].陈心想,方建锋,徐法寅,译.北京:中国人民大学出版社,2013:141.

▲ ……

当地时间 20 日晚 9 点,奥巴马在发表年度国情咨文时指出,"今晚,我们要翻开新的一页。"

在讲话中,奥巴马并未列出细节性政策提议,而是对任期最后两年内主要工作日程进行了概述。

他说,"在未来 15 年或数十年,我们想要成为什么样的人,现在全看我们了。我们究竟是要接受一个只有少数人过得很好的社会,还是应承诺创造一个收入都在增长、每一个努力的人都会获得机会的社会?"

奥巴马呼吁增加富人税收,减少中低收入家庭的税收,让社区学院的一些学生免交学费,扩大工人带薪病假和产假。据悉,目前,美国最富有 1% 家庭与中产阶层收入差距已接近 30 年来最大。①

……

奥巴马通过勾画未来 15 年"创造一个收入都在增长、每一个努力的人都会获得机会的社会"的图景和"增加富人税收,减收中低收入家庭的税收,让社区学院的一些学生免交学费,扩大工人带薪病假和产假"的政策来说服美国国会通过其税收政策,同时,说服美国民众支持总统的政策。新闻中的背景交代,"据悉,目前,美国最富有 1% 家庭与中产阶层收入差距已接近 30 年来最大",可谓是点睛之笔,既是对奥巴马政策建议的正义性和可行性的说明,也是对美国社会的呼吁,给反对者施加舆论压力。

另外,追求社会公正是任何社会意识形态的价值取向,奥巴马将未来 15 年发展蓝图建立在社会公平正义上,其劝服具有正当性,无论是民主党还是共和党议员,如果要反对这一政策,其正当性都将受到质疑。

(4)比较劝服态新闻

比较劝服态新闻是通过设置两种或者更多的情境来让受传者选择,其目的是让受传者接受传播者的倾向性意见,这也是霍夫兰劝服中"两面说"的策略。比较劝服成功的关键是将其倾向融入具体情境,并且客观展现给受传者,使其乐于接受传播者的意见。

▲昨日,全国人大常委会分组审议国务院关于统筹推进城乡社保

---

① 奥巴马称美国经济已痊愈该消除收入差距了[EB/OL].[2015-01-21].http://news.163.com/15/0121/11/AGFSUETC00014AEE.html.?

体系建设工作情况的报告。有委员建议尽快推迟企业员工退休年龄，以解决企业员工退休金的问题，男性提高到65岁，女性提高到60岁。

昨日，苏晓云委员审议时说，目前企业员工退休工资的问题比较突出，一旦发不出退休工资，影响会很大。他说，这一问题应立足于体制内解决，尽快实施企业员工推迟退休，"现在工人男的55岁退休，女的是50岁退休。企业的干部，男的是60岁退休，女的是55岁退休。从身体状况和平均寿命来看，60多岁、70岁看起来就像50多岁的人，身体还很好。"

苏晓云建议，把企业员工的退休年龄男性提高到65岁，女性提高到60岁。"这样多收五年（养老保险），少发五年（养老金），从身体状况来讲，没有多大影响。这个办法也是世界上很多国家解决问题的办法。"①

"发不出退休工资"与"延迟退休"两种现实摆在公众面前，支持或反对也有两种选择。但是，从新闻选择人大委员来建议延迟退休政策议题看，是比较合适的，因为人大委员即是社会公众的代表，又是立法机构的一员，其身份具有合法性。同时，从劝服依据看，也比较客观，即"这样多收五年（养老保险），少发五年（养老金），从身体状况来讲，没有多大影响。这个办法也是世界上很多国家解决问题的办法"。延迟退休，身体允许，国际通例，比发不出退休金的情境要好。新闻客观上已经给出了选择。

（5）动员劝服态新闻

动员劝服态新闻是为实现某一政治目标，运用鼓动性的语言来点燃受传者的激情，以求得广泛的社会共识和行动的新闻建构形态。动员劝服新闻建构的目的是为了"点燃受传者的激情"。政治心理学研究也证明："激情刺激了我们要实现的目标，它既是'心灵激励'，又是生理唤醒。这些反应支撑甚至增强了我们的积极性，鼓励我们追求目标，实施现有计划，以实现目标。"②会议新闻的信息选择，要注意将执政集团的重大决策与社会公众的未来期待进行有效对接，形成公众与国家协同一致、共同治理的政治局面。

---

① 关庆丰.代表建议尽快推行延迟退休:60多岁身体还很好[EB/OL].[2019－07－01].http://news.eastday.com/c/20141225/u1a8507034.html.
② 布拉德尔.政治广告[M].乔木,译.北京:中国人民大学出版社,2013:81.

▲……

　　我们的人民热爱生活，期盼有更好的教育、更稳定的工作、更满意的收入、更可靠的社会保障、更高水平的医疗服务、更舒适的居住条件、更优美的环境，期盼孩子们能成长得更好、工作得更好、生活得更好。人民对美好生活的向往，就是我们的奋斗目标。①

……

　　以上是2012年11月15日，习近平总书记在新一届中央政治局常委同中外记者见面时讲的一段话。这段话既是新一届中央政治局对全国人民的庄严政治承诺和宣示，也是对各级党和政府的政治动员。习近平的政治动员并不是空洞的政治口号，而是从人民具体的期盼入手，这种期盼是人之常情，话语朴实、饱含深情、催人奋进，具有很强的激励意义。

　　（6）说明劝服态新闻

　　说明劝服态新闻是依据决议决策和政策意见的说明所建构的新闻形态。说明劝服态新闻建构的目的是为了让社会公众更好地理解决策和政策。说明劝服态新闻根据说明的目的和需要不同，一般分为情景说明、观点说明和政策说明。

　　情景劝服说明。政治修辞理论认为："政治信息产生于具体的历史情景，且是对历史情景的必要反应。"②情景说明新闻是以影响受传者对于现实社会和政治情境做出正确判断和反应为目的所建构的新闻形态。任何决议决策和政策安排都是政治系统回应社会诉求的产物。从政治权力的运作过程来看，"政治情景是政治主体需要证明其获得、维持和运行政治权力的合法性，而这种合法性又是建立在广泛的社会认同基础上的。这就解释了政治主体进行政治修辞的动机——需要证明其获得、维持和运行政治权力的合法性"③。

　　情景说明是政治行动者在演讲中经常采用的劝服策略。会议新闻传播应该关注和选择政治行动者就相关问题及其决策的现实情境的说明信息，因为这样的说明信息对于消除人们的疑虑，或者澄清社会舆论具有重要价值。

---

① 习近平.人民对美好生活的向往就是我们的奋斗目标[N].人民日报,2014-10-01(1).
② 转引自胡亚云.论政治修辞与政治传播[J].河南社会科学,2001(5):9-12.
③ 刘文科.论政治修辞的基本要素[J].中南民族大学学报(人文社会科学版),2008(2):124-127.

任何决议决策都是在一定的国际国内政治和社会背景下形成的,都是错综复杂形势交织的产物,其相关性和权威性取决于它们在何种程度上符合当下形势以及廓清未来方向和趋势。

▲……

"李克强还在讲话中表示,中国经济增速有所放缓,有世界经济深度调整的大背景,不过中国城乡和区域发展空间广阔,国内需求潜力巨大。"

李克强解释说,中国经济规模已居世界第二,基数增大,即使是7%的增长,年度现价增量也达到8000多亿美元,比5年前增长10%的数量还要大。

他说:"中国不会发生区域性、系统性金融风险,中国经济不会出现'硬着陆'。"①

▲……

奥巴马表示,这些企业通过购买海外公司而外迁,以降低税收。它们一边享受着美国系统所带来的福利,一边却"玩弄该系统",尽管其做法合法,但不公平。他说:"你是一家美国企业,仍享受着作为美国企业所能获得的各项福利。的确,有许多事情或许是合法的,但对国家而言却是不对的……仅为了避税而转移企业地址,这既不公平,从长远来看也对美国不利。"②

前者是李克强回应国际社会对于中国经济增速放缓的各种揣测的说明。国际情景:世界经济深度调整的大背景。国内情景:中国经济增速放缓。说明:中国经济规模已居世界第二,基数增大,即使是7%的增长,年度现价增量也达到8000多亿美元,比5年前增长10%的数量还要大,中国城乡和区域发展空间广阔,国内需求潜力巨大。在分析国际国内情境的基础上得出结论:中国不会发生区域性、系统性金融风险,中国经济不会出现"硬着陆"。这种说明是可信的,通过事实和数据说明来坚定国际社会对于中国经济的信心,因为这是建立在对于国际国内情境的准确判断基础上

---

① 印度教徒报.中国领导人对该国经济继续保持"中高速"增长充满信心[N].参考消息,2015 – 12 – 04(1).

② 美国 CNBC.奥巴马痛批美企外迁避税合法但有损国家[N].参考消息,2015 – 07 – 25(2).

做出的。

后者是奥巴马总统说服美国部分为了避税而向国外迁址的企业。劝服的现实情景是一些"企业通过购买海外公司而外迁,以降低税收"。奥巴马通过说明这些企业"一边享受着美国系统所带来的福利,一边却'玩弄该系统',尽管其做法合法,但不公平"的道理,同时,也是向美国社会和公众形塑其公正的政治形象。

观点劝服说明。观点劝服说明新闻是对政治观点合法性、公正性、权威性的阐释。任何政治观点都是个人或者政治共同体价值观的体现,一个政治观点能否被接受取决于受传者对于传播者价值观是否认同,同时,也取决于社会情景对于受传者的影响。政治观点往往是在一定的社会情境下产生的,带有鲜明的时代特点。因此,对于政治观点的阐释不应该脱离时代和现实价值的揭示。另外,传播者对于政治观点的阐释要考虑一定历史条件下,受传者群体价值观的相容性和同一性,这是政治观点获得广泛社会认同的前提。

> ▲……
>
> 习近平说,要尊重道路选择。"履不必同,期于适足;治不必同,期于利民。"一个国家发展道路合不合适,只有这个国家的人民才最有发言权。正像我们不能要求所有花朵都变成紫罗兰这一种花,我们也不能要求有着不同文化传统、历史遭遇、现实国情的国家都采用同一种发展模式。阿拉伯国家正在自主探索发展道路。我们愿意同阿拉伯朋友分享治国理政经验……①
>
> ……

习近平讲话充分体现了尊重各国人民选择自己发展道路的价值观。这与某些西方大国强迫其他国家接受其意识形态和政治制度具有本质区别。"要尊重道路选择"是要说明的观点,这个观点不仅反映了中国古代"己所不欲勿施于人"的政治文化基因的传承,而且也是新时代习近平治国理政的政治主张。这些思想是一脉相承的,体现了中国价值观与阿拉伯国家价值观的相容性和同一性。这些观点和思想是建立在尊重对方立场的基础上的,因此是受欢迎的,具有很强的感染力和说服力。

---

① 习近平:防止极端势力和思想制造断层线[EB/OL].[2014-06-06]. http://js. people. com. cn/n/2014/0606/c360300-21359228. html.

政策劝服说明。政策劝服新闻是对于重大政策调整的合理性、可行性以及政策可能影响领域和程度的说明,目的是为其政策的实施营造合法性共识。

　　▲执政的中国共产党 29 日说,中国将放宽生育限制,此举是为了缓解人口对经济造成的压力。

　　越来越多的学者敦促政府改革计划生育政策。该政策从上世纪 70 年代末开始实行,目的是防止人口增长的势头失控,但现在被认为已经过时,并导致了中国劳动力储备的缩减。

　　中国的劳动年龄人口在 2012 年出现缩减,这是几十年来的第一次,中国可能成为全世界第一个未富先老的国家。

　　据预测,大约到本世纪中叶,中国三分之一的人口将超过 60 岁,而能供养这些老人的工作年龄人口的比例日益缩小。[1]

　　这是对中国政府实行放宽生育限制政策的报道,报道采取政策说明的建构方式。政策依据说明:①越来越多的学者敦促政府改革计划生育政策。该政策从 20 世纪 70 年代末开始实行,目的是防止人口增长的势头失控,但现在被认为已经过时,并导致了中国劳动力储备的缩减。②中国的劳动年龄人口在 2012 年出现缩减,这是几十年来的第一次,中国可能成为全世界第一个未富先老的国家。③据预测,大约到本世纪中叶,中国三分之一的人口将超过 60 岁,而能供养这些老人的工作年龄人口的比例日益缩小。这些说明有学者和社会的呼吁,这是舆论依据,有中国的现实状况的分析依据,也有中国的未来可能出现的问题的依据。这种政策说明是具体有力的,令人信服。

　　媒介的劝服新闻建构,要善于将公众的需求与政府的说明解释进行直接对接,同时,通过专家学者的引导和提供各种数据及信息,为公众的有效理解和情感传通创造条件。

　　4. 关联态的营销新闻建构

　　会议新闻的关联态是指传播的信息与目标群体所形成的情感和利益关联,使政治政策信息与目标受众进行直接对接。关联态新闻营销重在关系营销,通过关系营销将政府与公众联系起来。关系营销涉及情感关系、

---

① 路透社. 中国全面放开二孩:人口结构亟须优化[EB/OL]. [2019 - 10 - 31]. http://www.cankaoxiaoxi.com/china/20151031/982726. shtml.

群体关系和利益关系,因为这些关系是直接的,看得见摸得着的,容易引起相关群体的注意。

传受关系是一种动态的、不稳定的关系,始终随着受众诉求与媒介议程的变化而变化。无论是满足娱乐和消遣的需要,还是满足获取知识的需要,乃至满足其生存与发展的政策信息的获悉,都直接或间接地形成某种关系。娱乐新闻、体育新闻等与公众的关系呈现着隐性的弱关系态,这种关系对于公众而言不会形成某种利害;而会议新闻所建构的,尤其是决议决策和政策信息的传播,由于涉及公众的利益调整与行为规约,因此其呈现着显性的强关系态,它给予公众的是一种社会行动的刚性调整与规范,这种关系更加直接。公众诉求倘若纳入了政府的政治议程,并且产生了政治政策输出,那么公众就会产生较强的媒介信息接触心理,因为其需要了解政治议程的输出在多大程度上满足了哪些需求。

关联态传播是把会议所讨论的问题、形成的决议决策和出台的政策与特定的目标受众的生活、生存与发展的利益影响构建起直接关联的传播形态。这种关联不能含糊不清,应该让公众清楚明白地了解决议决策和政策带来的影响,便于公众采取相应的行动和改变。喻国明在分析传统媒体传播失灵问题时特别强调要十分注意关系要素在信息传播中的作用。喻国明认为:"关系要素解决的是内容产品价值之外的魅力问题,我们不缺少有价值的内容产品,但缺少能够让人主动选择对人有吸引力有魅力的产品。产品过剩时代,传播内容再重要,如果没有跟人发生实际的关联,没有让人感受到价值的话,就会被冷落。"①喻国明这里所说的"关联"也是指传播的信息内容与公众的兴趣与利益的关系,建构起这样一种关系,对于受传者而言才是有价值的。

新闻传播的实践证明,在所有新闻信息的处理过程中,从公共层面上所展开的人的利益与关怀是一个最恒常、最普遍的原则。当然,受传者在接收信息时,是否接受、理解,接受、理解到什么程度,也将受其个人因素的影响,但不管怎么讲,与公众一点关系都没有的新闻,公众是不会关注的。传播者必须明白,"受众的现实需要、利益观念更会直接影响解读的质量,'讯息接受要受到许多现实的不是虚幻的利益、兴趣和价值观,道德观等等的牵制','它不单纯是个认识、识别讯息的过程,还要受到接受者认知以

---

① 喻国明.传统媒体需要解决渠道失灵问题[EB/OL].[2019-07-01]. http://yjy. people. com. cn/245079-27239009. html.

外诸多因素的影响'"①。这些因素包括受众所置身的社会情境、利益群体之间的关系,等等。传播者只有在了解受传者受何种因素影响的前提下,选择目标受众所需要的内容,采取适当的营销传播形式、传播视角来建构新闻,才能收到理想的传播效果。

从关联信息影响受传者效果看,情感关联、利益关联和群体关联容易引起公众的关注。

(1)情感关联态

情感关联态新闻营销的是情感,是指会议新闻选择政治行动者那些契合并拨动受传者心弦的政治主张、政治观点、政治态度的信息,激发和形成与传播者共通的情感认知的新闻样态。传者对于政治行动者的政治宣示、政治主张、政治态度和政治观点的选择,要注意同社会公众的反映与切身感受相对接,不然就会产生无病呻吟的感觉。公众深恶痛绝的现象和问题,政治行动者表达了明确的反对和治理意见,尤其是阐释了与公众感同身受的愤慨时,就会引发公众的强烈情感共鸣,形成社会系统与政治系统共同治理的共识和情感激发,对于这些问题可以形成广泛的舆论压力,有利于问题的解决。另外,党和国家领导人的政治宣示代表和契合了人民群众的心声,也会激发起强烈的情感共鸣。情感共振与政治主张认同是一个彼此互动和连续的过程,没有情感的激发,尤其是站在情感共同体共通基础上的情感传递,就不会形成彼此的观点和情感的认同与转变,也不会形成广泛的社会共识,同时,也很难达成有效的社会行动。

情感关联态的会议新闻的建构,需要媒介和记者敏锐的社会感知能力,即敏锐感知社会情感变化和对于某些政治和社会现象的舆论向度。政治行动者表明的政治态度一般都不会是空穴来风,而是有明确指向的,同时,也是对于社会舆论诉求的政治回应。在社会系统需要政治行动者在某些问题上表明态度、阐明立场时,如果媒介系统没有敏锐感知并对政治行动者的政治表态进行明确的呈现,那么就会造成社会系统对于政治系统的不满,甚至会形成更为强烈的社会舆论风暴。因此,会议新闻的营销传播,绝不是一个简单的信息传递和公告的问题,而是一个政治、社会、媒介系统彼此感知、协调和有效互动的过程,对此,媒介系统不能不认真考量。

(2)利益关联态

利益关联态新闻营销的是利益,是指会议新闻所传播的决议决策和政策信息与公众建立起某种直接或间接的利益关系,这种利益关系能够引起

---

① 杨保军.新闻事实论[M].北京:新华出版社,2011:131.

公众的普遍关注,利益关联的建构越直接、越具体,那么公众投入的注意力就会越大。

利益关联是一个涵盖比较广泛的概念,涉及政治利益、经济利益、文化利益、社会利益、群体利益、个人利益,等等。从现实情况考察,人们对于经济利益和个人利益的影响更加敏感,因为这些利益与个人关系比较密切。这也符合马斯洛的人类需求层级理论对于人的需求的分析,只有当经济利益和个人利益得到满足的情况下,人的政治利益、社会利益和群体利益才会进入视野。因此,会议新闻的事实选择要区分对象需求,根据对象需求选择事实信息,进行有针对性的传播,才会引起目标受众的关注。如在报道 2005 年中央经济工作会议时,一些媒体就关注到会议出台的惠民政策,及时推出了涉及人民群众生产、生活相关联的会议新闻。《温家宝承诺农村义务教育学杂费两年内实现全免》[1]、《今年全国农民有望减负 220 亿元》[2]、《明年有望减轻住房税费负担》[3],这种传播由于将传播的内容选择定位在特定目标受众关心关注的利益问题上,因此,契合了特定目标受众的需求,更容易引起这部分公众的关注。

关联性传播需要传播者从特定的受传者需求角度,提供全面、准确、清晰的信息,同时,对于利益关联群体,无论是受益方,还是受损方都要给予明确的舆论引导,使目标受众群体在"定向需求"信息获得满足的基础上,进一步理解执政集团的决议决策和政策的战略合理性。同时,也要关注政策外溢效应,即政策除了带给目标群体利益调整外,对于其他群体产生影响的政策效应。例如,农村政策调整,其直接对象是农村和农民,但是,与农业农村相关的产业同样会受到影响,而且政策影响的程度并不一定小。

(3)群体关联态

群体关联态新闻营销的是群体的意识形态和利益价值取向,是指传播者从满足目标群体意识形态认同与利益需求的角度出发建构新闻,形成信息与目标群体的直接关联。这种群体可以是一个国家整体的公众群体,也可以是一个国家内部的某一个职业群体,或者社会群体,或者是某一方面

① 温家宝承诺农村义务教育学杂费两年内实现全免[EB/OL].[2019 - 11 - 19].http://news. sina. com. cn/c/2005-11-29/01558429562. shtml.

② 今年全国农民将减负 220 亿[EB/OL].[2005 - 12 - 02].http://news. sina. com. cn/c/2005-12-02/02077595104s. shtml.

③ 明年有望减轻住房税费负担[EB/OL].[2019 - 12 - 02].http://news. sina. com. cn/c/2005-12-02/02077595105s. shtml.

的利益群体。在传播涉及国家主权、国家利益问题上,国家整体的公众群体就是要影响和传播的对象。因为在涉及国家主权、领土完整和国家利益问题上,社会公众与国家是站在一起的。在涉及国家利益方面,领导人的政治宣示是公众十分关注的,他所表达的是国家、民族的尊严,其意识形态和利益主张将会形成普遍的社会共识。例如,面对日本、菲律宾、越南等周边国家在领土、领海问题上挑起的事端,习近平在主持 2013 年 1 月 28 日中共中央政治局第三次集体学习时郑重宣示:"我们要坚持走和平发展道路,但决不能放弃我们的正当权益,决不能牺牲国家核心利益。任何外国不要指望我们会拿自己的核心利益做交易,不要指望我们会吞下损害我国主权、安全、发展利益的苦果。"①这一宣示不仅引发了国内民众的共鸣,而且也引起了国际社会的关注,对于那些滋生事端国家也是一个严正警告。

社会是由不同利益群体构成的,政治系统的决议决策和政策都是为了调整和平衡不同利益群体之间的利益分配。媒介在会议新闻的建构上,要考虑不同利益群体的利益关系,特别是涉及那些利益受损群体的信息提供,要力求客观、全面,不能只讲受到调整和损失的一面,也要讲同其他群体利益关系的比较,要将决议决策和政策调整的背景、依据告诉给这部分群体,以强化其对于决议决策和政策的认同。对于因政策调整受到影响的群体的后续安排也要提供相应的信息。例如,为了转移北京非首都功能的产业和机构,"北京市决定迁出区域性批发市场"②。迁出区域性批发市场,对于北京是产业结构调整的产业输出,而对于其他省市却是一种产业承接的机遇。产业转移和承接,对于从事商品批发经营者群体而言是一种损益的政策,他们会关注政府的后续政策安排。媒体应该对于这一群体关注的问题在国家整体安排的基础上,给予相应的信息支持,这有利于这一群体对于决议决策的政治响应。

会议新闻的传播形态选择不仅是媒介系统的行为,而且还是政治系统和社会系统彼此互动协调平衡的过程。其实,这一过程在政府吸纳社会系统诉求输入与议程设置阶段就已经开始了。"政策通常产生于政府内外受到影响的各个利益之间的协商过程……治理,即管理复杂社会的职责,涉及许多公共部门或私营部门之间的协调与合作……在治理过程中,政府只

---

① 习近平:坚持走和平发展道路 决不能牺牲国家核心利益[EB/OL].[2020 - 01 - 30].ht-tp://tv. cctv. com/2013/01/30/VIDE1359491951788864. shtml? spm = C52507945305. P1Tyk9aHorGZ. 0. 0.

② 北京疏解非首都功能 批发市场大迁移[EB/OL].[2019 - 10 - 17]. http://www. cb. com. cn/deep/2016_1017/1170218. html

是行为主体之一,并不总是领导者……政府是经济和社会发展的核心,但并不是经济增长的直接提供者,而是一个伙伴、催化剂以及服务者。"①任何政策的制定,都是各个利益群体利益协商平衡的过程,这就决定了任何一个群体的利益都不可能得到完美的体现,都需要进行合理的利益让渡,这是政策得以产生的必要前提。在决策过程中,政府只是利益群体利益的政策协商和平衡的掌控者,掌控的核心是政策的公平原则。因此,会议新闻的传播,不应只是单纯动态的信息公告和程序性的信息发布,而应该关注政策的制定过程,以及不同群体的利益主张,尤其是利益群体意见交互中最大公约数的舆论引导,让社会充分了解这些信息,对于政府政策公正性原则的理解与认同具有重要引导价值,同时,这也是政治政策营销与劝服的重要前提与基础。

在数字传播时代,会议新闻的传播将进入受众主导的新传受时代,其传播形态将围绕满足目标受众媒介接触习惯和信息需求而展开。

第四节　数字时代会议新闻传播形态的发展趋势

前边我们分析了不同媒介和新闻文本形态对于受众态度和行动产生的影响。本节将探讨数字媒体情境下的受众媒介接触问题,以及由此引发的新的传播趋势。随着公众在获取新闻信息时对于数字媒体的依赖度的加深,不仅改变了受众的媒介接触行为,而且还塑造了新的受众形态,这些变化将给会议新闻的传播带来新的发展趋势。

一、圈子部落的定向推送将成为竞争新选择

数字媒体的出现,正在将传统媒体的大众变为一个个圈子部落——由职业、兴趣、爱好和利益形成的虚拟电子部落。传统媒体时代信息的大众传播,将被圈子部落的目标受众的定向推送所取代,因为数字时代的受众正在走向圈子化,数字公民的圈子以及圈子间的信息接触与互动正在成为一种潮流。圈子部落信息接触与话题偏好,在大数据面前将暴露无遗,这也为信息的定向推送创造了条件。同时,也是政治政策营销要十分关注的领域。

萨巴早在1985年就发现和描述了新媒体受众形态的特征:

---

① 黑格,哈罗普.比较政府与政治导论[M].张小劲,丁韶彬,李姿姿,译.北京:中国人民大学出版社,2007:7.

新媒体决定了片段化的、分化的观众,虽然就数目而论还算是大众,但是从信息接收的同时性与一致性来说,他们已经不再是所谓受众。新媒体已不再是传统定义上的大众媒体:传送有限的信息给同质化的视听大众。由于信息与来源的多样性,观众本身变得更会选择。目标观众群倾向于选择信息,因而强化了多区隔化,促进了传送者与接收者之间的个人关系。①

萨巴虽然没有用"圈子"来描述数字化受众群体的特征,但是,他运用营销学所主张的"区隔"概念,描述了新媒体"多区隔"的"片段化的、分化的观众"的受众特征,以及由此形成的传与受之间的"个人关系"的圈群化的现实。

我们看到,数字时代借助社交媒体,每个人都会形成若干个社交圈子,圈子与圈子之间互动频度一般由圈子成员所拥有的社会资本的广度和圈子成员的活跃程度所决定。虽然圈子作为一个个孤立的个体,其成员数量并不一定可观,但是由兴趣广泛且又十分活跃的成员跨部落的互动链接便可形成一个个部落圈群,尤其是在彼此共同关注的利益问题上,就会形成利益共同体——部落联盟。也就是说,圈子既是碎片化的,又是彼此链接的。一方面数字技术使大众社会分解为以圈子部落为特征的"微粒社会"②和"私社区"③;另一方面它又通过链接将"微粒社会"重构并整合为一个个利益共同体,这种情况在传统媒体时代是不存在的,而在数字时代将成为主流。

数字时代的会议新闻传播,目标受众日益走向圈子化,传播者面对着一个个圈子部落。尤其是"数字媒体正在蚕食大众媒体建立起来的统一文化版图"④,"越来越多的媒体争夺注意力,它们所争夺的受众变得越来越

---

① 转引自卡斯特.网络社会的崛起[M].夏铸九,等译.北京:社会科学文献出版社,2006: 420-421.

② 克里斯多夫·库克里克在其《微粒社会:数字时代的社会模式》中提出的概念。

③ 谢静在其《南京社会科学》2019 年第 1 期中提出的概念。谢静认为,借助于当前独特的地理媒介,人们以自我为中心,构造了自我与地方、自我与他人的多重关系,展示出散布式、碎片化的社区形象,并且在社交网络中以多种方式连缀、拼贴。这种社区形态打破了传统社区统一、稳定的公共形象,体现了个体与公共的矛盾性共存,因而称其为私社区。

④ 韦伯特斯.注意力市场——如何吸引数字时代的受众[M].郭石磊,译.北京:中国人民大学出版社,2017:3.

少"①。因此,数字时代的会议新闻传播所面对的不再是数量庞大的大众群体,而是由圈子部落形成的圈民利益共同体,这种形态更有利于准确定位目标受众群体及其定向需求的信息推送。

会议活动所形成的决议决策和政策,客观上促成了现实利益的益损群体。利益群体在现实环境和虚拟环境下的表现和活跃程度有所不同。现实的沉默(现实社会人们一般会选择搭政策便车,即都不愿意出头去争取利益,而愿意享受由别人带来的利益,因此,就一般情况而言,如果不是针对其本人的政策,多数人会选择观望与沉默)和圈子的活跃形成鲜明对比。在圈子中就共同关心的问题,人们可以进行自由的交流和讨论,交流讨论的方向则由意见领袖主导。圈子关系既是紧密的,又是松散的。圈子的紧密程度由议程与圈子成员的共同兴趣和利益关系主导,当议程涉及共同关心的利益问题时,就会促进形成更加紧密的关系,相反,圈子关系就会处于松散状态。紧密的圈子交流和讨论会形成共同的利益认知,一旦这种认知形成,一般不会轻易改变,这也为政治信息的传播带来了严峻挑战。

想要达成会议新闻的有效传通,要适应圈子部落的特点进行信息选择和定向推送,通过信息推送来嵌入和主导圈子的议程设置。推送机制作为数字时代的有效的用户测量机制,不仅为受众寻找媒体,而且也为受众内容选择提供了新工具。在这种新工具作用下,一方面受众借助推送机制建构着媒体形态和内容,另一方面媒体也在建构着受众。数字时代的圈子受众的媒介依赖是建立在信息推送的准确度和需求满足的符合度之上的,及时的议程设置将主导圈子部落的信息接触和舆论走向。

数字时代的圈子部落内部具有无法抗拒的信息接触环境,这种环境是由圈子的社交黏性和共同的信息偏好构造的,大数据可以捕捉并揭示这些偏好,这就为新闻的生产、建构和推送创造了条件。

正如前文所述,会议活动所形成的决议决策和政策具有明确的利益指向性,意在调整利益主体之间的利益关系,利益的获益群体和利益的损益群体都应该是会议新闻的目标受众。获益群体关注的是获得了哪些利益,获益程度怎样;而损益群体关注的却是在哪些方面受到损失,损益程度有多大,是否体现了政策的公正原则。根据利益群体利益的损益来建构和推送新闻,需要将各方关注的问题说清楚,特别是要体现政策的公正原则,从而使数字新闻的分众化传播不失社会整合的功能。会议新闻的推送,需要

---

① 韦伯特斯.注意力市场——如何吸引数字时代的受众[M].郭石磊,译.北京:中国人民大学出版社,2017:2.

媒介对于会议活动所产生的政治信息进行细化分类,并精心提炼新闻关键词,根据关键词建构新闻。一次会议可以生产出多条新闻,根据圈子部落的需求偏好进行准确推送。

数字时代,面对圈子部落的信息需求,媒介竞争的核心在于信息推送与圈子部落信息偏好对接的准确度和需求的满足度,以及媒介依赖的黏性程度。对接准确度、需求满足度和媒介黏附度检验的是数字时代媒介生存状态,"三度"高则生存能力就强,"三度"低则生存能力就弱。

二、延伸链接将成为受众深广阅读的信息池

推送只是解决了受传者应该看到的内容问题,还满足不了需要看到的内容。对于需要深广阅读的受众来说,一个简单的信息推送并不能满足其多层次的信息需求,满足这样的需求需要借助于超级链接技术将相关信息链接起来,形成一个资源丰富的信息池供需求者捞取。

超级延伸链接作为一种信息拉取工具,可以将相关主题内容跨页面、跨媒介地链接在一起,让相关信息打破时空界限汇聚起来,形成一个个资源丰富的信息池,供受众按照需求进行信息捞取。在这个信息池中,深广阅读者可以了解相关事件或有关问题的历史脉络,也可以多角度横向了解相关信息。丰富的信息资源,对于需要全面了解有关问题的目标受众而言,这是一个不错的选择。

参考消息网的"延伸阅读"就属于这种链接。网络打破媒介时空边界,国际国内各大通讯社的新闻报道,通过相关主题链接在一起,受众阅读完一篇新闻后,想要了解事件的前因后果和世界各国政府和媒介的反应、评价和看法,点击一下延伸阅读就会获得所需要的一切。例如,2018 年达沃斯论坛的会议新闻传播,参考消息网不仅及时汇聚了世界主要通讯社的新闻报道,全方位、多角度、多层次地报道了论坛情况,而且运用链接工具将历次达沃斯论坛的会议情况也同时提供给受众,为关注世界经济形势的公众提供了全景图和丰富的信息源。这一链接不仅有新闻信息,而且有世界各国国家通讯社的权威评论,还有相关专题的理论阐述,其信息资源可谓全面而丰富。会议新闻,尤其是"两会"新闻报道采用延伸链接可以延伸受众的信息触觉,不仅通过链接将历次"两会"情况呈现在受众面前,使他们对于国家发展脉络有一个清晰认识,而且也可以将政治人物的政治主张、政治理念进行延伸链接,让公众完整获悉这些政治主张、政治理念的来龙去脉、内涵价值等信息,还可以将相关政策信息通过延伸链接,供公众进行前后比较,获取政策走向信息,等等。同时,将历届政府常务会议链接起

来,公众可以让公众了解历届政府就有关问题的决议决策的调整重点和政策偏好,虽然这些信息比较综合概括,但是仍然可以让公众了解相关问题的历史走向与当代的政策调节偏好及其现实价值所在。

媒介的延伸链接能力是获得高层次受众注意力并产生媒介依赖的锚定器。在数字时代,谁拥有超级链接能力,获得丰富的且结构合理的信息资源,谁就能够获得竞争的先机与优势。

三、大数据挖掘将成为可视化传播的新形态

大数据新闻是数据驱动新闻的更高级的新闻形态,代表了新闻发展的未来趋势。"大数据新闻传播不同于传统新闻报道那样的简单数字交代,而是展示了一种从宏观与中观的层面对社会某一方面的趋势、动态和结构性的把握。"①

传统新闻的数字交代只是将数字作为一个佐证性的新闻事实,而数据新闻则是大数据挖掘所呈现出来的"趋势、动态和结构性"可视化的新闻形态。数据不仅能以各种电子表格赋予其无限的价值,还可以让电脑通过数据分析发现问题、找出故事②。"大数据的真正价值不在于它的大,而在于它的全——空间维度上的多角度、多层次信息的交叉复现;时间维度上的与人或社会有机体的活动相关联的持续呈现。"③大数据的这种特征,为数字时代的新闻传播提供了过去传统新闻难以企及的新优势。

数据挖掘是一种数据分析工具,运用数据分析工具来清洗数据、捕捉关联、构成数据逻辑,从而呈现数据意义。刘建明认为:"'大数据'不是指大量数据,更不是数据新闻的概念。一则新闻即使是使用一万个数据,也只能是数据新闻,而不是新闻的大数据技术。搜索、整合巨量数据,对事件做出新闻判断和真相判断,探知社会是非真伪,是大数据技术的潜在定律。"④运用大数据技术可以为会议新闻传播提供传统媒介所不能提供的便利。一是通过对历史和现实数据的纵向和横向挖掘,可以清晰呈现事物发展的趋势、不同阶段出现的波动,以及波动背后的成因,从而把握事物发

---

① 喻国明,李彪,杨雅,等.新闻传播的大数据时代范式变革:大数据时代新闻传播的革命性创新[M].北京:中国人民大学出版社,2014:2.

② 罗杰斯.数据新闻大趋势——释放可视化报道的力量[M].岳跃,译.北京:中国人民大学出版社,2015:4.

③ 喻国明,李彪,杨雅,等.新闻传播的大数据时代范式变革:大数据时代新闻传播的革命性创新[M].北京:中国人民大学出版社,2014:4-5.

④ 刘建明.媒介进化定律的历史解码[J].新闻爱好者,2018(5):7-11.

展的规律。可视化的趋势图谱的运用,可以让人们关心的诸如就业、教育、社保、收入等问题的变化以及发展趋势有一个立体可视的图谱呈现,为会议新闻的深度报道提供支持。二是通过网络文本信息挖掘,可以了解区域性关注的热点问题和区域性的社会诉求,从而把握区域性的社会情绪、社会心理与政府政策之间的关系,为会议新闻的定向传播和舆论引导创造条件。三是通过实时数据挖掘可以寻找重要的角度或完整的事实,把一些隐蔽的事件或社会问题揭示出来。尤其是对于人们议论纷纷的热点问题的揭示,透过实时数据所呈现的信息让公众看到事实真相。四是通过多层次、多区域关系和情感数据挖掘,可以让抽象的世界呈现出立体的情感动力图谱,讲述一个个精彩的情感故事,这将为会议新闻的社会动员提供动力支持。五是通过现实动态方位行为信息数据挖掘,可以呈现区域性即时变动的社会热力图谱,了解人们的现实行动轨迹,捕捉区域性的社会行动变化和可能发生的热点事件,为会议新闻的舆论引导提供参照。

大数据新闻的本质是基于"数据食物链"的新闻生产①。"数据食物链"是可供数据新闻生产的不同类别和来源的结构性和非结构性的数据集。"数据食物链"包括文本信息、图片信息、方位信息、关系信息、心理信息、行为信息和情感信息等在内的源数据和基于包括社交媒体平台、政府数据库、公共数据源、实时监测数据、APP应用和移动媒体等在内的平台信息②。"引用源材料和挖掘数据背后的故事,成为大数据新闻生产的有效途径。"③因此,没有全面的数据集的保障,数据新闻的生产只能是一句空话。

就会议新闻生产而言,需要多元化的"数据食物链"的挖掘。会议新闻的生产与其他新闻生产的数据结构有所不同。在会议新闻生产中,处于"数据食物链"顶端的是平台信息,尤其是政府信息平台拥有的数据信息、处于食物链中端的社会组织和行业信息源数据信息以及处于食物链的末端个人信息共同构成了会议新闻的数据集。通过这些处于不同层次数据集的数据挖掘和呈现,会议新闻可以为公众提供宏观、中观和微观行为主体的政治和社会行为的信息,有利于引导公众理解政治系统与社会系统互动所产生的政治政策偏好。

---

①③　喻国明,李彪,杨雅,等.新闻传播的大数据时代范式变革:大数据时代新闻传播的革命性创新[M].北京:中国人民大学出版社,2014:28.

②　喻国明,李彪,杨雅,等.新闻传播的大数据时代范式变革:大数据时代新闻传播的革命性创新[M].北京:中国人民大学出版社,2014:28－29.

在这些数据集中,政府平台数据信息在建构趋势性新闻和背景新闻中具有不可替代的价值。行业和社会组织源数据信息,尤其是涉及人的情感、心理、行为、关系、方位等数据信息,对于把握社会群体的区域性热点诉求、社会情绪和社会态度具有揭示性意义。政府、社会、行业和个人构成了大数据完整的食物链。在这些"数据食物链"中,政府信息的获得将决定大数据新闻的质量。因此,政府要强化数据信息开放意识,通过数据开放,为媒介挖掘新闻背后的数据与数据背后的故事提供支持,以满足公众的知情权。

四、脱媒将成为受众信息"拉取"的主渠道

政务网作为一种脱媒是政府信息发布的窗口,由于其所具有的权威性,日益成为公众获取政策信息的主渠道。

研究表明,公众通过政务网获取政府信息的高达50%,仅次于新媒体(新闻客户端)的62.27%,但却远高于传统媒体(报纸、广播电视)的20.45%[1]。这一数据说明政务网已经成为公众"拉取"政府信息的重要渠道。这一现象表明,政务网政策信息黏性正在增强,公众的渠道依赖已经形成。

政务网要成为稳定的公众政治信息"拉取"的主渠道,除了要公布政府的一些基本信息以外,还要详细公布以下信息,供公众随时"拉取"。

一是政策法规信息。公众依赖政务网,其根本目的是要获得各种政策法规信息。政策法规信息是政务网的拳头产品,不仅要将政策法规全文刊载,而且也要有政策法规问答、政策法规解析、政策法规出台的背景、过程和政策法规实施方案等信息,供公众方便拉取。

二是全方位的数据信息。政府是权威数据唯一拥有者。政府要提供全方位的数据信息。现在可以在政务网上了解历届政府工作报告、财政预决算报告、国民经济计划报告,等等。这些报告是社会公众了解政府运行状况的主要来源。但是这样的数据并不是现实数据的及时更新,比如季度数据,而是年度数据的迟滞性发布,这样的数据,虽然有用,但不够及时,影响了传播效果。除此之外,政府要打通部门和行业信息孤岛,实现数据信息联网、连通,同时,要将这些数据信息进行可视化的处理,让公众一目了然,这也是实现政治社会化的重要途径。

三是完整的决议决策信息。决议决策是政府回应社会诉求的政治输

---

① 数据来源于2016年绥化市受众媒介接触与新闻接收偏好调查。

出,将完整的决议决策信息通过政务网及时发布出去,公众可以及时了解政府决议决策内容、过程和决议决策背景以及政策的社会利益指向。同时,透过决议决策信息,公众可以了解政府运行质量和效率,检验政府绩效和作为。政府应该全面准确地发布决议决策信息,同时,要学会从公众需求角度来建构和发布这些信息。

四是历史信息。历史信息反映一个行政体系的历史变革进程,这些历史信息呈现着不同阶段、不同历史时期有关领域的发展变化状况,透过历史可以把握该领域的变革特点、经验教训和特殊的历史事件产生的背景和发展趋势,等等,为公众理解现实政策提供历史注释。

以上这些信息不仅可以为会议新闻的建构提供可靠的事实信息,而且也可以为公众全面了解政府决议决策和政策安排提供准确的参考依据。

五、1×1×N将成为会议新闻传播的新模式

1×1×N传播模式是指一次会议×一篇综合报道×多角度、多层次、多形态的信息挖掘和多媒介的信息传播,实现信息价值链的增值和延伸。这种传播模式以满足不同目标受众的定向需求为原则,其所追求的是差异化的信息乘数效应和多个目标群体的信息满足。1×1×N信息挖掘传播模式是数字时代媒介竞争的不二选择,是解决新闻同一化、同质化,实现信息多层次增值,将分众化的漂移注意力锚定下来的取胜之道。

传统的1+1+N传播模式,即一次会议,N个媒体、N种媒体、N级媒体只传播一篇新闻。这种传播模式是传统大众媒介时代的产物。这种传播模式假设其所面对的是泛在且同一化的大众,因此,一次会议只有一篇综合性的信息公告。由于这样的传播将多个议程的内容概括压缩在一起,通过一篇综合报道的形式向大众传播,且这种传播的目标受众似有却无,信息内容又是高度抽象风干的,因此这样的传播无论是谁都无法获得其核心的定向需求信息,这也是会议新闻很难成为公众议程的重要原因。

1×1×N传播模式将成为数字时代媒介的竞争焦点,其取胜的关键是围绕不同的目标受众的定向需求,进行分众化的信息挖掘和信息价值的重构。同时,也将打破一次会议只有一篇新闻、一次传播的千人一面的僵化模式。这一模式主张舆论的统一,但不能同一。国家级主流媒体发一篇综合报道,以锚定舆论基调,其他媒体可以根据其受众区隔与定位进行信息挖掘和重构,呈现多层次、多形态、多角度、多篇次的立体传播样态,这样的传播可以满足不同目标受众的多层次信息需求,更为重要的是容易形成公众议程,促进实现决议决策的政治社会化。

传统媒体的传播话语权掌握在传播者手里,其新闻价值考量是基于传播者的价值偏好,而数字时代的媒介权力则已转向受众,新闻价值考量是基于受众需求的定向满足,即受众需求价值将决定新闻价值的大小。因为"算法推送最大的特点是能够处理人工编辑无法掌控的海量信息并识别用户喜好、实现定制化推送"①。1×1×N 传播模式正是在数字场景下,基于算法为新闻内容生产与目标受众定向需求相适配提供了可靠的技术支持。无论是传统媒体时代,还是数字媒体时代,内容都是新闻生产的核心要素。其区别在于新闻内容细分与目标受众需求之间的适配程度。传统媒体的会议新闻内容的生产,虽然也试图通过"独家新闻"和"深度报道"来锁定高层次目标受众,但是这种适配也只是一种纵向的划分,即一般受众与高端受众。而基于算法的内容生产,则是一种横向的市场区隔与内容细分,即不同目标受众定向需求的准确适配。尤其是那些会议议程众多的会议新闻传播,通过受众与内容的细分来满足不同目标受众的定向需求将是数字传播的新趋势。也就是说,通过算法对于不同群体需求的精准计算,来进行内容细分与不同目标受众定向需求的多向推送,以"实现对信息需求长尾市场的挖掘,并完成内容与需求的合理匹配"②。

数字时代会议新闻的传播形态将随着数字技术的发展而日益成为受众需求主导的传播形态,同时可以预见的是,大数据挖掘和分析将成为普通公众判断形势,获取决策依据的重要工具,这也将对会议新闻传播提出更高的要求。面对数字时代的受众,媒介和记者的数字素养将决定媒介的新闻传播质量和效果。

---

①② 王斌,程思琪.反推式变革:数字环境中的新闻消费特点和转型路径[J].新华文摘,2019(3):152.

第七章　会议新闻传播渠道论

——基于媒介生态位理论的分析

拉斯韦尔在其《社会传播的结构与功能》一文中提出了著名的5W传播模式,全面考察了媒介的传播过程。在学术界,他是最早提出"通过什么渠道"传播的学者。

他在分析传受互动时指出:"传播线路之单向或双向,由传者和受众互动的程度来决定。"①由于时代所限,拉斯韦尔传播模式对于媒介渠道的研究只涉及了报纸、广播、电视、电影等传统媒体,并运用生物学原理对于各种媒介的"特化"传播方式及其相互关系进行了比较研究,探讨了传者与受者的媒介传播和信息接触行为。在这篇论文中,拉斯韦尔不仅探讨了不同媒介的"特化"传播方式对于受众产生的不同影响,同时也暗喻只有即时互动的传播渠道,才能激发受众在信息传受中的能动作用,实现有效传播的目的。

除此之外,麦克卢汉也曾提出"媒介即信息"的命题。他是在提醒人们,"媒介是一种巨大的社会象征,不仅传递信息,而且告知人们存在着一个什么样的世界"②。在影响受众获取传播效果上,不仅媒介传输的信息是重要的,就媒介改变社会生活形态的动力而言,往往新的媒介形态更为关键。任何一种新媒介的问世,不管传递了什么样的内容,媒介本身都会引发社会的某些变化。麦克卢汉的观点虽然带有技术决定论的味道,但是,却揭示一种新媒介的诞生所承载的时代意义,而且,这种时代意义将影响公众的媒介接触和选择。

---

① 拉斯韦尔.社会传播的结构与功能[M].何道宽,译.北京:中国传媒大学出版社,2013:43.

② 转引自周宝荣.印本时代的到来与宋朝社会的读书风尚[J].河南社会科学,2009(3):125 – 127.

第一节　注意力"生态约束"与媒介的"时空生态位"

"生态约束"是借用生态经济学的一个概念,是指生态对于经济增长所提供的物品和服务能力的稀缺性。生态经济学认为:"经济增长正在削弱我们最终依赖的自然提供物品和服务的能力,这些自然提供的物品和服务已经成为新的稀缺资源①",生态成为经济增长的硬约束。同样,在信息丰裕时代,注意力也已经取代信息成为十分稀缺的资源,并且成为信息时代的硬约束。

一、注意力获取＝信息独特性＋定向需求满足/媒介选择机会

新旧媒介竞争的核心是注意力资源,而注意力黏性取决于受众信任与信息的品质与价值。数字时代受众注意力同时处于分化与聚合的状态。一方面数字媒体促进了无尽的受众分化,另一方面我们的社会性本质和过滤机制的流行度偏好也使得公众的注意力走向集中②。媒介的生态位宽度其实就是注意力资源获取的宽度。随着信息的爆炸式增长,信息已不再是"硬约束"条件,恰恰相反,注意力却成为一种十分稀缺的资源。而注意力资源获取的宽度则取决于媒介提供的信息独特性与受众信息获得的满足感和满足机会的等值性。这作为一种定律支配着受众的注意力投放,同时,也将支配着媒介的信息选择、生产和传播。

其公式是:

注意力获取＝信息独特性＋"定向需求"满足/媒介选择机会

信息独特性是在信息丰裕环境下,获取受众注意力的先决条件。辩证地看,信息丰裕时代信息既是丰裕的,又是短缺的,注意力资源既是短缺的,也是富余的,这是这个时代的独特悖论。信息是丰富的,又是短缺的,这是说随着数字媒介的发展,信息数量呈指数级增长(同质化的重复),让人应接不暇,同时,人们所需要的信息却又难以获得满足;注意力是短缺的,又是富余的,这是就信息的应接不暇的数量级而言,受众的注意力是短

---

① 戴利,法利.生态经济学:原理与应用[M].徐中民,张志强,钟方雷,译.郑州:黄河水利出版社,2007:14.

② 韦伯斯特.注意力市场——如何吸引数字时代的受众[M].郭石磊,译.北京:中国人民大学出版社,2017:102.

缺的,而对于受众的注意力分配而言,受众的注意力一般不会漫无边际地投放,只能投给其感兴趣和需要的信息,就此而言,注意力又是富余的。

就信息与受众的关系而言,独特性信息是建立在目标受众的准确定位和定向需求的信息满足上,它属于"私人订制",因此说是独特性的,它不是面向泛众的模板化的信息生产与传播。越是在同质化的信息丰裕时代,越需要信息的"私人订制"的定向满足,模板化的信息生产将失去竞争力。媒介需要挖掘的就是满足不同目标受众定向需求的"独特性信息"的竞争优势,谁具有这样的能力,谁就会获得稀缺的注意力投放。

定向需求满足是针对目标受众而言的,满足目标受众的定向需求,是注意力稀缺时代对于媒介俘获受众注意力能力的检验。定向需求的前提是要准确定位目标受众是谁,也就是说,信息是谁需要的,谁需要信息的哪些方面。目标受众确定了,新闻建构就有了信息选择的定向牵引。因此,满足目标受众的定向需求,应该成为新闻建构和获取受众注意力的一个操作原理。任何偏离目标受众定向需求的新闻建构,都将因难以获得受众的注意力而失去竞争力。《参考消息》之所以在世界报业纷纷关闭的情况下,用户不减反增,其秘诀和核心竞争力也就在于此。

媒介选择机会是受众注意力有效投放的理性行为。受众的媒介接触的选择,其实是注意力有效投放的选择。有效投放是指受众单位时间内注意力投放的信息黏性。信息黏性是指独特性信息对于受众的吸附力,即停留的时间维度,停留时间越长,说明信息的价值越大,对于公众的满足程度就越高。如果单位时间内注意力在媒介和信息间跳来跳去,说明信息黏性不足,那么有效投放也就无从谈起。

这一公式是说受众对于信息的关注度是受信息独特性牵引的,而这种独特性又是由受众的兴趣与需求决定的。理论上讲,受众的信息选择机会对于任何媒介都是平等的,但在其他条件相等的情况下,受众的选择机会只能给予那些具有独特性的信息品质且能够满足其"定向需求"的媒介。

受众接触媒介获取信息是为了满足其某些方面的需求,选择电视,那么就要放弃选择接触其他媒介的机会,而这种机会的选择,只能以信息与满足需求价值的最大化作为衡量标准。对于年轻受众而言,更多选择移动客户端获取信息,即由传统媒体的物理分割和碎片化的信息获取,转向数字媒体融合的整体信息满足,其本质上并没有改变获取信息的目的,只不过移动客户端提供了方便的信息接收工具,受众可以在"信息超市"上选择自己需要的信息,也就是说,受众所消费的仍然是融合了不同介质上的信息。因此,在媒介融合时代①,无论哪一种媒介所应关注的,或者核心关切的都应当是满足不同目标受众"定向需求"的信息提供,而不是单纯的新技术应用,不然,即使是实现了媒介融合,也会由于缺乏满足受众"定向需求"的独特信息的提供,而失去获取受众注意力资源的机会。

在媒介融合的生态环境下,大众传播正在退出历史舞台,分众化、定制化,满足目标受众"定向需求"的信息将成为新的新闻接收定律,同时也将决定媒介的生存状态,这也是融媒时代媒介生存的不二法则。

二、"满足—效用生态位"理论

媒介生态位的研究发轫于美国传播学界。迪米克在 20 世纪 80 年代初期,采用生态位理论对多种不同的媒介产业竞争、演变与发展进程做出解释,并形成了《媒介竞争与共存——生态位理论》一书。在这本书中,迪米克不仅运用生态位理论分析了媒介竞争与共存现象,而且提出了"满足—效用生态位"②理论。

"满足—效用生态位"概念的界定要素包含:"'获得的满足'的宽度,与其他媒体'获得的满足'的重叠程度,以及与其他媒介相比在'获得的满足'方面的相对优势。"③该理论认为:"获得满足的潜在资源维度可以通过因子分析的方式获得。"④无论是生态位宽度、生态位重叠,还是生态位优势,某个指数都可以在通过因子分析得出的各个维度上分别进行计算。迪米克认为,生态位重叠和优势是一种新媒体要替代旧媒体的普遍规律,这种替代有一个前提,即它必须能够提供旧媒体所提供的大部分满足效用和必须优于旧媒体的这样两个条件⑤。

"在媒介共存的场景中,我们看到的是媒体间的生态位差别,这种差别的存在将媒体竞争控制在可以接受的范围之内而允许竞争者共存。"⑥迪米克揭示了媒介替代规律和媒介差异化竞争的生存法则。替代旧媒介的

① 李春雨.媒介融合时代地方台生存策略选择[M].长春:吉林文史出版社,2003:1.

② 迪米克.媒介竞争与共存——生态位理论[M].王春枝,译.北京:清华大学出版社,2013:133.

③④ 迪米克.媒介竞争与共存——生态位理论[M].王春枝,译.北京:清华大学出版社,2013:135.

⑤ 参见迪米克.媒介竞争与共存——生态位理论[M].王春枝,译.北京:清华大学出版社,2013:139.

⑥ 迪米克.媒介竞争与共存——生态位理论[M].王春枝,译.北京:清华大学出版社,2013:140.

新媒介,虽然能够获得旧媒介原有的资源,但是,如果没有差异化的市场定位,很容易就会被其他媒介进入者所替代。因此,"生态位特化媒体"[①]相对于"生态位泛化媒体"[②],虽然在需求兴趣满足宽度上略显不足,但是,在生态位重叠的竞争环境下,"特化"媒介生态定位是锁定目标受众群体的理智选择。在生态位重叠的竞争环境下,具有"特化"生态位市场定位的媒介,满足目标受众"定向需求"的能力将比"泛化媒体"的适应性更强,其媒介竞争的生存能力也会更强。邵培仁在其《传播生态规律与媒介生存策略》一文中也指出:"用生态学中生态位规律的观点看,任何一种媒体都必然有其特殊的时间与空间上的生态位(Niche),亦即有其特殊的生存与发展的土壤和条件,以及它在这一状态下的特有行为和作用,很少有两种媒介能长期占有同一生态位。"[③]邵培仁的研究也证实了媒介独特的生态位定位在媒介竞争中的重要性。

按照"满足—效用生态位"理论,媒介的成功替代是有别于同一生态位上的其他媒体"获得满足"的相对优势决定的。也就是说,同一生态位上的媒介相对优势是有别于其他媒体的受众获得信息的满足程度。在媒介融合条件下,媒介生态位竞争状态由媒介的时空分离状态,变为时空聚合重叠状态,各种媒介的生态位竞争由现实的分离竞争,转为虚拟的聚合竞争,竞争的本质仍然是点击率和关注度,而吸引关注度和点击率的永远是具有独特价值的内容。广告商由过去依据发行量和收视率投放广告资源,改变为依据点击率和关注度来投放广告。媒体的黏性主要靠媒介内容赋予,而不单纯是媒介形态,媒介形态只是创造了将内容送达需求它的受众手里的渠道,而不是相反。因此,媒介替代的核心仍然是满足目标受众差异化的信息需求。

在竞争的传媒生态环境下,受众需求和信息内容决定传媒的生态位宽度。反映传媒生态位宽度的受众不同,其信息需求动机和内容需求以及信息的呈现形态同样不会相同。正因为如此,不同传媒生态位宽度得以形成,各种媒介在竞争中得以生存。媒介生态位宽度与自然界种群的生态位宽度性质不同,自然界种群生态位宽度是由自然资源状况(营养生态位)决定的,一个种群消耗了,就要影响其他种群的生存,而媒介生态位宽度则是由受众和信息共同构成的。一个信息的价值是由不同媒介多角度、多层

---

①② 迪米克. 媒介竞争与共存——生态位理论[M]. 王春枝,译. 北京:清华大学出版社,2013:142.

③ 邵培仁. 传播生态规律与媒介生存策略[J]. 新闻界,2001(5):26-27,29.

次挖掘与呈现实现的。信息呈现的符号和角度不同,接收的受众也不会相同,信息在不同媒介采集和呈现中,并没有因此而消耗掉或者减少其数量和价值,改变的只是媒介呈现的形态和根据不同受众群体需求信息挖掘的程度。因此,这就为不同媒介不同的受众定位和信息需求提供了选择空间,尤其是在媒介融合的条件下独特的受众定位和信息定位,将决定其生存状态,试图靠一家独大来满足所有人需求的媒体是不存在的。"平台型媒体"本身并不提供内容,它只是提供了一个"信息市场",在这个"市场"上,各种信息"供应商"利用平台发布信息,形成应有尽有的信息超级市场,受众可以在信息超市上寻找满足其需求的信息。在"平台型媒体"上,同质化的信息将失去"摊位",因此,独特的信息提供,尤其是满足目标受众"定向需求"的信息,才是获得竞争优势的所在。

第二节　媒介不同"时空生态位"与注意力资源的获取

不同媒介介质造就了其特有的时空边界和生态位宽度,不同的时空边界和生态位宽度使媒介获得了不同的生态位营养资源,同时也吸附了不同的受众群体。

在媒介生态位重叠、竞争日益激烈的情况下,了解哪些因素决定受众注意力投放,比以往任何时候都显得重要,因为媒介注意力资源的争夺,是一种零和博弈。如何认识和发挥媒介自身优势,采取适当的竞争策略捕获属于"特化"媒介的注意力资源,将成为竞争生存的制胜法则。

一、报纸"有限空间生态位"的注意力获取

在诸多渠道中,报纸的大众受众媒介依赖度虽呈下降趋势,但仍然是可信度比较高的媒介之一。这种下降只是作为纸质介质形态的市场改变,而其数字介质形态的信息受众阅读仍然具有相对的稳定性。

自广播电视特别是数字媒体诞生以来,"报纸灭亡"论就不绝于耳,但时至今日,报纸并没有消亡。从报纸的营养生态位看,高知识阶层、高收入等高社会阶层群体仍然是其生存的生态位资源。据喻国明等 2014 年对我国城市居民媒介接触与使用的调查显示:大学以上群体的纸媒读者比例达到 62%,月收入 2000—9999 元的中高收入群体中报媒读者占比 50% 以上,而万元以上极高收入群体中比例达到 72%,纸媒在管理阶层、离退休、

其他、私营企业主、办事人员等五类高级社会阶层群体中占 50% 以上①。受众不仅决定媒介形态,而且还决定媒介内容的生产。报纸能否生存下来,取决于能否满足高社会阶层群体对于高质量信息的需求。高质量信息的生产定位,是报纸在生态位重叠的竞争环境下的生存之道,也是锁定利用数字形态获取高质量信息读者的取胜之道。

报纸的媒介融合是必然趋势,在融合的生态环境下,报纸应当具有开放的心态,摒弃狭隘的门户之见,不要将生存空间仅仅局限于自身媒介的融合上,而要把"平台型媒体"作为新闻信息传播的新渠道。"互联网时代传媒产业的价值链需要在一个更为广域的市场空间中重新架构……互联网基于去中心化的本质,通过'平台化'进行再中心化过程,不断重复开放—集中—开放—集中的发展进路。"②这已经成为一种规律,而且,也在重构媒体与媒体,媒体与受众的关系。平台型媒体凝聚了庞大的用户群,而传统媒体作为内容供应商,凭借其独特的内容将成为受众一站式获得新闻信息的不二选择。这种融合形态在国内外都已经形成了某种共识。Facebook 与众多传统媒体的内容提供商合作,第一批合作包括《纽约时报》、美国国家广播公司 NBC News 等。近期 Instant Articles 为了拓展亚洲市场,又与亚洲数十家媒体合作,其中包括中国的 CCTV News,而且文章在 Instant Articles 上加载的时间更快、用户体验更佳。由于媒介接触习惯,融合后,就新的媒介形态而言,其未必适应老年受众群体的接收习惯,但是,为获得依赖于"平台型媒体"新闻接触的年轻受众群体,特别是知识阶层受众群体提供了可能。

报纸的可信度和深度是获取受众注意力资源的优势所在。这种优势主要来自于对长期形成的职业规则的坚守和对专业主义采编队伍的培养。报纸决不能走大众化的路子,必须坚守高端人群的市场定位,不能试图觊觎大众市场,而失去高端群体。在当前的中国媒介市场上,尤其是新媒体高度发达的情况下,娱乐、大众性的信息并不缺少,且俯拾皆是,缺少的恰恰是思想、观点和见识的引领,以及对于形势的准确判断、对处理复杂矛盾和问题的独到见解。谁能够提供这样的信息,谁就将拥有稳定的高端市场空间。正如喻国明等所指出的那样:"社会信息流通中什么东西(或特质)

---

① 喻国明,等.移动互联网时代我国城市居民媒介接触与使用——基于"时间—空间—行为—关系—心理"五维研究框架的考察[M].北京:人民日报出版社,2016:335 – 337.

② 喻国明,丁汉青.传媒发展的范式革命:传统报业的困境与进路[M].北京:人民日报出版社,2016:212.

在社会需求与实际的供给之间越出现一种短缺性的矛盾和现象,则这种短缺的东西(或特质)就越会成为人们追逐和渴望的对象。"①这已经成为人类一个具有恒常性的规律。公信力、解析力、思想力是报纸特有的优势。

在会议新闻传播方面,报纸尤其要做足、做好提供高质量信息的文章的工作。按照"满足—效用生态位"理论,报纸要突破时空局限,在媒体竞争中获得生存,必须以其生态位"特化"优势和创新方式锁定高端的目标群体,而不应该走"泛化"的传统老路。

(一)以独家报道锁定目标受众注意力

报纸生产的时空凝固性,与广播电视相比,尤其是与网络新媒体相比具有天然的缺陷,报纸新闻一经排版印刷便不可变更,即使是新闻事件有了新的发展和变化,也只能待第二天报道或第二批次的报纸印刷。报纸的"空间生态位"局限性,导致其新闻时效性竞争优势的丧失。报纸时效性的相对劣势,却为报纸的深度挖掘和精细生产创造了条件。报界一些成功的实践证明,独家报道已经成为其屡试不爽的取胜之道。当年新华社李希光报道组,采访报道全国院士大会,从会议提交的学术论文中发现了三十多条独家新闻就是最好的证明。这种以独家报道弥补"时空生态位"不足,强化报纸的独家线索、独家主题、独家视角优势,在会议新闻报道竞争中可以得到充分展现。要拥有这种优势,首先需要媒介经营好信息来源,尤其是不可低估会议新闻报道经营好信息来源的重要性。信息来源不仅要求同党委政府职能部门,而且还要同政策研究部门、政策咨询部门、政府智库等建立密切的联系,及时获取有价值的政治信息,尤其是正在形成的政策信息和解读性信息,这将为会议报道独家新闻提供先机。同时,要求记者善于从会议材料等众多的信息渠道挖掘独家新闻。广播电视采访需要联系采访对象,需要采访对象安排出时间,在镜头前接受采访,一旦采访对象安排不出时间,采访将难以进行。报纸记者则轻松灵活得多,可以以采访对象的时间为准,通过网络、电话和微信等多种方式进行采访,这为报纸的会议新闻报道带来了方便。

(二)以优质信息凸显传播优势

在重叠的生态位竞争中,报纸应该锁定主流社会人群,他们是拥有更多的消费话语权、知识话语权、管理话语权的"社会动力族"。"媒体,尤其是试图成为最具有社会影响力或特定领域影响力的主流媒体,保持其主流

---

① 喻国明.媒介的市场定位:一个传播学者的实证研究[M].北京:北京广播学院出版社,2000:292.

地位的秘诀就在于'随动'——伴随这一主流社会人群的转移而转移自己的目标受众的定位,力争成为服务于现阶段社会或某一特定领域内主流人群的传播媒介,成为他们所应倚重的基本资讯来源、思想来源和观念来源。"①报纸的读者,不同于广播电视和新媒体的受众,他们的文化素养较高,尤其是会议新闻的受众,是作为公众受众形态存在的,公众受众对于新闻信息的需求在质的高低和信息结构的合理程度而不在量的多少。他们需要通过高质量的信息,来获得国家重大决议决策和政策信息,以消除不确定性带来的影响,从而调整其政治、经济、社会及文化活动的决策。喻国明分析:"报纸作为一种信息生产方式的总称,并不仅仅指那一张纸,报纸在形式上会变化,但在内容上,它没有失去对信息的提纯和精致化生产的优势。而且随着信息越来越多,人们对梳理信息的要求只会更多。报纸对于信息的选择、整理、判断、分析的价值不仅不会过时,而且需求会更加迫切。"②正因为社会公众的这种需求,报纸可以发挥优质的采编资源优势,在信息选择上注意目标受众的需求,注意提供决议、决策和政策的背景信息,决议、决策和政策影响的政策指向性信息以及发展趋势的预测判断信息,等等。这些信息是目标受众所需求的。只有如此,才能克服"有限空间生态位"缺陷,在有限的版面空间释放信息无限的价值。

(三)以深度解读赢得受众关注

报纸的新闻传播一般靠文字来陈述,虽然可以提供图片信息,但那也只是历史瞬间碎片化的现场定格,其对于新闻事件的信息还原能力远远不如广播电视和网络媒体。"在对重大会议新闻事件进行报道时,报纸难以在直观性维度上与动态信息传递、实时还原事件过程的视频相媲美。即使使用图片直播的方式,仍然难以按时间流动、帧点方式呈现事件原貌,难以让受众身临其境地感受新闻。"③尽管如此,报纸的阅读对于深层信息理解的重复性接触,要优于音视频信息传播的浅表化和瞬逝性。尤其是对于政治性、政策性信息传播的会议新闻来讲,报纸是比较理想的传播工具。也就是说在其他媒体满足受众一般性信息、浅表性信息的情况下,只有提供差异性、思想性、解读性的信息,才能获得受众的关注,因为"新闻最大的力

---

① 喻国明.解析传媒变局——来自中国传媒业第一现场的报告[M].广州:南方日报出版社,2002:20.

② 喻国明.预言新媒体打垮报纸为时尚早[EB/OL].[2019-07-01].https://opinion.huan-qiu.com/article/9CaKrnJxt23.

③ 张勤.中国报纸会议新闻报道融合论[M].北京:中国出版集团,2013:40.

量,不是告诉受众去关注这个问题,而是告诉受众如何看待这个问题"①。而且那些"敢于触及社会的本质问题,说真话,推论深刻精彩,反映人民的内心愿望,仍然有大批读者"②。邵培仁指出:"在大众传播中,当代媒介的一般信息、表象信息、共同信息已经可以满足受众的一般需要,因此,媒介往往不能有效地通过它来大幅度提高受众的信息接受积极性。但受众迫切需要的真相信息、重要信息和对受众有价值的知识信息、思想信息,因其资源比较匮乏、生产成本比较高,而往往成为影响传播效果、提高收视率的微量营养元素。"③邵培仁所说的"微量营养元素"其实是指信息对于受众思想和身心滋养的效用性。对会议的重大决议决策和政策信息,如果只是表面化的公告呈现,那么受众对于决议、决策和政策信息的含义就将难以理解,他们需要多侧面的信息解读。会议信息符号与内涵往往具有深层意义,既需要记者的信息解码,将政策信息转化为受众易于理解的叙事框架和修辞,也需要受众投入一定的时间和精力反复咀嚼与理解,报纸可留存的特性更有利于受众的反复接触。报纸会议新闻报道区别于其他媒体的优势,就在于对于重大决议决策和政策信息的深层解读上,既可以提供图表解读信息,也可以提供政策的专家解读,还可以提供政策的利益关联性解读,通过解读来优化新闻的传播效果。

二、广播电视"有限时空生态位"的注意力获取

广播电视仍然是目前受众覆盖数量最大的媒体。据复旦大学《新传播形态下的中国受众》研究分析,全国平均每户拥有电视机 1.35 台,收音机平均每户 0.35 台,四大传统媒体接触频率依次是:电视(平均每周 6.29 天)、报纸(每周平均 1.06 天)广播(每周平均 0.77 天)和杂志(每月平均 1.07 天)④。广播电视突破了报纸对于受众信息接收上的教育和文化程度的约束,使普罗大众能够从广播电视中方便地获得信息,同时,也突破了报纸有限空间生态位的局限,使传播可以跟进事件的发生、发展、变化的不同阶段,给予全程传播呈现。尽管如此,广播电视的"时空生态位"仍存在一定的局限性。广播电视的线性传播,受众难以进行自主选择,同时,单向式线性传播也限制了传受互动沟通的可能。广播电视"有限时空生态位"的

① 李希光.传媒人才不等于新闻人才[J].新闻界,2002(5):23-26.
② 刘建明.重提报纸消亡的话题[J].新闻与写作,2009(1):26-28.
③ 邵培仁.传播生态规律与媒介生存策略[J].新闻界,2001(5):26-27,29.
④ 李良荣.新传播形态下的中国受众[M].上海:复旦大学出版社,2013:22.

突破,也有赖于自身优势的释放。

(一)现场信息同步传播的呈现力

广播电视具有独有的传播优势,即现场信息的同步传播,而且这种传播所释放出的信息是未经改变的原生态信息,与报纸和其他传统媒体相比,具有无与伦比的真实性和客观性。广播电视在会议新闻传播中,现场同步传播,便于公众全面了解会议进程中所发生的一切信息,将公众置于虚拟的会议现场,成为会议活动的一员。特别是党代会上党的总书记代表中央委员会所做的工作报告,国务院总理做的政府工作报告,以及人代会后国务院总理的记者招待会,都是国际社会和国内公众关注度最高的现场直播。社会公众透过现场直播,全面了解党和国家的政治主张和政策信息,同时,对于一些重大的政治主张和政策信息,媒体邀请的专家进行现场同步解读,使这种传播形成了媒体与会场、媒体与公众的即时互动,有利于引导公众对于重大的政治主张和政策信息"怎么想"。

(二)情态语言准确传递的表达力

在人类的传播活动中,情态语言是丰富多彩的,其传播信息的意义也是丰富的,有时其表达的细微变化和意义是难以用语言准确传递的。由于广播电视是一种音视频符号传播,将新闻事件、新闻人物的情感、语言变化细节能够准确地传递给公众,特别是对于情态语言的表达是其他传统媒体所难以企及的。在会议新闻传播中,广播电视在情态语言的捕捉和表达上显示了它的优势。

1998年3月,九届全国人大一次会议结束后,在举行的记者招待会上,凤凰卫视记者吴小莉向时任国务院总理朱镕基提问:"亚洲金融风暴对于香港的影响在今年已经陆续显现了,中央政府对于香港的经济困难和困境会采取什么样具体的措施来加以支持? 另外,海外的媒体对您的评价相当高,外界有人说您是'铁面宰相',或者说'经济沙皇',想请您谈谈您在进行改革过程当中的心路历程,有没有曾经想过沮丧,想要放弃过?"应当说这一问题触动了朱镕基总理复杂的情感世界。在回答前一个问题时朱镕基随着情感的变化,语调先平后扬,他说:"中央政府高度评价特别行政区政府采取的政策,也不认为香港在今后会遇到不可克服的困难,可是如果在特定的情况下",说到此时,朱镕基语调上扬,铿锵有力,并且做出坚定的手势,"万一需要中央帮助,只要特别行政区政府向中央提出要求,中央将不惜一切代价维护香港的繁荣稳定,保护它的联系汇率制度。"回答完第一个问题,朱镕基语调淡定地说:"对外界称我为'中国的戈尔巴乔夫''经济沙皇'等,我都不高兴。这次九届全国人大一次会议对我委以重任,我感到任务艰巨,怕辜负人民对我的期望。"说到此时,朱镕基的语调开始由淡定转为果决和坚定,其神态也更加严肃,他接着说:"但是,不管前面是地雷阵还是万丈深渊,我都将一往无前,义无反顾,鞠躬尽瘁,死而后已。我虽然很怕辜负人民的期待,但是我很有信心。只要我们高举邓小平理论伟大旗帜,在以江泽民同志为核心的党中央正确领导下,紧紧依靠全国人民,我相信本届政府将无往而不胜。"①朱镕基回答问题时所展现的神情和话语,充分显示了中央政府对于香港坚定的支持,同时,也展示了朱镕基总理面对国内困难重重的改革形势所表现出来的大无畏气魄。

朱镕基之所以发出"不管前面是地雷阵还是万丈深渊,我都将一往无前,义无反顾,鞠躬尽瘁,死而后已"②的感慨和果断决绝的誓言,是因为当时中国的改革事业正处于艰难的低潮期,中国社会面临重要历史关头。改革成功与否不仅考验着新任国务院总理,更考验着中国共产党和中国政府。但是,成功的改革不仅需要政治勇气,更需要趟过一个个雷区,突破一个个障碍。时至今日,回想起朱镕基那庄严凝重的神态、果断的话语和艰难的改革历程,仍令人肃然起敬。

(三)权威信源直面解读的公信力

霍夫兰的态度转变心理学研究发现,传播效果在很大程度上取决于传播者的权威。受尊敬程度较高的人如果支持一句话,就相当于这句话就是这个人所说的,而尊敬的程度则来源于信源的专业性和可信性。广播电视在会议新闻传播中,常常邀请一些知名学者和专家,以及一些权威部门就会议的重大决议、决策和政策通过媒介进行直接解读和阐释,其权威性、可信性要比通过记者的转述要高得多。因为通过记者的转述常常会受记者意识形态或主观认识的影响,难免出现不准确或者偏颇的倾向,影响了信源的公信力。

三、传统网络媒体"相对无限时空生态位"的注意力获取

以新闻网站为主体的传统网络媒体,由于受网络连接和空间移动限制,其时空生态位体现着相对无限优势。据中国互联网信息中心(CNNC)第33次《中国互联网发展状况统计报告》显示,截止到2013年12月底,中国网民规模达6.18亿,人民网等主要新闻网站和QQ新闻等主要商业新闻网站的总覆盖人数达到7.3亿,总页面浏览量达到1135亿次③。传统网

---

①② 朱镕基答记者问[M].北京:人民出版社,2009:8.

③ 唐绪军.中国新媒体发展报告:2014[M].北京:社会科学文献出版社,2014:2-17.

络媒体的有限时空生态位优势释放体现在以下方面。

（一）完整的信息结构满足了公众多层次的信息需求

新闻网站在会议新闻传播中，释放了相对无限时空生态位优势。在全国"两会"或国际、国内重要会议新闻传播中，通过设立新闻专题和网络专页，提供组合式的信息，既提供不同角度的新闻信息，也提供新闻解读和专家访谈；既提供即时的会议现场同步直播信息，也提供完整会议文件信息。可以说，信息结构比较完整，基本满足了社会公众的多层次的信息需求。

（二）无限链接突破了时空局限延伸了新闻价值链

网络具有天然的开放性，联通四方、无远弗届，全球任何一个只要有网络的地方，就可以链接到那里的网站获取信息。会议新闻传播也是如此。不仅人民网等主要新闻网站，而且凤凰网等主要商业网站，包括美联社、法新社等世界主要新闻社网站也在传播。网络媒体的无限链接技术，为信息的跨区域的空间传播提供了便利，同时，也为获得世界主要新闻网站的信息创造了条件。链接世界主要通讯社的新闻网站对于我国重大会议的报道和解读，使我国公众获得了丰富的相关资讯，构成了国内媒体与国外媒体相互补充、相互参考的传播优势。

（三）大数据运用准确捕捉目标受众的需求热点

大数据是人们运用无处不在的数据微处理器、传感器及互联网使用行为留下的痕迹所产生的。人们集中在某些领域和关键词的使用行为，反映在数据上就成为关注热点，这些热点反映了公众的舆论焦点。2014年的"两会"新闻报道，开启了大数据新闻传播的新时代。人民网借助百度公司数据，策划了"数读时代、'据'说两会"栏目，密切追踪网民热点轨迹，根据网络目标受众的热点需求，组织相关资讯并辅以多种图示，信息呈现了多元化的结构形态，基本满足了目标受众对于其所关注的热点话题的信息需求。"报道大致分为三部分：分别是'每日热搜'，实时呈现网友最关切的热点问题；地域性呈现网友最关心的热点话题，展示地域差异；具体问题的解剖和细化，分别是改革、民生、政府、反腐和'两高'，每一部分内容都有'网友关注度最高的问题''哪些地方最关心这个问题'等分类。例如，在改革这一部分中分为'经济体制、社会体制改革关注度超过50%''网友最关注高考、公务员、公积金改革''广东网友最关注改革，专家称居民心态更实际''19岁至30岁这一年龄段的人更关注改革'四块内容，都配上了相应的图示信息。"①大数据不仅把公众关注的热点问题展示出来，而且

---

①　贺俊浩，林沛.两会报道大数据运用的趋势与类型[J].中国记者,2014(4):40-41.

还标示出不同地域所关切的热点问题,这既为政治系统及时了解和把握社会诉求提供了准确的数据,也为媒介系统进行有针对性的新闻传播和舆论引导创造了条件。

四、数字移动新媒体"无限时空生态位"的注意力获取

自 2001 年 11 月,中国移动通信集团正式开通"移动梦网"以来,我国移动数字媒体得到井喷式发展。据统计,截至 2015 年 12 月底,我国手机网民规模超过 6 亿人,逼近网民总数。移动端新闻资讯用户规模达到 9 亿,移动端渗透率为 70.3%[①],新闻客户端已成为公众获取新闻资讯的新入口。移动客户端真正实现了一屏融多屏、一媒融多媒、人机融合,释放了无限时空生态位优势。

(一)人机合一消除了媒体时空生态位的边界

手机媒介的出现,以随时随地收传信息的技术能力,赋予时空以超常维度,使得人们对于时空感知变得幻化模糊起来,手机媒介与人之间成了一个紧密相连的、没有位置感的共同体。以手机为代表的移动数字新媒体,真正实现了传播向人自身的回归,手机成为人的一个重要"器官",人与手机构成了完整的传播媒介,人机实现了融合。

随着 4G 数字技术的应用,手机上网和传播速度加快,特别是微信新媒介的使用,真正实现了移动终端文字、图片、音视频信息的同媒传播。微信除保留了微博的即时性、共享性、互动性人际传播特点外,还克服了微博的字数、图片和音视频传播的限制,一机在手即可随时随地获取所有符号形态的资讯。目前,手机已经成为中国人上网传受信息和社交的第一媒介。据统计,2013 年底微信用户已达到 6 亿,2013 年中国新增网民中使用手机上网的比例高达 73.3%,手机依然是中国网民增长的主要动力,中国新媒体应用正在走向移动化[②]。

手机移动终端便捷化,不仅使其成为理想的社交工具,而且也成为新闻信息传播的媒介,特别是利用微信传播新闻信息,显示了无限时空生态位优势。2015 年 1 月湖北省"两会"和上海市的"两会",使用微信报道"两会"新闻。湖北网络广播电视台,开通了"两会"微直播,开设有《两会百姓期待》《湖北之声带你听两会》等栏目,通过音视频形式直播"两会",让公众第一时间获得"两会"信息。上海利用上海观察微信公众号,开设了《两

---

① 唐绪军.中国新媒体发展报告:2016[M].北京:社会科学文献出版社,2014:8.
② 唐绪军.中国新媒体发展报告:2016[M].北京:社会科学文献出版社,2014:2.

会时间》《两会观察》《15 年来上海与中国》等专栏,通过文字、图片、音视频集中报道"两会"。借助于微博微信,普通公众打开手机即可获知"两会"最新信息,公众还可以随时随地利用手机,通过微信就关心的问题发表意见和建议。"微直播"已经打破了广播电视媒体直播的垄断地位。

(二)传受即时互动形成了传受一体的新形态

手机移动终端数字新媒体,不仅实现人对于传统媒体限制性依赖的解放,而且还颠覆了传统媒体环境下的单向式传受关系,走向传受即时互动、传受一体、传受合一,彻底摆脱了传统媒体受传者被动接收信息、无法向传播者反馈的束缚,实现了传受平等交流。尤其是利用微信传受新闻信息,形成了即时互动的传受格局。互动中不仅可以彼此获得信息,而且还可以进行思想交流。正如郑杭生所说:"在某种程度上,意义是在互动过程中通过双方的协商而确定的。它既是预先已经决定的,也不是一成不变的,而是在互动过程中产生、修正、发展和变化的。"①移动数字新媒体日益成为聚合公众注意力的平台,自微博微信投入使用以来,即成为会议新闻互动传播的便利渠道,使传受之间的议程设置和传播内容的选择在彼此协商与互动中获得统一。

2010 年,微博成为全国"两会"期间新闻传播的重要渠道。"两会"前,央视网复兴论坛的"我有问题问总理"和新华网的"我向总理提问题"等栏目搭建了公众参政议政平台,将媒介议程和公众议程统一起来,实现媒介与公众的良性互动。一些省级网络媒体开设了"两会微问答""微信会客厅""两会微访谈",从公众中征集热点话题,将"两会"人大代表、政协委员与公众通过这个互动平台连接在一起,共同讨论国事。公众从被动的政治信息接受者,变为政治活动的参与者,自由阐述意见和建议,同人大代表、政协委员一样成为影响国家政治和政策的参与力量。

2012 年,腾讯网在全国"两会"期间,开设"两会微辩论"栏目,就"是否支持开放异地高考""是否赞成双重国籍合法化""是否支持征收房产税"等社会公众关心的热点问题,组织有关人大代表以正反方形式进行辩论,阐述各自主张。辩论激荡出许多新的思路,同时也有利于制定政策,为解决这些问题提供社会共识。尤其是辩论中开通互动专区,公众通过手机参与讨论发表看法,并对于支持的观点投票表达赞成。这也从一定程度上获得了社会调查数据,这些辩论的意见、建议和公众调查结果,为完善相关决策和政策提供了重要的参考信息。

---

① 郑杭生.社会学概论新修[M].北京:中国人民大学出版社,2003:126.

2015 年全国"两会"召开前,人民网开设了一系列专栏:"政府网请你给报告提意见""两会来了,你期待什么?""带网友一起上两会""直播访谈""两会来了,我托书记省长捎句话",公众打开手机就可以登录这些栏目,直接与政府有关部门和媒体互动。尤其是网民与政府的直接互动更值得关注,人民网通过链接中国政府网,将"请你给报告提意见"栏目直接面向普通公众,征求对政府工作报告的意见。这是政府第一次通过网络直接向公众征求其对于政府工作报告的意见,公众的声音直接反馈给了政府。这一举措,既显示了手机新媒体的信息和意见沟通的便利,同时,也显示了政府人民至上、尊重民众参政议政权利的真诚态度。

"人民微博推出的人民网'2015 我有问题问总理'还首次推出'媒体提问'版区,提前向采访两会的媒体记者征集最关注的问题,同时,结合公众的点赞、排行等互动功能和展示模式,通过大数据呈现出热点话题排序及其话题的分布。人民电视'一说到底'推出两会特别策划'专家问总理',精选网民关心的热点话题,邀请相关专家、领导设问解读,通过短实新的视频创作,时尚新潮的设计,于两会期间在 PC 端和移动端等实时动态多屏推送。"①,这充分展现了数字移动新媒体的优势。

(三)多元语言融合式表达彰显了传播的新优势

移动数字新媒体以技术的相融性,将所有传播媒介"一网打尽",尤其是微信传播平台可以无限制地融合文字、音视频传播符号,报纸、杂志、书籍、广播、电视、电影等所有媒介均可以融进手机屏幕,特别是微信的视频功能,可以打破时空局限,即使远隔重洋,也如在眼前,实现了远距离面对面传播。心理学认为,人是靠感觉来认知事物的,人的感觉通道有内外之分,外部感觉通过视觉、听觉、味觉、嗅觉和触觉刺激内部神经感觉产生反应。文字、声音、图像构成了人类获取外部信息,认知外部世界的图谱。相对于文字刺激,声音和图像的刺激更加直接,在传播过程中能够同时调动受众的感官越多,多维度到达受众的信息刺激效果就会越明显,这也是获取受众注意力资源的重要手段。

移动新媒体的无限时空生态位,在新闻传播中也显示了传播新优势。新闻记者利用微博微信即时传播动态新闻和现场新闻,文字和音视频新闻消息一应俱全,彰显了融合式传播的功能特点。公众可以利用手机获取报纸、广播、电视信息,同时,也可以就关心的问题同记者和其他公众进行互

---

① 刘茸. 人民网 2015 全国两会专题率先上线 PC 端移动端同步发力[EB/OL]. [2019 - 07 - 01]. http://politics. people. com. cn/n/2015/0228/c99014 - 26613898. html.

动、交流、发表评论。特别是近年来"两会"的新闻报道，公众可以通过手机屏幕随时随地收听收看大会实况。一些媒体记者还在会议现场即时传播会议消息，对于国务院总理的报告，通过文字和音视频进行现场直播。一些记者还利用微博将总理报告中重要内容和重要观点进行提炼并即时传播，并邀请一些专家学者，同步进行评论，回答公众提出的问题。

移动新媒体将成为未来大众媒体，其受众群已经逐渐从传统大众媒体转移至移动大众新媒体，这种趋势将不可阻挡。新媒体大众不同于传统媒体的同时空、同步群聚式的信息接收，而是异时空的分散式的同步信息接收，它是靠定制式的信息服务，汇聚相同信息需求的受众，使信息提供和获取更加精确，对目标受众的定向需求的捕捉也更加容易，这为会议新闻的有效传播提供了理想的传播渠道。

每一种媒介在漫长的生存发展历程中，都形成了自己独特的媒介生态位优势和营养宽度。随着新的媒介技术的发展，人的器官获得了某种程度的解放或延伸，数字移动媒体使广播听众能够在运动中收听节目，使地铁、公交车上的受众可以收看电视节目和阅读报刊内容，也就是说，融合提供了不同场景下的媒介使用便利，但是并没有改变媒介原有受众对媒介内容的依赖。应当看到，媒体融合构成了重叠的生态位格局，无论是平台型媒体上的媒介内容的汇聚，还是移动客户端的媒介融合，所有媒介都处于重叠的生态位上，在重叠的生态位上的竞争生存，只能是差异化的满足效应，而同一化的信息重复将失去生存空间。

重叠的生态位，既为注意力的获取创造了条件，也为注意力资源的拓展带来难度。"满足—效应生态位"理论告诉我们，媒介融合只是提供了获取新的注意力资源的可能性，受众对于不同媒介依赖的核心仍然是内容，只有独特的内容才是受众产生依赖的根本动力。在重叠的生态位竞争环境下，只有适应不同受众群体需求的差异性媒介才能生存下去，没有其他捷径可走。因此，传统媒体在与新媒体融合中，不要迷失方向，丢掉自身特有的优势。会议新闻传播也是如此，传播者要深耕媒介所特有的生态位资源，以满足目标受众"定向需求"为传播指向，集中精力和资源搞好差异化的内容生产，只有如此，才能在重叠的媒介生态位竞争中获得生存优势。

第八章　会议新闻传播效果论

——基于传通的理论视角分析

传播是一种传者单向的信息散布行为,而传通则是传受双向互动的结果,揭示的是"建立关系的行为或状况"。

在传播中,强调的是传者"传"的行为,而在传通中,则强调受众"通"的状态,"传"是传播者的传播行为,在"传"的单向状态中传播者与受众通常呈现着一种"弱"关系,虽然传播者的本义是要让受传者接收和接受信息,但是由于传播是面向大众的单向信息散布,因此,传播者更看重传播什么,而不是受众需要什么,更看重如何传播,而不注重受众如何理解。"通"则是受传者的信息接收与理解的状态。"通"既是传播者面向目标受众的"共通"的信息建构,也是受传者对于传播的信息定向需求满足的正向回应。前者是指传与受的关系建构,后者则是受者的接收心理状态。"通"揭示了传播者传播行为与接收者信息认知解码的心理过程。

在信息传播中,常常出现传通阻滞的现象,即受传者无法理解传播者所传播的信息。中医所讲人体经络的"通则不痛,痛则不通"与传通现象是相同的。不愿接收或无法理解都是一种传通阻滞现象,而且,任何不通的传播,都会使传播的信息无法产生传播者预想的效果。可见,传通是所有传播者都想要达到的理想状态,也是有效传播的第一要素。因此,传通是指以构建平等和谐的传受关系为目的的信息共通状态。

第一节　以关系为进路的法国信息"传通"研究

在传播效果研究中,美国与欧洲,特别是与法国的研究方向有所不同。美国传播学界把重点放在大众传播的影响研究上,形成了诸如"强效果"的魔弹论和"弱效果"的两级传播理论,等等,研究成果比较丰富。而法国传播学界则偏重于传播关系的研究,研究的目的是揭示信息传通的规律和途径。

法国具有代表性的学者有穆奇艾利①和吴尔敦②。穆奇艾利出版了《传通影响力——操控、说服机制研究》一书，吴尔敦出版了《信息不等于传播》《拯救传播》《另类世界化——基于传播学的思考》三部著作。两位学者的研究揭示了传播关系构建和信息传通问题，对于研究会议新闻的传通具有借鉴价值。

两位学者虽然都关注传通问题，但是，研究对象和视角却有所不同。

穆奇艾利研究的是人际交流和广告传播中如何打通传受之间的阻隔，从而操控说服机制，以获得信息的传通。因此，他将传通定义为："准确地传达正确的信息。"③他认为，传通的基本条件是信息准确和正确。如果在传播过程中，传播者有意将应该告诉给公众的信息"遗漏"掉，那么就会使得公众无法根据真实情况来思考问题。这些元素的消失，使得人们不能根据它们构建行为的意义，因为意义已经不复存在④。穆奇艾利特别强调情境对于意义建构的重要性。他不赞成传统理论把影响力视为通过适当的言语来激发受话人内在的行为动力、情感反响或者兴趣的观点，他认为："当今的所有研究都表明，情境、语境在人类行为意义产生的过程中发挥着重要的基础作用。"⑤他在分析中指出："人类行为的意义是由在场的不同参与者根据构成情境的共同因素建立的，意义总是来自于一种'关系的建立'，关系中的首要元素当然就是交流所发生的情境语境。所谓关系的建立，涉及传通行为和传通所处的情境。因此，意义来自于'语境化过程'。"⑥在这里，穆奇艾利切实地抓住了影响传通的核心问题，即关系的建构对于受传者理解信息的重要。

穆奇艾利在书中系统分析了身份语境、规范语境、位置语境、关系语

---

① 穆奇艾利是法国著名的传播认识论学者，欧洲传播学界承先启后者，被公认为"旧金山市郊区学派"，是欧洲传播学界的继承者和发展者，学术成就甚丰。

② 吴尔敦是法国著名传播学家，法国国家科学研究院（CARS）传播研究分院院长兼法国传播学核心期刊《赫尔墨斯》总编辑。

③ 穆奇艾利.传通影响力——操控、说服机制研究[M].宋嘉宁，译.北京:中国传媒大学出版社,2009:19.

④ 穆奇艾利.传通影响力——操控、说服机制研究[M].宋嘉宁，译.北京:中国传媒大学出版社,2009:9.

⑤ 穆奇艾利.传通影响力——操控、说服机制研究[M].宋嘉宁，译.北京:中国传媒大学出版社,2009:10.

⑥ 参见穆奇艾利.传通影响力——操控、说服机制研究[M].宋嘉宁，译.北京:中国传媒大学出版社,2009:11-15.

境及它们对于传通的影响。身份语境,即说话者所说内容的意义与人们所知道的信息或者在场当事者所共知的信息有关;规范语境,即说话内容的意义与交流过程中约定俗成的或建立起来的规范有关;位置语境,即说话内容的意义与当事者各自的位置有关;关系语境,即说话内容的意义与各当事者之间关系的优劣、与已有的相互作用的整个体系有关①。

传通体系理论的基本公理是设定某一现象的意义不存在于其"自身当中",而是来自于它和与它同属于一个"体系"并与它必然关联的其他组成部分的关系。如果我们要使其具有某种意义,我们就要使其"语境化",并使其与情境中的其他元素建立关系②。身份语境的操控,关键是把握身份在建构语境中的意义,不同的身份在相同的情境中,其意义和作用不同,传播者利用有利身份(权威人士、知情人士、专家学者)来影响受传者,使其接受交流中所收到的信息。规范语境操控,关键是对于规范的熟练掌握和恰当运用。运用约定俗成的规范来建构话语场景,以便影响受传者,使其接受符合规范的意见和建议。位置语境操控,关键是找准自己和交流对象的位置,从受传者角度,建构话题和话语形态,采取相同的认知框架来进行交流,在交流中影响和改变受传者。关系语境的操控,关键是通过交流建构稳定的"关系质量",正面关系能引起受传者对所传达的思想的兴趣和接纳,反之,就会形成对抗。穆奇艾利认为,影响力取决于赋予行为的最终意义,它是通过操控语境构成要素来实现的,如果某一现象或者某一物体的意义与其所处的语境,或更多情况下与其所处的情境有关,则要通过操控情境来操控意义③。可见,传通,并不只是简单的信息传输,而是一种可以改变某个情境中某些语境的东西。操控首先是对规范、关系、身份、时间、空间的操控。这些元素并非纯粹表象性元素。他认为:一项社会规范虽然摸不着,但是它却影响着人们思考和行动的方式,一种关系虽然我们看不见,但却实实在在地存在着,只要有人在,它就不可能不存在,一个人的身份是多面性的,而且,其手势、行为、情绪和言词可以使这一多面性表

①　穆奇艾利.传通影响力——操控、说服机制研究[M].宋嘉宁,译.北京:中国传媒大学出版社,2009:16.

②　穆奇艾利.传通影响力——操控、说服机制研究[M].宋嘉宁,译.北京:中国传媒大学出版社,2009:35.

③　穆奇艾利.传通影响力——操控、说服机制研究[M].宋嘉宁,译.北京:中国传媒大学出版社,2009:16-18.

现出来,呈现在众人面前①。

穆奇艾利的传通理论,是从传受双方特定情境所建构的关系的角度来研究信息传通问题的,强调传受双方在交流中的身份认同、话语认同、规范认同和关系认同对于传通的重要性。

吴尔敦则是研究开放的新媒体环境下的传通问题,他认为"传通就是共处"②,而"共处是某个愿望和某个行动的结果,是某种需要时间和意愿的选择,并且不是停止不变的"③。吴尔敦认为,在自上而下单向式的传播中,并不存在无法传通的问题,因为这种传播没有讨论的可能性。"无法传通只存在于平等的人们之间,否则就是权威与服从的关系了。无法传通意味着认同平等的人际关系和社会关系。无法传通的背后,突然而至的是他异性这一基本现实。"④

吴尔敦在分析传受共处关系时指出:"在极为复杂的当代社会中人们的生活离不开信息、交流和互动,当今的社会是一个充满变革、互动、高速、自由和平等的社会,传通是某种事关共处和社会关系的或然判断,信息成为信息社会的纽带。"⑤在《拯救传播》一书中吴尔敦强调:"传播就是在不断地寻求与他人建立关系,不断地寻求与他人分享。"⑥如果这种关系建立不起来,那么传通就是一种幻象。在《另类世界化——基于传播学的思考》书中,吴尔敦认为互联网信息的丰富性,并没有使人更多地理解这个世界,相反却越来越少。他认为:"信息数量的增长和对世界的理解程度之间并没有直接联系。意即:信息不会制造传播。"⑦"在互联网产生后疯狂的十年中,人类付出的代价是沉重的:曾经认为网络终端会使人们同社会交流得更好的人们降低了调门……同某种政治和文化相联系的信息全球化只是西方社会的反映。南北间没有等同:文化上的多元彻底改变着接收条件。如果技术是相同的,处在地球两端的人未必都对相同的事务感兴

---

① 穆奇艾利.传通影响力——操控、说服机制研究[M].北京:中国传媒大学出版社,2009:32.

② 吴尔敦.信息不等于传播[M].宋嘉宁,译.北京:中国传媒大学出版社,2012:18.

③ 吴尔敦.信息不等于传播[M].宋嘉宁,译.北京:中国传媒大学出版社,2012:56.

④ 吴尔敦.信息不等于传播[M].宋嘉宁,译.北京:中国传媒大学出版社,2012:87-88.

⑤ 吴尔敦.信息不等于传播[M].宋嘉宁,译.北京:中国传媒大学出版社,2012:18-19.

⑥ 吴尔敦.拯救传播[M].盖莲香,刘昶,译.北京:中国传媒大学出版社,2012:3.

⑦ 吴尔敦.另类世界化——基于传播学的思考[M].尹明明,贾燕京,译.北京:中国传媒大学出版社,2012:13.

趣……信息的泛滥不会简化什么,而是使一切变得复杂。"①他认为,传播技术可以世界化,传播信息也可以世界化,但是唯独接收信息的受众不能世界化。吴尔敦的观点也在确证:在多元文化的共处情况下,只有传播适应目标受众定向需求的信息,才能实现一种理想的传通。

那么,如何才能达到传通? 吴尔敦列举了一些基本条件:一是协商。传通从来不是一个自然的行为,而是一个脆弱的协商过程的产物。我们不一定与受者是一致的,但是我们必须与受者协商,因为他们和我们是平等的②。二是去技术化。面对多样性的受众,传通不是由技术决定的,需要重新引入历史、政治、文化等内容,重新找到技术系统后面的社会意义,作为他异性最重要代表的受者越多,就越需要增加各种经验以减少无法传通的风险③。三是供给模式向需求模式的转变。与需求相比,供给总是不能让人满意,而要达到传通,尤其是面对多样性的受众,传播观念必须进行转变,即由供给模式向需求模式的转变,这种转变更加适应阶层分化的现实需要④。四是"中介性职业"⑤的作用补充。在信息越来越多而传通越来越少的情境下,必须提升"中介性职业"的作用,"中介性职业"不仅有助于达成最低限度的相互理解,同时还有利于至今尚未被人们了解的不同文化区域之间的协商。"中介性职业"人士可以为受众理解信息、增长知识提供帮助。在受众多样性的世界里,同一性和碎片化的信息传递得越多,传通就越难以达成,因此,需要他们对于信息进行解读、分析,并给出客观的意见引导。

第二节　会议新闻传播需求模式的构建

传播过程,存在着两种不同的传播观和两种不同的传播模式。一种是传者主导的传播观,一种是受众主导的传播观。前者将受众视为整齐划一的被动信息接收者,后者则将受众当作具有不同定向信息需求满足者。在两种传播观念指导下,形成了两种截然相反的传播模式,即传者主导的供

---

① 吴尔敦.另类世界化——基于传播学的思考[M].尹明明,贾燕京,译.北京:中国传媒大学出版社,2012:13-14.
② 吴尔敦.信息不等于传播[M].宋嘉宁,译.北京:中国传媒大学出版社,2012:85-86.
③ 吴尔敦.信息不等于传播[M].宋嘉宁,译.北京:中国传媒大学出版社,2012:87.
④ 吴尔敦.信息不等于传播[M].宋嘉宁,译.北京:中国传媒大学出版社,2012:88.
⑤ 吴尔敦这里的"中介性职业"是指记者、大学教师等专家学者。

给模式和受众主导的需求模式。

供给模式与需求模式,见图 8 – 1:

图 8 – 1　供给与需求模式特征

一、传受对立——传者主导的信息供给模式

传通阻滞是会议新闻失去公众注意的关键因素。造成传通阻滞的原因比较复杂,但归结到一点,就是穆奇艾利和吴尔敦反复强调的传受关系的协调问题。无论是准确传达正确的信息,还是传受的共处与分享,这些都只是传通的基础,而真正的传通则是传受双方关系的协调状态,是外界的因变量和受众自变量共同作用的结果。这些变量因素共同构成了信息传通的基本要件。尤其是在信息传播渠道越来越多,信息日益丰裕的情境下,受众群体的多样性与信息传播的同一性形成了一对矛盾——传与受的矛盾。

1. 供给模式及其特点

供给模式是以传者为主导的纵向的信息强制灌输,很少考虑目标受众的定向需求。在吴尔敦看来,传与受的主要矛盾来自于传播模式与受众需求之间的不协调。吴尔敦认为,传者主导的供给模式只关注应该传播什么,并不关心受众需要什么,这种传与受的关系必然造成彼此之间的紧张与隔阂。就信息的传通而言,无论是传播的协商也好,还是找到"技术后面的社会意义"以使多元化的受众获得其所需要的信息,乃至发挥"中介职业"的作用也好,其核心都是为了协调传与受的关系,满足目标受众的定向需求。

供给模式的特点:传者主导、供给导向、传播满足、传受对立。传者主导是说传者在传播过程中始终居于主导位置,传播什么、不传播什么、采取什么传播方式、通过什么渠道均由传播者决定;供给导向是说传播的议程设置、信息选择、信息结构等都是以传者需要为导向;传播满足是说信息传播效果是以传播者能否实现其传播意图为检验标准,正是由于强调传者需要的单向满足,受众需求满足与否很少或者并不在其考虑的范围之内,因此必然造成传与受的对立。

2.供给模式的弊端分析

传者主导的信息供给模式,强调的是单方面的传者意图贯彻,即只强调传播什么,基本不考虑受众需要什么,将受众置于可有可无的位置,因此,其传播的信息往往是不分对象的整齐划一式的散布,在传播者心中基本没有目标受众的影子,以及满足其定向需求的概念。传者主导的信息传播与受众需求是一种弱相关,或者无相关的关系,因此受众对于这样的传播也会采取抵制,或者逃离的行动相抗衡。在传播渠道日益多样化的今天,传受对立的传播必然是一种零和博弈,而失败的往往是传播者一方。受众对于媒介传播的信息,既是选择性的接触者,也是选择性的逃离者,受众不会困死于一个信息渠道,更不会驻足于背离其需求的媒介信息。这在本章第三节传播效果的测量评估的数据分析中均有客观反映。

二、传受协调——受众主导的需求模式建构

1.需求模式及其特点

需求模式的建构是对于传统的传受关系的颠覆与重构。需求模式强调一切以受众需求为传播导向,满足目标受众的"定向需求"是需求模式的核心要义。受众主导的信息传播与传者主导的信息传播相比,其构建的是一种受众信息需求的正相关关系。受众主导的定向信息需求模式,完全颠覆了传者主导的同一性的大众传播模式,这一颠覆的背后是传受权力的逆转。正如议程设置理论奠基人唐纳德·肖指出的那样:"任何一种媒介的存在都以关系和社群为核心,绝不仅仅是信息。"[1]也就是说,只有以受众需求为导向的定向信息满足,才能实现受与传关系的协调。因此,任何媒介如果不考虑与目标受众建构起一种紧密的且能够满足其定向需求的传受关系,都将难以生存下去。

需求模式的特点:受者主导、需求导向、需求满足、传受和谐。受者主导是说新闻传播将受众置于核心位置,受众将主导信息结构和建构形态的选择而不是相反;需求导向和需求满足是说传者要以目标受众的定向需求

---

① SHAW D L,HAMM B J.议程设置理论与后大众媒体时代的民意研究[J].国际新闻界,2004(4):5-9.

为导向来建构新闻,其强调在把握总体舆论导向的前提下,受众需求什么信息,就传播什么信息,在满足目标受众定向需求过程中,实现信息的传通,最终实现传受关系的和谐。

从根本上讲,需求模式讲求的是传受之间的协商关系。协商关系的脆弱性,取决于传者的观念与态度。吴尔敦之所以强调传受之间协商的脆弱性,主要是关注到在供给模式向需求模式转换过程中,传者的观念和心态调整上的难度。尽管如此,我们必须看到:一方面我们正在经历自15世纪古登堡发明活字印刷术以来影响最为深远的一次"传播革命"[1],新的传播技术,打破了传者的垄断地位,真正实现了传受之间的平等;另一方面"互联网赋予了公民传播的权力,实现传播的权利(right),并促使传播权力的转移"[2]。这种转移的实质是受众主导的信息传播权力获取问题,即权力已经"从拥有和管理媒体的人转移至正在变得日益挑剔的读者和观众手中"[3]。在习惯于传者主导的供给模式中,传播者所关心的是发布什么信息,因此其传播成本和资源消耗相对要少许多,因为其无须煞费苦心地研究目标受众是谁,其定向需求是什么,目标受众的媒介接触和信息偏好是什么,等等。但是,在传受平等的新媒体时代,这种习惯和观念正在经受残酷的挑战。信息丰裕的情境下,受众的注意力和信息黏性日趋统一,任何不尊重受众的信息权力,试图采取忽视目标受众定向需求的泛众化的盲目传播,必然遭到目标受众的选择性背离。

2.需求模式及其构成要素

需求模式将受众作为积极的信息选择者和使用者,强调目标受众的定向需求满足,而不是整齐划一的被动信息轰炸的对象。构成需求模式的要素包括:目标受众、信息选择、定向需求、受传反馈。

就会议新闻需求模式建构而言,会议活动形成的决议决策和政策的受施者是目标公众,那么决议决策的受施者也就是作为会议新闻传播的目标受众而存在的,传播者的信息需求选择将决定目标受众能够获得什么信息,能否满足其"定向需求",满足到什么程度,通过什么渠道可以顺利抵达这部分受众,并且能够形成顺畅的反馈回路。因此,受众需求、信息选

---

[1][2][3] 魏然,周树华,罗文辉.媒介效果与社会变迁[M].北京:中国人民大学出版社,2016:7.

择、需求满足、传通反馈便构成了需求模式的传通环路。

需求模式见图 8 – 2：

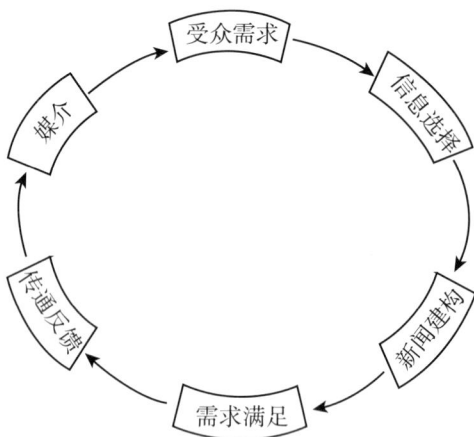

图 8 – 2　受众信息需求模式图示

受众需求在需求模式中居于主导位置，受众需求决定传播者信息选择和传播方式的建构。受众需求以承认受众群体的异质性为前提。目标受众具有不同的社会角色和信息接触使用偏好以及对于信息的不同需求与解读方式。也就是说，受众需求是指目标受众的信息需求具有明确的定向需求的导向指数意义。受众需求导向指数是指受众信息需求心理评价相对向度的数据。需求导向指数是随着受众对于信息需求强度与获得满足程度的评价呈上下浮动状态。信息满足目标受众定向需求的程度越大，其需求导向评价指数就会随之上升，反之，就会下降。政治系统的决议决策是社会系统利益诉求的政治政策回应，决议决策和政策影响的群体——政策的受施者，就是会议新闻要满足的目标群体。会议新闻的信息选择与目标受众的信息需求符合程度高，那么需求导向指数就会升高，如果信息选择与受众需求错位，那么就会出现传通阻滞现象，受众就会逃离或关闭信息接收通道。

在需求模式中，信息选择是指传播者根据目标受众定向需求所进行的信息认知、识别、筛选和解码的过程。信息选择虽然是传播者的行为，但在需求模式中传播者则处于被支配的位置。在信息选择中，传播者需要时刻遵循目标受众定向需求的价值导向，以信息的针对性、有用性和公众获益性作为选择的价值尺度，在满足目标受众定向需求过程中实现传播价值的最大化。

　　新闻建构就是传者按照一个明确的新闻主题以目标受众喜欢的叙事框，选择和组构事实，形成可传播的新闻文本的过程。在需求模式的新闻建构过程中，需要传播者进行自我消音和角色转换，即由传播者转换为受传者角色，从受传者角度来审视信息的目标受众定向需求的符合度，是否符合目标受众的信息接收习惯和偏好。尤其是在一些社会争议比较大的政策信息传播上，更需要传播者充分了解不同利益群体的不同主张，据此采取相应的传播策略，进行有针对性、有说服力的解释和说明。传播者在说明解释的新闻建构时，首先要能够说服自己，只有如此，才能说服别人。说明和解释，其实就是在与持不同立场的目标公众进行沟通和协商的过程。吴尔敦之所以把"协商"作为传通的第一要素，是因为其看到了传受之间存在的信息分歧。没有协商并且达成基本的共识，任何政策的制定和实施都不会产生好的效果。

　　需求满足是一种传通状态的心理表征。在理想的传通效果状态下，目标受众的会议新闻接收，一般都能够获得或多或少的信息满足。信息需求满足是指新闻信息与目标受众定向需求上的符合度。符合度随着受众需求满足程度呈上下移动和变化的状态，符合度越高，满足的符合度就会随之上升，受众需求满足也就越高，反之，就会随之下降。如果一条新闻锁定了决策或者政策受施者群体——新闻的目标受众，并提供了其所需要的核心信息，那么这样的新闻其信息需求满足指数就会比较高。如果会议新闻信息太过笼统概括，只提供了一些原则性的决策意见，或者仅仅透露了一点需求信息的线索，那么公众通过这样的会议新闻传播，虽然也可以了解政治系统是否讨论了自己所关心问题，但是，这些问题究竟解决了没有，解决到什么程度，会议决策出台了政策，而这些政策调整的重点是什么，利益指向是什么，不同利益群体的利益损益情况怎样，等等，这些能够满足目标受众定向需求的信息提供不足或者没有提供，那么这样的新闻就是不完全态的信息满足，其满足指数一般是比较低的。

　　需求满足指数会直接影响受众的行动选择和信息反馈状态。定向需求满足指数高，目标受众会根据新闻信息的引导产生某种改变和采取行动。这种改变和行动，或是对于契合其即有价值观、立场和态度的政治主张、政策立场的赞同，或是对于政策利益指向的行动改变，或是对于政治行动者政治态度表达的心理期待的满足。无论哪一种需求满足，都是会议新闻传通的心理和行为表征，而这作为新闻传播效应的反馈，是传播者都时刻关注的问题。

　　需求模式强调的是满足目标受众的定向需求。会议活动一般要研究多个议题,每个议题都要形成相应的决议决策或政策安排,每个议题的决议决策或政策安排都有明确的受施群体,那么,就要求决议决策、政策安排的新闻建构和传播要锁定不同的目标受众,根据目标受众的需求和信息接收习惯来建构不同形态的新闻。在供给模式中,无论目标受众是谁,无论其定向需求是什么,只需按照传播者的意图通过一篇综合新闻把信息发布出去了事。而需求模式,提倡根据不同目标受众群体的需求和接收习惯来建构新闻。一次会议的不同议程的决议决策,可以根据不同目标受众需求,建构多篇不同形态的会议新闻,以满足不同受众的定向需求。这需要政治系统、媒介系统和学术界共同探讨形成共识才能实现。

在整个需求模式的传通过程中,需要准确把握和处理一系列变量因素,诸如关系、兴趣、情感、话语等。

第三节　会议新闻传通的变量因素

适应供给模式向需求模式的转变,既涉及关系、兴趣、情感和话语传通等因变量因素,也涉及受传者受教育程度、意识形态倾向等自变量因素,这些因素共同构建需求模式的信息传通。

新媒体传播条件下,传统的传播方式发生了颠覆式的革命。单向式的垂直传播让位于平行的互动协商式传播。传播实践证明,传播者与受传者只有建立起协调共通的认知基础、共通的传受关系、共同的情感基础、共通的话语形态,才能实现会议新闻传通的目的。

本书认为,传通是传受双方对于信息共通的协商处理状态。这种协商共通需要由传播者主导的信息供给模式向受传者主导的需求模式转变,需要在政治行动者与社会公众之间建立起彼此平等、协商、对话的关系,需要适应不同的目标受众的需求,及时提供定向性、多层次的信息服务,需要构建一种传受同频共震的情感、兴趣和话语频道。

会议新闻的传通,涉及方方面面,本章重点研究关系传通、兴趣传通、情感传通、话语传通等问题。关系传通构建的是政治系统、媒介系统和社会系统的适当距离,保持畅通的联系,实现社会公众、政治系统、媒介系统议程设置的顺利转换,这是实现传通的前提条件;兴趣传通涉及新闻组构和信息编码问题,适应不同受众新闻接触兴趣的准确激发,是实现传通的必要条件;情感传通涉及不同利益群体目标认同、国家认同和政党认同,情感的唤醒是实现传通的重要条件;话语传通涉及话语形态选择问题,共通的话语"参考框架"是实现传通的基本条件。而这一切都是在由供给模式向需求模式的调试和转变过程中实现的。

一、会议新闻的关系传通

前边我们已经分析了传通阻滞及其种种表象,揭示了新闻传播信息的整齐划一与受众及其需求的多样性之间的矛盾。解决这一矛盾的出路,需要建立起一种适应多样性受众需求的信息传通关系——满足目标受众的定向需求。

传播其实就是在构建一种关系,传播的目的是为了达到关系的传通。关系传通是指依据一定的社会情境,传播者与受传者通过"定向需求"信息的提供与满足,建构起彼此和谐共通的传受状态。在不确定性的社会情境下,受传者之所以关注新闻,是因为环境的不确定性影响了他们的生活,公众需要通过媒介来获取信息以消除不确定性所带来的困扰。

施拉姆认为:"社会是各种关系的总和。这个社会共享某种信息,传播本身没有生命,唯有人们在传播关系中注入其中的讯息。讯息本身没有意义,唯有人们注入其中的意义。当传播关系运转良好的时候,其结果就是某种'协调一致'。传播关系不顺时,其结果就是误解,有时甚至是敌视,而且常常造成与本意截然不同的行为。"①施拉姆在这里揭示了:讯息—传播—意义与传受关系建立的重要性。施拉姆进一步指出:传播"使我们能够在脑海里形成各种印象,这些印象组成环境路线图,成为我们行动的向导"②。

会议新闻由于其特殊的传播目的,其传播所构建的关系是实现社会情境、政治系统、媒介系统、社会公众之间的协调、互动和平衡的过程。传播者信息的解码编码、目标受众的确定、传播方式和叙事框架的选择过程,其实就是在构建传受双方的关系,传受双方真正达到了互动协调和平衡,那么也就实现了关系的传通。

社会情境(social environment)是指与个体所处的社会环境,即与个体心理相关的全部社会事实的一种组织状态。霍顿在其《政治心理学:情境、个人与案例》一书中,对情境及其功能作了具体论述,他认为:"情境是个体所处的环境,在情境阵营中,塑造行为的外部原因有很多,如从国家在国际体系中所处的位置到我们在日常生活中直接的社会角色。情境主义假

① 施拉姆,波特.传播学概论[M].何道宽,译.北京:新华出版社,1984:4-5.
② 施拉姆,波特.传播学概论[M].何道宽,译.北京:新华出版社,1984:5.

定环境就是一切,因此,几乎每件事情最终都是情境的。情境可能是直接的社会背景,或工作中你所属的群体,或塑造我们在社会中的认同以及推动和引发我们效忠于民族和国家的更大社会群体。我们大多数人都坚持一些价值和信念,然而,情境或环境的力量却经常凌驾于我们的价值和信念之上。同时,情境本身的特性或结构决定了我们的行动。"①社会心理学最关心的是个体与具体环境的关系,社会情境直接影响个体心理和行动。而任何社会情境都是社会环境的折射,社会情境决定社会公众的社会感觉和对于社会的总体评价以及利益诉求。这种利益诉求促进社会舆论的形成。而社会舆论和公众的利益诉求,则是政府决策的重要依据。

任何新闻传播都要考虑现实的社会情境,都要协调处理好情境—信源—传者—媒体—受者之间的复杂关系,不然就会造成传播失效。麦克奈尔指出:"作为常规,不论哪一种政治传播,其效果都不仅仅由讯息的内容决定;内容甚至都不是主要的决定因素。讯息出现的历史语境,特别是当时普遍的政治氛围同样对讯息能达到怎样的传播效果至关重要。如果受众不愿意接受的话,那么讯息的'质量'、传播的技巧以及构造的精美程度都没有任何意义。"②麦克奈尔这里强调的也是社会情境对于传播效果的影响。这说明传播环境,尤其是社会情境作为传播的一个变量因素,对于传播效果的影响不可低估。

社会情境为新闻传播设置了一个特定的传播背景,这个背景是传受双方共同生活所构建的关系,传受双方只有在这样一个明确的关系下,才可能理解媒介所传播的信息,而不至于产生风马牛不相及的窘境。

新闻传播要为受众所理解,不仅需要"'说话者—文本—受众'形成语境和交流行为,出现于一定的社会环境,甚至重要的政治背景中"③,同时也要求记者"将报道置于一个完整的语境中,努力营造一个巨大的话语场,容纳并呈现日常生活的各种意境,使新闻通过话语作用于受众"④。会议新闻有效传播尤其离不开对传播情境的把握和传受关系的打通,离开了社会情境的准确把握,记者的信息选择就要出现偏差,偏离公众诉求来考量和把握会议的议程,就不会准确地理解会议的目的,新闻叙事框架和主题的选择就不会敲在点子上。对于这样的传播,无论社会公众还是政府都不

---

① 霍顿.政治心理学:情境、个人与案例[M].尹继武,林民旺,译.北京:中央编译出版社,2013:3－21.

② 麦克奈尔.政治传播学引论[M].殷祺,译.北京:新华出版社,2005:33.

③④ 刘建明.当代西方新闻理论[M].北京:中国人民大学出版社,2015:65.

会满意。一方面政府对于偏离会议宗旨的报道,因其起不到社会动员和利益关系协调作用而不满;另一方面作为公众的受众也不会对偏离需求的信息传播产生关注、理解和认同,同时,也将由于会议新闻所传达的政府疏离公众诉求的会议活动而产生对政府的不满。可见,会议新闻的传播构成了一系列的传通关系,这些关系如果不能够得到协调,那么新闻传播效果就会受到影响。

关系传通,涉及一定社会情境下的诉求输入与政治输出的关系;社会情境与记者的信息选择关系;社会情境与媒体信息结构的关系;社会情境与公众信息需求的关系,等等。这些关系从一定意义上构成了会议新闻传通的变量因素。这些关系彼此协调平衡就会达到某种传通的预期效果,反之,则会造成很少传通,甚至无法传通的结果。

(一)社会情境与政治输出的关系

社会情境与政治输出的关系,涉及政治系统的政治传通问题。政治系统的政治议程设置和政治信息的传播都离不开社会情境的影响,一定的社会情境决定政治系统的政策生产和政治输出的时机、方式和传播手段的运用。

1. 政府面对不同社会诉求的输出模式

社会情境决定人们的思想、意识和利益诉求,思想、意识和诉求又是社会情境的折射。伊斯顿认为:"我们可以把政治生活看作一个行为系统,它处在一个环境之中,本身受到这种环境的影响,又对这种环境产生反作用。"[1]伊斯顿将输入的变量规约为需求与支持。伊斯顿认为,"需求给我们提供了一把理解系统的总体环境怎样影响系统运行问题的钥匙。需求汇聚了由环境转达给系统的广泛状况和事件"[2]。正因如此,需求的输入造成了政治系统的压力,需要将社会需求转化为政治议程,进行及时的政策输出并给予积极的回应。而作为输入的另外一个变量——支持,则是一种态度的直接表达,是对于政治输出的正反馈。从社会内部环境来讲,公众对于政治系统的政策输出是否给予支持,一般是由回应满意的程度来衡量的。如果政府将公众的需求转化为相应的政策,或者通过政治宣示、政治态度直接回应了公众的某种政治诉求,并朝着符合公众的需求方向推进,那么他们就会给予正向的支持和配合;反之,就会给予负向的反对和抵抗。而作为社会外部环境的国际社会的诉求,采取何种方式回应,则取决

---

① 伊斯顿.政治生活的系统分析[M].王浦劬,译.北京:人民出版社,2012:16.

② 伊斯顿.政治生活的系统分析[M].王浦劬,译.北京:人民出版社,2012:33.

于政治系统对于外部社会情境的判断。

诉求输入与政府的政治输出大体有三种情况:诉求的"J型分布"(J-curve pattern),诉求的"双众数分布"(Poly-modal & W-distribution),以及诉求的"正态分布"(normal distribution)①。根据诉求的分布输入特征,政府的政治输出的策略也有所不同。

(1)利益聚焦,政策释能——政府对"J型分布"诉求的政治输出。诉求的"J型分布"是指大多数人对于某种诉求持比较一致的意见,持有不同意见的人只占一小部分。对此,政府的政治决策和政策输出比较容易,政府采取尊重多数人的意见进行决策是一种比较明智的做法。但是,决策之后的社会化过程,则需要把重点放在利益聚焦和政策释能的支持上。媒体的意见引导,可凝聚社会力量,推进政策能量的释放和政策的顺利实施,以维护执政的合法性。另外,政府要注重政治情感的传通。政治情感传通涉及唤起公众的社会力量,如对于政治观念、政治作为的赞同与支持。政治情感的传通,需要传播者嵌入公众的情感世界,以能够代表公众利益的主张、态度、政策来唤起公众的政治认同,比如反腐败、治理污染、食品安全等。这些主张和政策的实施能够唤醒公众的政治激情,促进形成有利的社会舆论氛围。

(2)开放讨论,聚同存异——政府对"双众数分布"诉求的政治输出。诉求的"双众数分布"是指持有肯定和否定意见的人数大体相等的状态,而且双方意见人数都有相当的规模,意见强度也比较接近。当政府面对这种情况时,根据任何一方的意见做出决策,都可能使另一方面的利益受到损失,从而产生抵抗情绪。面对这种情况,如果条件允许,政府通常的做法是,可以延迟决策,待时机成熟了再做决策,如果条件不允许,必须做出决策的话,只能"先对意见诉求更为强烈或组织得更为有序的群体进行回应"②。政府要通过媒介进行政策营销,一方面要公布决策的过程,尽量做到信息透明,既要公布决策结果,特别是票决情况,也要公布决策过程;另一方面要提供具有代表性的倾向性意见,还要客观分析政策的可行性,以使那些诉求未能得到满足的群体有一个思考和认同的空间。同时,媒介要搭建平台,开展广泛讨论,政策讨论的好处是意见公开,彼此交锋,阐明立

---

① 杜俊伟.论舆论的自组自稳——基于系统论视角的舆论研究[M].北京:知识产权出版社,2013:134.

② 转引自杜俊伟.论舆论的自组自稳——基于系统论视角的舆论研究[M].北京:知识产权出版社,2013:134.

场,民主协商,通过讨论达到化疑求通、聚同存异的目的。政府在这一过程中,要利用好第三方,即专家学者进行政策阐释,引导意见向同一个方向发展,同时,通过意见引导来化解矛盾,缓和情绪,稳定社会。

(3)积极引导,扩大认同——政府对"正态分布"诉求的政治输出。诉求的"正态分布"是指某一诉求持肯定的意见人数与持反对意见的人数并不多,而且大体相等,而持中间立场的人数居于多数。这种情况说明,大多数人对于现行政策是比较满意的,不需要做出大的变动。面对这种情况,政府将根据反对者的合理意见,做出某种政策的改良性完善,而不需要进行根本性或者结构性的改革。同时,还可以通过媒介释放"意见气球",来观察社会反应。媒介对于这种决策情况的报道,既要发布完善的新政策,也要对于为什么做出调整,给予必要的说明,这样有利于引导社会舆论,扩大社会对于政策的认同。

在三种输出模式中,前后两种决策和输出都相对容易,第二种比较复杂,不仅需要政治系统审时度势,把握社会情境总体态势和压力程度,还要考虑决策实施的可行性,同时,也要考虑如何进行政策营销和回应社会诉求的策略问题,因为回应的策略直接影响政策消费者的心理认知和政治传通的效果。尤其是会议新闻传播中,政府的传播主体角色不可替代,特别是对于重大决议决策和政策阐释、说明必不可少。

2. 实现政治传通的原则

任何政治系统的政治输出都将面临需求与支持的检验。需求与支持其实是一个问题的两面,它们可以相互转化。满足的需求可以作为一种支持的表达反馈给政府,成为政府推行新政的社会力量。而没有满足的需求,或者转化为新的需求重新输入给政府,或者形成消极对抗的力量,造成政府更大的压力。如果政府不能及时并很好地加以解决,在"输入流"不断加大,而"输出流"不断收紧的状态下,政治系统就有陷入瘫痪的危险,这是任何一个统治集团都不愿意看到的。因此,政治传通十分重要,而要达到传通,政治系统应该把握主动、借力、真诚、平等的原则。

(1)主动原则。对于重大决议决策和政策的营销阐释,政府不能缺位失声,要主动进行政策的意见说明、阐释和引导。要建构经常性的直接回应的机制和平台。国家的重大政策调整的信息,重大决议决策,重大的政治声明,仅靠媒介的新闻报道,无论是信息结构还是信息分量都是不够的,尤其是涉及重大政策调整的信息,需要政府直接进行政策说明,需要政治系统充分利用媒介资源,进行系统的阐释。国务院和人大常委会除了设立对外(国际)的新闻发布机构外,还应该设立专门的对内(国内)新闻发布机构和新闻发言人,在主流媒体和自媒体开设固定的时段,就国家出台的政策和法规,回答好国内公众关心的问题,对政策和法规及时进行阐释说明,尤其是要回应政策受损群体的反映和意见。这个环节对于政策和法规的社会化及其实施具有重要的引导价值。

另外,记者在对会议活动采访和信息选择上,需要全面把握政府决策与社会情境的关系,努力寻求政府决策和公众利益的契合点,在这种关系的把握中,进行有效的信息解码和编码,以达到一定的传通效果。尤其是地方媒体的会议新闻报道,更需要围绕目标公众的定向需求来建构新闻,提高新闻传播质量,从而拉近公众需求输入与政府政策输出之间的距离,在不断满足公众需求的基础上,求得公众的政治认同和社会支持,扭转目前政府差序信任评价递减给地方政府带来的政治压力和影响。

(2)借力原则。政府除了直接做出说明和解释外,还要善于借助第三方力量,进行政策的解读和引导。一是借助商业媒体进行解读。主流媒体的说明和解释是需要的,且已经不成问题,在这方面国内主流媒体配合得相对讲是不错的,但是,需要提升传播的层次和水平。然而,面对开放的媒介环境,公众对于信息的获取,更愿意多一个渠道,或者多一种声音来了解相关信息。除了主流媒体以外,公众对权威的商业媒体的报道和言论更感兴趣。我国改革开放后,迅速崛起了一批有社会影响力的商业媒体,由于其特殊的身份和专业主义精神,其提供的信息可以弥补主流媒体的传播模式化上的不足。尤其是商业媒体客观的报道视角,特别是一些专家学者的新闻解读和评论深受公众的喜爱。主流媒体与商业媒体的互补传播,可以起到"总体大于部分之和"的传播效果。二是借助专家学者进行政策阐释。专家学者就是吴尔敦所说的"中介性职业"人士。政府要掌握并形成一批在各个领域有权威和影响力的专家学者队伍。专家学者作为第三方比较客观权威的意见引导,对于弥合分歧,消除隔阂,具有重要的影响力。同时,专家学者站在第三方的立场上进行阐释,可以有效转化政府的压力。三是借助专业团队引导策划。借鉴西方的政治传播经验,注意发挥"舆论导向专家""舆论管理专家""政治咨询专家""民意调查专家"等专业人士的作用。政策出台前后由这些专业人士进行精心策划,针对可能出现的舆论诉求和意见,事先进行充分的舆论引导准备,设计好舆论引导的话题,开展有针对性的舆论引导,这对于形成有利的社会意见具有重要作用。

(3)真诚原则。政府与社会公众距离的拉近是实现政治传通的关键。在开放民主的社会环境下,政府一方面要引导公众进行社会自治,另一方面也要保持与公众的接触。这种接触并不单纯指物理空间距离的接近,其更应该是心理情感上的接近。只有如此,政府才能准确把握社会的脉搏,倾听公众的真实诉求,及时做出正确的决策。政府与公众的距离是由政府与公众的关系决定的。如果地方政府采取冷漠、疏远和官僚主义的态度对待公众的诉求,有意回避和拒绝同公众进行互动和沟通,那么公众就会产生疏离,甚至产生对抗的心理和行动。政府与公众的互动沟通保持经常和顺畅,政府与公众之间的距离就会越来越近,否则,距离就会越来越远。会议新闻所传播的是政治系统对于社会系统诉求所输出的政治信息,如果这些信息与社会系统的诉求基本契合,那么就会拉近公众与政治系统的距离,即使是有一些诉求没有得到满足,如果政治系统在政治输出时的一些政治宣示、政治主张、政治理念能够契合公众的长远期待,同样会赢得认同。这也是媒介在会议新闻建构时需要认真把握的。

(4)平等原则。政府需要放下身段与公众进行沟通。对于一些需要社会公众做出牺牲,或者一些需求暂时没有条件满足的重大利益关切,政府需要真诚地与公众进行沟通,不要采取冷漠回避或者理所当然的态度来对待,相反,政府要做出负责任的解释。政府要明白一个道理:"政府解释其自身行为的根本目的是要赢得公众的政治认同。政治认同包括利益认同、制度认同和价值认同等方面内容,政治认同的逻辑顺序是利益认同—制度认同—价值认同,其中政治认同的逻辑起点在于公民的利益认同,制度认同为公众政治认同提供了价值基础,是政治认同的关键,而价值认同是政治认同的核心。"[①]在涉及公众利益问题上,政府要充分听取公众的意见和建议,认真研究论证,给予积极回应。因为没有利益的保障,其他认同都将难以达成。如果在利益诉求没有得到尊重的情况下,单纯地强调制度或价值的合理性是行不通的。正如毛泽东所指出的那样:"马克思列宁主义的基本原则,就是要使群众认识自己的利益,并且团结起来,为自己的利益而奋斗。"[②]这里所说的利益尊重,是说政府要尊重公众的正当合理的利益诉求,即使是暂时没有能力满足的利益诉求,政府也要认真听取意见和呼声,并负责地做出回应,以求得公众的理解。政府的"有效沟通是公众对政府信任锚定的关键,政府要通过理念、话语与行动来赢得公众的政治信

---

① 刘小燕.政治传播中的政府与公众间距离研究[M].北京:中国社会科学出版社,2016:76.

② 毛泽东.共产党基本的一条就是直接依靠广大人民群众[M]//毛泽东.建国以来毛泽东文稿.第十二册.北京:中央文献出版社,1998:581.

任,进而形成公众对于政府的心理锚定"①。而这种锚定,需要政府以平等的身份,做出诚恳的沟通与说明,以化解公众的疑虑。

(二)社会情境与记者信息选择的关系

前文所说的政府与社会情境的关系,其实是讲政府施政行为的社会依据。政府施政效果的好坏从一定程度上讲,检验的是其是否有效回应并满足了人民的利益诉求和期待。而记者在报道会议新闻时,同样离不开对社会情境的准确把握,特别是对当前的社会热点问题的把握。

社会情境与信息选择的关系,涉及的是信息传通问题。

社会情境与信息选择,其实是媒介作为渠道或者"中介物",在公众与政府之间建构一种联系的过程。媒介的"中介物"角色是重要的,一方面媒介是政府政治输入的渠道,作为社会"传感器"的媒介,能够敏锐地感受到社会情境的变化,尤其是对于社会舆论和诉求及时向政府输入,能够起到政府决策的参考作用;另一方面媒介作为政府政治输出的渠道,也将扮演公众诉求的回应者角色。这种联系在任何体制下的社会都是不可或缺的。西方自由民主社会,主张公民的自由权力的保障,记者的信息选择,一般是那些不易被公众所了解的决策背后的东西,但对于决议决策和政策信息却传播不够,由于偏离决议决策和政策本身信息的传播,公众对于决议决策和政策的了解是支离破碎的。中国的媒体一般都是从正向来建构新闻,重点放在决议决策和政策信息的发布上,虽然注重了"是什么"的信息公告,但是对于"为什么"的背景信息则很少介绍,公众由于缺少决策政策背景和过程的了解,尤其是那些利益受损群体就难免在心理上产生抵触,这是中国媒体在会议新闻建构上的通病。

如果一概否定中国媒体忽视社会情境对于会议新闻建构的影响也不尽然。只不过这种重视具有时空节点性特点,并不是一种常态。主要表现在全国"两会"召开前的媒介社会热点问题调查与媒介同社会公众的互动。这种媒介调查与互动,其实就是在履行作为媒介的社会诉求输入功能,同时,也是在设置媒介议程。比如,《人民日报》从 2003 年开始通过人民网开展"两会"热点问题调查,就是在努力建构政府与公众、公众与政府之间的关系。一方面媒介将公众分散的诉求,通过媒介汇聚,形成一种指标性的舆论反映给政府,使社会诉求政治化,变为政府的决策;另一方面又将政府的决策通过媒介反馈给公众,使政治决策社会化,并就决议决策和

---

① 刘小燕.政治传播中的政府与公众间距离研究[M].北京:中国社会科学出版社,2016:60.

政策进行解读和引导,使政府和公众在媒介的作用下,形成某种共识和认同,实现政治上的传通。人们之所以关注"两会",主要是关注政府工作报告是否重视并回应了自己的期待,是否把这些期待上升为政策,政府对解决这些期待的态度,等等。国家级媒体在"两会"期间围绕公众关注的热点问题与政府工作报告的政策主张,推出一些主题栏目,将公众与政府\诉求输入与政治输出进行对接,引起了公众的广泛关注,既满足了公众政治参与的需求,同时,也为政府推行的一系列改革累积了共识。

解决社会诉求与政府的政治回应常态化问题,需要媒体建构一种常态化的机制。涵化理论认为,媒介对于公众的影响是潜移默化的,不是仅靠单篇新闻报道的精彩就能达到的,它必须对于重大的决议决策和政策进行持续性、有节奏、多层次、多侧面的传播,使其成为阶段性的传播热点。这样,一方面通过媒介议程设置,将公众的注意力引导到媒介议程上来,同时,也使公众的议程与政治议程实现某种程度上的融通,通过融通来实现政治的传通。

美国耶鲁大学的一项实验表明,公众是否愿意接受新闻,受到各种因素的影响,但是其中最重要的因素,可能就是个人的生活环境。受到某一问题实际影响的人,对涉及该问题的新闻会更加敏感,他们有接受该新闻的先有倾向,认为他们的问题也是国家的重大问题,因而会容易接受媒体的影响[①]。当公众或者受到某一方面问题困扰,或者是某种诉求需要政府回应时,他们的媒介需求愿望将增强,对于媒介的有关报道就会产生关注,从而更容易受到媒介提供的信息影响,接受和参与媒介议程的讨论。从受众接触和使用媒介的目的分析,公众之所以关注会议新闻,主要是了解环境的变化,调整自己的社会行为,以实现自身与社会环境的某种协调和平衡。

记者信息选择与社会情境的关系也是一种正相关的关系,信息选择越是能接近公众需求,就越能引起公众的关注,越是直接命中目标受众的核心利益需求,就越具有改变受众态度和行动的可能。

(三)社会情境与媒介议程的关系

社会情境与媒介议程的关系,涉及的是政治议程、媒介议程和社会议程的相互转换与相通问题。社会情境所折射的是社会舆论对于社会现况的反映,媒体能否关注、呼应和反映公众的舆论话题,从一定意义上说,是

---

① 艾英戈,金绕.至关重要的新闻——电视与美国民主[M].刘海龙,译.北京:新华出版社,2004:68.

能否实现传通的关键因素。

同时,公众的媒介使用受各种因素的影响,正如麦奎尔所说:"人们的媒介使用行为很大程度上是由一些相对稳定的社会结构和媒介结构因素所决定的。社会结构指的是'社会事实'(social facts),包括教育、收入、性别、居住地、生活圈子中的地位等等,它们对人们的态度和行为具有强有力的决定性影响。媒介结构是指在某一地点和时间里可以获得的相对稳定的媒介渠道、选择空间和内容系列。"①麦奎尔从社会结构和媒介结构能否协调和满足人的媒介使用行为,进而影响人的态度和行为的角度来考察媒介信息对于人的影响。而这种影响的前提是媒体议程与公众议程的相互转换中实现某种协调与统一,不然就会产生相反的效果。

会议新闻的媒体议程、政府议程与社会议程同样存在相互转换的问题,如果政府议程能够深切观照一定社会情境下的公众议程,那么就会使政府决策与公众诉求在媒体平台上达到某种程度的和谐统一,同时,如果社会议程接受并理解了政府议程和媒体议程,也会促进政府决策和政策的顺利实施。传通的本质是心理上的传通,心理传通是内在的,起着决定性的作用,其他传通都是表面的。没有心理传通,其他传通都无法实现。因此,媒体议程要立足现实社会情境,要寻求会议决议、决策与社会公众话题期待的契合度,这样,会议新闻的传播才能实现传通。政府的决策要力求感受民生的温度,弥合社会的裂度,才能消除民生焦虑,求得社会的协和度。如果媒体能够将民生的温度与政府关切的力度在媒体上达成某种融合,那么会议新闻的传播就会实现传通的目的。另外,政府政策的制定、实施与监督的参与机制建立了,社会正向的舆论氛围也就形成了。

在会议新闻传播中,媒体议程设置的目的:一是强化决议决策和政策的公众关注,积极引导参与讨论。二是形成广泛的社会舆论,促进政策的实施。三是对于政策实施情况的监督与反馈。政策实施情况的监督与反馈,是会议新闻延展(后向延展)报道的重要组成部分,也是政策是否得到顺利实施的监督反馈形式。现在,有一种误区,认为会议新闻只是会议活动信息的报道,会前会后的延展报道往往被忽视,其实,这是极其错误的。国家级媒体在"两会"期间的议程设置,较好地处理了社会舆情与政府决策的关系。"两会"前的社会关注的热点话题调查,会议过程中的新闻报道的信息选择和专题的设立,都体现了政府工作报告中涉及的公众关注热点问题的回应,而会后的延展报道,则是一种政治政策的社会营销过程。

---

① 麦奎尔.受众分析[M].刘燕南,译.北京:中国人民大学出版社,2006:85.

这三个环节紧密相连不可分割,倘若有一个环节丢失了,都将导致政治政策社会化的失败。2014 年"两会"报道,央广网、央视网等媒体把政府工作报告中回应社会公众关注的热点问题以及政府表明的政治态度或者直接作为新闻标题,或者将相关内容作为独家新闻突出出来。例如,"我们要像对贫困宣战一样,坚决向污染宣战"①、"政府工作的根本目的是让全体人民过上好日子"②、"以壮士断腕的决心、背水一战的气概,冲破思想观念的束缚,突破利益固化的藩篱"③、"以经济体制改革为牵引,全面深化各领域改革"④等,这些有温度、有态度的宣示,体现了政府回应公众诉求、解决问题的坚定决心。虽然在解决某些领域的问题上并不容易,同时,有些问题解决的效果也并不十分明显,如环境污染问题、食品安全问题等,但公众并没有对中央政府产生失望和抱怨,之所以如此,是出于公众对中央政府治理能力的信任。中央电视台、《人民日报》就"两会"后的决策执行的跟踪监督与反馈(特别是对于一些环境污染案件的曝光等)和国务院的跟踪督查行动,体现了政府政策施行的公信力,产生了较好的政治传播效果。

媒介把公众关注的焦点与政府关切的重点有机统一起来,并且将每个普遍重点关注的问题作为媒体议程,引导社会公众广泛参与讨论,就会起到议程设置作用。可见,社会情境与媒体议程、政府议程、公众议程的关系,也是一种相互影响的正相关关系,而且又是相互联系,协调统一,缺一不可的关系。

媒体在组织报道重要会议,进行议程设置时,从媒体传播效果看,如果单纯以会议确定的议程来设置媒体议程,而不是准确研究社会诉求和公众期待,并且将会议议程与公众议程实现传通的话,那么会议新闻的传播和政府要实现的社会动员、政策阐释、利益协调的效果就难以达到。媒体传播的信息敲不到社会需求的点子上,就拨动不了公众的心弦。因为"公众

---

① "我们要像对贫困宣战一样,坚决向污染宣战。"——李克强[EB/OL].[2019 – 03 – 14]. http://news. cnr. cn/special/2014lh/daily _ news/5/words/201403/t20140305 _514999434. shtml.

② 李克强:政府工作的根本目的是让全体人民过上好日子[EB/OL].[2019 – 03 – 14]. http://news. jxntv. cn/2014/0309/3037787. shtml.

③ 以壮士断腕的决心深化改革[EB/OL].[2019 – 03 – 14]. http://video. sina. com. cn/vlist/ news/zt/2014qglh/#128276794.

④ 李克强:以经济体制改革为牵引　全面深化各领域改革[EB/OL].[2019 – 03 – 05]. http://money. 163. com/14/0305/10/9MIKA6NH002529IR. html.

的头脑并非是白纸一张,静候大众媒体在上面涂写"①。会议新闻是那些公众需求的具有社会知悉意义和传播价值的信息,如果会议新闻只是机械地、模式化地传播会议程序、参会人员、讲话提纲的话,而会议通过了什么、决定了什么、政治行动者针对当下社会热点问题表明了哪些态度,等等,这些实质性的内容被信息泡沫淹没了,公众从媒体上没有了解到政府的态度和作为,那么就会在抵触和逃避中产生对于政府的不满。因此,媒体议程设置,必须准确了解社会诉求和公众关注的焦点,准确把握政府议程的利益指向,力求实现政府议程、媒体议程、公众议程的某种互动、协调、平衡和统一,从而实现会议新闻的信息传通。

二、会议新闻的情感传通

中国的会议新闻,常常给人以缺乏温度和情感的印象。虽然人们想从会议新闻中了解一些政治信息,但是当人们面对一张冷硬的面孔时,一般都会选择回避和逃离。会议新闻的情感传通,已经成为一个需要重视的变量因素。

情感是社会学、政治学、心理学关心的话题。本书认为,传播学也应该关注情感传播问题。苏格拉底、康德、柏拉图等都十分尊崇理性,并将理性与情感相对立,视情感为"错误的理性"。而一些学者认为采取对立的认知论来看待情感的积极作用是有害的。他们发现,对人类影响最大的其实是情感,而不是理性,同时,促使人们采取行动的也并非是理性,也是情感。早在14世纪,社会学创始人赫勒敦就十分关注群体凝聚力和感染力问题。他认为,群体感染力是人们为了避免脱群和羞愧所产生的一种社会心理②。涂尔干则从宗教仪式的情感传播入手研究情感问题,他指出,情感通过象征形式和集体形式几乎很快能够得以蔓延传播。对于涂尔干来说,集体欢腾——对共有情感的分享,是宗教思想和群体团结的基础。涂尔干认为,情感是社会整体的心理表征③。詹姆士则将情感定位为理性的延续,并且指出情感决定选择。他认为,情感,不管是在目标定位还是能力激发方面,都是产生所有行为的具体体验④。在海德格尔看来,情感以一种特定的方式塑造一个与恐惧、厌倦、愉悦和憎恨同样重要的客体。个体情

---

① 布莱恩特,兹尔曼.媒介效果:理论与研究前沿[M].石义彬,彭彪,译.北京:华夏出版社,2009:4.

② 斯宾塞,沃尔比,亨特.情感社会学[M].张军,周志浩,译.南京:凤凰教育出版社,2015:9.

③④ 斯宾塞,沃尔比,亨特.情感社会学[M].张军,周志浩,译.南京:凤凰教育出版社,2015:10.

感不仅影响我们与他人的关系,同时,也受其影响①。霍克希尔德从文化角度探讨情感问题,他认为,社会保持着一种情感文化,这种文化包含了在基本活动范围内描写正确的态度、情感和情感反应的情感意识形态。人们是通过社会化习得情感规则的②。柯林斯在论述情感的作用时指出:"什么因素将社会结合在一起——团结的'黏合剂'——以及什么动员了冲突——被动员的群体能量——是情感。"③情感上的愉悦感强化了人们的共同关注点以及共享的气氛。这些学者的情感研究都说明这样一个事实,即情感对于社会群体心理影响的重要性。

新闻传播的目的是要对人们产生影响,这种影响或是让人理解所传播的信息,并且改变立场,或是为了进行社会动员,引导人们采取行动,或是为了凝聚社会力量,增强社会的向心力。以上这些传播的目的,如果离开了情感对于社会公众的唤醒、激励和凝聚,光靠简单生硬的"会议认为""会议指出""会议强调",是难以达成的。

认知心理学认为,任何进入不了受众神经元的信息,是不会产生任何感觉、注意、接收和接受行为的。尤其是社会转型期,各种利益诉求多元化,政治淡漠心理在社会普遍弥漫,在这样的情境下,尤其需要有温度、有情感的政治信息的传播,这将成为凝聚社会力量和共识的不可或缺的重要元素。会议新闻的情感和情感信息传播,在新闻传通,特别是政治传通方面,具有十分重要的价值。

所谓情感传通是指政治传播者满足受传者情感需求并引发正向激励价值取向的心理状态,即所传播的信息与受传者达到某种利益同向、话语同频、情感同一的传受共通的交互状态。形成这种状态,需要传播者细心研究受传者的利益诉求、话语特点和情感倾向,使传播的信息能够深度契合受传者的心理需求,从而产生对于政治系统的政治和政策输出的普遍认同。

受传者的情感认同,是传受一系列双向互动感染的结果,这一结果包括传播者的情感输出、受传者的情感激发和传受双向的情感认同的过程。

（一）同向情感的利益凝聚

特纳认为:"人类是地球上最具情感的动物。人类的认知、行为以及社

---

①②　斯宾塞,沃尔比,亨特.情感社会学[M].张军,周志浩,译.南京:凤凰教育出版社,2015:11.

③　柯林斯.互动仪式链[M].林聚任,王鹏,宋丽君,译.北京:商务印书馆,2012:152.

会组织的任何一个方面几乎都受到情感的驱动。"①而情感的建立和维系，从一定意义上讲是受利益支配的。也就是说，利益是人类情感建立和维系的基石，共同的利益可以唤起凝聚的情感，而抵制"分裂的情感"②。

正如马克思所说："人们为之奋斗的一切，都同他们的利益有关。"③传播者与受传者之间的利益状况，对政治信息传通起着重要作用，它影响着传受之间的心理距离及情感倾向。传播者站在与受传者根本利益相一致的立场上传播政治主张、表明政治立场、阐明政治态度，就会缩短两者之间的心理距离，受传者就会采取积极的信任和拥护的态度接受所传播的信息，反之，就会造成受传者的抵制甚至反对。前者是一种比较理想的传通状态，后者就是没有传通，甚至是逆传通的状态。邵培仁也有相同的认知："传播者及其所传播的政治思想、观点、主张等，在总体上能代表、体现受传者的利益、愿望和要求。因此，受传者对传播者的政治传播往往采取顺应的态度并践履相应的政治行为。"④

在中国的语境下，政治传播者与公众在根本利益上是一致的，在政治理念、政治主张上并不存在根本利益上的冲突。政府的行政层级越高，与公众根本利益越同向，特别是中央政府的政治政策主张更是如此。但是，在具体利益问题上，越是低层级的政府，特别是乡镇政府一级的行政单位，其利益主张并不总是与公众利益保持同向，尤其是在涉及一些具体的个人利益问题上，有时还存在比较激烈的冲突，如果处理不当就会造成社会矛盾，甚至使一些个体产生反社会的倾向。因此，会议新闻在涉及具体的公众利益传播上，要求根本利益与具体利益上表达的同向性，在表达根本利益的同时，要注意具体利益诉求的合理性，同时，要传播解决具体利益冲突的政策主张，让利益群体感受到执政系统对于公众合理利益诉求的关切，以建构情感利益共同体，不然，就会产生与国家和执政党的离心力。

当然，任何一项政策都不可能解决所有问题，不可能满足所有人的利益关切，这就需要传播者在政策信息传播时进行必要的说明和解释，让人们了解政策产生的背景、政策要调整解决的主要矛盾，以及政策调整所追求的公正原则，引导社会公众以公正的利益原则来正确对待政策主张，促进政策的实施。公众在面对国家政策和群体整体利益时，一般会受到某种

---

① 特纳.人类情感——社会学的理论[M].孙俊才,文军,译.北京:东方出版社,2009:7.
② 柯林斯.互动仪式链[M].林聚任,王鹏,宋丽君,译.北京:商务印书馆,2012:156.
③ 马克思.马克思恩格斯全集:第1卷[M].北京:人民出版社,1995:187.
④ 邵培仁.政治传播学[M].南京:江苏人民出版社,1991:229.

社会约束,在国家和群体利益面前,个人的力量总体上是有限的,而且,当国家的政策符合国家长远发展,并且获得了大多数人的支持时,那么作为社会性动物的人,为了与社会正常交往,不至于受到孤立,其个人的诉求会软化下来。国家和群体利益此时就会发挥同化个体利益的作用,而个体利益则对于国家和群体利益的实现没有这样的功能。个体只有融入国家和群体利益,才有实现个体利益的可能。

比如,李克强总理在两届政府工作报告中都特别强调治理环境污染问题,郑重向全国人民宣示"要像向对贫困宣战一样,坚决向污染宣战"①,"坚决打好蓝天保卫战"②,并且要以严厉的态度和手段关停一批污染企业。可以说,李克强的政治宣示和政治态度是对于公众整体利益诉求的政治回应,从普遍利益原则上讲,是符合最广大公众利益的。在治理污染问题上执政者与公众利益是高度一致的。但是,对于那些关停并转企业的职工,应当说失业是其重要的利益关切,在普遍的群体利益与个体利益之间是存在矛盾的。但是,个体利益可以通过其他途径得到解决,而群体利益则必须通过某些个体利益的放弃才能获得。而且在解决污染问题上,无论是群体还是个体,特别是污染企业的职工,其根本利益也是一致的。根本利益一致是否就代表着不需要考虑一些利益群体的个人利益呢? 执政党和国家作为人民利益的维护者和代表者,对于决策受到影响的群体,当然不能默然处之。尤其是对于关停企业面临失业的职工,政府要采取必要的政策安排和扶持手段,为即将下岗失业的职工创造新的就业岗位,防止因企业关停造成大量区域性失业问题。这是利益主体情感认同的现实基础,同时,也是政策利益公正原则的体现。

我们应当看到,解决污染问题,还百姓一个晴朗的蓝天,不仅是国家的责任,也是每一个公民的责任。一方面国家要加快产业结构调整步伐,从根本上解决环境污染问题,另一方面社会也要行动起来,形成共同治理污染的社会氛围。媒介的政治信息传播既要有政治宣示,也要有具体的行动信息的传播,使社会公众看到国家的政治宣示与政治行动上的统一,以增强社会共同治理的信心。

政治传通,根本上讲是人心的传通,人心通则一通百通。

---

① "我们要像对贫困宣战一样,坚决向污染宣战。"——李克强[EB/OL]. [2019 - 03 - 14]. http://news. cnr. cn/special/2014lh/daily_news/5/words/201403/t20140305_514999434. shtml.

② 李克强:坚决打好蓝天保卫战[EB/OL]. [2019 - 03 - 05]. http://www. chinanews. com/gn/2017/03 - 05/8165816. shtml.

在国际传播上,尤其是在涉及国际事务合作的政治信息传播上也是如此。在一些重要的国际会议上,尤其是双边和多边的国际合作磋商中,国内媒介如果传播的信息只是强调维护中国的利益,或者中国在同相关国家合作中获得了什么利益,而不考虑相关国家的利益,或者相关国家在与中国合作中获得了哪些利益,那么就会造成国际社会对于中国的猜疑,就会为"中国威胁论"提供口实。

特别是在中国的国际地位越来越突出,处理国际事务上的作用也越来越有分量的情境下,中国的政治主张和政策安排将成为国际社会关注评价的重要话题。因此,在国际传播的信息内容和话语选择上,要十分注意国际社会情境与语境的对接。近年来,中国领导人在一些国际会议上,始终主张"亲、诚、惠、容"的外交政策,以此来处理中国同周边国家的关系。中国欢迎各国搭乘中国发展的列车,主张构建人类命运共同体。习近平总书记还将"一带一路"发展战略,与构建人类命运共同体统一起来,坚持共商、共建、共享,让政策沟通、设施联通、贸易畅通、资金融通、人心相通成为共同努力的目标。可以说,这为推进经济全球化找到了国际社会利益同向的契合点,受到国际社会的普遍赞成。媒介在传播这些政治主张和理念的同时,要特别关注国际社会尤其是各国政府和知名人士的反响与评价,为我国政府的政治主张获得国际社会的认同创造有利的舆论环境。

无论是对内传播,还是对外传播,都要注意寻求同向的情感利益主张对于不同利益群体的影响,尤其要善于捕捉不同群体彼此利益相契合的共同点,在利益契合的过程中,使不同利益主体的利益主张在维护国家和群体整体利益上得到同化,从而形成对于政治系统政治输出的普遍认同。

(二)同频情感的话语唤醒

话语同频是交流双方能够交流下去的前提。如果交流的话语不在一个频道上,那么,交流将难以进行。在众多的话语形态中,唯有情感话语是相通的。情感话语建立在对交流对象、交流情境和交流目的的准确把握上。所谓情感话语是富有情感唤醒和感召力的话语,一般是指传播者作用于受传者,使其受到某种情感震撼,从而产生情感认同的修辞效应。而要产生这种情感认同的效果,则要求传播者的情感话语要与受传者的情感相合拍,并且要处在一个情感频道上。

1.同频情感话语可以产生某种情感能量

柯林斯的互动仪式链理论提出了情感能量的命题。柯林斯认为,情感能量是社会群体经过长期稳定的情感体验所聚集和积累形成的,是人们长期互动活动中永续流转、传承与连接的结果。情感能量在群体成员中传递,一方面可以强化成员间的身份认同,另一方面也可以形成群体凝聚的巨大力量①。同频的情感话语可以唤醒或者激发群体的情感能量,群体认同的情感话语具有直击内心的震撼力、情感唤醒的激发力、社会凝聚的向心力以及社会情绪的纾解力。

在会议新闻传播中,传播者要善于捕捉政治行动者富有情感能量的话语,让公众产生目标认同、国家认同和政党认同,尤其是处于转型期的中国,由于利益主体的利益诉求日趋多元化,仅靠阶段性政策调整,很难达到全社会意见的统一,因此,要通过政党和领袖人物与公众同频的情感话语的传播,促进终极价值认知上达到同向,以强化目标认同、国家认同和政党认同。

2.同频的情感话语可以强化目标认同

同频的情感话语可以激发社会群体的情感认知和情感认同。"中国是一党执政的政治体制,不存在由于多党制政治体制下,不同党派因争夺阶级基础而制造出来的阶级关系。"②中国共产党是中国人民根本利益的代表者、维护者和发展者。正因为如此,中国共产党才获得了长期执政的合法性。特别是我们党根据新时期社会阶层和结构的变化,适时结束了以阶级斗争为纲的指导思想,确立了以经济建设为重心的指导思想。随着改革开放的深入,我国社会结构发生了明显改变,党的执政基础也随之进一步扩大。"作为一党执政的政治制度决定了社会成员不再是'阶级政治'的行动者,而是'人民政治'的行动者。在中国,革命政治的阶级逻辑应当适时转换成一党执政的人民逻辑,因为这是一种历史的必然选择。"③因此,才有了"三个代表"重要思想和社会主义和谐社会理论的提出。一些新的社会阶层作为人民的组成部分被纳入现有体制,成为中国共产党新的执政资源。在中国政治语境下,人民是作为一个整体被认同的。虽然目前还存在不同的阶层和利益主体,也存在不同利益主体之间的矛盾,但是这种矛盾是人民内部矛盾,是可以通过利益关系调整得到逐步解决的。因此,中国的情感话语表达应当建立在共同情感认知基础之上,而不应该制造不同的阶层对立的话语,尤其是执政党与人民对立的话语。

党的十八大提出了"两个一百年"近中期奋斗目标和"实现中华民族

---

① 参见柯林斯.互动仪式链[M].林聚任,王鹏,宋丽君,译.北京:商务印书馆,2012:156 - 158.

②③ 杨光斌,王果."人民—阶级—团体"的语境与表述——兼论一党执政体制下的社会结构[J].探索与争鸣,2016(1):51 - 54.

伟大复兴的中国梦"的长期目标,这一奋斗目标已经成为凝聚全国人民的巨大动力。习近平在第十二届全国人民代表大会第一次会议上讲话时指出:"中国梦归根到底是人民的梦,必须紧紧依靠人民来实现,必须不断为人民造福。"①他在阐述中国梦与人民梦的关系时指出:"生活在我们伟大祖国和伟大时代的中国人民,共同享有人生出彩的机会,共同享有梦想成真的机会,共同享有同祖国和时代一起成长与进步的机会。有梦想,有机会,有奋斗,一切美好的东西都能够创造出来。"②习近平将人民对美好生活的期待与党和国家的使命统一起来,将中华民族伟大复兴的中国梦与实现个人的梦想统一起来,建构起了人民—党—国家的命运共同体。

对群体目标的认同,是认同对象的最终具体化和现实化的过程。"在一个国家共同体内,对共同情感利益、共同文化价值与领导核心的认同,最终都集中于对共同目标的认同。个人对群体目标的认同过程,也就是将个人目标及利益、情感、价值等融入群体大目标的过程,也就是用群体目标来同化个体目标的过程。"③在这一过程中,同频情感话语起到唤醒、激发和黏合作用,通过情感话语的催化,群体目标与个体目标得以不断聚合、逐步同化,最终达到普遍的群体目标认同。

3. 同频情感话语可以强化国家认同

国家认同,是国家凝聚力形成的基础。会议新闻传播要通过国家利益与公众利益统一的情感话语传播,来强化公众的国家认同。所谓国家认同是指公民对自己所属国家的政治、历史、文化等要素的整体评价和情感依赖。在国家认同形成过程中,同频的情感话语起到了引导和强化作用。

会议新闻传播的国家认同,一般是通过情感话语对于国家作为利益共同体意识的强化来获取的。国家所代表的是民族利益,国家所尊奉的政治、经济、文化、军事、外交等原则,体现了一个国家和民族的历史继承性和时代创新性,它既是一个民族长期的历史发展所凝成的,又是时代发展不断探索创新的结果,因此,它指导着国家处理国内外的政治、经济、文化、军事和外交活动,具有民族向心力和凝聚性。会议新闻传播要特别注意对国家所尊奉的这些原则的揭示,使其成为公众国家认同的重要元素,同时也将成为世界公众对于中国的认同的价值观。比如,在 2017 年"两会"和一

---

①② 习近平在第十二届全国人民代表大会第一次会议上的讲话[EB/OL]. [2019 - 03 -
18]. http://cpc. people. com. cn/n/2013/0318/c64094-20819130. html.

③ 章忠民,张亚铃. 国家凝聚力的构成及其矛盾张力探源[J]. 马克思主义研究,2012(1):
123 - 130.

些重要会议上,国家领导人反复强调政府要敢于革自己的命,要加快简政放权,释放市场主体的活力。在 2017 年"两会"记者见面会上,李克强在回答记者对"一些企业抱怨税费负担过重"的提问时指出:"今年要推进更大力度的减税降费,特别是那些名目繁多、企业不堪重负的行政事业性收费⋯⋯中央政府要带头,一律减少一般性支出 5% 以上⋯⋯我们就是要用政府的"痛"换来企业的"顺",让企业轻装上阵,提高竞争力。"①"两会"结束后,国务院召开政府常务会议,就研究落实减税降费问题,李克强在会议上指出:各部门一定要顾全大局。政府过紧日子,让企业轻装上阵,人民才能过上好日子。"我们就是要用政府的'痛'换来企业的'顺'""政府过紧日子,让企业轻装上阵,人民才能过上好日子"②,应当说,这些带有温度的情感话语,让国人感受到了"人民政府为人民"的人文关怀和政府时时刻刻关心人民福祉的一贯作为,从而也更加增强了人民对于国家重大政策的支持,从一定意义上讲,也强化了人民对于国家的认同。

4. 同频情感话语可以强化政党认同

政党认同是政治主体对政党的一种思想、情感和意识上的归属感,是其对政党做出的一种肯定性的心理反应和行为表达③。在政党认同形成的过程中,情感话语将起到巨大的催化作用。在中国,会议新闻的情感话语选择和传播,所强化的公众对执政党的认知和认同,是由政党与其所代表的人民共同建构的利益共同体所决定的。政党特别是政党领袖的情感话语表达,尤其是与公众情感同频的话语表达,对于强化国人的执政党认同具有强大的情感能量。虽然人们会认为单靠话语的力量是难以起到对于政党的认同的,但是话语和执政党政策和行动的统一,则会形成和强化这一力量。

会议新闻不仅能够传播政党领袖及其政党的政治主张,而且还是社会公众感受政党政策力量的最好平台。会议新闻将政党的政治主张和政策,通过媒介向社会公众传播,这其实是执政党政治和政策的社会化过程,也是统一社会思想,形成政党认同的过程。在公众形成政党认同过程中,政党领袖的情感话语表达,会起到强大的催化作用。比如,习近平在率领新当选的中央政治局常委与媒体见面时发出的"人民对美好生活的向往就是

---

① 李克强谈减税降费:用政府的"痛"换企业的"顺"[EB/OL].[2019 – 03 – 15].http://www.xinhuanet.com/politics/2017lh/2017-03/15/c_1120631909.htm.

② 3800 亿:总理承诺的第一个减税大礼包来了![EB/OL].[2017 – 04 – 20].http://news.cri.cn/20170420/d13a4993-53c1-9a70-ac59-a9e3634355aa.html.

③ 柴宝勇.论政党认同与政党领袖的关系[J].理论月刊,2009(5):65 – 67.

我们的奋斗目标"①,2013 年 8 月,习近平在全国宣传思想工作会议上指出:"党性和人民性从来都是一致的、统一的。坚持党性,核心就是坚持正确的政治方向……坚持人民性,就是要把实现好、维护好、发展好最广大人民根本利益作为出发点和落脚点,坚持以民为本、以人为本。要树立以人民为中心的工作导向。"②习近平在革命老区调研时指出:"在扶贫的路上,不能落下一个贫困家庭,丢下一个贫困群众。"③可以说,这些都是"全心全意为人民服务"的建党宗旨最具有感染力的情感表达,也是最具有情感能量的政治主张,是构建人民与执政党水乳交融的命运共同体的最好诠释。尤其是党中央将扶贫作为攻坚战向全党发出号召,并采取定点精准扶贫的措施,让所有贫困家庭实现脱贫。情感话语与情感行动结合起来就是最有力量的政治传播。

会议新闻在报道政党会议时,要十分注意政党领袖情感话语表达的选择,尤其是那些体现执政党维护人民根本利益的一以贯之的政治态度、政治立场和政治主张的话语,因为这是社会公众对于执政党认同所需要了解的十分重要的内容。

三、会议新闻的兴趣传通

兴趣传通的一个重要条件就是信息的生动度。所谓兴趣传通是指传播者运用生动的"刺激物"作用于受传者神经元,以激发受传者信息接触意愿的过程。在这里,符码生动度将起到重要的刺激作用。符码生动度研究的是信息外在"相貌"对于公众信息关注和受阅兴趣的激发。人的注意力一般都处于漂移状态,只有那些能够激发其兴趣和需求动机的信息,才能让漂移的注意力锚定下来。

(一)符码生动度的构成元素

符码是表征信息的符号系统,它既是建构文本系统的质料,又是破译文本意义的规则。信息符码一般呈现两种形态,一种是具象生动的,一种是抽象生硬的。具象生动的信息符码可以激发人们的情感和兴趣,而且人们投入的认知资源相对少一些,信息相对比较容易理解;而抽象生硬的信

① 政治局常委与记者见面 习近平总书记发表重要讲话[EB/OL].[2019 – 11 – 15].http://www.china.com.cn/v/18da/2012-11/15/content_27121354.htm.

② 习近平:胸怀大局把握大势着眼大事? 努力把宣传思想工作做得更好[EB/OL].[2019 – 08 – 21].http://cpc.people.com.cn/n/2013/0821/c64094-22636876.html.

③ 习近平的拳拳为民情:"小康路上一个都不能掉队!"[EB/OL].[2019 – 10 – 16].http://politics.people.com.cn/n1/2019/1016/c1001-31404183.html.

息符码,人们一般不会喜欢,而且要理解这些信息需要投入相当多的认知资源。

会议新闻传播中对于政治概念、政策术语等抽象信息的传播,一般要投入较多的认知资源,如果缺乏具象信息的解释和说明,一般不容易被人们所理解。杨帆认为,信息符码生动度"一般取决于三个条件:是否足够有趣而能够刺激情感,是否足够具体而能够激发想象力,是否在时间和空间上足够接近信息接受者"①。这样来界定信息生动度,虽然有一定的道理,但并不完全准确。"有趣"符合构成符码生动度的一个要件,而用"时空"接近来揭示信息生动度并不准确,因为时空接近并不是构成符码生动度的必要条件。

具体分析构成符码生动度的要件应该包括趣味、具象、故事和新闻动词。

趣味是指符码话语所具有的鲜活程度,其传递的信息能够激发或者触动人们内心的情感。如果不考虑公众的兴趣,一条新闻特别是会议新闻是不会激活受传者神经元的,也不会使其投入注意力来进行新闻学习。人们除了对于能够刺激其兴趣的话语关注之外,有时通过与公众的利益关联的信息也能引发学习新闻的兴趣。卡斯珀·约斯特甚至将趣味性作为新闻选择的第一条原则,并将其上升到新闻事业基石的高度,他认为:"趣味性本身使报纸具有吸引力……公众对于新闻的趣味性的需求不容忽视。任何一条独立新闻的价值都是通过其所引发的趣味性的高低或程度来衡量的,读者的共同兴趣实际上是整个新闻事业的基石,是整个新闻业环绕的核心,是新闻业得以维持的物质基础。"②

具象是指用具体的事实而不是用抽象的概念来传递信息,尤其是在阐述抽象概念时运用具象的事实来呈现,以赋予新闻以生动的品质。会议新闻报道要传播的主要是会议活动形成的决议决策和政策信息,这些信息通常是一些抽象的概念、政治和政策术语等"大词"。然而,虽然"大词能够帮助你组织思想,但你在传达信息时必须将你的想法与其他人的经历联系起来。每个人都熟悉的短小易懂的词是达到这个目的的最好的选择"③。受众的新闻接收习惯和兴趣表明,一个能够吸引公众的新闻,一定是那些

---

①　杨帆.信息生动度的劝服效果:一个认知心理学的研究路径[J].新闻大学,2015(4):7 – 11,33.

②　约斯特.新闻学原理[M].王海,译.北京:中国传媒大学出版社,2013:33 – 34.

③　伊图尔,安德森.当代媒体新闻写作与报道[M].贾陆依,华建昌,译.北京:中国人民大学出版社,2006:44.

能够将抽象的"大词"具象化为人们能够理解的新闻事实的新闻。非如此,公众就会被僵硬呆板的新闻所吓跑。

故事则是通过讲述故事来传播信息。在政治传播中,让公众通过故事来加深理解政策调整带给不同群体的损益更有说服力。李希光在强调学会讲故事对于提高记者的语言能力时指出:"讲故事的新闻是一种突出描述艺术的写作风格,强调文字描述对感官的刺激,要求记者像语言艺术巨匠那样,用感觉化、视觉化的文字报道并发掘这个故事对读者生活的意义。"[①]可见,故事不仅是公众保持新闻接触的兴趣和动力所在,而且也是记者驾驭和表达新闻事实的功夫所在。

而新闻动词作为符码生动度的一个要件,是因为新闻动词能够为新闻带来动感和画面感。正如李希光所说:"新闻报道,无论是写人还是写事,都是在叙述动态中的事,使用动词能够自然带动故事发展,让读者跟着你的文字起伏跌宕。"[②]

认知心理学认为,注意是一种认知资源的分配。注意力则是投入认知资源的专注程度。人的注意力是有限的,一定时间内人只能注意一到两件他认为应该关注的事情,也就是说人的注意具有选择性。信息生动度构成的这四个要件彼此联系,又相对独立。一个信息的生动程度,并不一定要四个条件同时具备,具备一个就可以让人们漂移的注意力锚定下来,如果同时具备四个要件,则新闻的生动度就会达到最高的程度。

(二)受众的信息认知规律

从认知心理学对于人的信息认知规律揭示看,人对于信息的刺激,首先启动的是感觉系统,继之是注意系统,然后才是记忆和提取系统。人的每一次获取、存储、转换和使用信息,都需要进行感觉、记忆、表征、语言、问题解决、推理和决策等一系列认知加工过程。过滤器理论认为,任何时候人们能够注意的信息量是有限的,在一定时空中只能关注并处理有限的信息,而过滤掉其余信息,也就是说,人对于推送的信息不会不加区别地启动认知加工系统,只有对那些感兴趣的进入感觉系统的信息,才会投入注意力资源进行处理。正如注意力研究者帕什勒所说:"在任何时候(人们的)注意力只仅仅覆盖了进入感觉系统刺激的很少一部分。"[③]需要指出的是,

---

① 李希光,孙静惟,王晶. 新闻采访写作教程[M]. 北京:清华大学出版社,2011:129.
② 李希光,孙静惟,王晶. 新闻采访写作教程[M]. 北京:清华大学出版社,2011:213.
③ 加洛蒂. 认知心理学——认知科学与你的生活[M]. 吴国宏,等译. 北京:机械工业出版社,2016:46.

随着信息时代的到来,信息的饱和性轰炸使人的感觉系统的灵敏性衰减。与安静状态的环境相比,嘈杂的信息环境下人的感觉系统是不敏感的,尤其是对于那些与己无关的信息,感觉系统一般处于关闭状态。尽管如此,对于那些感兴趣和与其利益关联的信息,即使在嘈杂的信息环境下,人仍然能够保持一定的敏感度,这种效应被称为鸡尾酒会效应①。鸡尾酒会效应说明,在连续不断的几乎饱和的信息状态下,要让受众感觉到媒介传播的信息,并且在注意力漂移的状态下产生注意,只有那些新颖的刺激方式,且与受众利益密切相关的信息才能脱颖而出,进入人的感觉系统并投入注意力资源进行信息加工和表征,任何没有进入感觉系统的信息一般都会被排除掉。受众的信息认知规律表明,会议新闻的信息刺激方式和内容的选择是一个相互协调的过程,它涉及传播者对于目标受众群体信息定向需求的正确认知以及传者信息选择和注意力制造的构组能力。一方面会议决议决策所传递的信息虽然与公众的切身利益相关,但是如果媒介传播采取"苍白抽象"的传播方式,公众是很难感觉到并投入注意力资源进行处理的;另一方面虽然媒介采取了新颖的刺激方式,并瞬间捕获了受众的注意力,但是由于所传播的信息与公众定向需求关系不大,其注意力也会快速漂移。只有新颖的刺激方式与受众"定向需求"处于协调状态的信息才能使受众产生注意、记忆、转换、理解,进而达到态度和行动的改变。

(三)制造新闻构组方式

人,对于进入各种感觉器官的信息注意、记忆和加工,常常采用选择性的策略,通过过滤器将不需要和不感兴趣的信息屏蔽掉,不然人的大脑就会因信息过载而陷入瘫痪。所谓注意,"它是以清晰和生动的形式对可能同时呈现的物体或一系列想法中的一种进行心理占据。意识的聚焦化和专注是其根本所在"②。所谓"选择性注意是这样一类的认知过程,它们让有机体能够加工与当前情境相关的输入、思想或行为,而忽视与当前情境

---

① 鸡尾酒会效应是说,在一个鸡尾酒会上,人们被各种谈话的声音包围着,但是,为什么他们只听到某些谈话,而听不到另一些谈话呢? 原因是人们利用了刺激物的某些物理性的差异,如说话者的性别、声音的强度、与说话者的距离等。另外,谈话的内容也有重要作用,如果别人的谈话与你无关,也可能什么也没有听到;相反,如果别人议论到你,提到你的名字,你就会异常敏感地听到它。可见,人在选择输入的信息时,是和一系列条件有关的。

② 加洛蒂. 认知心理学——认知科学与你的生活[M]. 吴国宏,等译. 北京:机械工业出版社,2016:46.

无关或引入分心的刺激"①。选择性注意常常反映的是鸡尾酒会效应。信息生动度是一种特殊的信息特质,它是指信息与接收者之间的关系形态。一个有趣的能够激发想象力且在时空上接近接收者的信息,一般要比苍白、呆板、僵硬抽象的信息吸引人,也更容易影响人们的判断。在现实生活中人们会有这样的认知,一个表情和语言生动的人要比呆头呆脑的人更容易引起人们的关注。新闻传播中讲的信息生动度,是指通过强调、凸显吸引人兴趣的某些要素,来激发人们想象力和注意力,从而让受众投入认知资源对接收的信息进行加工和心理表征的刺激状态。注意分为两大类,即有意注意(voluntary attention)和反射性注意(reflexive attention)。有意注意是"作为一种自上而下的、目标驱动的影响过程,对应着我们有意地注意一些东西的能力。而反射性注意作为一种自下而上的、刺激驱动的影响过程,则描述了这样一种现象,即一个感觉事件捕获了我们的注意"②。这里主要探讨反射性注意影响公众对会议新闻的感觉和接收问题。因为,有意注意是受众根据需求的有目的的信息搜索过程,表现的是受众主动行为,这种行为一般是在受众获得了一些有用的信息线索基础上,所进行的信息搜集、求证、加工的过程。会议新闻有效传播的前提是要有能力俘获公众的注意力,只有如此,才可以谈其他的问题。捕获注意力需要研究和采取能够有效制造注意力的新闻组构方式。

1. 爆点式新闻组构

爆点式新闻组构是通过设置一个"爆点"制造反射性注意,引起受众关注的组构方式。制造"爆点"以引起注意,是媒介信息竞争的手段。过滤器模型理论认为,"当两种输入的信息同时达到信息加工系统时,其中一种信息将受到选择,而决定信息选择的条件是刺激物的物理特性③"。过滤器模型理论强调刺激性物理特性对于信息选择的决定性作用。但是,实验证明,过滤器对于信息的过滤并不是"或全或无"的。信息同时进入人的注意通道,只不过一个被强调,一个被减弱罢了。衰减作用模型认为:"过滤器并不是按'全或无'的方式工作的。它既允许信息从受到注意的通道(追随耳)中通过,也允许信息从没有受到重要的通道(非追随耳)中通过,只是后者受到衰减,强度减弱了④"。当同时输入的信息具有某种语

---

① 加扎尼加,等.认知神经科学:关于心智的生物学[M].周晓林,高定国,等译.北京:中国轻工业出版社,2011:427.

③ 彭聃龄,张必隐.认知心理学[M].杭州:浙江教育出版社,2004:111.

④ 彭聃龄,张必隐.认知心理学[M].杭州:浙江教育出版社,2004:113.

意联系时,人们不仅能从被注意的通道中获得信息,而且也能从未被注意的通道中获得某些信息。人们往往通过分层对信息进行检验。"对于输入的信息,首先是对发生在它们的物理特性上,如音调、强度、空间位置、达到时间等。接着,过滤器发生作用①"。"由于过滤器的作用,使来自非追随耳的输入信息发生衰减,强度减弱,而来自追随耳的信息没有变化②"。过滤器模型和衰减作用模型理论启示我们,受众在引起注意的媒介信息时,刺激物的物理特性将起到重要作用。过滤器在信息过滤过程中并不是采取完全通过或者完全屏蔽的工作模式运行的,在开放的媒介信息环境下,人的注意力随时都可以被特殊的物理刺激物所俘获。只有那些足以激发或者唤醒受众注意力的特殊物理刺激物(信息形态)才能使注意力得到强化,反之,则会遭到非注意衰减的命运。

　　爆点式新闻组构的核心是设置一个足以引起人们注意的特殊的物理刺激物——爆点。这个爆点可以是一个冲突场面,一件异常的事件,一句惊人的话语。尤其是将爆点设置在标题或者导语里,就有让漂移的注意力锚定下来的可能,使注意力聚焦于此。爆点式新闻组构的基础是新闻事实本身所具有的爆点属性,记者不能凭空来臆造一个所谓的爆点。爆点式新闻组构的目的,不是为了呈现爆点,而是为了引起公众关注,接收、接受新闻所传播的核心信息,从而起到知情参与和舆论引导的作用。菲律宾新任总统杜特尔特自上任以来,在菲律宾国内和国际会议等一些公开场合频发惊人之语,连连大骂美国总统奥巴马,并且叫板美国。国际媒体纷纷以"菲总统杜特尔特再次辱骂奥巴马:'下地狱去吧'"(中新社)、"总统杜特尔特对美喊话:'中情局来搞掉我吧'"(马尼拉时报)为题加以报道。新闻所呈现的现实情况与阿基诺三世时期菲律宾同美国密切的同盟关系相比,出现了巨大的反差,尤其是南海仲裁案仲裁结果出炉,明显有利于菲律宾的情况下,却出现了菲美反目的情况,应当说这些都是极具戏剧性和轰动性的新闻。为什么杜特尔特要连连大骂奥巴马?为什么菲律宾要与美国反目,是真的反目,还是另有其他意图?为什么杜特尔特对于南海仲裁案件持一种比较消极的立场?这些才是新闻要回答的问题。爆点制造了注意力,让受众漂移的注意力锚定下来,重点在接下来要回答满足受众"为什么"的新闻事实需求,使其将新闻从头到尾读下去。

　　2.趣味式新闻组构

　　引导与趣味是信息传播与需求的两大功能,理性与情绪也是人类社会

①②　彭聃龄,张必隐.认知心理学[M].杭州:浙江教育出版社,2004:113.

认知与反应的两种状态。在新闻传播中理性引导与情绪激发常常是交替进行,相得益彰的。一个高明的传播策略是先激发起受众情绪,再加以理性引导,激发情绪是为了引导,而不是相反。情绪激发比较容易,而理性引导则需要传受协调。情绪激发在前,理性引导在后,则容易达到劝服的目的(寓教于乐的心理认知过程)。趣味是人类天然的心理需求。趣味作为信息生动度的一种新闻组构方式,主要是通过一个感人画面或者故事来吸引受众注意力。在这里画面和故事只是作为一种特殊的物理刺激物,其目的是激发人的情感和情绪,将其置于新闻画面或故事所建构的情境,并且感受、理解和接受新闻所传递的意义。趣味式新闻组构的核心是画面和故事对人的情感唤醒和情绪激发。倘若画面或故事的情感唤醒和情绪激发能够在接收者内心产生涟漪,并且产生某种认同感,那么就达到了新闻传播的目的。社会心理学认为,情绪是一种感觉、社会条件和标签的整合,情感是情绪的评价性成分①。认知神经科学将人的情绪划分两大类别,即基本情绪(通过面部表情表达的情绪)和情绪维度(对事件的反应)。情绪维度理论认为,针对刺激和事件的情绪反应可以表示为两个因素:效价(高兴—不高兴—坏)和唤起程度(内部情绪反应的强度,高—低)。情绪反应或者状态可以驱使我们去接近或者远离某个场景。例如,高兴和惊讶可能增加接近和参与进入情境的趋势,然而恐惧和厌恶可能驱使自己离开诱发的情境②。高兴或者恐惧是事件刺激情绪的情感唤醒,由此可以产生某种共鸣或者共愤,刺激人采取某种行动。新闻传播通常运用电视画面或者讲述故事的方式,将受众拉入新闻所建构的情境,这种新闻组构一方面可以吸引受众的注意力,另一方面还可以唤醒受众情感,激发起一种情绪,从而达到影响受传者,改变其态度的目的。中国的会议新闻传播很少采用趣味式的组构传播新闻,而西方媒体则是一种常态的组构方式。西方媒体之所以采用这种新闻建构方式,一方面是为了强化政策的负面影响,尤其是对于特殊群体的影响,让这些群体认识到政府政策的不公正,以唤起这些群体的维权意识和行动,另一方面就是要运用特殊群体的故事来影响政策制定者,通过媒介舆论形成压力,让政府关注特殊群体的生活窘境,并且能够采取公正的政策来解决问题。这种新闻建构方式值得国内新闻记者借鉴,

---

① 罗哈尔,杰弗里,卢卡斯,等. 社会心理学[M]. 侯玉波、乐国安,张智勇,译. 北京:机械工业出版社,2015:259.

② 加扎尼加,等. 认知神经科学——关于心智的生物学[M]. 周晓林,高定国,等译. 北京:中国轻工业出版社,2015:317-318.

尤其是在引导公众对于政治主张和政策的理解方面,通过生动的故事的讲述来理解政治主张与政策具有情感唤醒与政策引导价值。更为重要的是,这种组构方式容易俘获公众的注意力,也符合受众的信息接受心理,而且也是实现政治社会化,达成某种政治认同和行动的有效的传播方式。

3. 聚光式新闻组构

聚光式新闻组构,顾名思义就是像聚光灯光柱一样聚焦新闻的焦点信息,通过聚焦重大政策、政治主张、政治态度中的核心信息,以引起人们关注新闻核心事实的组构方式。其关键是要选择那些足以引起人们关注的,最能体现重大政策、政治主张、政治态度的核心内容,且新闻具有让人一眼就能锁定注意力并产生非看下去不可的品质。"政治新闻的内容通常都是单一的,大都从一个关键词、观点和主题开始。这类政治主题和口号第一次在新闻中出现,便能触动人们对当前局势的想象,很快激发他们迅速做出反应,新闻产生了激变影响力。"①贝内特也强调:"信息必须能够吸引注意力……如果一个信息能够比其他与之竞争的信息更为突出,在影响公众思想和行为中就能发挥更大的作用。信息凸显的预期效果解释了为什么广告客户们会花费大量的金钱,在媒体中反复播出其产品的广告语或口号,它同样也解释了为什么政治家会花费大量精力,在新闻中充分展现他们过分简单的信息。克林顿性丑闻案经过一个又一个月的新闻轰炸,其实就是脱口秀专家和知名记者不断以'性、性、性'这样的信息抓住观众的注意力,又通过不断强化共和党在国会中提出的'克林顿撒谎、克林顿撒谎、克林顿撒谎'这样的信息加以证实。"②纽曼(Russell Neuman)等学者认为,新闻产生的激变影响力"这是人类思维在政治信息作用下的产物,这种政治信息具有暗示性的意义。人们必须添加自己的理解、想象和关注才能使它真正有意义。一方面是象征性的暗示,另一方面是人们对这一暗示做出回应时产生的情感和假设,两者的共同作用形成了某种紧迫的反应。实际是人们从媒体提供的具有启发性的象征和形象出发,主动地构筑了个人的含义。颇具讽刺的是,一些最简单、最抽象的想法往往能激发某些真心实意的认识"③。以上学者的论述充分印证了聚光式新闻组构的要旨和原理,即聚焦一个观点、一件事情、一项政策,进行集中的凸显和呈现,就能起

① 刘建明.当代西方新闻理论[M].北京:中国人民大学出版社,2015:127.

② BENNETT W L. News: the politics of illusion[M]. New York:Longman Pearson, 2011: 142.

③ NEUMAN W R, JUST M R,CRIGLER A N. Common knowledge:news and the construction of political meaning[M]. Chicago:University of Chicago Press,2011:124.

到俘获公众注意力的效果。

会议新闻的传播也是如此,凸显并聚焦一个观点、一个决策、一项政策,比散点透视式的综合传播更能引起人们的注意。无论以决议决策为重点建构的新闻,还是以讲话中的政治观点、政治主张为重点来建构的新闻,都需要采取聚光式新闻组构方式。在组构新闻时,需要记者首先将一个政治观点、主张和形成的决策、政策的核心内容与目标受众的定向需求进行有效的对接,然后,在此基础上采取聚光式的手法组构新闻,将需要凸显的观点、主张和决策政策内容放在新闻的开头,以引起注意,捕获受众的注意力。贝内特在谈到政治新闻时指出:"政治信息通常以一个关键词、观点或主题开始,从而为人们思考某一个政治客体(一个问题、一个事件,甚至一个人)提供方便。"[①]丹尼斯将用关键词和观点组构的新闻称为"观点新闻"[②]。观点新闻是以表达观点为核心来组织、安排材料的新闻。中外新闻媒体在会议新闻传播中,观点新闻的传播是大量的。在组构观点新闻时要求记者"或把政策提炼为一个寓意深刻的词汇,或对政治纷争做出形象的概括,或把政治挫折浓缩为具有象征意义的一句话,再用新闻事实来印证"[③]。通过这样的新闻组构,"媒体积极地定义着政治'事实';通过新闻采访以及新闻制作过程,最终把一个'成型'的叙述呈现在受众面前,告诉他在特定的时候,政治事件中哪些事情'真正'重要。记者向我们传递了政治的'意义'"[④]。

除此之外,新闻动词的运用也可以起到"聚光灯"效应。尤其是在会议决议决策成果的传播上,新闻动词使决议决策成果立刻呈现出来,不至于让成果被会议"过程"所取代。新闻动词所聚焦的永远是会议的"成果",而不应该是会议的"过程",除非会议过程具有特殊重要的意义和价值。

例如:

　　▲今天北京市政府就疏解非首都功能区问题进行了讨论。(过程:进行了讨论)

　　▲ 北京市政府今天决定2017年关停500家一般制造企业。(新

---

① BENNETT W L. News: the politics of illusion[M]. New York: Longman Pearson, 1983: 153.

② DEFLEUR M L, DENNIS E E. Understanding mass communication: a liberal arts perspective [M]. Boston & Toronto: Houghton Mifflin, 2005: 71.

③④　刘建明. 当代西方新闻理论[M]. 北京:中国人民大学出版社,2015:69.

闻动词:决定——关停)

新闻动词的作用是将新闻动词这个"聚光灯"聚焦会议决议决策的成果上,并且让目标受众的注意力聚焦于定向需求的满足上。"关停500家一般企业",是政策的受施者所关注的切身利益问题。通过新闻动词将新闻的目标公众与其定向需求建立起紧密的关联,通过这种关系的构建来锚定目标受众的注意力,为会议新闻的传通起到引导性作用。李希光认为:"一个新闻动词就是一个会议新闻的焦点。围绕一个新闻动词组成的动宾结构写出的稿件要比围绕一个抽象空洞动宾结构写出的稿件更清晰,更具备价值,也更吸引人。"[1]李希光的认识是正确的。

4. 解释式新闻组构

解释式新闻组构是"将新闻置于一个适当的环境中,用另外相关的背景材料将其装备起来,意味着为读者解释、详述并分析形势"[2]。解释性新闻打破了"事实为自己说话"的传统僵化观念,达到用更多、更全面的事实以及重要人物的引语为事实说话的目的[3]。解释性新闻之所以能够引起公众的注意,是因为这种报道满足了人们"为什么"的信息需求。因为"世界不仅是复杂的,而且这种复杂变得越来越明显,越来越存在问题。正如新闻自身的口号所言,受众不仅想知道什么人(who)、什么事(what)、什么时间(when)和什么地点(where),还想知道什么原因(why)"[4]。这样的新闻组构,通常或以一个引人关注的问题,或以一个精彩的观点来开头,同时,在事实陈述中插入解释。会议新闻采用解释式新闻组构来传播新闻,无论是对于要解释问题的呈现,还是要解释观点的表达,都要体现信息生动度的要素要求。问题能否引起人们的关注,取决于问题在当下的公众关心程度和其不确定性带给公众的焦虑程度。如果以一种嵌入内心且能够激发公众情感和思考的方式来呈现,那么就可以捕获公众的注意力,达到有效传播的目的;而观点能否引人关注,则取决于选择的观点能否反映和激发公众深层次的情感和诉求,并且这个观点是否具有精彩的思想光芒以及毋庸置疑的公信力。问题和观点呈现出来之后,就要用可靠的事实和背景材料加以解释,以满足公众"为什么"的心理需求。将解释纳入新闻,要

---

① 李希光,孙静惟,王晶.新闻采访写作教程[M].北京:清华大学出版社,2011:514-515.

② MACDOUGALL CD. Interpretive reporting[M]. New York:The Macmillan Company,1987:3.

③ 刘建明.当代西方新闻理论[M].北京:中国人民大学出版社,2015:70.

④ 哈克特,赵月枝.维系民主? 西方政治与新闻客观性[M].北京:清华大学出版社,2005:4.

求记者将其"直接套入原有的'客观报道'模式中,保持记者'采访者'的身份,用采访对象的意见诠释事件,按客观报道的方式加以引述。这种方法使一批所谓的'专家'开始跃上台面对新近出现的社会议题发表意见,以至政府官员与民营机构的发言人也成为各种社会议题的权威解释者。"①

四、会议新闻的话语传通

话语传通是有效传播的重要条件。话语是语言的一个特定单位,"系统地构成其所述对象的行为"②。话语理论表明,语言使用如何,总是与其他的社会、政治和制度性行为相关联。无论是学术传播还是新闻传播,传播符号的易解性都是获得受众的先决条件。

大众传播的传播者"希望受众留意其消息,了解其内容,并能适当改变他们的态度和信念,或者做出传播者期待的行为反应"③。但是这种期待是否能达成取决于接收者对于所传播信息含义的理解和释义。新闻理解和处理理论认为,任何一个接收者要把一则新闻处理成为有用的信息都不容易。新闻抵达只能说明受众可能看到新闻,但是,即使是看到了,也并不代表受众已经进入了新闻认知处理过程。"处理信息的起点是个人的认知行为,使传播明白易懂是信源和接收者的共同目标。"④只有"说话者和听话者对一个语法表达式是能够以同一方式来理解的"⑤,才能实现一种比较理想的传通效果。这也说明,对于任何信息的理解都是有条件的,即传受双方只有处于同一认知层次才能实现传通。波普金在研究人们媒介接触行为时也发现一种现象,即"人们从媒介中只了解他们认为需要了解的东西,或者他们认为能理解的东西"⑥。前者是人们的信息搜寻,需要产生媒介使用冲动;后者则是信息的选择,是信息接收者面对信息形态的心理表征。这也说明在其他条件相同的情况下,有着易读性内容的媒体会吸引更多的读者去选择。

（一）构建共同理解的话语"参考框架"

施拉姆把人们存储的经验、脑海里的形象、价值的判断和态度以及对

① ROSHCO B. Newsmaking[M]. Chicago:University of Chicago Press,1979/1975:63.

② 富兰克林.新闻学关键概念[M].诸葛蔚东,译.北京:北京大学出版社,2008:80.

③ 赛佛林.传播理论——起源、方法与应用[M].郭镇之,译.北京:华夏出版社,2000:71.

④⑤ 赛佛林.传播理论——起源、方法与应用[M].郭镇之,译.北京:华夏出版社,2000:70.

⑥ 布莱恩特,兹尔曼.媒介效果:理论与研究前沿[M].石义彬,彭彪,译.北京:华夏出版社,2009:192.

感官刺激的反映统称为"参考框架"①。不同的职业群体都有其特定的区别于其他群体的话语框架,而职业群体之间的交流,如果没有共同理解的话语框架,要达成彼此理解是不可能的。除了特定群体的特殊话语框架以外,"任何社会里都有一定数量的意义是普遍共享的"②。这为社会群体的社会交流提供了可能。新闻传播也是如此,它所构建的只能是社会公众普遍理解的话语框架,否则,大众传播的目的将难以实现。

会议新闻的传播能否被受传者所理解,关键在于新闻的编码是否建构了传受双方共同理解的话语框架,而不仅仅是官方话语或者精英话语。尽管会议新闻传播的常常是官方话语,但这种传播只有建立在双方共同理解的"参考框架"之上才能实现传通。正如李普曼所说:"新闻的首要责任即将政治家和专家的决议和行动用公众能够接受的语言来最大限度地告知尚不能自治的公众。"③

目前,在中国三种话语体系并存,即政府、精英、平民话语。三种话语体系在媒体上呈现彼此分割的状态。尤其是在会议新闻传播上基本都是官方和精英话语,很少看到平民话语的表达。如果这种状况长期得不到解决,容易造成官方话语与平民话语上的隔阂,最终将造成社会的隔离。

"官方话语体系是国家政治权力的表达,具备鲜明的政治目的性和严谨的规范性。"④而平民话语则是来源于老百姓日常生活,直接鲜活,蕴含着朴素的政治生活智慧。官方话语的规范性与平民话语鲜活性能否在媒体上得到融合? 本书认为,这种融合是能够实现的。政治系统的政治文件、法规文本需要严谨规范的语言建构,但是,媒介传播这些规范的文本信息则不能照抄照转,应该进行话语形态上的改变,即将文本中涉及公众利益的内容和需要了解的信息,按照公众熟悉的话语形态重新编码,实现话语的传通。同时,媒体要十分关注会议活动中政治人物一些新鲜、形象的话语表达,尤其是融合了民间话语来传播政治理念、政治主张,表明政治态度的话语,这些话语对于公众是一种亲切的情感唤醒和情感能量的汇聚。习近平等国家领导人在传播政治主张、政治理念和进行政治宣示过程中,也常常采用平民话语形态。比如,在形容各国有选择走什么道路的权力时,习近平讲:"我们主张,各国和各国人民应该共同享受尊严,一个国家的

---

① 施拉姆,波特.传播学概论[M].何道宽,译.北京:中国人民大学出版社,2010:66.
② 施拉姆,波特.传播学概论[M].何道宽,译.北京:中国人民大学出版社,2010:62.
③ 哈斯.公共新闻研究:理论、实践与批评[M].曹进,译.北京:华夏出版社,2010:8.
④ 荆学民.中国政治传播的新境界及其实现途径[J].新华文摘,2016(23):162-165.

发展道路合不合适,只有这个国家的人民才最有发言权。"①在动员全党开展群众路线教育活动时,习近平要求党员领导干部在查摆问题时要"照镜子、正衣冠、洗洗澡、治治病"②。在如何处理中国发展与带动周边国家发展问题上,习近平讲"中国愿意为包括蒙古国在内的周边国家提供共同发展的机遇和空间,欢迎大家搭乘中国发展的列车,搭快车也好,搭便车也好,我们都欢迎"③。在勉励全国人民同心协力加快全面建设小康社会进程时讲"天上不会掉馅饼"④、"撸起袖子加油干"⑤、"小康路上一个都不能掉队"⑥。应当说,这不仅是国家领导人在带头进行话语转型,而且,也是传播中的身份转换,即以一种平等的朋友式的身份进行传播和交流。这也在证明,关系传通是情感和话语传通的基础,以平等的身份构建话语场,就会使人们容易感受话语中的情感、温度和思想启迪。这也是会议新闻传播话语形态转变要坚持的原则,即要以平等沟通、平等交流的原则来建构话语形态,实现官方话语与民间话语的有效融合。

媒体在会议新闻传播中,一方面要注意捕捉会议活动中政治行动者讲话中体现其核心思想的精彩观点和主张,作为直接引语突出出来,然后围绕核心观点、主张,辅之以相关的背景信息进行说明、补充,使新闻的建构,既彰显政治行动者的核心观点和思想,又脱离开原有的话语形态,实现话语形态的转型。另一方面要对政策信息进行重新解码,运用平民话语来介绍政策,力求使官方话语平民化,抽象话语具象化,专业术语普通化,从而实现话语的传通。这些都需要政治系统、媒体系统达成共识才能实现。

会议新闻选择什么样的话语形态传播,其实是传播者世界观的检验,同时也关乎受传者对于政治系统政治主张和政策的认同。会议新闻应建立在官方与公众话语相协调的"参考框架"基础之上,尽量避免官话套话,尤其是单纯用政治术语和专业术语建构新闻,对于这样的话语公众会产生反感和"逃避"心理。相对于此,公众更愿意关注会议决议决策成果并且告诉其相关背景的信息传播,即便是传播领导人讲话,也更愿意接受那些

---

① 习近平:建立以合作共赢为核心的新型国际关系[EB/OL].[2019 - 03 - 24]. http://jh-sjk. people. cn/article/20893314.

② 习近平详解"照镜子、正衣冠、洗洗澡、治治病"[EB/OL].[2019 - 06 - 19]. http://sh. people. com. cn/n/2013/0619/c134768-18890492. html.

③ 习近平的邻国观:以地利尽人和,以义利促发展[EB/OL].[2019 - 08 - 22]. http://politics. people. cn/n/2014/0822/c1001-25519638. html.

④⑤⑥ 国家主席习近平发表二〇一七年新年贺词[EB/OL].[2019 - 01 - 01]. http://jhsjk. people. cn/article/28991776.

回应公众诉求,带有温度、情感和表明态度的鲜活话语,尤其是那些针砭时弊能够引发公众普遍共鸣的话语。

目前,中国新闻界的会议新闻传播还没有完全摆脱官方话语或精英话语框架的束缚,特别是传播政治行动者讲话的新闻,习惯于讲话提纲的照抄照转,而且不善于把握和传播讲话中体现核心思想的精彩观点,不善于选择那些公众喜欢的、能够展现政治行动者个性的鲜活话语,基本都是没有温度和态度的泛泛而论,这大大影响了会议新闻的政治动员和社会沟通的效果。

麦奎尔认为,受众的"媒介使用是由'逃避'及在媒介期望的潜在满足中不同程度的建设性选择所促成的"①。也就是说,受众面对媒介是主动的,不是被动的,对于媒介提供的信息,不会照单全收,而是采取选择性策略,对于不需要、不喜欢、不容易理解的信息采取"逃避"策略,而对于那些需要的、喜欢的、容易理解的、具有"潜在满足"的信息则采取"建设性选择"的接收策略。麦奎尔所说的"逃避"主要是指那些僵硬空洞、晦涩难懂又不能满足"定向需求"的信息传播。这也说明在其他条件相同的情况下,有着易读内容的媒体或新闻会吸引更多的受众去选择。

会议新闻传播是记者对会议信息的重新解码和编码过程,在这个过程中,传播者应根据会议决议、决策、政策直接影响的群体需求和信息接收能力,选择共同理解的话语"参考框架"来建构和传播政治信息,这会增强受传者的理解程度。

(二)注意选择"易接近性范例"诠释抽象信息

人们为了适应环境变化给自身带来的认知困难,一般都会从自己和别人的经验中学习并存储一些"个案",并将其作为认知新事物的参照物。"我们将这些集中的经验碎片存储到记忆中,形成关于以往事件的综合性知识,指导未来的行为。这种知识塑造我们的倾向性,并在遇到相类似情况时指导我们的行动。因此,少量的经验能为更多相似的情况提供基础,这其中暗含一种自发的归纳推理。"②可见,"易接近性范例"是指那些现实存在又容易激活受传者头脑中存储的经验性信息。

一般来说,任何传播都由基础性信息和范例信息构成。基础性信息是指那些概述事件发生率和变动率的抽象信息,范例信息则是指那些说明、

①　麦奎尔.麦奎尔大众传播理论[M].崔保国,李琨,译.北京:清华大学出版社,2006:331.
②　布莱恩特,兹尔曼.媒介效果:理论与研究前沿[M].石义彬,彭彪,译.北京:华夏出版社,2009:16.

代表或者认证基础性信息的事例性信息。兹尔曼在研究范例传播对于议题理解时发现,与某个议题的抽象描述相比,一系列具体范例对议题理解的影响更大,与复杂、抽象的事件相比,简单、具体的事情通常更容易被理解、存储和提取。这种影响优势会随着时间的推移而增强。也就是说,由于具体事件的记忆比复杂抽象信息的保持期要长,随着时间的推移,范例信息从记忆中提取并最终对判断产生决定性影响的可能性会变得越来越大①。施拉姆也认为:"有效传播的秘诀是有能力控制语言的抽象程度,使读者或听众明白意思,并且在这个层次的范围内对抽象的程度作一些微调,使比较抽象的内容建立在具体概念的基础上,使读者或听众能比较容易地从简单熟悉的形象过渡到抽象的命题或概括的结论,并在必要时又能够返回到比较具体的形象上去。"②这里其实研究的是传受双方在信息编码和解码时能否同步的问题。

新闻理解、处理和记忆模式认为,新闻传播是否成功,一般由两个因素决定:受众对新闻的关注程度和受众对新闻的理解程度。关注与理解既是同时发生,又是彼此独立的两个阶段。对于关注的新闻信息可能产生理解和记忆的后续行为,也可能关闭后续的新闻接触行为。关注是因为新闻引发了受传者的兴趣,这种需求可能是新闻标题透露了受众需要的信息所引发的,也可能是新闻组构和新颖的话语形态所引发的。但是如果在新闻信息的接触中,受众如果发现记者的新闻框架选择和语言运用并不符合其接收习惯,尤其是与其已有的"框架""图示""知识"相脱离,那么就不会产生积极的理解动机。这在新闻实验研究和新闻实践中已经被证实。"在其他所有条件相等的情况下,具体化、人性化的新闻更容易被理解。清晰、简洁、重复和同时诉诸多种感官等因素通常被认为有助于理解。"③

新闻理解、处理和记忆模式所揭示的受众新闻理解的规律,对于新闻编码具有重要的指导意义。传者在信息编码时,特别是对于那些难以理解的抽象基础性信息编码时,要考虑受传者的信息解码能力,而易接近性范例,则是激活受传者头脑中"认知地图"的有效方法。会议活动信息与事件性信息相比一般都比较抽象,呈现出来的多是政治概念、政策语言等基础性信息。虽然这些政治概念、政策语言信息随着媒体长期的传播,对公

---

① 布莱恩特,兹尔曼.媒介效果:理论与研究前沿[M].石义彬,彭彪,译.北京:华夏出版社,2009:23.

② 施拉姆,波特.传播学概论[M].何道宽,译.北京:中国人民大学出版社,2010:92.

③ 麦奎尔,温德尔.大众传播模式论[M].上海:上海译文出版社,2008:79.

众会起到一定的"涵化"效果,但是这种"涵化"也仅仅局限于对这些话语概念和语言符号的表层感知,其内涵和意义并不一定能够真正理解。传播者要想获得预期的传播效果,就要在传播会议政治信息时注意选择那些"易接近性范例"或者具体形象的信息来诠释抽象的政治概念和政策信息,因为这些易接近性范例信息,是存储于公众头脑中类似的经验性信息,这些信息容易被唤起和提取。传者在选择范例时要注意:一是范例要具有广泛代表性,不能用特殊的范例来说明基础性信息,这样的范例不具有代表性,用了会产生错误的引导;二是范例具有易接近性,它应该是人们生活中常见的范例;三是范例应该对受传者存储的经验性信息具有激活作用,激活的强度越大、频率越高,其对于基础性信息理解的可能性就越大,传播效果也会越好。比如,媒体在传播二十四字社会主义核心价值观时,单纯从字面上去理解会比较抽象,但是如果通过一些生活中的故事(范例)来揭示,就会使公众产生"原来如此"的释然状态。再如,对于政策信息的传播,如果只是原原本本地传播政策条文,即使是文化程度较高的人,由于缺乏政策认知,也不一定会理解,但是如果讲述一个普通人的故事,将政策与故事结合起来,就会很好地揭示政策对于公众的生活所带来的影响。易接近性范例的运用,不仅能够消除公众的信息接收"恐惧",而且也有助于受传者更好地理解政治信息。

值得提醒的是,记者在选择易接近性范例来阐释政策信息时,要注意对政策基础信息的准确理解,不能望文生义、随意解释,所选择范例要具有普遍的代表性,以及所阐释政策信息的准确解释力,防止范例选择失当造成错误的解读和扭曲的舆论引导,因为不准确、"不充分的例证必然会加剧对相关现象的错误理解(misperception)"[1]。

(三)运用"公民话语"传播信息

会议新闻传播的是政治信息,这些信息涉及公共及公民利益,也涉及培育公民意识和精神。用美国社会学家布郎(Richard H. Brown)的话说,"所谓公民话语也就是公民社会所有成员广泛参与民主生活所使用的集体话语。他不是官方话语,也不是民俗话语,而是充实国家与社会之间的公共领域的话语"[2]。这种话语既有民主原则的人文价值观取向,又有以事

---

① 布莱恩特,兹尔曼.媒介效果:理论与研究前沿[M].石义彬,彭彪,译.北京:华夏出版社,2009:17.

② 布莱恩特,兹尔曼.媒介效果:理论与研究前沿[M].石义彬,彭彪,译.北京:华夏出版社,2009:19.

实为基础的逻辑理性,它是一种"通俗理论"形态,是生活常识的系统化。

其实,强调"公民话语"传播信息,其本质上是在会议新闻传播中,进一步确立公民身份。当前,我国正在加速向公民社会转型,国家管理也在由统治走向治理,俞可平称之为"善治"。"善治就是公共利益最大化的治理过程,其本质特征就是政府与公民对社会政治事务的协同治理。"①这种协同要求把公民作为平等的国家治理主体来看待,也就是善治,善治的基本要素包括:合法性、法治、透明性、责任性、回应、有效、参与、稳定、廉洁、公正②。国家治理的核心是培育公民意识,强化公民的国家治理的主体地位。

会议新闻的受众是作为"公共形态的受众"③参与新闻传播的。他们获取新闻的目的是为了了解国家形势及政府的决策、政策,同时也是为了参与国家的公共事务治理,监督政府的施政行为。所谓使用公民话语传播新闻,就是要求会议新闻的传播要真实、准确、客观、民主、透明。真实、准确、客观是对所有新闻的要求,而民主、透明则是对于会议新闻的特殊要求,因为"每个公民都有权利获得与自己的利益相关的政府政策的信息,包括立法活动、政策制定、法律条款、政策实施、行政预算、公共开支以及其他有关政治信息"④。除此之外,政府决策的背景、面临的形势、决策的过程、对立的观点、票决情况等也应该提供给公众,让公众在充分享有信息的条件下展开理性讨论,达成共识。这也是处理国家与社会、国家与公民平等关系的正确选择。吴尔敦认为,以互联网为象征的信息时代,应该将传通的概念作为民主思想得以确立的原因。"在可以看到一切、知晓一切、差异性愈来愈显著、咨商性愈来愈低的世界中有必要将分享的理念转变为咨商和共处的理念,使传播活动与民主之间的关系变得更加明晰。"⑤

在新媒体赋权的情况下,作为公众的受众参与新闻传播、参与公共事务和政策制定行为将表现得日益常态化。同时,公民话语的运用以及新闻框架的选择也会"激活某些和议题、政策以及政治人物相关的特定推论、观念与判断"⑥。

---

① 俞可平. 论国家治理现代化[M]. 北京:社会科学出版社,2004:3.

② 俞可平. 论国家治理现代化[M]. 北京:社会科学出版社,2004:30.

③ 麦奎尔. 大众传播理论[M]. 崔保国,李琨,译. 北京:清华大学出版社,2006:335.

④ 俞可平. 论国家治理现代化[M]. 北京:社会科学出版社,2004:28.

⑤ 吴尔敦. 信息不等于传播[M]. 宋嘉宁,译. 北京:中国传媒大学出版社,2012:16.

⑥ 麦奎尔. 麦奎尔大众传播理论[M]. 崔保国,李琨,译. 北京:清华大学出版社,2006:384.

第四节　会议新闻传通效果的测量与评估

会议新闻的传通是传播主体所期望的状态,前文分析了需求主导模式及实现传通的一些变量因素,而这些影响传通的变量因素在实践中如何把握,能否进行客观的评估与测量,确立一个什么样的评估测量标准? 这是本节要重点探讨的问题。

传通是针对受传者而言的,是指受传者信息接触的正向的心理和行为表征状态。正向是指受传者接受的信息符合传者意图的认同取向,心理反应通常是指信息理解、认同和情感唤醒等心理表征,行为则是指信息刺激所产生的社会行动。会议新闻的传通效应一般是通过议程形成、认知评价、社会行动等可测量数据来确定的,虽然很难确定一个精确的标准体系,但是,通过数据获取仍可建立比较客观的评估标准。

传通效果评估 = 议程向度 + 认同向度 + 行动向度

一、议程向度——议程转换的指标测量

检验媒介传通效果的一个核心指标就是媒介议程是否有效影响并顺利转为公众议程。媒介议程与公众议程在一定阶段里保持相对一致,那么可以说媒介议程对于公众议程的影响效果就是明显的,反之,就没有任何效果了。

麦库姆斯研究认为,议程设置分为三级。第一层级议程,即议题的显著性,议程的显著性安排可以获得公众的关注,但是,并不是所有显著性议程一定会获得关注,有的甚至会出现负向的议程设置效应。第二级议程,即属性议程,这样的议程由于公众在日常生活中无法体验到,只有通过媒介传播来获得,因此,无论其是否安排在显著位置,一般都不会影响公众的关注。第一层级议程与第二层级议程从理论和分析方法上虽然是彼此相分离的,但是现实中,特别是在公众的思考和交谈中,客体与它们的属性都是捆绑在一起的。麦库姆斯发现,受众对客体与属性的描绘就像网状图像一般,是根据元素间的相互关系建立的。新闻媒介将一系列元素转移给公众,这些元素可以是媒介或者公众议程上的客体,也可以是媒介或者公众议程上的属性,或者是客体和属性的联合体。麦库姆斯将媒介议程和公众

议程元素之间的系列关系称为议程设置的第三层级①。

麦库姆斯将第一层级议程,即客体显著性议程称为强制性议程,将第二层级议程,即属性议程称为非强制性议程,将第三层级议程,即网络关系议程,称为融合议程,即各种媒介(新旧媒介、社交媒体)与人际交流所形成的纵向与横向的议程融合。麦库姆斯研究发现,强制性议程一般与人们的生活经验相关,无论你愿不愿意,它都会强行闯进你的生活,但是由于强制性议程与公众日常体验比较直接,因此公众对于这样的媒介议程一般不会特别留意。非强制性议程则是公众日常生活经验所无法体验到的议程,而且这样的议程常常与公众消除不确定性,尤其是与公众的利益关系密切,因此非强制性议程一般都会顺利转为公众议程。除了上述原因以外,媒介议程能否转为公众议程,还会受个人的媒介接触和个人社交圈子的偏好影响。一般情况下,40 岁以上的人,更倾向于传统大众媒体接触;40 岁以下的人,更倾向于社交媒体的接触;还有一些人既接触电视等纵向媒体,也通过微信、脸书等横向社交媒体来交流信息。后一种人更容易形成融合议程,即议程的整体效果(议程设置不是单一媒介接触所形成的效果,而是对于新旧媒介接触所产生的整体效果)。麦库姆斯的研究对于会议新闻议程设置具有启示性意义。

第一层级和第二层级议程设置中都包含了议程的显著性从媒介议程到公众议程的转移。不同的是,第二层级议程设置专注于事件本身属性的显著性,属性议程被认为是重要的变量之一。第二层级议程设置不仅能够改变议程设置的第一层,即公众对议题的关注度,甚至还能告诉他们如何去思考。也就是说,议程设置的第二层通过强调一个事件的某些特征和性质而忽略另外一些特征和性质来对受众的认知产生影响②。如果媒介的属性议程设置成功,那么媒介议程转为公众议程的概率会得到极大提升。而第三级议程强调的则是媒介议程和公众议程所构成的系列关系对于议程设置和转换的影响,即公众将媒介议程的显著性与属性的显著性融合起来进行表征与谈论,既是议程的,也是属性的,而且它们是相互交织在一起的。

在会议新闻传播效果研究中,离不开政治议程、媒介议程与公众议程

---

① 麦库姆斯. 议程设置:大众媒介与舆论[M]. 郭镇之,徐培喜,译. 北京:北京大学出版社,2018:80.

② 参见魏然,周树华,罗文辉. 媒介效果与社会变迁[M]. 北京:中国人民大学出版社,2016:47 – 48.

及其关系的研究,即公众议程如何转为政治议程,政治议程如何转为媒介议程,媒介议程如何影响公众议程,公众在何种情况下能够接受媒介议程的影响并形成一定热度的公众议程,实施不同取向的社会行动。

在中国的语境下,会议新闻的媒介议程设置其实反映的是公众与政府、政府与媒介、媒介与公众之间的关系问题,揭示的是公众议程、政治议程、媒介议程、公众议程相互转换的闭环效应。中国政府的议程设置,一般来源于公众的诉求,体现着中国政府以人民为中心的执政思想。政府既是公众利益聚合者、综合者,又是各种利益的协调者、平衡者,同时,还是政策制定者和政治政策的输出者。在整个政治过程中,政府都起着主导者的角色,而公众是作为利益表达者与政策制定的参与者和政策受施者出现的。公众的集中诉求如果顺利转为政府议程,那么公众也就自然成为政治政策输出和回应的目标对象。政府将公众议程转为政策的过程,也是政府与公众建立彼此协调、信任的关系的过程,更是政府获得社会认同与支持的过程。在这个过程中,由于媒介的加入使政府议程及时变为媒介议程,公众出于对自身利益的考虑,会关注媒介所传播的信息,正因为如此,媒介议程转为公众议程就会顺利实现。

这里有一点需要强调的是,公众议程转为政治议程,然后政治议程再转为媒介议程,这一转换会不会形成麦库姆斯所说的强制性议程设置效应? 也就是说,政治议程研究的是公众早已经关注的问题,是公众日常生活体验最为直接的,如就业、物价、社会保障、教育、医改等,那么,这样的媒介议程设置还会引起公众关注吗? 回答是确定的。麦库姆斯在探讨客体显著性时提出的所谓强制性议程,其实隐含着一个先决条件,即强制性议程设置是在政府决策之前的媒介呼吁,这些议程对于公众而言早已成为显性问题,即使媒体不报道也不会影响公众对于这些问题的了解,因此,其一般不会特别关注媒体对问题本身的报道,他们急需了解的是政府如何解决这些问题。但是对于政府而言,却是媒介影响政治议程的过程,因为持续的媒介关注,对于政府而言是一种舆论压力,能够迫使其关注这些问题,并能够设置为政治议程,同时,政府将媒介议程纳入政治议程,并且提出解决问题的政策。而政府就解决这些问题所提出的政策安排则具有属性议程的性质,媒介传播这些政策信息对于公众而言则具有消除不确定性的引导价值,因此,这样的信息传播则具有特殊的需求价值。

媒介会议新闻传播的是政府就回应社会诉求,解决公众关注的问题所做出的决议决策和政策安排,对于公众来讲是与其自身利益关联比较密切的,因此,是其所需要的。媒介的议程设置具有属性议程和非强制性议程的性质。政府将采取什么措施和政策解决公众所反映的问题,由于公众不可能直接参与会议决策,因此是难以直接体验的,只有通过媒介的信息传播才可以了解,其属于非强制性的属性议程。会议形成的决议决策既然是政府对于公众诉求的回应,那么公众也就会关注媒介的会议新闻传播,因为公众需要了解政府对其诉求的回应和政策安排。由于政策安排对于公众来讲属于属性议程和非强制性议程,因此,媒介议程就会具有一定的引导效应。

这里所说的议程设置效应只是一种假设,媒介议程能否顺利转为公众议程,其中的变量元素比较复杂。既有议程本身的原因——即议程是否契合公众的实现需求,即消除不确定性的价值大小;也涉及媒介对于政治议程的新闻处理——媒介叙事框架选择和核心议程信息的陈述技巧;同时,还涉及媒介的议程安排——在政治议程设置的同时,是否还安排了其他竞争性议程。如果政治议程的公众诉求契合度不高,且新闻程序化的呈现等原因,将很难引起公众的关注,加之竞争性议程的强势介入,无论媒介如何凸显政治议程的显著性,竞争性议程都会对其形成碾压和淹没效果。

本书作者在进行凤凰网的会议新闻议程设置效果的研究时发现,会议新闻议程转为公众议程并不是以议程设置者的主观意愿为转移的,政治议程能否顺利转为公众议程是由前边所分析的多重因素共同作用的结果。根据凤凰网 2018 年 7—9 月份的议程设置效果分析,会议新闻议程设置呈现以下四种形态:A 型单峰正向设置效果、M 型正向双峰设置效果、W 型正向三峰设置效果和 M 型负向单峰设置效果。从凤凰网获得的数据(尤其是转发中央电视台会议新闻视频点击观看数据)显示:如果政治议程的关注度视频新闻[1]超过 60 万人次,文字新闻[2]超过 6 万人次,新闻评论超过3000 条,且新闻的正向支持度超过 60%,这就说明政治议程作为一种热点议程已经形成,占据了媒介议程设置的绝对竞争优势[3];如果政治议程关注度视频新闻超过 40 万人次,文字新闻超过 4 万人次,新闻评论超过 2000条,正向新闻支持度超过 50%,这就说明与竞争性议程处于同样的竞争优势;如果新闻关注度视频新闻超过 20 万人次,文字新闻超过 2 万人次,新闻评论超过 1000 条,正向新闻支持度接近 30%,这就表明政治议程设置接

---

① 这里的视频新闻指的是凤凰网转发的中央电视台新闻联播节目中的会议新闻。

② 这里的文字新闻指的凤凰网转发新华社或《人民日报》的会议新闻。

③ 统筹学上有一个通用的黄金分割比例是"0.618"。这个比例是说在一个整体中,如果一种东西在整体中的比重达到 61.8% 的时候,这种东西就会影响甚至掌握全局。凤凰网的议程设置实证也基本符合这一比例要求。

近相对多数的底线,此时,政治议程处于相对较弱的竞争状态;如果关注度视频新闻低于 20 万人次,文字新闻低于 2 万人次,新闻评论不足 500 条,正向新闻支持度不足 25%,那么,就会形成竞争性议程碾压和淹没政治议程的情况。从凤凰网的新闻议程设置看,会议新闻一般都安排在头条显著位置,尽管如此,涉及中美贸易战的新闻无论安排在什么位置,其始终居于持续的热点议程位置。除此之外,金正恩访华、腐败案件曝光和特朗普以及国内明星的性丑闻也都居于较强竞争性议程位置,对于政治议程形成了挤压效应。

据凤凰网 2018 年 7—9 月份的 22 条会议新闻议程设置效果统计表明:A 型单峰正向热点议程仅占 13.6%、M 型正向双峰设置效应占 22.7%,W 型三峰正向设置效应占 18.2%,M 型单峰负向设置效应占 45.5%[①]。这些数据表明,会议新闻的热点议程比较少,但在与其他竞争性议程的竞争中,仍然表现出一定的议程设置效应。A 型单峰正向议程,M 型正向双峰议程与 W 型三峰正向议程设置合计占 54.5%。尽管如此,仍有 45.5% 的议程设置失效,这个比例还是比较大的,议程设置失效的个中缘由需要做进一步的具体分析。

考察会议新闻的议程设置效果,离不开关注度测量评估和记忆向度测量评估。前者考察的是媒介的新闻建构形态对于公众注意力的吸引,因为议程设置的前提是要获得公众的新闻关注,如果公众不关注媒介传播的新闻,也就无所谓议程设置了;后者考察的则是议程设置效果。记忆是公众对于信息的感知及其加工处理的心理表征,一般呈现两种记忆向度:短期记忆和长期记忆。短期记忆由于信息刺激处于浅度唤醒状态,因此在记忆的底片上很快就会消失。长期记忆的信息则会印刻在记忆深处,只要唤醒随时都会被提取出来。议程设置评估是多元的,不只有一个指标。

1. 关注度测量

传统媒体时代,媒介和新闻关注度测量比较复杂,需要进行随机问卷调查来获得数据。虽然电视可以通过技术措施来获得受众电视节目的收视率数据,但是就某一条新闻的关注度的测量数据而言则无法获得。新媒体时代议程设置关注度效果测量则比较方便,一般通过新闻的感知度来测量,新闻感知通过关注和参与新闻讨论的具体数据来反映。

---

① 在这 22 条新闻中,A 型单峰正向热点议程 3 条,M 型正向双峰设置 5 条,W 型三峰正向设置 4 条,M 型单峰负向设置 10 条。M 型单峰负向设置大多视频新闻点击一般在 1 万次左右,文字新闻点击关注不足 1000 次,评论不足 200 条。

在传播实践中,会议新闻媒介议程的感知唤醒并不容易,议程唤醒在媒介接收条件相同的条件下,则需要观察信息刺激方式、信息关联程度、定向需求满足程度、媒介议程的持续呈现程度等相关因素的影响等。

新闻刺激方式是指新闻建构作用于人的信息感知方式。刺激物的选择不同,新闻组构与呈现的形态以及作用于人的信息感知效果也会不尽相同。

比如:

▲北京市就外来人口问题召开会议。(客体显著性)
▲北京市决定将外来人口控制在 500 万以内。(弱属性显著性)
▲北京市决定外来人口实行积分落户制度。(强属性显著性)

以上三条新闻既有客体显著性议程,也有属性议程显著性。客体显著性的刺激物选择比较模糊,只强调了外来人口与政治议程的关系,但对于外来人口而言,其导向价值并不高,而属性议程显著性其刺激物选择与目标群体的定向需求直接对接,形成了一种政策的利益关联,因此容易引起外来人口的关注。在这三条新闻中,我们可以看出,刺激物的选择因传播意图不同,其议程设置的重心也有所不同,新闻的传播效果也会呈现各异的状态。第一条新闻是传者本位的传播方式,其传播意图是会议活动信息的公告,其传播的受众意识并不强,因此刺激物的选择比较模糊;第二条新闻也基本属于传者本位,虽然其关注到限制外来人口的数量,但是哪些人留下来,哪些人留不下来,具体政策是什么?等等,这些问题并没有涉及消除不确定性的政策信息,就其传播效果而言,其具有弱属性显著性特征;第三条新闻则是从目标受众定向需求的角度来建构新闻,其传播意图是让外来人口具体了解和把握政府决策的政策导向,其刺激物的选择在"积分落户"上,这一政策对于外来人口无疑具有明确的政策导向性,因此具有强属性显著性特质。可见,传播视角和意图不同,其刺激物选择和传播效果各不相同。

由此可见,信息刺激方式是决定受众新闻注意的先决条件,新闻建构形态适应受众兴趣与需求唤醒,那么受众就会投放注意力予以关注,反之,就会产生逃离。

从现实的会议新闻议程设置效应看,关联议程的设置效应要好于非关联性议程。其理论假设是:社会诉求作为公众议程输入转为政治议程并产生政治输出,再由政治议程转为媒介议程,通过媒介将公众议程与政治议程贯通起来,由此形成议程上的关联,即关联议程。关联议程要起成立,不仅需要公众议程直接转为政治议程,而且也需要媒介在政治议程转为媒介议程过程中,了解和把握公众议程与政治议程的相互关系,在建构新闻过程中将公众议程与政治议程贯通起来,构建起公众议程与政治议程,媒介议程与公众议程的关联性反应。一般这种议程设置效果由于与公众议程相关,容易引起公众的关注,公众通过关注关联议程以获得定向需求的满足。

信息关联程度是指信息是否与公众产生某种利益或诉求关联,关联度越高,其信息的深度接触与深度理解就将成为可能,关注和记忆也就会越强烈,反之,就不会引起关注和记忆。关联议程设置的前提是媒介要将公众议程与政治议程输出的内容进行准确对接,以获得议程设置的关联效应。对接的准确程度将决定公众的关注程度,对接得越直接,公众就会越关注,认同与支持的形成就越有可能。关联议程所反映的是政治议程的社会诉求来源,以及政治议程转为公众议程的直接关系。公众议程转移为政治议程其核心变量是公众议程的紧迫程度与转移的现实条件,政治议程转移为媒介议程的核心变量是政治议程的社会影响力以及新闻价值,媒介议程转移为公众议程的核心变量则是议程的属性与需求强度;属性包括情感激发和唤醒程度,议程对于公众情感唤醒和激发越直接,那么,公众对于议程的关注度就会越高,反之,就会越低;需求则是指媒介议程与公众的关联程度与利益关系,媒介议程与公众利益关系越密切,则公众的关注度就会越高,反之,则会越低。同时公众信息需求的心理驱动越强,对于媒介议程的关注也会越大,投入评价和反馈的积极性就会越高,反之,就会越低。Perloff 在研究第三人效果的影响因素时也有相同的结论。Perloff 曾提出了影响第三人效果的三因素说[①],其中第一个因素就是"讯息的需要性"。Perloff 认为,讯息的需要性是指"媒介讯息符合个人及社会利益或个人既有态度的程度。越符合个人、社会利益或接近个人既有态度,讯息的需要性越高"[②]。

定向需求满足是指公众核心利益需求的信息满足程度,满足程度越高,那么记忆和形成话题的可能就会越大,反之,就不会留下任何印象。关联程度与定向需求常常是一种互为表里的关系,与其利益关联的议程设

①　影响的三个因素是指"讯息的需要性""社会距离""个体差异"。参见魏然,周树华,刘文辉.媒介效果与社会变迁[M].北京:中国人民大学出版社,2016:105.

②　魏然,周树华,刘文辉.媒介效果与社会变迁[M].北京:中国人民大学出版社,2016:105.

置,一般都是目标受众定向需求的信息。比如,每年全国"两会"前人民网都会通过网络问卷调查,获得公众关注的十大热点问题,这些热点问题作为公众议程输入给政府并转为政府议程,形成决议决策和政策,通过政府工作报告向社会输出。媒介将公众关注的热点问题与政府工作报告就解决相关问题的意见安排进行聚焦对接来构建媒介议程,公众就会通过媒介关注这些议程并讨论评价,获得定向需求满足。

2. 记忆向度测量

记忆向度测量是议程设置效果评估的一个实用方法,尤其是在传统媒体时代,一般是通过记忆向度来测量媒介议程的设置效果。记忆向度是指新闻议程设置的受众感知和记忆储存的提取效应。议程感知较强会形成深刻记忆,记忆深刻就容易随时从储存的记忆库中提取;反之,议程感知较弱,那么,记忆就很难储存在记忆库中,提取也就不那么容易。认知心理学认为,"记忆并不是一种单一的过程,而是存在着两种不同的记忆,即短时记忆与长期记忆"①,由此便构成了记忆的不同向度。短时记忆一般不会形成深刻印象,对于接收的信息会随着时间的快速流失而忘记,而长期记忆则不容易忘记,还会根据需要随时被唤醒和提取。

评估公众议程是否形成,比较可靠的标准就是公众的议程记忆率。如果一条会议新闻传播一周内,公众对某一问题(决议决策、政策,或者政治话语)的记忆率超过调查群体的 10%,就可以认定,公众议程已经形成。10% 的记忆率具有统计学意义,因为 10% 表明媒介议程影响到一定比例的人口。前边在导论中提到的受众媒介接触调查所反映的数据,即有 11.5% 的受访者提到对于杭州 G20 峰会有印象,也说明这一数据具有真实的参照性价值。麦库姆斯研究也发现:"10% 这个比例刚好是能够获得极大公众注意力的界限。"②这一数据的依据是 1977 年到 2000 年盖洛普十次民意测验中,当问及国家当前最重要的问题时,在五次民意测验中只有五个议题获得了 10% 或 10% 以上的公众认同。

议程记忆率与媒介新闻接触直接相关。麦库姆斯在北卡罗来纳民意调查显示,对那些很少读日报的人而言,男女间的议题议程相关系数为 0.55。那些偶尔读报的人,男女间的议题议程相关系数则上升至 0.88。经常读报的男女间的议题议程则完全一致,即相关系数为 1.0。与此相类

① 彭聃龄,张必隐.认知心理学[M].杭州:浙江教育出版社,2004:159.
② 麦库姆斯.议程设置:大众媒介与舆论[M].郭镇之,徐培喜,译.北京:北京大学出版社,2018:116.

似,不管是报纸还是电视增加报道量时,人们对国家当时所面临的最重要问题的看法趋向一致,不论老幼,不分种族。由于媒介的报道,不同群组的人对某个问题的看法趋于一致①。麦库姆斯的研究还发现,网络媒体的议程设置同传统媒体相比,并没有发生根本性的改变,这种设置效应,不仅在特定的社会议程获得了明显效果,而且在选举中,候选人通过网站阐述自己的政策主张,同样获得了选民的关注,议程设置的效果也是明显的。麦库姆斯在后来的互联网议程设置研究时发现,"广泛的互联网渠道对公众的影响,与自从对电视和报纸进行查普希尔调查以来几十年里议程设置研究发现的效果相似"②。这一现象说明,公众的议程记忆向度与媒介的新闻接触深度呈正相关关系。

麦库姆斯研究媒介议程影响公众议程的相关性时,采用的是罗泽尔－坎贝尔基线(Rozelle-Campbell baseline),这是一种以概率反映预期值的统计方法。这种方法主要研究在一个阶段里(一个月、半年或者一年)通过抽样调查来获得数据,并对数据进行分析,得出相关性概率值——媒介议程设置与公众议程转换的关系概率。麦库姆斯研究表明,媒介议程设置影响公众议程的相关性远高于基线水准。在对美国、日本等国的公众进行"国家当前面临的最重要的问题"的调查显示,媒介议程与公众议程相关性最低为 $+0.65$,最高为 $+0.90$。这种测量方法是建立在抽样调查基础上的,这是对过往媒介议程与公众议程相关性研究所获得的结果,但是对于即时的媒介议程与公众议程的相关性,则缺少有效的方法提示。而新媒体的即时数据测量则可以弥补这一不足。

那么,会议新闻的媒介议程如何可以形成公众的长期记忆呢? 从传播效果的社会反映看,以下几种情况值得研究。

一是领袖人物的经典话语容易形成公众记忆。尤其是运用了普通民众常说的典型话语,更容易形成记忆,并很快形成公众议程,变成公众的口头禅。比如,"鞋子合不合脚自己穿了才知道""撸起袖子加油干""照镜子、正衣冠、洗洗脸、治治病"等,这些来自于民间的话语,经过领袖人物赋予新的含义,很快在社会中传播开来,变成公众的热点话题。

二是议程闭环的形成有利于公众的议程记忆。公众议程→政府议程

① 参见布莱恩特,兹尔曼.媒介效果:理论与研究前沿[M].石义彬,彭彪,译.北京:华夏出版社,2009:14.

② 麦库姆斯.议程设置:大众媒介与舆论[M].郭镇之,徐培喜,译.北京:北京大学出版社,2018:25.

→媒介议程→公众议程,即公众议程变为政治议程,政治议程变为媒介议程,媒介议程变为公众议程,形成一个循环往复的议程闭环。由于媒介议程所反映的是公众诉求的政治回应,因此,公众的媒介议程关注就会增强,公众的媒介议程的记忆率也会随之提升。然而,议程闭环的形成需要议程相关方的协调动作,如果其中任何一方出现断裂都不会形成闭环效应。比如,社会系统的诉求输入没有引起政治系统的关注并纳入政府决策,形成政策安排,以回应和调整利益群体的利益关系,那么,说明社会诉求输入在政治系统处发生断裂,闭环也就在此出现一个缺口,这种现象在现实中并不少见;同样,如果政治系统的决策输出,在媒介系统那里没有形成有效的议程设置,即新闻建构远离政治政策输出的核心内容,也就不会引起公众的关注,没有公众关注的议程就是无效议程设置,这种现象也是大量存在的,这也是公众远离会议新闻的一个重要原因。

三是相关议程的反复设置有利于议程记忆。传播实践表明,议程的持续、反复的设置是公众强化记忆的有效途径。一个时期媒介关注一个话题,并且根据事物发展进程,抓住重要的关键节点进行不同角度、不同形态的信息传播,对于形成热点议程和公众记忆具有重要价值。比如,中美贸易战,从 2018 年 6 月份,美国总统特朗普提出对中国输美产品加征关税,到中美贸易战正式开打,再到贸易战的不断升级,国内各级各类媒介持续关注,尤其是媒介密切关注中美两国政府所做出的表态和行动,都引起了国内公众的密切关注。从 6 月一直到 12 月半年时间,中美贸易战已经成为国内媒介和公众的热点议程,公众对此已经形成了长期记忆。

四是"总体大于部分之和"的议程设置效应。新媒介时代,容易形成一张由新旧媒介编织成的媒介网,由于这张网无所不在,无孔不入,其议程设置就会变成公众众口一词的议程效应。当一个阶段所有媒体都关注某个或某几个议程时,受众无论打开什么媒体都会让这些议程进入公众视线,而且接触的媒介越多,"总体大于部分之和"的设置效应就会越明显。麦库姆斯的研究证实,在公众中,强大的议程设置效果来自"公民生活的渗透"作用:个人持续地接触来自众多传播渠道的消息,高度接触某种传播媒介的人也更倾向于接触其他媒介,很少有人大量接触一种媒介而极少接触其他媒介。所谓的"公民生活渗透",是强调媒介的集体效应。麦库姆斯认为,新媒介的增殖为这种格式塔①增加了各种充满活力的渠道,我们畅

---

① 格式塔,是德语"Gestalt"的音译,即"完形",指的是"描述模式形状、形式"。一般用于描述整体大于部分之和这种现象。

游其间的是越来越深奥的海洋。我们需要了解作为整体的信息海洋,它怎样随时变化与变形,如何冲击着公众的生活及其议程①。会议新闻的议程设置"总体大于部分之和"的效应也比较明显。比如,凤凰网关注的热点议程,除了主流媒体以外,其他商业网络媒体,如搜狐网、新浪网、网易和腾讯等媒介的新闻关注度也同步上升,关注量大体相当,认同与抵制均形成了相似的数量值,从而形成了"总体大于部分之和"的议程设置效应。而且凤凰网的新闻都是转引自新华社和中央电视台的新闻。其实,这是新华社和中央电视台议程的媒介扩散,是其在主导着市场媒介的政治议程。凤凰网等其他市场媒体与国家媒体一道形成了密集的媒介议程网络,作为一个议程设置的媒介整体,共同影响着公众议程。

二、认同向度——受众认知的边际测量

一些学者在研究舆论扩散和创新扩散过程中发现,扩散达到一定数量,就会形成一个"临界数量"(Critical Mass)②,即"采纳人数的增长率达到自我维持的状态而所需的最少人数"③。"'临界数量'表明:当参与人数达到这一'数量'之后,舆论扩散就会呈现自我维持的状态,从而完成从个体分散意见到群体一致意见形成的转换。"④刘建明将一定范围内的舆论"临界数量"确定为四分之一。他认为:"在一定范围内,四分之一的比例通常被认为是'较多'的底数,也就是说在一定范围内有四分之一的人议论某一事物或持有一种意见,标志着舆论已经形成,反之,参与舆论的人数少于四分之一,只能是议论而不是舆论。"⑤刘建明指出:"四分之一也只是一个近似值,它的具体范围是指20%—30%,其间跨越的5%可称作舆论形成的边际量。"⑥塔德在早期研究创新扩散时提出了模仿定律。塔德发现,一个新思想被采用的速度通常遵循以时间为横轴的S形曲线,即当社会系统中的领导者采用了一个新的思想后,S形创新扩散曲线会飞快上升,这一现象塔德称之为"模仿"。但是塔德所描述的还只是一种观察的

① 麦库姆斯.议程设置:大众媒介与舆论[M].郭镇之,徐培喜,译.北京:北京大学出版社,2018:28-29.

② SCHELLING T C. Micromotives and macrobehavior[M]. New York: Norton,1978:13.

③ MAHLER A,Rogers E M. The diffusion of interactive communication innovations and the critical mass: the adoption of telecommunications services by German banks[J]. Telecommunications Policy,1999,23(10/11):721.

④ 陈雪奇.舆论形成的临界特征研究[J].西南民族大学学报(人文社科版),2018(12):137.

⑤⑥ 刘建明.社会舆论原理[M].北京:华夏出版社,2002:50.

结果,并没有给出一个准确的实验数据,同时,也不能解释所有的创新扩散现象。事实上并不是在所有创新扩散中领导者都能引领成功,因为创新扩散是一个复杂过程,其中包括许多变量因素,也就是说,扩散是众多变量因素相互作用的结果。罗杰斯在塔德研究的基础上进行了深入探讨,弥补了塔德研究的不足。罗杰斯发现,创新扩散存在四个因素,即创新、传播渠道、时间和社会系统,四个因素之间彼此联系,又相互影响,因此,S形创新扩散曲线并不是一个起始—上升的简单过程,而是一个充满变数的过程。当创新扩散由个体向群体扩散时,S形曲线是沿着起始—加速—平缓—下降的形态向前演进的,当扩散达到或者超过10%—25%的"门槛"①时,扩散才会迅速"起飞"②,然后进入平缓的自我维持状态,当自我维持状态失去效能,那么扩散就会进入衰变状态。如果扩散达不到10%—25%的门槛,那么S形曲线就会中断。罗杰斯发现,当创新项目简单易学,且与接受者的现存价值观、过去的经历以及个体需要的符合度相契合时,扩散的范围和速度就会进一步加快③,而不具有这些元素的创新是不容易扩散的。刘建明和罗杰斯的研究都在说明,无论舆论形成,还是创新的扩散都存在一个基本的"临界数量",达到或者超过这个临界"门槛",就会沿着爬升的曲线向前发展,达不到这个临界"门槛",那么扩散就会自行"中断"——创新扩散失败。造成这一现象的原因,既有创新引领者和舆论领袖的意见与人们内在需求的契合程度和社会模仿所形成的环境驱动相关,同时,也与人们为消除不确定性和自身利益认知与追求内在动机强度有关,还与创新项目本身所具有的可扩散性特质有关,这些构成了直接的显变量(可测量)和隐性的"潜变量"④(不可测量的变量,诸如心理变量)之间的相互作用和交错影响,潜变量虽然不可直接精准测量,但是当潜变量(心理变量)达到一定阈值时,就会发生质变,社会心理就会转化为社会行动。

"临界数量"和"边际量"的指标界定,对于会议新闻认同向度的边际测量具有参考价值,受众即时新闻评论(正向负反向)指标的认同边际量的形成也呈现这样一种规律。

认知边际测量是一个指标体系,这个指标体系可以获得受众新闻认知以及新闻认同向度的边际测量数据。认知是指受众对于新闻信息的加工

① 罗杰斯.创新的扩散[M].辛欣,译.北京:中央编译出版社,2002:309.

② 罗杰斯.创新的扩散[M].辛欣,译.北京:中央编译出版社,2002:11.

③ 罗杰斯.创新的扩散[M].辛欣,译.北京:中央编译出版社,2002:14-15.

④ 普里彻,威克曼,麦卡勒姆.潜变量增长曲线模型[M].姜念涛,译.上海:上海人民出版社,2012:9.

表征过程,边际则是指一种临界线。认知边际测量是指受众的新闻认知向度的临界数值量度。这里的边际特指正向与负向的临界线。认同向度是指受众新闻接触后所表达的或赞成或反对的意见倾向。而构成认知边际测量的指标体系包括信息理解度、信息认同度与信息支持度。信息理解度,即表达理解或不理解的数值。理解度一般测量的是理解的程度,即浅度理解与深度理解。深度理解容易产生认同支持或者反对与抵制的明确意见,而浅度理解则刚好相反。信息认同度,即对新闻表示赞同或反对的数值,赞同的数值超过25%以上,则新闻认同形成,低于25%则认同没有形成。在对凤凰网会议新闻认同即时跟踪研究发现,当一条新闻的认同度接近20%时,其认同度会迅速提升(一般不会超过3个小时,最长不会超过三天①),根据实际测量,在这个有效时间内,认同度最低不低于33.4%,最高可以达到78.6%。信息支持度,即对新闻观点和主导性评论意见②表达支持或反对的倾向数值,其数值也可以25%为"临界数量",即当表达支持的数量达到25%时,即可认定其支持度已经形成,反之,则没有形成。在实际的新闻支持研究中也发现,对于新闻观点的支持度与主导性新闻评论观点的支持度就其意见的倾向而言基本呈现正相关关系。而负向评价则呈现意见的多元性特点,尤其是当两个以上主导性意见同时出现时,跟从意见也会出现明显的分化趋向,于是多向面的歧见就会形成。正向支持度所反映的是对于新闻的正向理解与跟从效应。理解表现为对于决议决策和政策以及政治观点认同的认知性评论,跟从则表现为对于主导性评论的赞同性支持,但跟从所表达的未必是对于新闻的理解,而表达的只是对于评论及其意见倾向的支持,更多代表了一种情绪。而负向支持则与正向支持呈现相反的倾向。理解包括对于新闻的理解,以及对于主导性新闻评论所持意见的倾向,或赞成,或反对,意见比较明确,明确的意见表达反映

①　这个时间变量一般受新闻更新滚动时间的影响,一般情况下,新闻滚动是受新闻规律性发布频次的影响,如果新闻发布的频次低,那么新闻滚动的时间间隔就会长,受众接触和发布评论的可能性就会高一些,反之,就会降低。凤凰网的时政新闻更新时间,一般在3天以内,如果有重要新闻发布,一般一天内更新一次。受众新闻认同度的形成受新闻接触、新闻更新频率和舆论领袖引导都因素的影响。新闻的媒介留存时间长,那么,受众接触新闻的概率就会增大,反之就会减少。舆论领袖对于新闻客观权威的评论意见,可以起到对于受众倾向性新闻意见形成的引导作用。

②　主导性评论是指在新闻留言区表达明确的且具有影响力意见的评论,这类评论有理有据,分析评价客观中肯,对于其他受众具有舆论引导意义。通常这样的评论并不多见,有的仅有一两条,有的可能因所持观点不同,会形成多个评论意见,而且每一个主导的代表性意见都会有一定数量的跟从者留言表达支持。

了新闻接触者的新闻理解与支持向度。

以凤凰网的新闻受众关注及评价的数据统计,凤凰网上较多的关注量视频新闻一般在 20 万左右。如果一条新闻视频的关注超过 20 万,则视为获得了有效关注,而达不到 20 万的新闻其关注度较低,一般不会形成当日的公众议程。根据刘建明临界边际量 5% 的界定原则,会议新闻认同向度测量标准可以考虑:如果正向认同占新闻评论的 20%—30%,负向认同占 20%—30%,则临界浮动数据为 5%,当 5% 浮动数据倾向于正向认同时,即达到 25% 的数量,则正向理解与支持形成,反之,则负向理解与支持形成。无论正向认同,还是负向认同达到 25% 的边际量,都可以认定社会意见已经形成的标志。在会议新闻的留言评论中如果有 25% 以上表达了明确意见,可作为新闻理解量度,无论是正向理解,还是负向理解,25% 作为一个边际指标都可视为理解。在新闻关注的中,如果表达新闻认同超过 25%,且对于评论支持度(跟从性支持)也超过 25% 的,可视为受众对于新闻所传播的信息表示认同;如果不认同超过 25%,且评论不认同支持度超过 25%,则可视为不认同;如果认同度低于 25%,则视为认同没有形成。

在对凤凰网会议新闻扩散跟踪研究发现,在媒介议程转为公众议程过程中,并不是所有议程设置都能成功,只有 A 形单峰正向热点议程和 M 形双峰正向次热点议程的 S 形曲线演变是比较明显的,其他缺乏竞争优势的议程设置由于关注度不高,除了起始阶段形成一定的关注量以外,加速、平缓和下降形态并不明显。在热点议程和次热点议程扩散中,一般在几个小时之内会进入加速期,这种状态持续时间短则一两天,长则三四天,然后进入平缓期,随着新的竞争性议程的介入,热点议程会逐渐失去热度进入下降期。

认知边际测量在传统媒体时代,只能通过问卷调查获得,而在网络媒体互动式新闻传播时代,则可以通过新闻评论专区即时获得认知评价数据。一般一条新闻的认知评价不会超过 1—3 天,有些新闻只有几个小时。本书以凤凰网会议新闻的受众评论为来源获得相关数据。这些数据虽然只是一家媒体的受众反应,但是却可以反映新闻报道所传播的政治信息在公众中的情感和意见表达的倾向。

新闻认知与认同,除了新闻本体建构因素以外,还涉及公众的世界观、受教育程度以及个人的生活经历等变量因素。新闻本体建构涉及事实选择、叙事框架设置、新闻劝服的有效性,这些在第六章已经做了充分讨论,这里不再赘述。

三、行动向度——社会行为的参数测量

行动向度是指人们受政治信息影响的社会行动选择取向。本书在考察政策与社会行动的动力机制形成时发现,政策与公众利益越直接,且政策的正向调节与负向调节与公众利益联系越紧密,其引发社会行动的可能性就会越大。

正向调节的政策可以引导相关利益群体产生正向行动以表达对于政策的认同与支持,负向调节的政策也可以引发负向社会行动,以期规避政策带来的利益损失。负向调节的政策能否引发社会行动,取决于政策安排是否存在可以规避的政策漏洞。政策制定,如果运动单一政策工具,那么就会形成一些政策设计盲点,容易产生相关利益群体钻政策空子的行动;如果运用综合工具,由于各个政策工具之间彼此协调,政策调节的网编织得比较紧实,钻政策空子的可能行动就会降低,那么正向的政策调节所引导的行动的可能性就会加大。

如果一项政策出台后,社会不仅形成了比较一致的舆论,而且还激发了某种一致的社会行动,那么可以肯定的是政策的社会影响已经形成。政策的社会影响效果,正如前边所分析的那样,可能是正向的,也有可能是负向。正向的可以形成支持性舆论和社会行动,负向的也可以形成某种抵制或者钻政策空子的社会行动。正向的政策效应带来的是政策的确定性,其政策取向更加明确,可以激发一些犹豫的观望者立即采取正向行动,以表达对政策的支持。而负向政策效应,则会形成与政策调节相反的社会行动。比如,2009 年国务院出台的城市居民购买第二套住房要加征 20% 房地产税的政策。政策调节的后果是,全国一、二线城市迅速出现了大范围的离婚潮。离婚潮的背后其实是相关利益群体为规避政策调整带来的利益损失所采取的负向行动,据媒体报道,有超过 40% 的离婚行动是政策因应性的假离婚。对第二套住房单一加征税收的政策,其目的是为了控制炒房,但是由于政策手段单一,没有考虑到其他因素的影响,因此,相关利益群体就通过假离婚以规避政策风险,因此说这一政策调节并没有达到预期目的。尤其是当北京市的媒介关注到假离婚真实原因并通过媒介报道之后,这种媒介扩散的示范效应便引发了其他一线城市的连锁反应,其他城市也出现了离婚潮。

这一社会行动现象表明,任何一项政策设计,不能靠单一的政策工具,而应该考虑可能的政策导致的社会行动,审慎论证并采取综合的政策工具织密政策之网,防止引发政策调节的负向社会行动的发生。2016 至 2018

年北上广深等一线城市陆续出台了严格的综合性的限购政策。政策不仅规定了本市人口的购房政策,还规定了非本市户籍居民家庭购房政策;不仅将个人独自名下住房情况,而且将与父母共同拥有住房情况都作为限购条件;尤其是将非本市居民连续 5 年及以上缴纳社保或个税的情况也作为限购的政策并且较大幅度地提高了购买二套住房的首付率。这些综合性的政策工具有效地控制了房屋炒作行为。

政策调节的正向激励所引发的正向社会行动的例子比比皆是。比如,中国实行二胎政策,这一政策不仅引起了一些国内公众的关注,而且还引起了一些国外乳制品企业的极大兴趣,他们纷纷制定开拓中国市场战略。再如,国务院常务会议决定实行多证合一政策,企业注册数量便比上一年增加了 40%。再比如,中央出台廉洁自律八项规定后,公车私用、公款吃喝等涉及违反八项规定的行为大为收敛。这些社会行动都是政策支持性的正向行动。

政策的社会行动向度数据一般要由有关政府部门提供,有的也可以通过社会行动的心理感知获得。比如,离婚潮的出现等。如果社会行为是局部的,那么说明政策影响的社会效果局限于某一领域,或者某一区域;如果影响形成全国性的社会行为,那么这一影响就是全局性的。有些社会行为是政治系统引导的,比如,十一届三中全会决定平反冤假错案的工作,解决历史遗留问题,使全国迅速形成了大范围的平反冤假错案的社会行动。有些政策是立竿见影的,比如,全部免除农业税、实行证照合一,减轻企业负担等就极大地激发了社会活力;而有些则是渐进的,政策释能需要一个比较长的过程。

社会行动的向度测量,主要看社会行动的取向和量度。社会行动作为一种显变量是可以测量的,既可以通过政府部门的相关统计数据进行测量,也可以通过大数据挖掘来获得相关数据。而社会心理作为一个潜变量,则是不能直接精确观测的,要获得社会心理变量,只能通过可测量的标识变量(标识社会心理的变量)来表示。在测量潜变量方面,美国学者普里彻借助数学模型来描述潜变量的变化态势。普里彻运用结构方程模型建构了一个潜变量增长曲线模型。在潜变量增长曲线中,变量 y 是被重复测量的可测量变量,而这里的潜变量不是作为一个心理学的概念,而代表的是一种 y 的变化模式或方面。在建构潜变量增长曲线模型中,普里彻设定了两个因子,即截距因子和斜率因子。通过这些因子负载来描述 y 的变化趋势。截距因子描述的是当时间变量等于 0 时,结果变量 y 的水平,而斜率因子则描述的是结果变量的速度①。普里彻认为："一个潜变量增长曲线模型可以依据数据模型、协方差结构和均值结构用矩阵表示法来表述数据模型描述因子(潜变量)与(y)的重复测量之间的关系。"②普里彻的潜变量增长模型,其实是在说明显变量与潜变量之间的复杂关系。任何变量都是由潜变量和显变量构成的,显变量其实是潜变量的外显,潜变量则是显变量的动因,而潜变量演变成显变量则需要一个过程,这个过程可以观测初始状态－中间状态－终结状态的演变数值。根据潜变量与显变量的演化关系,社会心理变量是可以通过社会群体的社会态度、社会舆论倾向,乃至社会行动来观测。在会议新闻传播过程中,无论是执政系统的政治主张,还是政策调整信息,对于社会公众来讲,都会产生一定的影响。作为一种社会心理和社会态度,公众往往通过政策的社会评价(正向、负向)体现出来。如果政策调整带来巨大的利益冲突,潜在的社会态度、社会意见就会转化为社会行动,而这些就可以作为可标识的变量进行测量。社会行动的向度测量所检验的是媒介的会议新闻政治信息传播效果。虽然,政策社会效果的形成还会有其他因素的影响,比如,组织传播,政治系统的社会发动等,但由于这些渠道与媒介渠道传播相比,存在较长的迟滞性,因此,媒介系统传播所形成的首因效应和广泛的社会影响还是主要的,并且引发形成社会行动的效应是可以观察到的,从一定意义上讲,也是可以测量的。

　　会议新闻传通效果的测量是一个有待深入探讨的领域,这方面的研究目前还没有形成规范的模型,测量评估的要素和向度选择也有待通过进一步完善。尽管如此,本书所提出的三个方面测量评估要素及其相关向度的模型假设是成立的,在测量评估会议新闻传通效果方面具有一定的参考价值。

---

① 普里彻.潜变量增长曲线模型[M].姜念涛,译.上海:上海人民出版社,2012:9－10.

② 普里彻.潜变量增长曲线模型[M].姜念涛,译.上海:上海人民出版社,2012:9.

结语　从认知到传通：
会议新闻政治传播的理论探讨

赋予会议新闻政治传播属性和功能，不仅是理论问题，也是实践课题。本书在导论、第一章、第四章和第六章分别对会议新闻的政治传播学科建构以及政治传播属性、功能进行了分析，就政治系统、媒介系统和社会系统在会议新闻传播中的角色、运行逻辑及其博弈关系进行了梳理，同时，运用政治沟通和政治营销理论对于会议新闻传播形态建构进行了探讨。

全书从认知到传通，系统回答了会议新闻作为政治传播活动的传播认知、传播主体、传播客体、传播博弈、传播内容、传播形态、传播渠道、传通效果等基本问题，初步形成了会议新闻传播的理论架构，结论如下：

一、会议新闻作为一种政治传播活动，是政治系统政治活动的社会延伸

这种延伸体现在政治行动者政治主张、政治理念和政治系统决议决策、政策安排的社会动员、社会认同、社会实施等各个方面。会议新闻既是政治系统影响社会系统的一种手段，也是接受社会系统检验的一个途径。政治系统影响社会系统需要将决议决策和政策变为社会认同和行动，而接受社会系统的影响则需要把握和了解公众诉求及其政治政策偏好。会议新闻不仅是作为一种新闻的传播形态，也是社会系统检验政治系统政治作为的窗口。会议新闻传播，不仅是新闻问题，而且也是一个政治问题。

二、政治系统、媒介系统和社会系统共同建构了会议新闻的传通机制

会议新闻是政治系统、媒介系统和社会系统相互博弈、协调平衡的过程与结果，能否建立顺畅的传通机制将决定会议新闻政治社会化的效果。传通机制的逻辑起点与归宿——受众的需求与满足。无论是政治系统政治政策输出的诉求来源，还是媒介系统受众需求导向的新闻建构，都受一只无形之手的牵引，即受众的兴趣与需求。将"政府要说的应说的"与"公

众预知的应知的"协调统一起来,既是实现系统之间博弈合作的基点所在,也是实现政治社会化和政治政策认同的有效途径。政治系统的决议决策和政策安排是对于社会诉求的回应,目的是调整社会利益关系,获得社会的认同与支持;政治行动者的政治主张,表明的政治态度、决议决策和政策的受施者是社会公众,那么新闻的目标受众自然是政治主张、决议决策和政策影响的目标群体。倘若舍此而求其他去建构新闻,必然不会期望有任何传通效应的出现。社会公众就政治系统而言,既是诉求输入者、政治政策输出的受施者,也是政治政策输出的反馈和评价者;就媒介系统而言,公众既是新闻的接收者、使用者,也是新闻的反馈者、评价者。因此,满足目标受众的定向需求构成了会议新闻的传通机制。这一机制的有效运行,需要三个系统的彼此协调与平衡。

三、作为一种互动与交换,会议新闻传播是一种政治沟通和政治营销的过程

政治营销的核心是互动与交换,而互动与交换的前提是目标受众定向需求的锁定,在此基础上进行政治政策与目标受众的对接,通过劝服、回应、说明等营销策略引导目标受众对于政治政策的理解、认同与支持。在政治系统互动交换过程中,社会公众绝不仅只有特殊的利益追求,还包括终极价值追求。会议新闻传播的核心是建构执政系统政治政策与公众认同和支持的交换关系。交换的是公正合理的利益认知与政策的认同和支持。在政策认同过程中,既有内在因素的影响,也有外在因素的影响,这些因素共同构成了政策认同博弈。人们之所以能够接受劝服,是由于社会的互利原则在起作用,正因为存在互利,也就存在互利情境下的社会激励。高收入者多纳税,低收入者少纳税,不仅体现着一种社会公正的分配原则,也是一种社会互利原则的体现。高收入者要获得持续的收入增长,除了其他条件外,必须依赖于经济的持续稳定的发展,而经济持续发展的一个动力就是社会的消费能力,低收入者只有收入增加,才能形成实际的消费能力,从而保证对于经济发展形成拉动作用。另外,其他国家所实行的调节性税收政策以及高强度的社会舆论诉求也会对于政策的反对者造成某种社会压力,促使其改变观点和态度。会议新闻将这些因素作为劝服、回应和说明的催化剂将起到有效的政治政策营销效果。

四、受众主导的需求模式将取代传者主导的供给模式,这种取代是新媒介时代传受关系变革的必然

只有与受众建立一种平等、协商、和谐的受传关系,新闻传播才可以达

到传通的目的。在与其他新闻竞争中，只有建构满足目标受众定向需求的会议新闻需求模式，才能赢得目标受众的关注与接受。任何试图靠传者一厢情愿的泛在的大众传播，以赢得日益多元化的受众需求是断不可能的。在会议新闻传播中，受众信息需求曲线是存在的，这条曲线始终受"不确定性和相关程度"的牵引，在其他条件不变的情况下，不确定性越高，与公众切身利益关联度越大，其信息需求的动机和动力就会越大，反之则越小。因此构建受众主导的信息需求模式，并且通过"权威——参与"的新闻框架选择，让受众在政治政策参与过程中，增强"政治效能感"，使其成为国家治理的主体，中国的民主政治进程才能加快步伐。

五、注意力短缺已经成为数字传播时代的硬约束

注意力资源紧缺时代，注意力资源的获取 = 信息的独特性 + 定向需求满足／媒介选择机会。数字时代每一种媒介在融合的基础上，其核心竞争力仍然是内容，信息的独特性和定向需求的满足，在任何条件下都是媒介竞争的利器。在媒介竞争中，受众的注意力只会投给能够激发其兴趣与情感，并在一个话语频道上叙事和满足其定向需求的媒介。

数字媒介促使大众受众进一步分化，同时，也会使相同兴趣和需求的受众进一步走向集中。分化与集中将始终伴随着受众的兴趣与需求的变化不断进行着演进，这种演进所呈现的是注意力资源的分化与聚合的变幻莫测。媒介在会议新闻传播中，要始终关注决议决策和政策调整所带来的利益群体之间的变化，始终关注国际国内局势变化与政治行动者政治主张、政治态度对于社会诉求（国际国内诉求）回应的效度。准确把握这些变化，在信息选择中注意目标受众定向需求的满足，才能最大效度地锁定目标受众的注意力资源。

六、会议新闻的受众是作为公众的受众，并不是泛在的大众

公众具有较强的政治自觉、独立人格、理性精神、政治参与和监督意识。公众成为受众是公众与政治、与社会保持密切联系的媒介实现形式，也是保持特殊的政治敏感和参与国家治理的必备条件。他们不仅是会议新闻的接收者和使用者，同时，也是政治政策的参与者和受施者，还是政治政策的评价者以及政策和新闻效果的反馈者。公众是国家治理和公共事务治理的主体，他们在现实生活中充当意见领袖的角色，对于社区居民具有一定的影响力，这在转型期的中国是极其宝贵的，应当将其作为国家治理的重要依靠力量。数字时代公众受众的角色重构正在形成，这种重构体

现在政治部落的维护者、政治参与表达者、政治利益的追求者的角色认同上,其核心是其政治人角色的确认。

七、"三个向度"的测量模型将为会议新闻效果评估提供可行的工具

新闻传播效果是难以测量和评估的,除了在一定假设条件下的实验能够获得相关数据外,目前还没有建立起测量和评估的标准模型。实验数据虽然可以回答约限条件下的相关效果问题,但是,实验数据与实际的传播效果仍然具有一定的距离,用实验数据来说明真实的传播效果仍然具有一定的不确定性,因为传播效果是一个涉及诸多变量因素的复杂问题。本书提出的测量与评估模型,其依据不仅在理论假设上是成立的,更为重要的是其来源于现实媒介数据的客观反映。

本书提出的"三个向度"的评估模型:议程向度——议程转换的指标测量,认同向度——受众认知的边际测量,行动向度——社会行为的参数测量是一个有机整体,且呈现一种密切的递进关系。会议新闻传播效果首先是要能够引起公众关注,并且成功转为公众议程,但是,只有公众关注并不能就此认定其议程设置已经形成,还需要公众对于媒介传播信息的理解与认同,并采取某种社会行动。如果一条新闻信息引起了一定范围内公众的关注,并成功转为公众的社会话题,同时,公众的认知、认同取向趋于一致,进而引发了社会决策和行动,那么可以确认的是其传播效果就是成立的。如果达不到三者的统一,可以肯定的是,这样的新闻信息就是无效传播或者微效传播。之所以这样说,是因为三者是密切相关又彼此联系的有机整体。也就是说,关注并不一定能够转为公众议程,转为公众议程有一个先决条件,即信息的理解与认同。无论是正向认同还是负向的认同,都有可能成为公众议论的话题,并且使其产生某种社会行动。因此,三个向度的测量与评估其假设无论在理论上还是实践上都是成立的。

会议新闻传播活动论,立足于建构会议新闻政治传播的理论框架,从构成会议新闻政治传播诸要素分析入手,系统回答政治系统、媒介系统和社会系统及其之间的博弈关系、运行逻辑对于会议新闻传通的影响,同时,从受传者角度来系统审视会议新闻信息选择与叙事建构,传播形态与传通变量因素等诸多问题,尤其是数字时代受众需求变化与会议新闻传播新形态的演进和会议新闻传通效果的测量与评估的可行性,从而揭示会议新闻政治传播的活动规律。

任何理论都是建立在一种研究范式的选择上,因此,其不可能回答所有问题,也不可能揭示所有规律。会议新闻传播活动研究也是如此,其学

科建构主要基于政治传播学与新闻传播学,但是上述两个学科的理论还很难揭示会议新闻传播所涉及的所有问题,还需要哲学认识论、系统论、认知心理学、博弈论、媒介生态位理论和注意力市场理论等跨学科理论工具的支撑。应当说,这一研究在理论体系建构上还处于探索阶段,难免存在这样和那样的问题,权当是抛砖引玉,以求教于诸位专家学者。

参考文献

中文著作

[1]崔保国.中国传媒产业发展报告:2016[M].北京:社会科学出版社,2016.

[2]戴元光.超越传统[M].北京:中国大百科全书出版社,2011.

[3]邓瑜.媒介融合与表达自由[M].北京:中国传媒大学出版社,2011.

[4]杜俊伟.论舆论的自组自稳——基于系统论视角的舆论研究[M].北京:知识产权出版社,2013.

[5]杜荣进.中外新闻采写借鉴集成[M].杭州:浙江教育出版社,1990.

[6]段鹏.政治传播:历史、发展与外延[M].北京:中国传媒大学出版社,2011.

[7]丰子义.主体论:新时代新体制呼唤的新人学[M].北京:北京大学出版社,1994.

[8]高钢.新闻写作精要[M].北京:首都经济贸易大学出版社,2005.

[9]高宣扬.当代政治哲学[M].北京:人民出版社,2010.

[10]何纯.新闻叙事学[M].长沙:岳麓书社 2006.

[11]何茂春.中国外交史[M].北京:中国社会科学出版社,1996.

[12]胡百精.公共关系学[M].北京:中国人民大学出版社,2008.

[13]胡正荣.传播学总论[M].北京:中国传媒大学出版社,1997.

[14]胡志平,王桥.重新发掘新闻奥秘[M].北京:新华出版社,2000.

[15]荆学民.当代中国政治传播研究巡检[M].北京:中国社会科学院出版社,2014.

[16]荆学民.政治传播活动论[M].北京:中国社会科学出版社,2014.

[17]景跃进,陈明明,肖滨.当代中国政府与政治[M].北京:中国人民大学出版社,2016.

[18]景跃进.政治学原理[M].北京:中国人民大学出版社,2011.

[19]靖鸣.会议新闻学[M].北京:中国传媒大学,2007.

[20]蓝鸿文.专业采访报道学[M].北京:中国人民大学出版社,1991.

[21]雷跃捷.新闻理论[M].北京:北京广播学院出版社,1997.

[22]李良荣.新传播形态下的中国受众[M].上海:复旦大学出版社,2013.

[23]李瑞环.看法与说法[M].北京:中国人民大学出版社,2012.

[24]李希光,孙静惟,王晶.新闻采访写作教程[M].北京:清华大学出版社,2011.

[25]李希光.转型中的新闻学[M].广州:南方日报出版社,2005.

[26]李元书,孙正甲,王士俊.政治体系中的信息沟通——政治传播学的分析视角[M].郑州:河南人民出版社,2005.

[27]李瞻.新闻采访学[M].台北:三民书局,1991.

[28]李智.国际政治传播:控制与效果[M].北京:北京大学出版社,2007.

[29]林之达.传播心理学新探[M].北京:北京大学出版社,2004.

[30]刘海龙.大众传播理论:范式与流派[M].北京:中国人民大学出版社,2008.

[31]刘建明.穿越舆论隧道——社会力学的若干定律[M].北京:中共中央党校出版社,2000.

[32]刘建明.舆论传播[M].北京:清华大学出版社,2001.

[33]刘建明.社会舆论原理[M].北京:华夏出版社,2002.

[34]刘建明.当代新闻学原理[M].北京:清华大学出版社,2003.

[35]刘建明.新闻学前沿——新闻学关注的11个焦点[M].北京:清华大学出版社,2005.

[36]刘建明.当代西方新闻理论[M].北京:中国人民大学出版社,2015.

[37]刘九洲.新闻学范畴引论[M].武汉:华中师范大学出版社,1995.

[38]刘小燕.政治传播中的政府与公众间距离研究[M].北京:中国社会科学出版社,2016.

[39]刘燕南,史利.国际受众研究[M].北京:中国传媒大学出版社,2011.

[40]罗以澄,吴玉兰.新闻采访[M].长沙:中南大学出版社,2005.

[41]潘堂林.怎样发现新闻[M].武汉:湖北人民出版社,1996.

[42]彭聃龄,张必隐.认知心理学[M].杭州:浙江教育出版社,2004.

[43]彭芸.新闻媒介与政治[M].台北:黎明文化事业股份有限公司,1993.

[44]彭兆荣.人类学仪式的理论与实践[M].北京:民族出版社,2007.

[45]任建涛.公共的政治哲学[M].北京:商务印书馆,2016.

[46]邵培仁.政治传播学[M].南京:江苏人民出版社,1991.

[47]邵培仁.传媒的魅力——邵培仁谈传播的未来[M].北京:首都经济贸易大学出版社,2014.

[48]石坚.新闻写作学[M].南京:南京师范大学出版社,2008.

[49]石永义,刘玉蓉,张璋.现代政治学原理[M].北京:中国人民大学出版社,2014.

[50]苏颖.作为国家与社会——沟通方式的政治传播[M].北京:中国社会科学出版社,2016.

[51]孙发友.新闻报道写作通论[M].北京:人民出版社,2007.

[52]孙玉荣.古代中国国际法研究[M].北京:中国政法大学出版社,1999.

[53]谭翀.政策营销失灵——基于中国政策营销的应用[M].北京:中国社会科学

出版社,2017.

[54]汤书昆.表意学原理[M].合肥:中国科学技术大学出版社,1992.

[55]唐绪军.中国新媒体发展报告:2014[M].北京:社会科学文献出版社,2014.

[56]唐绪军.中国新媒体发展报告:2015[M].北京:社会科学文献出版社,2015.

[57]唐绪军.中国新媒体发展报告:2016[M].北京:社会科学文献出版社,2016.

[58]腾讯传媒研究院.众媒时代——文字、图像与声音的新世界秩序[M].北京:中信出版社,2016.

[59]童兵.马克思主义新闻思想史稿[M].北京:中国人民大学出版社,1989.

[60]童兵.理论新闻传播学导论[M].北京:中国人民大学出版社,2000.

[61]王巍,牛美丽.公民参与[M].北京:中国人民大学出版社,2009.

[62]王玉樑.价值哲学新探[M].西安:陕西人民教育出版社,1993.

[63]魏然,周树华,罗文辉.媒介效果与社会变迁[M].北京:中国人民大学出版社,2016.

[64]肖伟.新闻框架论——传播主体的框架与被框架[M].北京:中国人民大学出版社,2016.

[65]徐宝璜.徐宝璜新闻学论集[M].北京:北京大学出版社,2008.

[66]徐贲.政治是每个人的副业[M].北京:东方出版社,2013.

[67]徐天芬.自然辩证法教学疑难问题探讨[M].上海:华东师范大学出版社,1989.

[68]徐耀魁.西方新闻理论评析[M].北京:新华出版社,1998.

[69]杨保军.新闻事实论[M].北京:新华出版社,2001.

[70]杨保军.新闻活动论[M].北京:中国人民大学出版社,2006.

[71]杨保军.新闻本体论[M].北京:中国人民大学出版社,2008.

[72]俞可平.治理与善治[M].北京:社会科学文献出版社,2000.

[73]俞可平.论国家治理现代化[M].北京:社会科学文献出版社,2004.

[74]俞可平.权利政治与公益政治[M].北京:社会科学文献出版社,2005.

[75]俞吾金.意识形态论[M].北京:人民出版社,2009.

[76]喻国明.媒介的市场定位:一个传播学者的实证研究[M].北京:北京广播学院出版社,2000.

[77]喻国明.解析传媒变局——来自中国传媒业第一现场的报告[M].广州:南方日报出版社,2002.

[78]喻国明,吴文汐,许子豪,等.中国人的媒介接触:时间维度与空间界面——基于"时间—空间"多维研究范式的定量考察[M].北京:人民日报出版社,2012.

[79]喻国明,丁汉青.传媒发展的范式革命:传统报业的困境与进路[M].北京:人民日报出版社,2016.

[80]原辉."公共性"视野下的政府信息公开研究[M].济南:山东大学出版社,2007.

[81]曾庆香.新闻叙事学[M].北京:中国广播电视出版社,2005.

[82]张勤.中国报纸会议新闻报道融合论[M].北京:中国出版集团,2013.

[83]张晓峰,赵鸿燕.政治传播研究:理论、载体、形态、符号[M].北京:中国传媒大学出版社,2011.

[84]张征.新闻发现论纲[M].北京:中国人民大学出版社,2006.

[85]赵可金,孙鸿.政治营销学导论[M].上海:复旦大学出版社,2008.

[86]赵雅丹.信息分享结构与透明政府建设[M].上海:上海社会科学院出版社,2012.

[87]赵月枝.传播与社会:政治经济与文化分析[M].北京:中国传媒大学出版社,2011.

[88]郑保卫.当代新闻理论[M].北京:新华出版社,2003.

[89]郑杭生.社会学概论新修[M].北京:中国人民大学出版社,2003.

[90]中国大百科全书总编辑委员会《政治学》编辑委员会.中国大百科全书:政治学[M].北京:中国大百科全书出版社,1992.

[91]中国共产党中央委员会关于建国以来党的若干历史问题的决议[M].北京:人民出版社,1983.

[92]周鸿铎.政治传播学概论[M].北京:中国纺织出版社,2005.

[93]祝基滢.政治传播学[M].台北:三民书局,1995.

中文译著

[1]阿尔蒙德,鲍威尔,多尔顿,等.当今比较政治学:世界视角[M].顾肃,吕建高,向青山,译.北京:中国人民大学出版社,2014.

[2]阿尔蒙德等.发展中地区的政治[M]任晓晋,储建国,宋腊梅,译.上海:上海人民出版社,2012.

[3]阿伦森,威尔逊,埃克特.社会心理学[M].侯玉波,朱颖,等译.北京:世界图书出版公司,2012.

[4]阿伦特.人的境况[M].王寅丽,译.上海:上海世纪出版集团;2009.

[5]埃尔德里奇.获取信息:新闻、真相和权力[M].张威,邓天颖,译.北京:新华出版社,2004.

[6]艾英戈,金德.至关重要的新闻:电视与美国民意[M].刘海龙,译.北京:新华出版社,2004.

[7]奥姆逻德,亨内伯格,奥肖内西.政治是如何营销的[M].赵可金,陈维,高欣,译.上海:上海人民出版社,2018.

[8]巴兰,戴维斯.大众传播理论:基础、争鸣与未来[M].曹书乐,译.北京:清华大学出版社,2004.

[9]班尼特.新闻:幻象的政治[M].杨晓红,王家全,译.北京:中国人民大学出版社,2018.

［10］贝格蒂克安.媒体垄断［M］.吴靖,译.石家庄:河北教育出版社,2004.

［11］本奈特,恩特曼.媒介化政治:政治传播新论［M］.董关鹏,译.北京:清华大学出版社,2011.

［12］伯顿.媒体与社会——批判的视角［M］.史安斌,译.北京:清华大学出版社,2007.

［13］伯恩斯.领袖论［M］.刘李胜,等译.北京:中国社会科学出版社,1996.

［14］伯内斯.舆论的结晶［M］.胡百精,董晨宇,译.北京:中国传媒大学出版社,2014.

［15］伯内斯.制造认同:伯内斯的公共关系学教材［M］.胡百精,赵铿冰,杨奕,译.北京:中国传媒大学出版社,2018.

［16］布尔金.信息论:本质·多样性·统一［M］.王恒君,嵇立安,王安勇,译.北京:知识产权出版社,2015.

［17］布拉德尔.政治广告［M］.乔木,译.北京:中国人民大学出版社,2013.

［18］布莱恩特,兹尔曼.媒介效果:理论与研究前沿［M］.石义彬,彭彪,译.北京:华夏出版社,2009.

［19］常昌富,李依倩.大众传播学:影响研究范式［M］.关世杰,译.北京:中国社会科学出版社,2000.

［20］戴利,法利.生态经济学:原理与应用［M］.徐中民,等译.郑州:黄河水利出版社,2007.

［21］迪米克.媒介竞争与共存——生态位理论［M］.王春枝,译.北京:清华大学出版社,2013.

［22］杜威.新旧个人主义——杜威文选［M］.孙有中,蓝克林,裴雯,译.上海:上海社会科学出版社,1975.

［23］多米尼克.大众传播动力学:数字时代的媒介［M］.蔡骐,译.北京:中国人民大学出版社,2004.

［24］恩格斯.列宁文稿［M］.中共中央马克思恩格斯列宁斯大林著作编译局,译.北京:人民出版社,1978.

［25］弗罗斯特·美国政府保密史:制度的诞生与进化［M］.雷建锋,译.北京:金城出版社,2019.

［26］甘斯.什么在决定新闻［M］.石琳,李红涛,译.北京:北京大学出版社,2009.

［27］戈瑞伯尔.大众传媒与美国政治［M］.张萍,译.南京:南京大学出版社,2011.

［28］格罗斯曼,赫尔普曼.特殊利益政治学［M］.朱保华,译.上海:上海财经大学出版社,2009.

［29］《国际共产主义运动史文献》编辑委员会.第一国际总委员会会议记录:1864—1866［M］.北京:中国人民大学出版社,1986.

［30］《国际共产主义运动史文献》编辑委员会.第一国际总委员会会议记录:1868—1870［M］.北京:中国人民大学出版社,1987.

[31]海敦.怎样当好新闻记者[M].伍任,译.北京:新华出版社,1980.

[32]海伍德.政治学的思维方式[M].张立鹏,译.北京:中国人民大学出版社,2014.

[33]海伍德.政治学核心概念[M].吴勇,译.北京:中国人民大学出版社,2014.

[34]海伍德.政治的密码[M].吴勇,译.北京:中国人民大学出版社,2016.

[35]豪格,阿布拉姆斯.社会认同过程[M].高明华,译.北京:中国人民大学出版社,2011.

[36]赫尔曼,乔姆斯基.制造共识:大众传媒的政治经济学[M].邵红松,译.北京:北京大学出版社,2011.

[37]黑格,哈罗普.比较政府与政治导论[M].张小劲,丁韶彬,李姿姿,译.北京:中国人民大学出版社,2007.

[38]亨廷顿.变化社会中的政治秩序[M].王冠华,等译.上海:上海人民出版社,2008.

[39]霍顿.政治心理学:情境、个人与案例[M].尹继武,等译.北京:中央编译出版社,2013.

[40]霍夫兰,凯利.传播与劝服:关于态度转变的心理学研究[M].张建中,等译.北京:中国人民大学出版社,2015.

[41]吉特林.新左派运动的媒介镜像[M].胡正荣,张锐,译.北京:华夏出版社,2007.

[42]加洛蒂.认知心理学——认知科学与你的生活[M].吴国宏,译.北京:机械工业出版社,2016.

[43]贾尼斯,凯利.传播与劝服[M].张建中,李雪晴,曾苑,译.北京:中国人民大学出版社,2015.

[44]津巴多,利佩.态度改变与社会影响[M].邓羽,肖莉,唐小艳,译.北京:人民邮电出版社,2007.

[45]卡茨,拉扎斯菲尔德.人际影响:个人在大众传播中的作用[M].张宁,译.北京:中国人民大学出版社,2016.

[46]卡斯特.传播力[M].汤景泰,星辰,译.北京:社会科学文献出版社,2018.

[47]柯普宁.科学的认识论基础与逻辑基础[M].王天厚,等译.上海:华东师范大学出版社,1989.

[48]科泽.仪式、政治与权力[M].王海洲,译.南京:江苏人民出版社,2016.

[49]库尔德利.媒介、社会与世界:社会理论与数字媒介实践[M].何道宽,译.上海:复旦大学出版社,2014.

[50]库玛.美国总统的信息管理——白宫的新闻操作[M].朱建迅,译.南京:南京大学出版社,2011.

[51]夸克.合法性与政治[M].佟心平,王远飞,译.北京:中央编译出版社,2002.

[52]拉斯韦尔.世界大战中的宣传技巧[M].展江译.北京:中国人民大学出版社,2003.

[53]拉斯韦尔,卡普兰.权力与社会:一项政治研究的框架[M].王菲易,译.上海:上海世纪出版集团,2012.

[54]李普曼.幻影公众[M].林牧茵,译.上海:复旦大学出版社,2013.

[55]李普曼.舆论[M].常江,肖寒,译.北京:北京大学出版社,2018.

[56]林不隆.政策制定过程[M].朱国斌,译.北京:华夏出版社,1988.

[57]罗杰斯.创新的扩散[M].辛欣,译.北京:中央编译出版社,2002.

[58]罗斯金.政治科学[M].林震,等译.北京:中国人民大学出版社,2014.

[59]洛厄里.大众媒介效果研究的里程碑[M].刘海龙,译.北京:中国人民大学出版社,2004.

[60]洛根.理解新媒介——延伸麦克卢汉[M].何道宽,译.上海:复旦大学出版社,2012.

[61]马丁.驾驭会议:如何从会议上得到你想要的东西[M].马小丁,朱竞梅,译.北京:经济管理出版社,1999.

[62]马克思,恩格斯.马克思恩格斯全集[M].中共中央马克思恩格斯列宁斯大林著作编译局,译.北京:人民出版社,1995.

[63]马斯洛.马斯洛人本哲学[M].成明,译.北京:九州出版社,2003.

[64]马斯洛.动机与人格[M].许金声,等译.北京:中国人民大学出版社,2007.

[65]迈克奈尔.政治传播学引论[M].殷祺,译.北京:新华出版社,2005.

[66]麦克切斯尼.富媒体 穷民主——不确定时代的传播政治[M].谢岳,译.北京:新华出版社,2004.

[67]麦库姆斯.议程设置:大众媒介与舆论[M].郭镇之,徐培喜,译.北京:北京大学出版社,2008.

[68]麦奎尔,温德尔.大众传播模式论[M].祝建华,译.上海:上海译文出版社,1987.

[69]麦奎尔.麦奎尔大众传播理论[M].崔保国,李琨,译.北京:清华大学出版社,2006.

[70]麦奎尔.受众分析[M].刘燕南,等译.北京:中国人民大学出版社,2006.

[71]门彻.新闻报道与写作[M].展江,译.北京:世界图书出版公司,2014.

[72]米尔斯.权力精英[M].尹宏毅,法磊,译.南京:南京大学出版社,2004.

[73]米勒,波格丹诺.布莱克维尔政治学百科全书[M].邓正来,译.北京:中国政法大学出版社,1992.

[74]穆奇文利.传通影响力——操控、说服机制研究[M].宋嘉宁,译.北京:中国传媒大学出版社,2009.

[75]奈,泽利科,金.人们为什么不信任政府[M].朱芳芳,译.北京:商务印书馆,2015.

［76］帕雷兹.美国政治中的媒体:内容和影响［M］.宋韵雅,王璐菲,译.南京:南京大学出版社,2010.

［77］普逻瑟.文化对话:跨文化传播导论［M］.何道宽,译.北京:北京大学出版社,2013.

［78］赛佛林.传播理论——起源、方法与应用［M］.郭镇之,徐培喜,译.北京:华夏出版社,2000.

［79］施拉姆,波特.传播学概论［M］.陈亮,周立方,李君,译.北京:新华出版社,1984.

［80］施拉姆,波特.传播学概论［M］.何道宽,译.北京:中国人民大学出版社,2010.

［81］舒伯特.民主的反讽——美国精英政治是如何运作的［M］.林朝辉,译.北京:新华出版社,2016.

［82］舒德森.新闻社会学［M］.徐桂权,译.北京:华夏出版社,2010.

［83］斯蒂芬斯.新闻的历史［M］.陈继静,译.北京:北京大学出版社,2014.

［84］斯腾伯格.认知心理学［M］.邵志芳,译.北京:中国轻工业出版社,2006.

［85］斯通.政策悖论——政治决策中的艺术［M］.顾建光,译.北京:中国人民大学出版社,2006.

［86］泰勒,威利斯.媒介研究:文本、机构与受众［M］.吴靖,黄佩,译.北京:北京大学出版社,2005.

［87］特纳.仪式过程:结构与反结构［M］.黄剑波,柳博赟,译.北京:中国人民大学出版社,2006.

［88］瓦耶纳.当代新闻学［M］.丁雪英,等译.北京:新华出版社,1986.

［89］王巍,牛美丽,编译.公民参与［M］.北京:中国人民大学出版社,2009.

［90］韦斯藤.政治头脑［M］.杨毅,译.北京:中国人民大学出版社,2013.

［91］吴尔敦.另类世界化——基于传播学的思考［M］.尹明明,贾燕京,译.北京:中国传媒大学出版社,2012.

［92］吴尔敦.信息不等于传播［M］.宋嘉宁,译.北京:中国传媒大学出版社,2012.

［93］席勒.大众传播与美利坚帝国［M］.刘晓红,译.上海:上海世纪出版集团,2006.

［94］夏夫利.权力与选择——政治科学导论［M］.孟维瞻,译.北京:世界图书出版公司,2015.

［95］伊斯顿.政治生活的系统分析［M］.王浦劬,译.北京:人民出版社,2012.

［96］约斯特.新闻学原理［M］.王海,译.北京:中国传媒大学出版社,2013.

［97］扎勒.公共舆论［M］.陈心想,方建锋,徐法寅,译.北京:中国人民大学出版社,2013.

期刊论文

［1］陈开先. 施特劳斯政治哲学的精神与中国传统之重建［J］. 现代哲学,2006
（3）:61 - 67.

［2］陈鑫胤. 2016 年媒体趋势:修炼从量变到质变的道路［J］. 中国传媒科技,2016
（1）:17 - 20.

［3］陈莹. 农村受众对大众媒介的接触与使用行为研究［J］. 东北师大学报（哲学
社会科学版）,2013（6）:269 - 271.

［4］宫承波,王欢,栾天天. 新闻客户端受众媒介使用习惯探究——基于以北京地
区大学生为目标群体的调查［J］. 青年记者,2014（9）:11 - 14.

［5］胡亚云. 论政治修辞与政治传播［J］. 河南社会科学,2001（5）:9 - 12.

［6］贾金玺. 纸媒新闻客户端发展困境与突围路径——基于五款新闻客户端产品
的比较分析［J］. 中国出版,2014（24）:5 - 9.

［7］荆学民,苏颖. 论政治传播的公共性［J］. 天津社会科学,2014（4）:64 - 68.

［8］荆学民. 中国政治传播的新境界及其实现路径［J］. 新华文摘,2016（23）:
162 - 165.

［9］荆学民,祖昊. 政治传播中政治、媒介、资本的三种逻辑及其博弈［J］. 社会科学
战线,2016（9）:151 - 157.

［10］靖鸣,马丹晨. 受众媒介接触行为的变革与反思——以用户手机使用行为的
实证研究为例［J］. 新闻与写作,2014（12）:31 - 36.

［11］李春雨,李澍. 会议新闻传播效果的四个 W 考量［J］. 新闻传播,2007（1）:
11 - 15.

［12］李春雨. 拉斯韦尔 5w 传播模式与会议新闻传播效果研究［J］. 南开大学学报
（哲学社会科学版）,2014（4）:79 - 90.

［13］李春雨. 会议新闻的政治传播属性、功能与变量因素分析［J］. 新闻传播,2015
（22）:29 - 31,33.

［14］李春雨. 会议新闻受众分析——基于公众受众的研究视角［J］. 学术交流,
2016（4）:205 - 209.

［15］李春雨,刘丹. 数字时代会议新闻传播的新趋势［J］. 绥化学院学报,2019
（5）:98 - 101.

［16］李文冰. 政治信息沟通对传媒的诉求［J］. 浙江传媒学院学报,2004（3）:
90 - 91.

［17］李元书. 政治传播学的产生和发展［J］. 政治学研究,2001（3）:68 - 77.

［18］刘海龙. 中国语境下“传播”概念的演变及意义［J］. 新闻与传播研究,2014
（8）:114 - 120.

［19］刘文科. 论政治修辞的基本要素［J］. 中南民族大学学报（人文社会科学版）,
2008（2）:124 - 127.

［20］邵培仁.传播生态规律与媒介生存策略［J］.新闻界,2001(5):26－27,29.

［21］汤啸天.信息控制权初论［J］.政治与法律,2000(4):19－23.

［22］向加武,许屹山.政治沟通:社会转型期政治合法性资源重构的重要视角［J］.湖北社会科学,2006(2):50－52.

［23］杨帆.信息生动度的劝服效果:一个认知心理学的研究路径［J］.新闻大学,2015(4):12－16,38.

［24］姚福申.关于新闻本体的探索［J］.新闻大学,1998(2):5－9.

［25］余玉.如何优化电视会议新闻报道［J］.新闻知识,2008(1):83－84.

［26］喻国明.网络崛起时间:北京人媒介接触行为的结构性变化及其特点———来自2000年北京居民媒介接触行为的抽样调查报告［J］.国际新闻界,2001(1):47－50.

［27］张乃和.英国学派与国际会议史研究［J］.史学集刊,2012(6):21－23.

［28］张勤.地方两会:深度"融媒"新亮点［J］.中国记者,2010(3):16－17.

［29］张咏华,段玉倩.框架构建理论透视下的国外主流媒体涉华报道———以英国《卫报》2005年关于中国的报道为分析样本［J］.新闻记者,2006(8):15－18.

网络资料

［1］360百科.恩格尔曲线［EB/OL］.［2019－07－01］.https://baike.so.com/doc/6186352－6399603.html.

［2］丁晶波.胡锦涛 APEC 峰会演讲建议从四个方面努力造福亚太［EB/OL］.［2019－07－01］.http://www.chinanews.com/gn/news/2006/11－18/823029.shtml.

［3］关庆丰.代表建议尽快推行延迟退休:60多岁身体还很好［EB/OL］.［2019－07－01］.http://news.eastday.com/c/20141225/u1a8507034.html.

［4］蒋建国,许珍.美国利益集团对媒体话语权的影响与控制［EB/OL］.［2019－07－01］.http://www.haijiangzx.com/2018/0604/1976727.shtml.

［5］刘茸.人民网2015全国两会专题率先上线 PC端移动端同步发力［EB/OL］.［2019－07－01］.http://politics.people.com.cn/n/2015/0228/c99014－26613898.html.

［6］路透社.中国全面放开二孩:人口结构亟须优化［EB/OL］.［2019－07－01］.http://www.cankaoxiaoxi.com/china/20151031/982726.shtml.

［7］徐京跃,顾瑞珍."我们不能闭门开会":沙尘暴牵动总理心［EB/OL］.［2019－07－01］.http://www.cnr.cn/news/t20060419_504196092.html.

［8］喻国明.传统媒体需要解决渠道失灵问题［ED/OL］.［2019－07－01］.http://yjy.people.com.cn/245079－27239009.html.

［9］喻国明.预言新媒体打垮报纸为时尚早［EB/OL］.［2019－07－01］.https://opinion.huanqiu.com/article/9CaKrnJxt23.

［10］中国政府网.李克强主持召开国务院常务会议　部署加大金融支持企业走出去力度　推动稳增长调结构促升级　决定进一步盘活财政存量资金　更好服务经济社会发展　确定保障和改善残疾人民生的措施　共享发展成果同奔小康生活［EB/

OL]. [2019 – 07 – 01]. http://www. gov. cn/zhuanti/2014 – 12/24/content_2796397. htm.

硕士论文

[1]孙望艳. 手机新闻客户端"使用与满足"研究[D]. 天津:天津师范大学,2014.

外文资料

[1]BATESON G. A theory of play and fantasy; a report on theoretical aspects of the project of study of the role of the paradoxes of abstraction in communication[J]. Psychiatric research reports,1955(2):39 – 51.

[2] BENNETT W L. News: the politics of illusion [M]. New York: Longman Pearson, 2011.

[3]BYBEE C. Can democracy survive in the post-factual age?: A Return to the lippmann-dewey debate about the politics of news[J]. Journalism & mass communication monographs, 1999,1(1):28 – 66.

[4][5] COHEN B. Press and foreign policy[M]. Princeton: Princeton University Press,1963.

[6] DETRANI J. Mass communication: issues, perspectives and techniques [M]. Oakville, Ontario: Apple Academic Press,2011.

[7]ELMER G. Kevin Robins and Frank Webster, times of the technoculture: from the information society to the virtual life[J]. Convergence: The international journal of research into new media technologies, 2000,6(3):119 – 120.

[8]GIBB G. Courtier to the crowd: the story of Ivy Lee and the development of public Relations[J]. Business history review (pre – 1986), 1967,41(2):234.

[9]HARTLEY J. Digital futures for cultural and media studies [M]. Oxford, UK: Wiley-Blackwell,2012.

[10]LEITER K,JOHNSON S,HARRISS J. The complete reporter:fundamentals of news gathering,writing,and editing [M]. Boston:Allyn and Bacon,2000.

[11]LORD C. The young man and journalism [M]. New York: The Macmillan company,2010.

[12]MCMANUS J. Market-driven journalism: let the citizen beware? [M]. Thousand Oaks, Calif. : SAGE Publications,1994.

[13]MERRILL D,CALHOUN J. Media debates: issues in mass communication[M]. New York: Longman,1991.

[14]NEUMAN W, JUST M, CRIGLER A. Common knowledge: news and the construction of political meaning[M]. Chicago: University of Chicago Press,2018.

[15] ROSENGREN K, WENNER L, PALMGREEN P. Media gratifications research: current perspectives[M]. Beverly Hills, Calif. : Sage Publications,1985.

［16］ROSHCO B. Newsmaking［M］. Chicago：University of Chicago Press，1979.

［17］SHAW D B. Technoculture：the key concepts［M］. Oxford：Berg Publishers，2008.

［18］STEVENSON N. Understanding media cultures：social theory and mass communi-cation［M］. 2nd ed. London：Sage Publications，2002.

［19］WIGHT M. Systems of states［M］. Leicester：Leicester University Press in associ-ation with the London School of Economics and Political Science，1977.

后　记

其实,早在 2003 年我就开始了会议新闻传播的研究。那时我还是地方媒体的总编辑。我深切感受到媒体所面临的压力,一方面每天都要接到大大小小、应接不暇的会议活动采访通知,另一方面连篇累牍的会议新闻又使受众不胜其烦。政治系统追逐的"热"与受众逃离的"冷",使媒体陷入一种非常尴尬的传播窘境。这种状况说明,会议新闻传播绝不仅仅是媒体的事情,它还涉及政治系统和社会系统另外两个传播主体的协调与认同的问题。如何使政治系统、媒介系统和社会系统形成会议新闻传播的共识,有效扭转这一传播窘境,成为我一个时期以来不断思考的问题。这期间虽然发表了数篇学术论文,有针对性地回答了学术界和新闻界关心的一些问题,但对于一些基本问题的认知仍需比较系统的理论梳理和探索。

2006 年,我离开媒体到市委工作,就任市委秘书长一职。这一角色的转变,使我有机会从政治系统的角度来审视会议新闻传播问题。一个新闻角度,一个政治角度,两个不同视角的交汇使我可以看清各自的传播意图与传播偏好,同时也可以从政治系统、媒介系统与社会系统融合的角度来审视会议新闻有效传播的可能。2011 年,市委换届,我来到高校工作,虽然行政事务性工作比较繁忙,但是我并没有放松手头的研究工作,坚持利用假期和休息时间进行系统化的理论梳理,并形成了初步的研究成果。2016 年,我将这一研究成果申报国家社科基金后期资助项目并获得支持。在后续的研究中,我将重点放在政治系统、媒介系统和社会系统之间的关系、运行逻辑和博弈策略对于会议新闻传播的影响方面,透过这一视角可以看清各自的传播意图、偏好和博弈形态,以及三个系统博弈认同的基点所在,进而寻求会议新闻改革的可行路径。

在研究过程中,我得到了各方面的大力支持,在研究成果即将出版之际,我要对帮助过我的各位朋友表示由衷的感谢。中国传媒大学教授、博士生导师李智先生,虽未曾谋面,但是李先生的悉心指导却给我留下了难以忘怀的印象。与李智老师神交是从拜读他的大作《国际政治传播：控制与效果》开始的。作为国际政治传播的开山之作，这部著作让我获益匪浅。正是这个缘故，我通过朋友将书稿呈给李先生给予指导。令我意想不到的是，先生在教学和学术活动非常繁忙的情况下，不仅抽出宝贵的时间阅读了书稿，而且还就篇章结构和具体的修改意见给予了十分宝贵的指导，让我感激不尽。黑龙江大学郑亚楠教授就如何借鉴政治传播前沿理论进行研究也提出了很好的建议。我的同事王占峰、王立宪、高岩、任雅玲、杨凤霞教授和朱旭辉副教授等对书稿也提出了一些建设性的意见。同事张扬不仅协助我组织了问卷调查，而且还对调查数据进行了认真汇总和分析，为实证研究提供了可靠的数据支持，同事杨贺投入大量精力对书稿进行了多次校对。李澍和刘丹同志也为研究提供了帮助。在此对于各位同事和朋友的帮助与支持表示由衷的感谢！

本书的顺利出版，还要感谢责任编辑高爽和唐澈所付出的心血，如果没有她们精心把关和学术指导，本书也不会得以顺利出版。

从碎片化研究到系统性梳理，断断续续历时十余载。虽然期间职业角色多有变化，但是我的研究初心并没有改变，无论走到哪里，这份追求从来没有动摇过，而且我也愈发感觉到，正是这些经历，可以让我从不同角色和视角来审视会议新闻的有效传播问题。《会议新闻传播活动论—— 一种政治传播的研究视角》作为基金项目已经结题并将出版，但在我的整体研究计划中，后续还有一些研究要开展，尤其是运用理论研究成果来具体探讨新闻生产问题，使理论与实践能够更好地有机融合，相得益彰，为我国会议新闻传播改革提供一点支持。这只是我的一种愿望，是否能够达成所愿，还要经受学术界和新闻界朋友们的批评指正。

李春雨

2019 年 8 月于绥化

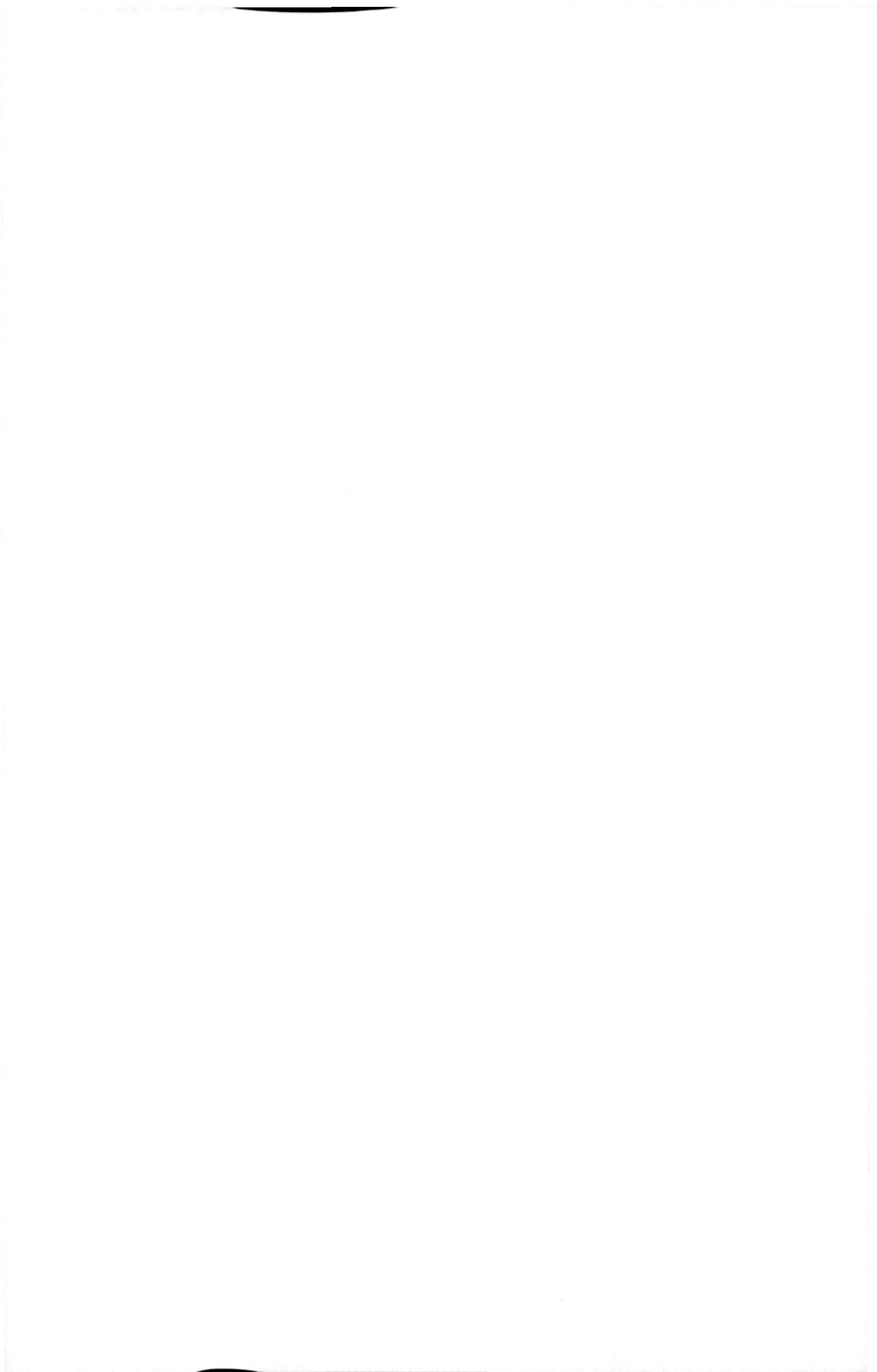